白话统计

冯国双 著

电子工业出版社
Publishing House of Electronics Industry
北京·BEIJING

内 容 简 介

一本书如果没有作者自己的观点，而只是知识的堆叠，那么这类书是没有太大价值的。尤其在当前网络发达的时代，几乎任何概念和知识点都可以从网络上查到。但是有一点你很难查到，那就是统计分析的思路和观点。比如，你可以很容易地在网上查到什么是线性回归，但你却查不到怎么"做"线性回归分析，在你遇到实际数据时仍然不知道如何分析。在本书中，你可以获得这些思路和观点。尽管这些观点未必是所有人都认可的，但根据笔者多年的分析经验，它们在实践中通常是奏效的。

本书凝结了作者十多年来对统计分析的理解，对各种方法的介绍采用全新的理念和思路，不再是介绍方法本身，而是试图将各种方法之间的联系阐述清楚；不再是介绍方法如何计算出结果，而是尽量说明方法背后的思想。当然，本书同时提供了如何实现结果的软件（涵盖 SAS、R、JMP、SPSS 等）操作。

图书在版编目（CIP）数据

白话统计 / 冯国双著. —北京：电子工业出版社，2018.3
ISBN 978-7-121-33518-1

Ⅰ. ①白… Ⅱ. ①冯… Ⅲ. ①统计学—通俗读物 Ⅳ. ①C8-49

中国版本图书馆 CIP 数据核字（2018）第 012651 号

策划编辑：张月萍
责任编辑：牛　勇
特约编辑：赵树刚
印　　刷：天津千鹤文化传播有限公司
装　　订：天津千鹤文化传播有限公司
出版发行：电子工业出版社
　　　　　北京市海淀区万寿路 173 信箱　　邮编：100036
开　　本：720×1000　　1/16　　印张：18.5　　字数：444 千字
版　　次：2018 年 3 月第 1 版
印　　次：2025 年 6 月第 25 次印刷
定　　价：69.00 元

凡所购买电子工业出版社图书有缺损问题，请向购买书店调换。若书店售缺，请与本社发行部联系，联系及邮购电话：（010）88254888，88258888。

质量投诉请发邮件至 zlts@phei.com.cn，盗版侵权举报请发邮件到 dbqq@phei.com.cn。

本书咨询联系方式：010-51260888-819，faq@phei.com.cn。

推 荐 序

宋代禅宗大师青原行思曾提出参禅的三重境界：参禅之初，看山是山，看水是水；禅有悟时，看山不是山，看水不是水；禅中彻悟，看山仍是山，看水仍是水。统计学的学习过程何尝不是这样：初学统计时，看到一种方法，觉得就是这种方法，如学到 t 检验，觉得 t 检验就是用于两组均值比较的方法；经过一段时间的学习，突然发现原来看过的方法并不是所想的那样，如在线性回归中也看到了 t 检验的身影，这时觉得 t 检验不再是自己想象中的 t 检验了；再经过一段时间的学习，就会明白方法还是原来的方法，所谓的疑惑只是自己心动而已，这时就真正理解了 t 检验的含义，而不再把它当作一种固定于特定场合的检验方法。

对于统计学初学者而言，通过课堂老师的讲授，不难达到第一种境界；然后通过接触各种资料，慢慢就会发现各种方法跟课堂上所讲可能有所不同，剪不断，理还乱，逐渐进入第二种境界；此时，如果不能厘清思路，则很容易陷入迷惑和混乱，想达到第三种境界就难上加难了。当然，你可以充分利用网络资源查找各种信息，从而为自己解惑。然而这种资源虽然多，但较为零散，而且可能会看到众说纷纭的情况，使得你更加凌乱。幸运的是，冯国双博士的这本《白话统计》以通俗、幽默的语言深入浅出地介绍了统计学中的各种概念和思想，为很多人消除了留在心中多年的存疑，可以在这一阶段帮助读者答疑解惑。其中有些内容曾经发布在微信公众号"小白学统计"中，也因此受到了很多网友的好评。

目前，欧美有不少类似白话介绍统计方法之类的书籍，这类书的特点是：不像教材那样用沉重、拘谨的语言来介绍统计学方法，而是以风趣、浅显的话语来解释说明；内容不一定多，但尽量深入。相比之下，国内的这类书籍并不多见，在生物统计学领域尤其缺乏。这就导致很多非统计学专业人士觉得统计学"面目可憎"，始终无法真正喜欢上统计学。可喜的是，目前逐渐成长起来的年轻的统计学家已经意识到这一问题，冯博士的这本《白话统计》正是让统计学尽量接地气的一种有益尝试。

《白话统计》凝结了作者十多年来对统计学的理解，采用别具一格的编写理念和思路，对各种方法的介绍不再是介绍方法本身，而是试图将各种方法之间的联系阐述清楚；不再是介绍方法如何计算出结果，而是尽量说明方法背后的思想。本书对基本概念和方法的介绍没有采用教材中非常严谨的语言，而是尽可能用白话来解释说明。例如，在介绍累积分布和概率密度时，用到了《神雕侠侣》中的情节；在介绍假设检验思想时，用到了"女士品茶"的故事；在介绍中心极限定理时，采用了里约奥运会期间的一则虚拟故事。这不仅使得抽象理论形象化、复杂问题简单化，也增加了本书的趣味性和可读性，体现了作者深厚的理论功底和丰富的实践经验。

在此，我把《白话统计》这本著作推荐给各位读者，无论是初学者、统计学专业人士，还是统计学应用工作者，相信都能从中获益。

陈 峰

南京医科大学教授

前　言

在一本书中如果没有自己的观点，而只是各种已知知识的堆叠，那这本书还有什么意义呢？

——作者

时光飞逝，从我的第一本书出版到现在，转眼已经过去了 7 年。期间，我的统计分析经验在不断积累，对统计学方法也有了更深一步的认识。但有一点始终未变，那就是我对统计学的热爱以及推广统计学的理念。从我的第一本书开始，我的理念就是，尽量写一本让非统计学专业人员也能看懂的统计书。直到本书的面世，尽管每本书的风格不一，但我始终遵循这一理念。

推广和普及统计学并不是一件容易的事情。由于各种原因，不少人在初学统计学时有点抵触，所以我尽量通过各种方式努力使统计学"平易近人"，写书便是其中之一。多年前我曾在百度空间创建了自己的"卫生统计空间"，阅读量达到近百万次，后来由于百度空间关闭而结束。后来我又在微信公众平台上创建了"小白学统计"公众号。在本书出版之际，该公众号恰好满两岁，粉丝也刚好满 2 万人。不少人在公众号上留言，建议我将内容整理成册并出版。因此，在后期我就一边写新的文章，一边将其整理修订。

虽然本书脱胎于"小白学统计"公众号，但内容其实和公众号里的文章并不相同。事实上，我几乎重写了所有内容，因为正式出版的书籍不能像公众号里的文章那样随意。所以，尽管你会看到书中的内容有与公众号相似之处，但本书更为系统和详细。

关于本书的名字，我曾在公众号上征集各位读者的意见，很多人建议直接用《小白学统计》这一书名。但经过仔细考虑，以及几位试读朋友的建议，最终还是命名为《白话统计》。因为本书并没有像教材一样系统地介绍各种统计方法，而更像随笔或补充读物。如果用武侠小说来类比，则更像梁羽生笔下的《玄功要诀》或金庸小说中的《易筋经》，虽然并不侧重教你具体招式，但却可以让你在学其他招数的时候事半功倍。

这是一本怎样的书

第一，你可以把本书看作一本"翻译"书。我在尽力把统计学中的公式"翻译"成白话文。比如，你在很多统计学书中看到正态分布的公式，而在本书中，你看到的是正态分布公式的解释及其实际含义；再如，你在统计学书中看到最大似然估计的公式时可能会有点困惑，本书则通过例子通俗地解释最大似然估计的计算思想。

第二，你还可以把本书看作统计学教材的补充内容。本书并不是简单地介绍各种统计方法，而是尽量把各种方法串联起来，从思路上理解方法本身。例如，教材中都会介绍如何用 t 检验进行两组比较，本书则重在阐述 t 检验的思想本身，这样你在任何场合（如线性回归、相关分析）看到 t 检验都不会觉得陌生；而且本书还专门用了一章的篇幅对常见的各种统计学方法进行了串讲，从一般线性模型到广义可加模型，尽量让你明白它们之间的关系。

第三，如果你愿意，则也可以把本书看作一本打发时间的消遣读物。本书对所有概念和方法都尽量以通俗的语言而非官方语言来阐释。例如，在介绍分布时，通过大家熟知的郭靖如何消耗内力来进行说明，从而避免了不少人对"分布"这一概念完全摸不着头脑的尴尬；在介绍假设检验思想时，用了"女士品茶"这一浅显的例子来说明其思路。

从这本书中你能学到的和不能学到的

本书分为两大部分：基础篇和实用篇。其中，基础篇介绍了统计学中常见的概念及初学者容易存在的疑惑。例如，很多人都头疼的分布（第 3 章）、初学者不易理解的假设检验（第 7 章）、比较重要的中心极限定理（第 6 章）、参数估计和置信区间（第 8 章和第 9 章）等。

实用篇则侧重介绍各种方法的思路及实现，先对各种常见方法进行了串讲（第 10 章），然后分别介绍了 t 检验（第 12 章）、方差分析（第 13 章）、卡方检验（第 14 章）、相关分析（第 15 章）、回归分析（第 16 章）。但是千万不要被我列举的表面现象所迷惑，这些方法可能你觉得都"会"，但如果你打开本书，则会发现原来这些内容并不是这么简单的。

一本书如果没有作者自己的观点，而只是知识的堆叠，那么这类书是没有太大价值的。尤其在当前网络发达的时代，几乎任何概念和知识点都可以从网络上查到。但是有一点你很难查到，那就是统计分析的思路和观点。比如，你可以很容易地在网上查到什么是线性回归，但你却查不到怎么"做"线性回归分析，在你遇到实际数据时仍然不知道如何分析。在本书中，你可以获得这些思路和观点。尽管这些观点未必是所有人都认可的，但根据我多年的分析经验，它们在实践中通常是奏效的。

如果你想从本书中学习如何一步步地进行软件操作，那你可能会失望。本书没有教你具体的软件操作过程，因为软件实现是最简单的，而统计分析思路则是更为复杂的。学习统计，最遥远的距离是，你面对着电脑中的统计软件（中文版），菜单上的每个中文都认识，却始终不知道该点什么。这很让人受挫，不是吗？然而这不是软件操作的问题，而是统计思路的问题。本书将教你摆脱这一尴尬局面。

什么人适合阅读本书

如果你对统计学是完全的零基础，那么看前半部分内容应该问题不大，但对后半部分的统计方法可能需要花点心思，因为学习后半部分内容还是需要一定的统计学基础的。所以本书主要适合以下读者：

- 刚刚接触统计学，跟着老师听了几堂课，但是脑子里依然是一团糨糊的人。
- 学过统计学，但是对各种方法之间的关联并不清楚，想更进一步融会贯通的人。
- 在课堂上学过统计学，但遇到实际数据却不知如何下手，想了解数据分析思路的人。
- 统计学已经学得不错了，但有点眼高手低，对有些概念并未真正理解的人。
- 会一点数据分析，但是在实际数据面前容易头脑不清晰，想学习数据分析技巧的人。
- 会用简单的统计软件（如 SPSS），但点开菜单却不知道里面的选项是什么意思、不知该如何勾选、也不知如何解读结果的人。
- 喜欢本人作品、"小白学统计"公众号的粉丝。

……

本书所用的软件

本书中结果的展示主要基于 SAS 9.4 和 JMP Pro 13。书中凡是涉及计算或结果展示的内容，大都给出了软件实现的语句或操作过程。考虑到不同读者有各自的软件使用习惯，书中分别给出了 SAS 9.4、R 3.4.3、SPSS 20 和 JMP Pro 13 的软件实现过程，部分特殊内容也用到了 Medcalc 和 Stata 12.0。

本书中的配套资源下载

本书中所有例子的数据、SAS 程序和 R 程序都可以在知了帮网站（read.zhiliaobang.com）上下载，以节省读者输入数据和程序的时间。

致谢

首先，非常感谢陈峰老师在百忙之中帮忙作序，陈老师是一位儒雅型的生物统计学教授，能够请到陈老师作序，为本书增色不少。其次，感谢成都道然科技有限责任公司在整体策划和插图上的努力，你们看到书中那些生动的漫画都出自他们的手笔。最后还必须感谢"小白学统计"公众号的粉丝，正是你们的鼓励，才让我义无反顾地将其内容整理成册并出版。

本书是作者多年经验的累积，而且查阅了大量国内外文献，但仍不敢说百分之百正确。如果书中有任何观点上的错误，那说明本人水平仍有不足，所有错误均由本人承担责任，还请读者不吝指正，可在"小白学统计"公众号里留言。

冯国双

2017 年 12 月于北京

目　　录

第 1 篇　基础篇

第 2 篇　实用篇

基础篇

第 1 章

为什么要学统计

希特维尔：索拉的算法是一个程序，用来选择和洞悉目标。

美国队长：什么目标？

希特维尔：你、开罗的一个主持人、国防部副部长、爱荷华市的一个高中毕业生、布鲁斯班纳、奇异博士。所有能威胁到九头蛇的人，不管是现在还是未来。

美国队长：未来？怎么可能知道？

希特维尔：怎么会不知道？21 世纪是一本数码书，索拉教会九头蛇如何读这本书。你们的银行记录、病历、投票模式、电子邮件、通话信息，还有大学考试成绩。索拉的算法会评估人们的过去，预测他们的未来。

——电影《美国队长 2》

我个人其实并不喜欢对统计学做出定义，就像电影 *Three Idiots* 中所说的，我们没有必要纠结"书"的严谨概念，关键是要明白"书"的用处、能给我们带来什么好处。

那么，统计学能做什么呢？统计学是帮你寻找规律，然后做出决策的方法或技术。任何你收集到的一手数据都是杂乱无章的，而统计学就像魔法镜，透过镜子，你看到的不再是一堆纷繁无序的数据，而是整齐有序的规律（见图 1.1）。

图 1.1　统计学作用示意图

21 世纪是一本数字书，而统计学恰是处理数据的工具。30 年前，如果你不识字，则会觉得寸步难行；如今，如果你不懂一点统计学知识，则同样会觉得无法理解这个数字社会。著名科幻小说作家赫伯特·乔治·威尔斯在 1903 年就预言："在未来社会，

统计学思维将像阅读能力一样成为社会人必不可少的能力。"我想，当年威尔斯说的未来社会指的就是现在。

所谓的"大数据时代"刚刚来临的时候，有的人声称，统计学已经死了，有这么多的数据，还用统计推断做什么？不过现在"大数据热"终于慢慢有点降温了，很多理智的人已经发现，原来大数据并不像我们想象的那样是一座金矿。大数据的的确确存在，但如果没有合理的统计学思维和技术，那么你挖出来的闪光的东西也许只是玻璃，而不是金子。

1.1　统计学有什么用

为什么要学习统计学呢？如果我跟你说，因为统计学是一门"%¥#*"的学科，那么你肯定厌倦了，我们就说点实际的。

先说大家最感兴趣的。首先，掌握统计学，会让你在职场生涯中游刃有余。在当前的大数据时代，最缺乏的就是能够正确利用数据的专业人员。麦肯锡曾在一份报告中提到，预计到 2018 年，大数据或者数据工作者的岗位需求将激增，其中大数据科学家的缺口为 14 万～19 万人，而懂得利用大数据做出决策的统计分析师和经理的岗位缺口则将达到 150 万人。

欧美职场曾流行一句话："只要有 SAS（统计分析软件）认证，你就永远不会失业。"最近又有人戏称应用统计学是"全宇宙就业排名第一的专业"，因为工作缺口太大，而且起薪远高于其他专业。对很多人来说，可能这一点理由就足够了。但我们不能只想着赚钱，还是要有一点"诗和远方"这种理想的，所以我们继续往下看。

其次，学习统计学，可以助力你的科研工作。如果你是科研人员，那么一定十分清楚这一点。目前国内对科研项目的申请几乎都要求有统计学专家的参与。当然，你不一定（也没有必要）达到专业统计的水准，但是如果你不懂一点统计学知识，那么如何跟统计学专家沟通呢？在我的科研经历中，有一点认识是深刻的：很多时候，统计学不仅仅是锦上添花，有时往往是雪中送炭。当你限于思路、限于方法而无法进行的时候，统计学有可能帮你开拓一片新的天地，让你耳目一新。

最后，学习统计学，能够培养一种理性看待事物的能力。统计学是一门让人理智的学科，因为它要求"用数据说话"，而不是感情用事。在有些情况下，你可能会直观地认为某些事情是没有意义的或者不可能的，只有统计学分析才能给出真正的答案。

当前是一个信息社会，各种有用无用的信息每天都在铺天盖地地进入你的视线，如何判断这些信息？当你看到一则新闻说"老父在女儿门前打地铺睡觉"时，你是不是会当即指责女儿不孝？当你看到一篇报道说"宝马女与骑电动车的人争执"时，你会觉得是宝马女不对吗？如果你有这些想法，那你就不具备真正的理性思维。但如果你掌握了一定的统计学知识，那么理性思维就会成为你的下意识，当你再看到一些信息的时候，就不会匆忙下结论。

当然，统计学的作用远不止于此，但我不想在这里花太多篇幅说这些主观性较强的东西。总之，当你学习统计学之后，自然就会明白我说的这些意思。

1.2 生活世事皆统计

"统计学"这个词对不少人来说听起来似乎显得太正式，以至于觉得只有专业人员才需要用到。实际上，任何人都会用到统计学，都会直接或间接与统计学产生关联。

比如，你早晨起来一看乌云密布，为什么会带着一把伞出门？因为你觉得会下雨。如果深究一下，那为什么你觉得乌云密布就可能会下雨？因为你从小到大已经经历了无数次乌云密布的情况，而且你会发现乌云之后经常会伴随着雨滴。这种情况经历得多了，当你再看到乌云的时候，就会做出判断，认为可能会下雨。这其实就是统计学知识帮你做出的判断，只不过这些都已经成为你的下意识了，并没有觉察到其实你已经运用了统计学知识。

再如，你每天浏览各种网页新闻，经常会看到"国民生产总值环比增长 1.3%""某市人均月收入 7000 元""房价增长了 20%""70%的人支持本次医改政策"之类的内容。这些都是统计学指标。看起来似乎没有什么难理解的，但有时往往你被误导却还不知道是怎么回事。不相信？看了第 5 章的内容你就会明白。

当你对统计学了解到一定程度的时候，你会发现，其实生活中处处是统计学，到处充满了统计学的思想。比如，P 值教我们辩证地看待问题，不要轻信表面现象。P 值告诉我们，你做出的任何结论都有可能是错误的。在很多情况下，不要觉得感性的判断就是准确的，也许真理在少数人手中。尤其是在当前网络盛行的时代，各种信息纷繁复杂，很多事情并不能主观判断，而是要理性分析。再比如"回归"的含义，其实这正是古人所说的"物极必反""亢龙有悔"的真谛。任何事物发展到一定程度，终须往反方向走。所以，不要去抱怨现在你的境遇多么悲惨，因为当你真的跌到谷底的时候，肯定会有转机。同样，如果你现在志得意满，那也需谨慎小心。无论我们的境况如何，都应该想到，我们终将"回归"平常、"回归"自然。

人生充满了不确定性，而统计学正是处理不确定性的方法。统计的基础是概率，所有的统计结论都是概率性的。正如我们在生活中做任何事情，都只能说风险有多大，世上没有绝对的事情，这其实都体现了统计学的思想。统计代表了一种谨慎的思维，帮你看清纷繁芜杂的世界，并在此基础上帮助你做出决策。

1.3 如何学统计

不少学生抱怨统计学太难学，也有人提到，学生期间学了很多年统计，但是一遇到实际问题，始终无法入手，不知道该怎么分析。很多人曾问我：到底应该怎么学统计？为什么你看到数据就知道应该从哪里入手分析，而我就做不到？大家都想了解一种学习的诀窍。但我的回答往往让他们失望，我说，其实并没有什么诀窍，只是我把别人喝咖啡和逛街的时间用到了学习上而已。听起来很矫情，却都是实情。

在我攻读硕士期间，别人周末都用来逛街、看电影，我则一个人在研究生办公室里一字一句地研究、理解统计学教材中晦涩的语言，然后在一台速度极慢的 586 电脑上（估计有的人没用过）输入数据，观察结果变化，验证自己的理解。虽然听起来很枯燥，但我当时沉浸其中、自得其乐。回想起来，正是当时的这种点滴学习，才为我以后的应用打下了坚实的基础。

除看书、思考外，数据练习是一个融会贯通的好办法。你可以通过数据的设定、修改，观察结果的变化，然后理解方法之间的关联。因为很多内容从课本中是学不到的，只能靠自己摸索。一旦你摸索出规律，收获远比看教材要多得多。

对于初学者来说，统计学是有一定难度的，但绝不是难以掌握的。统计并不侧重计算（你的计算能力再强，能比得上电脑吗），而是侧重理解，尤其在当前各种统计软件发达的时代。学习统计学要抱着一种理解的思维，不要死记硬背。一开始学习可以试着理解各种方法的使用条件、使用范围等，然后在实践中利用统计软件多练习，慢慢摸索，逐渐形成自己的思维和体系。

初学统计，正如武侠小说中所说，需要一招一式地学习，此时可能显得比较死板，但在一开始是很有必要的。到达一定层次之后，就可以融会贯通，就像独孤九剑，以"无招"胜"有招"，各种招式融会贯通，无须拘泥于某一招式，而是根据数据情况灵活应变。各种方法都存在于大脑中，信手拈来，以最简单的方法得出最合理的结论。

学习统计学，一定要分清统计学思想和软件操作的主次。统计分析思路永远是第一位的，而统计软件操作是第二位的。要记住，软件只是替你计算而已，而分析思路要由你来指导。以前有人跟我说，他开发了一款统计软件，只要输入数据，软件会自动寻找统计方法。也许将来随着科技的发展，电脑有了意识，会有这样的软件出现。但是，我可以很负责任地说，现在绝对没有这种统计软件。要知道统计方法的选择是你的事情，选定方法之后的计算才是电脑的事情。

现在不少学生甚至老师都存在一种错误思想，认为用的方法越深，越能显示水平。有的导师甚至要求学生必须用所谓的"高级"方法，这是一种非常错误的观念。统计的至高境界在于用简单的方法实现复杂的分析，用浅显的语言讲清楚复杂的方法，这才是真正的统计高手。统计的作用在于应用，一味追求高深，必然脱离实际，使统计学离大众越来越远。本书尝试采用浅显的语言去解释统计方法，尽量让更多的人看明白统计学。统计学不应该只是统计专业人员的专利，更应该是各专业人员都掌握的思维和方法。

第 2 章

变异——统计学存在的基础

> 阿甘的母亲：你听到我说的了吗，Forrest？你跟其他人一样，并没有什么不同。
>
> （到了学校后）
>
> 校长：你的孩子确实跟别人不一样。他的 IQ 只有 75 分。
>
> 阿甘的母亲：我们每个人都与众不同，先生。
>
> ——电影《阿甘正传》

有人说，统计学家是高级赌徒，这句话有一定的道理。因为概率论源于赌博，而基于概率论的统计学从本质上来说就是赌博。比如，我们利用数据做出一个统计学结论，其实就是在赌这个结论的准确性。任何赌博都有一定的风险，所以统计学的结论也是有风险的。

其实我们仔细想一想，为什么要赌？正是因为变异（Variation）的存在，所以我们不得不赌。如果赌场中的骰子每次掷出的都是 3 点，那你不用赌，可以直接说下一次掷出的一定是 3 点；如果世界上每个人的身高都是 170cm，那你不用推断，随便量一个人的身高，就可以宣称，全世界所有人的身高平均是 170cm；如果吸烟一定得肺癌，那你也不用做统计分析，只要看到一个人吸烟，就可以明确地告诉他会得肺癌。

统计学之所以存在，关键的原因只有一个，那就是变异及由此产生的抽样误差。没有变异，没有抽样误差，就没有统计学存在的理由。所以，作为一名统计学专业人员，我必须感谢上天造人时让每个人都不同，才促使我写作本书。

2.1 随机与变异

什么是随机？当一件事情的结果你无法预料时，这就叫随机现象。比如，你不知道下一次掷骰子会出现多大的点数，所以这是随机；你不敢保证服用降压药后血压一定会降低，所以这是随机；你也没法确定抛一枚硬币后哪一面会朝上，所以这也是随机。

尽管"随机"这个词很好理解，但不少人对"随机变量"始终有一点困惑。我们经常说，因变量 y 是随机变量，这里的随机变量到底是什么意思？因为直观来理解的话，如果测量了 1000 人的身高，那么这些身高的值不都是固定的数值吗？怎么能叫随机呢？

这里的随机变量并不是字面意思。比如，要研究收入与性别的关系，收入是一个随机变量。它的意思是，我们可能调查了 1000 人的收入和性别信息，得到了 1000 人的收入情况。但是，这 1000 个值只是这一次调查中的结果。实际上，如果你重新调查 1000 人，得到的就是另外 1000 个收入值（两次调查的均数、标准差等肯定不相同）。只不过在一次调查中，你得到的"恰好"是这 1000 个数值而已，而不是说"一定"是这 1000 个数值，这就是随机变量的意思。

随机变量有点像我们常说的"历史与人物"的关系，拿破仑只是历史长河中随机出现的人物，如果历史重新来一遍，也许就不是拿破仑，而是"拿新仑""拿破车"等其他人物。但历史不能重来，同样，抽样一般也不会重来。

变异，通俗来说也就是不同，文雅一点就叫变异。每个人的血压值都不同，这是变异；服用降压药后有的人血压降低，有的人没变化，这是变异；同样一所高中，有人考上了大学，有人没有考上，这也是变异。

正因为变异的存在，所以才会出现随机现象。如果你就像古龙小说中的武侠高手一样，很确定下次一定能掷出一个 6 点，那就没有变异了，也就不存在随机现象了。爱因斯坦说，上帝不掷骰子，那是从物理学角度来说的。但是从社会学、经济学、医学等角度来看，上帝确实在掷骰子，世间一直存在变异，一直都有随机。

既然每个人都不同，都是随机的，那还有什么可研究的？这是因为，当我们把多个随机结果放在一起的时候，却能发现一定的规律性。比如，抛 1 次硬币，你无法预测哪一面朝上；但是如果抛 1000 次硬币，则会出现"大概 500 次正面朝上"这种规律。又如，对于 1 名高血压患者，你无法预测他在服用降压药后血压是否会降低；但对于 500 名高血压患者，可能会出现这样的规律：大概有 80% 的高血压患者在服用降压药后血压会降低。

正是因为这种规律的存在，所以我们仍然可以在变异中寻找规律，这也正是统计学的主要目的：从各种看似杂乱的现象中找出潜在的规律。既然是规律，那就一定要在大多数人中存在，只在一小部分人中存在的现象不是规律。比如，有时会见到某些"大师"声称自己的"绿豆疗法""黄鳝疗法"等治愈了某患者，也能赢得不少人的信赖，因为确实有人现身说法。且不说现身说法的这些人是不是托儿，即便真的是被治好的，那这种情况也不能叫规律，而是偶然，因为更多的是没有被治好的患者，这才是规律。

2.2 特朗普与罗斯福的胜出——抽样调查到底可不可靠

要证明一种现象是不是真正的规律，需要在大量人群中进行验证。当然最好的办法就是调查地球上的所有人，证明在所有人中都存在这种规律。然而这过于理想化，不要说全世界，即使调查一个县的所有人都很难。所以我们换一种思路，调查部分具有代表性的人群，然后用统计学方法将这部分人的调查结果推广到全县、全国，甚至全世界。这就是抽样调查，调查的代表性人群就是样本，打算推广的人群就是总体。

统计学通常利用样本数据来推断总体结果，或者说，用样本统计量推断总体参数。比如，想了解北京市所有人群的糖尿病患病情况，从北京市所有区县中随机抽取了 1万人进行调查。这 1 万人就是样本，北京市所有人群就是总体。1 万人的糖尿病患病率就是样本统计量，北京市所有人群的糖尿病患病率就是总体参数。

总体参数是客观存在的，比如北京市所有人群的糖尿病患病率，这是一个客观的、固定的数值（这是指经典统计学中的假设。在贝叶斯理论中，甚至认为总体参数也是随机的），只是我们不知道罢了（所以才需要估计）。样本统计量则不是固定的，虽然在一次调查中是固定的，比如 10%，但如果重新选择研究对象调查，那就有可能是 11%。所以它不是固定的，而是随机变化的。正因为样本统计量是随机的，所以我们只能用它来"估计"总体参数，但估计会存在一定的误差。

有的人并不相信抽样调查，认为仅凭一小部分人就来推论某地区甚至全国的参数，这是天方夜谭。然而，越来越多的证据表明，科学合理的抽样调查，其推断的结果是可靠的。所谓的不可靠，只是因为你没有真正做到科学抽样，因为在实际抽样中，各种可能导致预测失败的因素比比皆是。

典型的例子就是特朗普和希拉里的竞选，几乎所有民意调查机构都预测希拉里将以压倒性优势获胜，然而结果让人大跌眼镜。由于这一反差太大，以至于特朗普自己的智囊团都不敢相信。共和党策略专家 Mike Murphy 说："我的水晶球碎成了原子。今夜，数据死了。"为什么会出现这种情况？美国已经组织了一批学者对该现象进行研究，期望能找出其中的原因。所以真实的原因仍有待挖掘，这里我不想乱猜，毕竟没有数据，但我们可以通过一个已有结果和答案的真实案例来进行说明。

在 1936 年的美国大选中，民主党候选人罗斯福对战共和党候选人阿尔夫·兰登。《文学文摘》当年邮寄出 1000 万份问卷，回收 230 万份，样本数量足够大了。经过分析后，他们预测共和党候选人阿尔夫·兰登会战胜罗斯福当选总统。结果却是罗斯福获得了压倒性的胜利。

为什么如此大的样本数量竟会出现这种情况？原来《文学文摘》是按照电话号码本选出的这 1000 万名调查对象，但在 1936 年的美国，能装得起电话的往往是较富裕阶层、持保守立场的共和党选民，而支持罗斯福的广大工人群体基本被排除在调查范围之外，由此在样本上造成了极大偏差，从而导致结论的偏差。

而当时刚成立的盖洛普调查公司只用了 5 万样本就得出了完全相反的结果。因为他们采用了分层随机抽样方法，避免了样本来源集中于某一群体，从而更客观地反映全体投票者的倾向。

所以，抽样调查结果的可靠性不在于样本数量大不大（当然也不能太少），更主要的是科学抽样，使样本足够代表总体。当然还有很多其他因素，比如调查员的水平、总体人群的变化等，这些都需要考虑到。但不管怎样，可以看出，所谓"抽样调查不可靠"的说法只是因为调查公司考虑不周，而不是抽样调查这种方法有缺陷。

2.3　什么是抽样误差

即使一个代表性非常好的样本，它也是无法真正等同于总体的，总会存在一定的抽样误差。到底什么是抽样误差呢？下面通俗地解释一下。

假定有一个 36 人的总体（见图 2.1），拟从中随机抽取 6 人，根据样本 6 人的平均身高，推断总体 36 人的平均身高。

在现实中，由于经费、人力等所限，只能抽取一个样本（如图 2.1 中的样本 1）。但是要注意，你只是"恰好"抽中了这些人而已，理论上你是可以抽中总体中的任意 6 人的，因为他们被抽中的概率是完全相等的。如果你不嫌麻烦，重新随机抽样，那么这时候抽中的很可能就不是样本 1 中的 6 人，而是其他 6 人（如样本 3）；如果再次重新抽样，那么抽中的又是另外 6 人（如样本 2）……每个样本所计算的平均身高肯定是有所不同的，这种不同就是抽样误差。说得专业一些，样本统计量（这里就是样本均数）之间的差异就体现了抽样误差。如果抽了 10 次样本，计算出 10 个平均身高，那么这 10 个平均身高（统计量）之间的差异就是抽样误差。

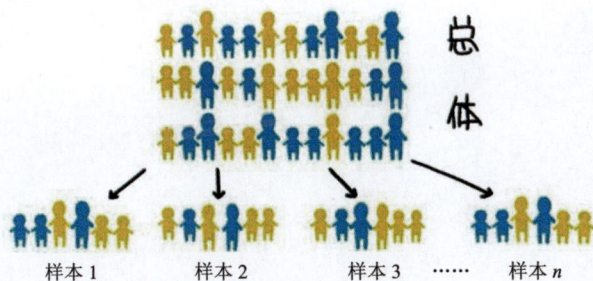

图 2.1　抽样误差示例

由于抽样误差的存在，如果用样本统计量直接估计总体参数，则肯定会有一定的偏差。所以在估计总体参数时需要考虑到这种偏差大小，即用置信区间（Confidence Interval）来估计总体参数（置信区间的详细解释见第 9 章）。例如，一次抽样计算的平均身高是 169cm，但是抽样误差可能会有±2cm 的波动。所以在估计总体平均身高时，我们不会说总体的平均身高是 169cm，而是说，有一定的信心认为 167～171cm 这一区间包含了总体身高。

那抽样误差的大小是如何计算的呢？实际中不可能多次抽样，计算每个样本的统计量，然后计算各个统计量之间的差异。因此，只能通过一次样本来计算。幸亏有聪明的统计学家推算出了一个公式，可以根据一次样本计算抽样误差的大小，这也就是标准误（Standard Error）（标准误的详细解释见第 9 章）。标准误几乎在所有统计方法中都会出现，如 t 检验、线性回归、Logistic 回归等，因为它可以提示结果的可靠性。如果标准误较小，则说明抽样误差小，这意味着样本很稳定，对总体的代表性很好，推论的结果应该较为可靠。但如果标准误较大，则说明抽样误差大，提示样本代表性不强，这种情况下一般需要加大样本量，否则结果不可靠。

第 3 章

郭靖的内力能支撑多久
——谈概率分布

郭靖此时所施展的正是武林绝学"降龙十八掌"。法王等三人紧紧围住,心想他内力即便再深厚,掌力如此凌厉,必难持久。岂知郭靖近二十年来勤练"九阴真经",初时真力还不显露,数十招后,降龙十八掌的劲力忽强忽弱、忽吞忽吐,从至刚之中竟生出至柔的妙用,那已是洪七公当年所领悟不到的神功,以此抵挡三大高手的兵刃,非但丝毫不落下风,而且乘隙反扑,越斗越是挥洒自如。

——金庸小说《神雕侠侣》

概率分布是统计学的基础,统计学中不少概念和思想都与概率分布有关系,像正态分布、二项分布等是很多分析方法的基础。理解了概率分布,很多原来你不明白的问题很可能就迎刃而解了。可惜的是,概率分布同时也是很多非统计学专业人士的噩梦,不少人一看到概率分布就头疼,一提起"概率密度""累积分布",就觉得简直像天书一样。

不过不用担心,本章不会从数理角度介绍什么是概率分布,而是用另一种方式来解释。相信你看完后,一定会明白什么是概率密度、什么是累积分布。

在讲这些概念之前,让我们先放松一下,看看郭靖是如何勇斗金轮法王、潇湘子和尼摩星三人的。网上不少人曾热议郭靖和金轮法王到底谁更厉害,从这一段描述来看,应该是郭靖更厉害一些,抵挡三大高手依然不落下风。当然,这主要是因为郭靖不仅仅在使用降龙十八掌,如果他一直使用降龙十八掌,那可能也支撑不了太久,因为消耗内力太多。

3.1　累积分布与概率密度的通俗理解

现在我们假定，郭靖共使用 5 种武功，各种武功消耗的内力不同，所以能够支撑的时间也不同，各种武功的消耗内力及支撑时间具体如表 3.1 所示。为了更有武侠感，这里假定以 1 炷香作为一个最低单位（注：古代的 1 炷香在网上有不同的说法，有的人认为是 15 分钟，有的人认为是 40 分钟，还有的人认为是 1 小时。个人认为 15 分钟应该是合理的，因为武侠小说中经常有恶斗一天一夜的情形），并假定郭靖的内力共有100 个单位。

表 3.1　郭靖使用的 5 种武功及消耗内力、支撑时间情况

招　　式	消耗内力（/1 炷香）	支撑时间（炷香）
降龙十八掌	10	10
空明拳	5	20
九阴真经	4	25
全真教武功	2	50
江南七怪武功	1	100

（1）我们先假定一种最简单的情形，即郭靖只使用一种武功，看看此时他所能支撑的时间以及内力的消耗速度。

例如，只使用空明拳，其内力消耗情况如图 3.1 所示。此时不难看出，由于只使用一种武功，其内力消耗是匀速上升的，即每炷香时间消耗的内力为 5，持续 20 炷香时间，内力消耗完。

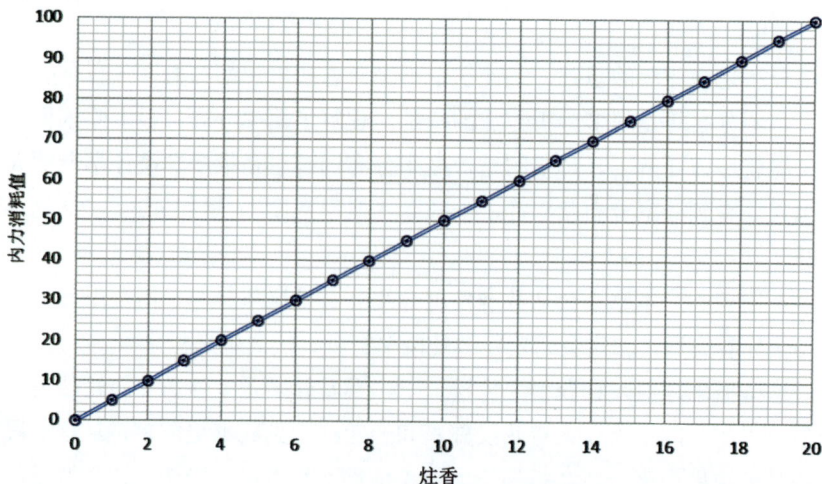

图 3.1　只使用空明拳时的内力消耗情况

图 3.2 是图 3.1 的速度，也就是说，图 3.1 中是一个累加的值，其累加量就是按图 3.2 的速度进行的。图 3.2 表示，在任意时刻，都是以 5（/炷香）的速度消耗内力的。

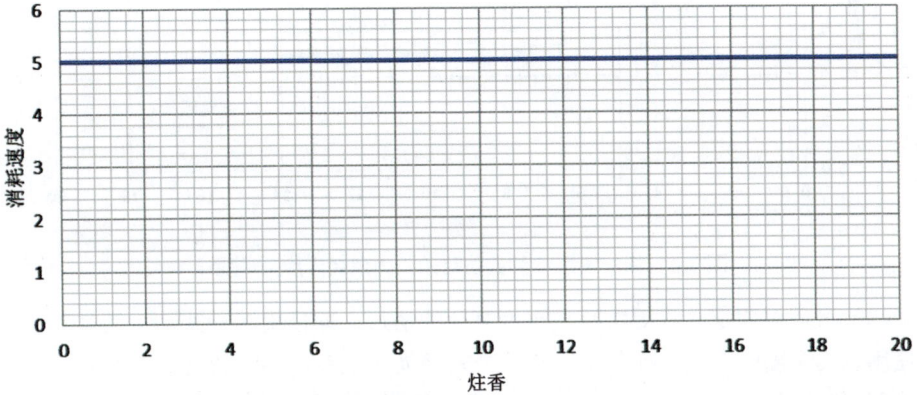

图 3.2　只使用空明拳时的内力消耗速度（/炷香）

（2）我们再假定一种稍微复杂的情形，即使用多种武功。简单起见，先假定郭靖的多种武功依次使用。先使用降龙十八掌 5 炷香，此时共消耗内力 10×5=50；再使用九阴真经 5 炷香，此时共消耗内力 4×5=20；再使用空明拳 4 炷香，此时共消耗内力 5×4=20；再使用全真教武功 4 炷香，共消耗内力 2×4=8；最后使用江南七怪武功 2 炷香，此时共消耗内力 1×2=2。所有武功消耗内力之和为 50+20+20+8+2=100，内力消耗完。其内力累积消耗情况如图 3.3 所示。

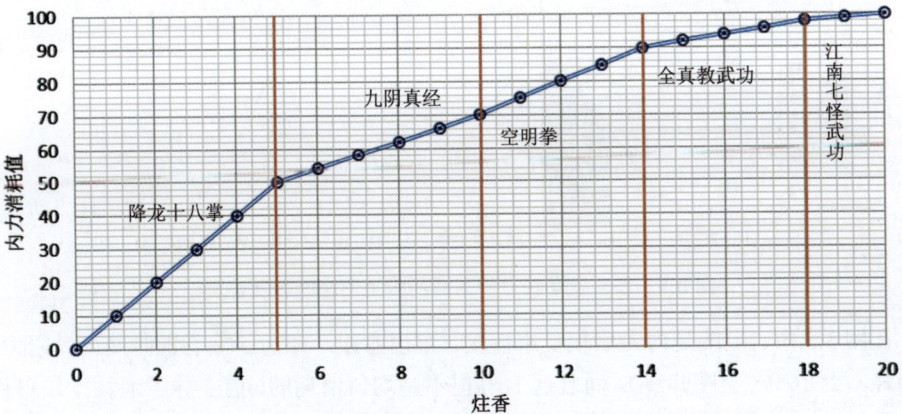

图 3.3　依次使用 5 种武功时的内力消耗情况

这 5 种武功所对应的消耗内力的速度如图 3.4 所示。可以看出，前 5 炷香以 10 的速度消耗，后面 5 炷香以 4 的速度消耗，再后面的 4 炷香以 5 的速度消耗，再后面的 4 炷香以 2 的速度消耗，最后的 2 炷香以 1 的速度消耗。

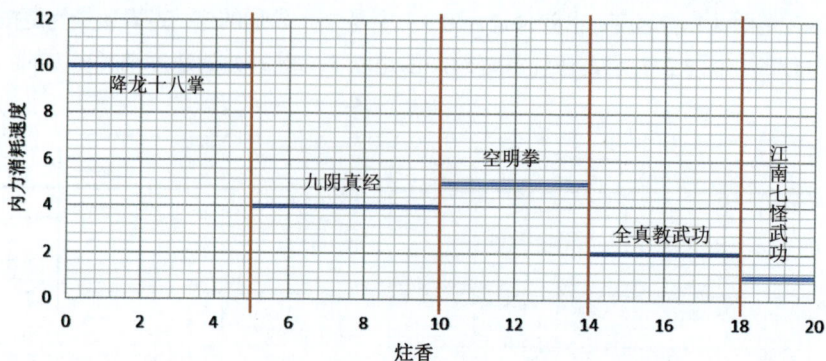

图 3.4　依次使用 5 种武功时的内力消耗速度（/炷香）

（3）最后再假定一种更实际也更为复杂的情形，即使用多种武功，而且不一定依次使用，而是随时变换，比如上一招可能是降龙十八掌，下一招就是全真教武功，然后接着九阴真经，也有可能是一直游斗，不消耗内力。这种情况如图 3.5 所示。

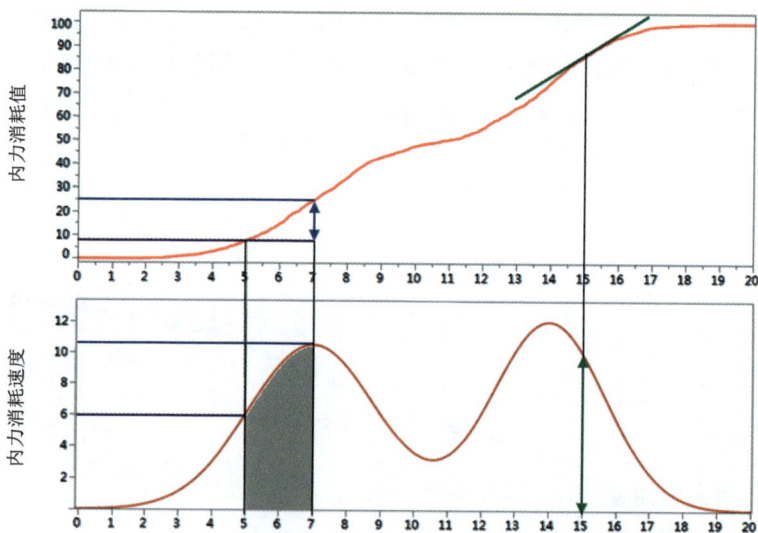

图 3.5　多种武功任意使用时的内力消耗情况及速度

在图 3.5 中，上图是内力累积使用情况，可以看出，在前 5 炷香的时间内，内力总共消耗不到 10%（上图紫线），而且这 10% 也不是均匀消耗的，前 3 炷香消耗比较平稳，第 4 和第 5 炷香上升较快。在下图中体现为，前 3 炷香的速度在缓慢增加，到第 4 和第 5 炷香时速度加快，第 5 炷香时速度已达到 6%，说明郭靖可能在使用九阴真经夹杂全真教武功。

我们以第 5～7 炷香的内力消耗情况为例详细说明一下。从上图中可以看出，从第 5 炷香到第 7 炷香，总共消耗的内力约为 17%（上图蓝线与紫线的距离），也就是说，2

炷香之内就消耗了 17%左右，而前面 5 炷香总共消耗了 8%左右。再看下图，第 5 炷香时，速度还是 6%，而到了第 7 炷香，速度已接近 11%（可能同时使用降龙十八掌和九阴真经）。因为速度也在增加，所以从上图中可以看出，第 5～7 炷香之间曲线是往上翘的，而不是匀速增加的，即累积上升的速度越来越快。

其余时间的内力消耗以此类推。到了第 18 炷香的时候，上图显示，内力几乎消耗殆尽，应该在 95%以上。下图同样显示，到第 18 炷香时，内力消耗不足 1%，说明此时主要以游斗为主，夹杂一些江南七怪武功。

现在我们把刚才几幅图中的规律总结一下。

（1）理解累积分布和概率密度的概念。图 3.5 中的上图、图 3.3 和图 3.1 体现的是"累积分布"的概念，累积分布函数一般用 $F(x)$ 来表示；而图 3.5 中的下图、图 3.4 和图 3.2 体现的是"概率密度"的概念，概率密度函数一般用 $f(x)$ 来表示。

累积分布比较容易理解，也就是内力不断累积，最终消耗殆尽的一个过程。通俗来说，也就是从 0 一直累积到 100%，累积的速度可以相等（图 3.1），也可以不相等（图 3.3、图 3.5 中的上图）。概率密度也就是概率的密度。我们经常说人口密度等，意思就是在某个点上人口集中。通俗而言，密度就是在某个点上数据比较集中，在本例中就是内力集中消耗（如降龙十八掌内力集中消耗比较严重）。

（2）理解累积分布的斜率与概率密度的关系。累积分布的斜率越大，概率密度也越大。事实上，密度值等于累积分布中对应点的斜率。如图 3.3 中，前 5 炷香斜率最大，对应图 3.4 中前 5 炷香的值最大（10）。再如图 3.5 中，上图绿线是第 15 炷香时对应的切线，这一点的斜率值等于下图中第 15 炷香对应的密度值（下图中绿线高度）。

（3）理解累积分布与概率密度的关系。**密度与累积分布的关系是：密度=累积分布的增加量/长度，或者，累积分布的增加量=密度×长度**。如图 3.3 中，使用空明拳时，内力消耗共增长了 20，对应的长度（时间）是 4 炷香，则此时的密度为 20/4=5，也就是图 3.4 中对应的 5。再如图 3.5 中，第 5～7 炷香之间，内力消耗共增加了约 17%（上图蓝线与紫线的距离），而下图中第 5～7 炷香之间的灰色面积大约也是 17%（虽然形状不规则，但大家可以大致算一下），这两个值是相等的。

概率密度与累积分布的关系一定要仔细理解，只有读懂了这一关系，才能真正理解概率分布。对于累积分布而言，如果看整条曲线，则从 0 增加到 100%（郭靖从一开始的内力 0 消耗，直至内力 100%消耗）。因此对应的概率密度曲线下，其面积一定也是 100%，也就是说，图 3.5 的下图中，这条弯曲的红色曲线下方的面积是 100%。

我们通常所说的正态分布、二项分布、t 分布等概率分布其实都是概率密度函数，所以它们的曲线下方的面积都是 100%，只是不同点的密度不同而已，如有的分布可能在 0 的时候密度较高（数据主要集中在 0 附近），有的分布可能在 2 的时候密度较高（数据主要集中在 2 附近）。不要把这些分布想象得过于神秘，它们只是反映了数据的不同变化特征而已。

可能你会说，我知道这些分布有什么用呢？就算我明白了什么是概率密度，对实际工作有什么帮助？当然是有用的。下面我们来举两个分布的实用案例，通过这两个案例你会发现，原来理解分布这么有用。

3.2 是生存还是死亡？这是一个问题——用 Weibull 分布寻找生存规律

生存数据在医学中十分常见，生存数据中的所谓"生存"和"死亡"并非狭义的生存和死亡。任意我们关注的事件结局都可以称为"死亡"，未发生的结局都可以称为"生存"。如果出院后再次住院，这就是一个事件结局，再次住院等同于"死亡"，未住院等同于"生存"，从出院开始到再次住院间隔的时间就是生存时间；再如出狱后再次入狱，这也是一个事件结局，再次入狱等同于"死亡"，未再次入狱等同于"生存"，从出狱开始到再次入狱间隔的时间就是生存时间。

对于生存数据，我们能做的不仅仅是简单列表描述不同时间段内的"死亡"人数，而且可以利用概率分布寻找"死亡"的变化情况，上升到可以推而广之的规律。

例 3.1：某医生观察了因某病而死亡的 44 例患者的生存情况，这些人的生存时间分布情况大致如图 3.6 所示。从图中不难看出，大约有一半患者的生存时间在 10 个月之内，超过 15 个月的患者非常少。如果再详细一些，则可以列出每个月的死亡人数，仅此而已。

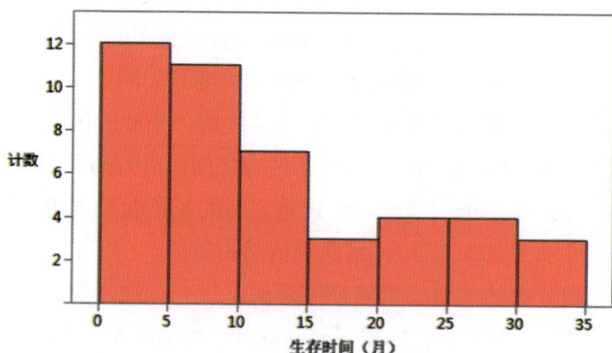

图 3.6　44 名患者的生存时间概况

那对于这些数据，就这么简单地描述一下吗？当然不是了，这太对不起前期收集数据所花费的精力和心血了。我们来进一步探索如何根据这些数据寻找该病患者死亡的规律。

图 3.7 给出了利用 Weibull 分布拟合该数据的结果（此时你不用非要搞清楚什么是Weibull 分布，只需知道这是一种分布名称即可，后面会有关于该分布的介绍）。图中的点表示这 44 例患者的死亡时间，绿色曲线表示 Weibull 分布的拟合情况，绿色范围是

曲线的置信区间。可以看出，Weibull 分布可以较好地拟合这些人的死亡时间变化情况。换句话说，这些人的死亡变化规律很可能是符合 Weibull 分布的。

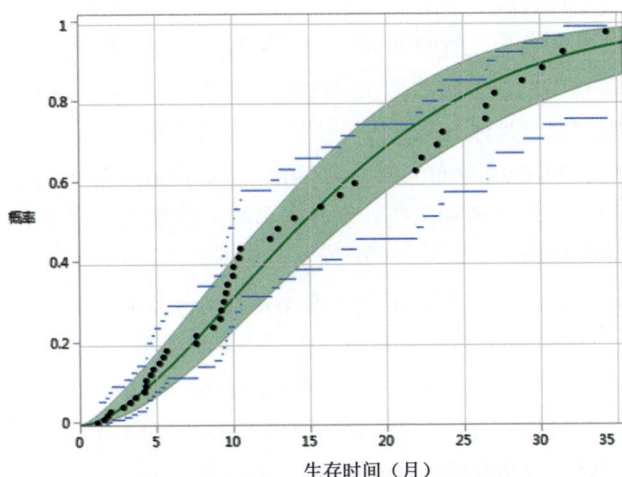

图 3.7　44 名患者生存时间的 Weibull 分布

图 3.7 反映的规律是什么样子的呢？大致可以看出，前 10 个月内，死亡人数增加比较快，尤其第 10 个月左右，斜率非常大。而 10 个月以后，死亡人数明显减少，而且时间越往后人数越少。当然，具体的变化速度我们还需要通过密度函数来体现。

图 3.7 给出的是 Weibull 分布的累积分布，图 3.8 则展示了概率密度分布，在此处即死亡速度。可以看出，死亡速度从一开始就在上升，一直到大约 10 个月的时候，死亡速度最高（约为 4%）；从 10 个月以后，死亡速度开始下降，而且越来越低。这与图 3.7 是完全对应的。

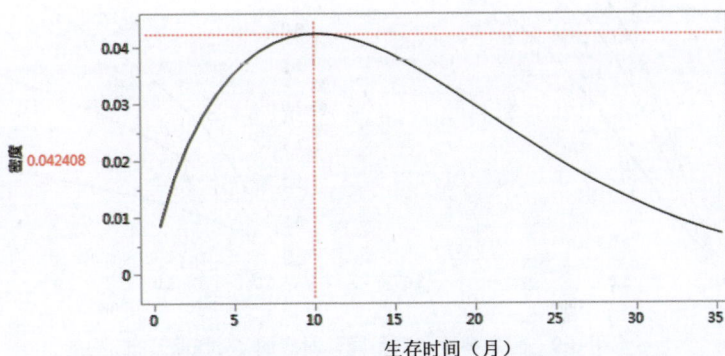

图 3.8　44 名患者生存时间的 Weibull 分布的概率密度

至此，我们基本上可以描绘出该病患者的死亡变化规律。很明显，这比你简单列出不同月份的死亡人数要高级得多。如果你是一名杂志编辑，看到两篇文章，一篇只是简单列表，另一篇给出了分布变化规律，那么你会录用哪一篇？我想结果是不言而喻的。所以，概率分布不是供人瞻仰的花瓶，而是有真正的实际应用价值。

不过我想你肯定还有很多不明白的地方，让我们再对常见的一些疑惑进行解答。

首先，为什么非要确定一种分布呢？因为所有分布都有固定的形状，只要确定了相应的参数，就可以明确该分布的形状是什么（如正态分布，只要知道了均数和标准差，就可以确定它的分布是什么样子的）。所以，一旦将数据上升为分布的层面，一切就变得简单了。对于 Weibull 分布来说，也有两个参数决定其分布，分别是形状参数和位置参数。我们可以很容易地利用统计软件求出相应的参数，这样就可以根据这些参数来说明数据的变化规律。

其次，为什么这里要选择 Weibull 分布而不是其他分布呢？这一点就需要统计学的支持了。事实上，我在分析该数据的时候，尝试了多种分布，最后发现 Weibull 分布的拟合效果较好。只不过这里我没有说尝试的过程而已，直接给出了最佳拟合分布。而且，当你经历了无数的数据分析之后，对出现的数据形状应该用什么分布来拟合，都是心中有数的，所以，这是有经验在其中的。

* * * * * * * *

Weibull 分布常用于生存数据的拟合，描述死亡人数（再次强调，这里的"死亡"并非直观意义上的死亡）的变化规律。Weibull 分布的形状主要由两个参数来决定，参数 λ 反映曲线位置，参数 p 控制曲线形状。通过这两个参数，Weibull 分布保证了曲线既可以反映死亡速度，还可以反映死亡速度是如何变化的。下面我们通过图 3.9 和图 3.10 来说明这两个参数是如何起作用的。

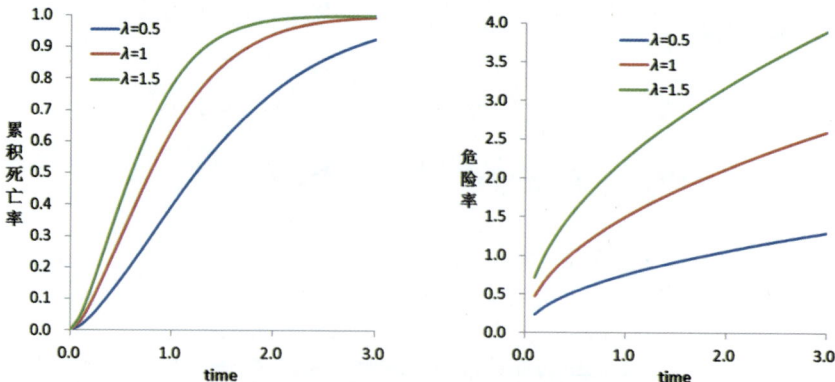

图 3.9　固定参数 p 时不同 λ 对应的 Weibull 分布

在图 3.9 中，左图是累积分布函数，右图是危险率函数（反映了从某一个时间点往后的死亡风险大小，但不是密度函数）。左图反映了累积死亡情况，从一开始的 0%到最后无限接近 100%；右图反映了死亡风险大小。从右图中可以看出，λ 越大（如 $\lambda=1.5$），死亡风险越大，左图则表现为死亡人数迅速增加；λ 越小（如 $\lambda=0.5$），死亡风险越小，从左图中相应地可以看出死亡人数增加不是很快。

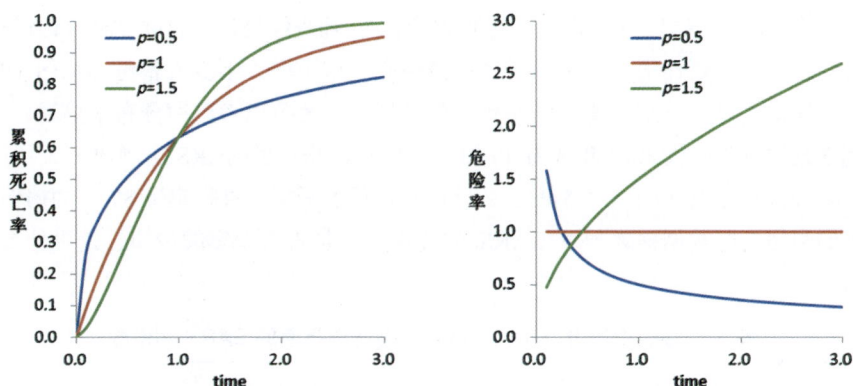

图 3.10　固定参数 λ 时不同 p 对应的 Weibull 分布

在图 3.10 中，右图的危险率函数显示：当 $p<1$ 时（如 $p=0.5$ 的曲线），一开始死亡风险很大，但越往后风险越小；当 $p>1$ 时（如 $p=1.5$ 的曲线），一开始风险较小，但越往后风险越大；当 $p=1$ 时，死亡风险在任何时刻都相等。在左图中则表现为：当 $p=0.5$ 时，死亡速度一直在降低，但前期降低得更快；当 $p=1.5$ 时，死亡速度先逐渐升高，后来又降低；当 $p=1$ 时，死亡速度一直以匀速降低。

* * * * * * * *

JMP 软件在生存分析的各种参数模型和分布拟合方面具有独特的优势（图 **3.7** 和图 **3.8** 就是由 **JMP** 软件输出的）。**JMP Pro13.0** 针对生存数据的分布拟合的主要操作过程如下：

依次单击"分析"→"可靠性和生存"→"寿命分布"，在界面中输入生存时间和生存状态（如果全部死亡，则也可以不输入），单击"确定"按钮进入寿命分析的结果界面。在结果界面中勾选"Weibull"即可输出 Weibull 分布的拟合结果和图形（也可勾选其他分布输出其他相应分布的结果）。

Stata 是目前执行生存分析参数模型较为全面的软件，可通过 **streg** 和 **stcurve** 命令实现各种生存分析的参数模型，主要命令为：

```
stset time, failure(status==1)
streg, dist(weibull)
stcurve, cumhaz
stcurve, hazard
```

3.3 2003 年的那场 SARS——用 Logistic 分布探索疾病流行规律

2003 年的那场 SARS（严重急性呼吸综合征），凡是经历过的，肯定至今记忆犹新，除恐慌的记忆外，还让很多人记住了"疾控中心"这个词。不少人曾对 SARS 的传播规律进行探讨，以便总结规律。而如果上升到规律，就可以考虑用分布来描述。

例 3.2:表 3.2 是从 2003 年 3 月 17 日起中国香港报道的 SARS 病例数，t 表示天数，$t=0$ 表示 2003 年 3 月 17 日，$t=5$ 表示从该日起往后 5 天，一直收集了 87 天的病例发生数。我们利用这些数据探索一下 SARS 的传染人数是否有一定的规律、是以什么速度传播的。

表 3.2 从 2003 年 3 月 17 日起中国香港报道的 SARS 病例数

t	0	5	12	19	26	33	40	47	54	61	68	75	81	87
case	95	222	470	800	1108	1358	1527	1621	1674	1710	1724	1739	1750	1755

首先来看一下病例数随时间变化的趋势，如图 3.11 左图所示。当然最重要的工作就是如何找到一个分布，能够最好地拟合这些点，也就是找到一条能够最大限度地贴合这些点的曲线。

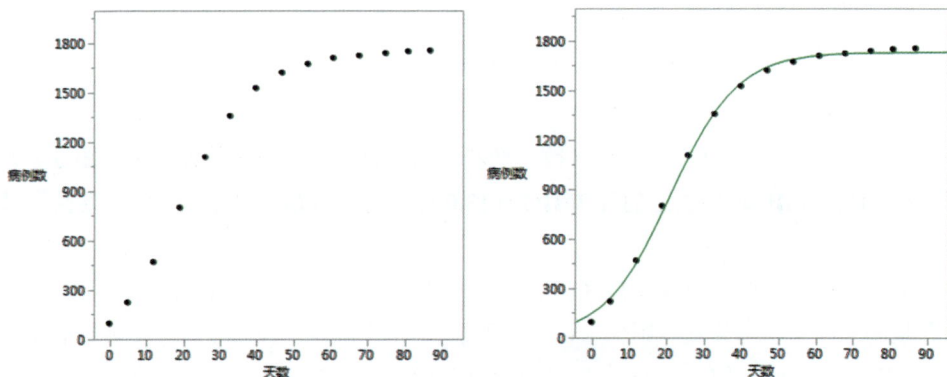

图 3.11 病例数随时间变化的趋势及其拟合

如果你做的类似工作不是很多，则可能面对左图的点更多的是茫然无措。但如果你对常见的一些分布有所了解，就不难看出，这种形状很像 Logistic 分布。当然你可能会说，我没有做过，看不出来怎么办？有两种方式：一是自己多看书；二是直接找统计学专家合作。

图 3.11 中的右图显示了利用 Logistic 曲线拟合这些点的情况，可以看出，拟合效果非常好，说明可以用 Logistic 分布描述 SARS 感染人数的增长规律。从右图中可以看出，共有 87 天的数据，感染人数集中在前 40 天，40 天以后感染人数非常少。当然，这是一张累积分布图，如果想了解速度，那么我们还需要看一下概率密度图。

图 3.12 对比显示了累积分布和概率密度分布图,上图是概率密度,下图是累积分布。

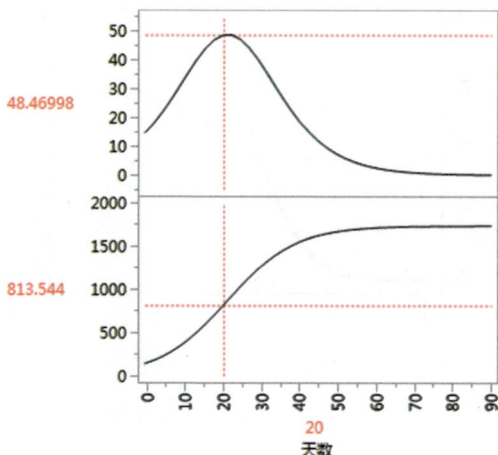

图 3.12　病例数随时间变化的速度与累积人数

从图 3.12 中可以看出,病例增长速度从第 0 天起一直在上升,直至第 20 天的时候,速度上升到最快,此时可达到每天感染近 50 人。从此以后,速度就开始下降,第 50 天的时候速度约为 6;而到第 60 天以后,速度接近 1。累积分布图与此对应,前期人数累积得很快;而到第 50 天以后,累积人数越来越少。

从本例中可以看出,SARS 流行的规律大概为前期感染速度很快,到大约第 20 天的时候出现转折,速度开始变缓;到第 50 天的时候,已呈强弩之末态势;第 70 天以后基本就没有什么人感染了。

* * * * * * * *

为什么在刚才的例子中我首先会想到 Logistic 分布呢?因为 Logistic 分布常用于研究一些物种的生命周期演变规律,如人口变化、生物种群的变化、疾病感染情况的变化、死亡人数的变化等,有时也称生长曲线。它的基本形式大概如图 3.13 所示,是一条类似于 S 形的曲线。它可以分为 4 个阶段:发生、发展、成熟、饱和。发生阶段速度缓慢,发展阶段则迅速上升,后来逐渐成熟稳定,一直到最后则趋于饱和。所以刚才看到图 3.11 的时候,看起来有点像 S 形曲线,就可以考虑用 Logistic 分布来拟合。

我个人一直很喜欢 Logistic 曲线,因为它能够刻画出很多变化规律。就拿人类自身来说,人类刚出现时是发生阶段,人口增长速度极为缓慢;但到了发展阶段,人口迅速膨胀,很快就到了成熟阶段;也许现在已经是饱和阶段(很多人都曾警告,地球已经不堪人口数量的重负)。再比如企业的发展,一开始的创业阶段都很艰难,需要很长的低速期;但撑过这一段时间到了发展期后,就会迅速发展壮大直至成熟;然而,最终不可能一直持续发展,总有饱和阶段甚至破产。就像老子所言:金玉满堂,莫之能守;富贵而骄,自遗其咎。

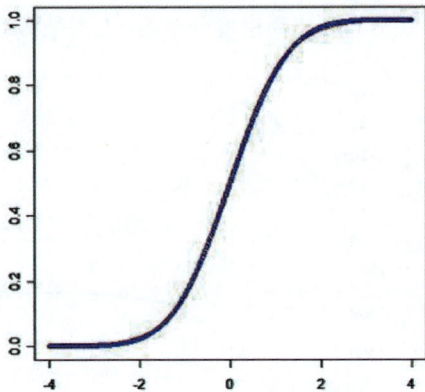

图 3.13　Logistic 分布曲线的基本形式

在医学研究中，Logistic 分布通常是三参数或二参数的形式。三参数 Logistic 曲线可表达为

$$y = \frac{k}{1 + e^{-a(x-b)}}$$

式中，k 表示上限值；a 反映了增长速度；b 表示拐点，即从 b 点开始上升速度变慢，在 b 点时上升速度达到最高。

由于需要估计的参数有 3 个，因此称为三参数 Logistic 曲线。对于例 3.2 中的数据，采用三参数 Logistic 曲线，最终估计出 3 个参数的结果如图 3.14 所示。

参数	估计	近似标准误差	t 值	近似 Pr > |t|
k	1732.468	10.9011	158.93	<.0001
a	0.112326	0.00366	30.72	<.0001
b	21.08445	0.3305	63.80	<.0001

图 3.14　三参数 Logistic 曲线的估计结果

这一结果与图 3.12 的显示结果基本一致。在结果中，b=21 说明拐点是第 21 天，即大约在第 21 天的时候传染速度达到高峰，从第 21 天以后速度开始降低，第 21 天是传染速度由高到低的拐点。

在有些情况下，上限已经确定了（一般为 1），不用估计，这时候就变成了二参数 Logistic 曲线，即

$$y = \frac{1}{1 + e^{-a(x-b)}}$$

在二参数 Logistic 曲线中，只有 a、b 两个待估参数。

📖 内容扩展：

　　我们通常说的 Logistic 回归模型，上限和下限就是确定的。因为 Logistic 回归主要用来分析阳性率，其上限为 1，下限为 0，对于率而言，一定在 0% 和 100% 之间。

* * * * * * * *

SAS 软件可通过 **proc model** 过程实现 Logistic 曲线（或其他曲线）中的参数估计，
主要语句为：

```
proc model;
y=k/(1+exp(-a*(x-b)));
fit y start=(k 1800 b 20 a 0.3);        /*预指定各参数的初始值*/
run;
```

JMP Pro 软件拟合 **Logistic** 曲线（或其他各种曲线）的操作如下：

依次单击"分析"→"专业建模"→"非线性"，打开"拟合曲线"界面，然后单击
"S 形曲线"→"Logistic 曲线"→"三参数 Logistic 拟合"即可输出结果和图形。

* * * * * * * *

通过这两个案例可以看出，利用分布可以说明很多问题。不管是医学现象、社会
问题还是生态问题等，只要有一定的规律，都可以用分布把这种规律找出来。但首先
要有这种思路，如果你连想都想不到，那就谈不上如何做了。

3.4　"普通"的正态分布

正态分布大概是医学中（也可能是所有社会现象中）最常见的一种分布了，它描
述了某些比较稳定但又受一些偶然因素影响的现象。回想一下你在高中时，每次考试
的成绩都比较稳定，都在 90 分左右。但是每次考试的成绩可能都不完全一样，因为每
次考试的身体状况、心理状况等都是随机变化的。这种现象就是正态分布，大多数分
值集中在 90 分左右，但受偶然因素的影响，也会有 88、95、84、96 等分值。

正态分布（Normal Distribution），如果直译其实也就是普通的分布，因为它确实代
表了现实中最普通的一种数据形式。

下面我们先说一下正态分布曲线是怎么得来的。

假定有 10000 人的身高数据，我们根据所有数值绘制频数分布图，如图 3.15 所示。

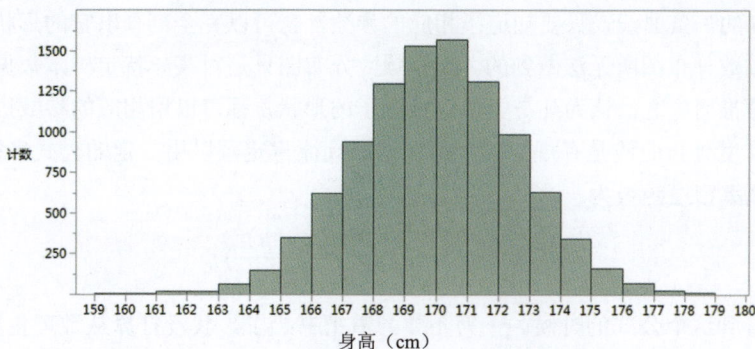

图 3.15　10000 人身高的频数分布

在图 3.15 中，每根柱子的宽度是 1cm。不难看出，人数最多的区间是 170～171cm，175cm 以上和 165cm 以下的人非常少。

如果我们把柱子的宽度逐渐变窄（见图 3.16），分别变为 0.5cm（左上图）、0.1cm（右上图）、0.01cm（左下图），越来越细，那么这时候我们发现，图中显示的数据越来越密集，到 0.1cm 的时候几乎分不清柱子之间的界限了，到 0.01cm 时已经完全分不清了。可以想象一下，如果柱子的宽度无限窄，那么整个频数分布图就完全是密集一片，没有任何分隔（右下图），这时候就是正态分布。

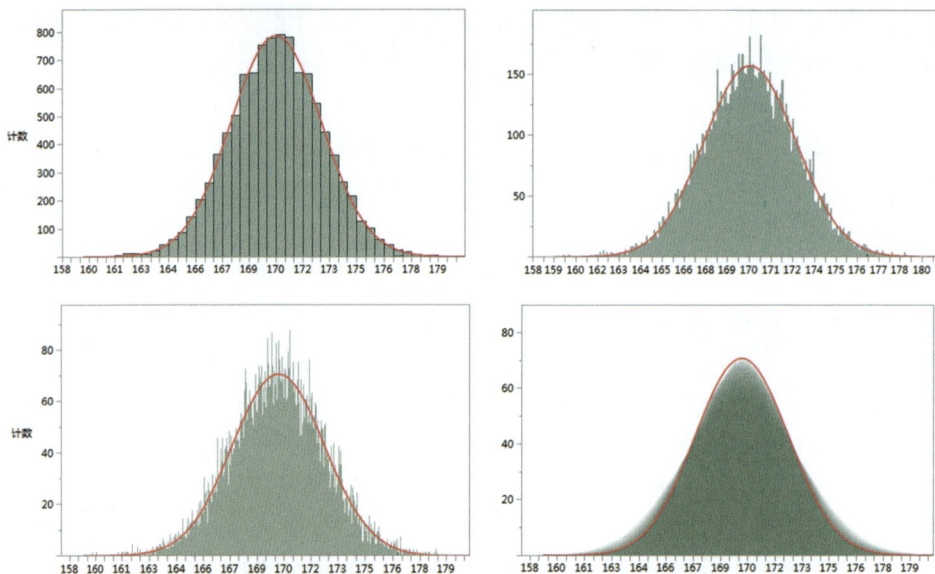

图 3.16　频数分布图中柱子依次变窄后的形状

虽然正态分布是一条曲线的形状，但其含义与频数分布图没什么区别，只是我们在理论中把它细化到无限窄而已（实际中一般是做不到的）。虽然实际中数据达不到这种程度，但我们把它上升到理论高度后，指导实际就会很方便。因为理论上我们可以认为，这样的一条曲线，只要知道了相应的参数，就可以完全刻画出它的形状和位置，这一点是频数分布图所无法做到的。因为频数分布图只是对某一特定样本数据的展示，而分布则是推而广之，认为凡是类似这种样子的形状，都可以用相应的参数进行描述。

既然密度分布曲线是有规律的，那么这一规律肯定可以用一定的公式来描述。正态分布的概率密度函数为：

$$f(x) = \frac{1}{\sigma\sqrt{2\pi}}\exp(\frac{-(x-\mu)^2}{2\sigma^2})$$

当你看到这个公式的时候，千万不要急着把书扔了，我没打算从数理角度来分析这个公式，但我相信，只要你仔细往下看，就会明白这个公式的含义。

这个公式过于复杂，我们先把它分解一下。这个公式中的关键部分不是前面的 $\frac{1}{\sigma\sqrt{2\pi}}$，这只是一个系数，可以先不考虑，重要的是后面的 $\exp(\frac{-(x-\mu)^2}{2\sigma^2})$。当然这个式子看起来仍然不简单，我们可以进一步简化。式中的 $\frac{x-\mu}{\sigma}$ 实际上是一个 Z 变换（Z 变换的概念详见第 5 章，这里你可以暂且不用考虑其含义，知道它可以用 Z 表示就行了），这样一来，$\exp(\frac{-(x-\mu)^2}{2\sigma^2})$ 就可以简化为 $\exp(\frac{-Z^2}{2})$。

现在我们就针对 $\exp(\frac{-Z^2}{2})$ 这样的公式来解释一下正态分布。

首先，由于括号中是 Z 值的平方，所以不难理解，$Z=-a$ 和 $Z=a$ 所得的值是一样的。换句话说，该公式所对应的分布是左右对称的。

其次，由于 Z^2 是正数，因此括号中的值永远不可能为正数。在这种情况下，当 $Z=0$ 的时候，$\frac{-Z^2}{2}$ 最大，$\exp(\frac{-Z^2}{2})$ 也最大。而什么情况下 $Z=0$ 呢？也就是 $x=\mu$，即 x 等于均数的时候。这说明，在 x 等于均数的点，概率密度函数达到最大值。

最后，Z 值距离 0 越远，Z^2 就越大，$\frac{-Z^2}{2}$ 就越小，$\exp(\frac{-Z^2}{2})$ 也越小。而 Z 值距离 0 远等同于 x 距离均数远。因此，x 距离均数越远，密度值越小，而且是逐渐降低，当距离无限远的时候，$\exp(\frac{-Z^2}{2})$ 就趋近于 0。

我们结合图 3.16 右下图的正态分布，说明一下刚才的 3 个规律：该数据中均数为 170cm，可以看到，当横坐标的值等于 170cm 的时候密度分布值最大；而且该分布以 170cm 为中心左右对称，距离 170cm 越远，密度值越小（两侧均如此），当小到 160cm 或大到 180cm 的时候，已经接近 0 了。

我们刚才一直在解释 $\exp(\frac{-Z^2}{2})$，下面再考虑前面的系数 $\frac{1}{\sigma\sqrt{2\pi}}$。其中 $\frac{1}{\sqrt{2\pi}}$ 是固定的（$\pi \approx 3.14$），也就是说 $\frac{1}{\sigma\sqrt{2\pi}}$ 的变化主要由 σ（标准差）来决定。不难看出，σ 越大，$\frac{1}{\sigma\sqrt{2\pi}}$ 就越小，从而导致整个 $f(x)=\frac{1}{\sigma\sqrt{2\pi}}\exp(\frac{-(x-\mu)^2}{2\sigma^2})$ 变小。体现在正态分布图中就是，标准差越大，对应的密度值越小，即分布越"矮胖"；标准差越小，对应的密度值越大，即分布越"瘦高"。

如果仅看图形，则也可以说明问题，我为什么非要解释一下公式呢？主要是想告诉大家，其实统计中的这些公式并不是特别复杂，只要你用心看、仔细看，总能看出一些规律。

* * * * * * * *

从刚才的公式中可以看出，正态分布主要由两个参数决定，即均数和标准差。所谓分布的参数，意思就是根据这些参数就可以确定分布曲线的形状。任何分布都是由特定的一个或几个参数决定的，多数分布（并非所有分布）都会有两个参数：位置参数和形状参数，位置参数决定分布的位置，形状参数决定分布的形状。在正态分布中，均数是位置参数，决定了分布集中在什么位置；标准差是形状参数，决定了分布的分散程度。

图 3.17 显示了正态分布形状随着均数和标准差变化而变化的情形。左图中 3 条分布曲线的标准差均为 1，只是均数不同，可以看出 3 条曲线只是平行位移，形状不变，所以均数是位置参数，只是改变正态分布的位置。右图中 3 条分布曲线的均数都为 0，只是标准差不同，可以看出 3 条曲线只是形状发生变化，但位置不变，都集中在 0 值周围。标准差越大，分布越"矮胖"；标准差越小，分布越"瘦高"。

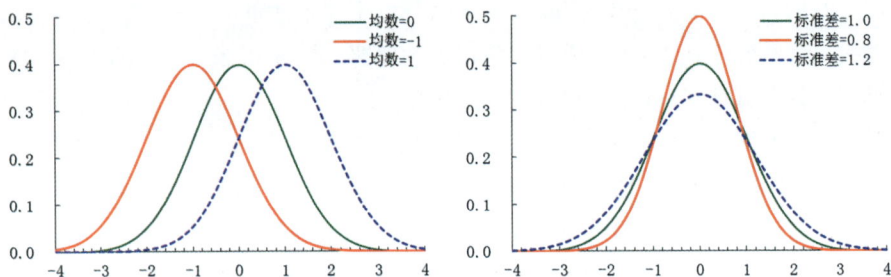

图 3.17　不同均数和标准差对应的正态分布

由于正态分布中的均数和标准差可以取多个值，所以正态分布的形状也是多种多样的。但无论形状如何变化，其规律都是一定的。在正态分布中，以均数为中心，往左或往右 1 倍标准差的面积各约为 34.1%。换句话说，在±1 倍标准差的范围内面积约为 68.2%，在±2 倍标准差的范围内面积约为 95.4%，在±3 倍标准差的范围内面积约为 99.7%（见图 3.18）。这就是正态分布的规律。

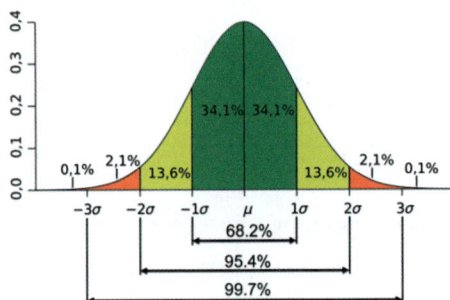

图 3.18　正态分布下的面积规律

可能有的人会问：为什么±1 倍标准差的面积是 68.2%而不是 78.2%？首先，没有必要纠结这一点，因为这些都是前人已经帮我们总结好且验证过的，如果你只是应用统计，那么知道这些规律即可。其次，如果你真想自己再验证一下，那么最简单的方法莫过于统计模拟。下面就利用统计模拟来说明一下这个问题。

图 3.19 中的两份数据分别是模拟均数=10、标准差=1（左图）和均数=10、标准差=2（右图）的 10000 个数据。我已经设定了柱子宽度为 1 倍标准差，即左图宽度为 1，右图宽度为 2，这样每根柱子分别在各自的数据中代表 1 倍标准差。

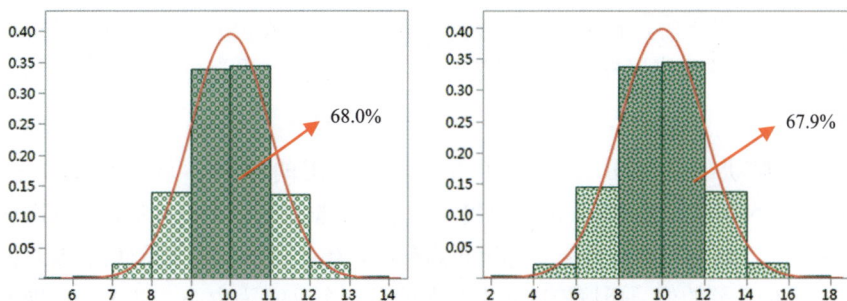

图 3.19 模拟正态分布数据的面积规律

在左图中，中间两根柱子的数据的比例为 68.0%；在右图中，中间两根柱子的数据的比例为 67.9%。这两个数都很接近 68.2%。当然有一定误差是很正常的，因为模拟数据不大可能完全和理论值一模一样。但可以想象，如果我重复模拟，如模拟 1000 次，那么理论上，这 1000 个比例的均数应该为 68.2%。

📁 常见疑惑：

在正态分布的规律中，所谓偏离 1 倍标准差，并不意味着频数分布图中的柱子宽度为 1，而是根据标准差大小而定的。如图 3.19 中右图数据的标准差是 2，因此 1 倍标准差是 2。此时如果把柱子宽度设为 1，那么中间两根柱子所占比例肯定不是 68.2%，因为这时候相当于 0.5 倍标准差。

在统计学检验中，很多推断都基于正态分布的规律，比如我们经常说 $P<0.05$ 认为差异有统计学意义，实际上说的就是正态分布的两侧面积。确切地说，当从均数往左或往右各 1.96 倍标准差的时候，对应的左侧和右侧面积之和就是 5%。因为这种概率不是很高，所以认为其是小概率事件（P 值的含义详见第 7 章）。

正态分布的这些规律在实际中还有很多其他应用，如六西格玛质量控制。所谓西格玛就是希腊字母 σ（标准差）的音译，六西格玛也就是 6 倍标准差。为什么必须是 6 倍标准差呢？

我们来看一下，在正态分布中，3 倍标准差以外的面积为 100%-99.7%=0.3%，看起来已经非常低了。对有些领域而言，如果能把错误发生率控制在这种程度已经不错了，因为这意味着 1000 次中仅有大约 3 次的错误。但是，对很多服务领域而言，这个值是远远不够的，因为当基数很大的时候，0.3%仍然是一个很大的数目。如果机场的错误发生率也按 0.3%来控制，首都国际机场每天起飞 1000 次，那么这意味着有 3 次飞机有问题，你还敢去乘坐飞机吗？

所以，当基数很大的时候，将错误发生率控制在 3 倍标准差之外仍是远远不够的。这就提出了六西格玛的概念，即将错误发生率控制在 6 倍标准差之外。在正态分布中，超出 6 倍标准差的面积约为百万分之二，也就是说，最多允许 100 万份样品中出现 2

次错误（在六西格玛中，标准差计算方式略有不同，一般说的是百万份样品中最多出现 3.4 次错误），这种错误发生率在一些要求比较高的领域更为适合。

* * * * * * * *

在各种形状的正态分布中，有一种非常实用的分布，就是标准正态分布（Standardized Normal Distribution）。当我们把原始数据进行了标准化后，对标准化数据拟合正态分布，这种正态分布就是标准正态分布。由于标准化将数据转换成以 0 为均数、以 1 为标准差的值，所以标准正态分布就是一个以 0 为中心、以 1 为标准差的分布。如图 3.20 所示模拟的就是均数为 0、标准差为 1 的 10000 个数据的分布，红色线是正态拟合线。

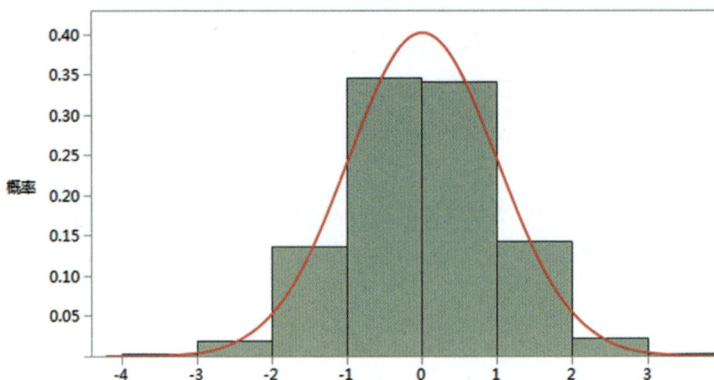

图 3.20　标准正态分布示意图

标准正态分布相当于把正态分布的规律简化了，因为它的标准差是 1，对应的横轴上的数值 1、2 直接就是 1 倍标准差、2 倍标准差。所以利用标准正态分布来说明面积规律就更简单了，可以直接说，以 0 为中心，在 ±2 的范围内面积约为 95.4%；也可以说，当横坐标的值等于 1.96（或 -1.96）时，对应的右侧（或左侧）面积约为 0.025。

3.5　几个常用分布——t 分布、χ^2 分布、F 分布

除正态分布之外，我们还经常会遇到其他一些比较常见的分布，如 t 检验对应的 t 分布、χ^2 检验对应的 χ^2 分布、方差分析对应的 F 分布等。即使你不了解这些分布也不影响你使用 t 检验等方法，但如果能明白这些分布，则可以让你更清楚地把握这些方法，以及了解这些方法之间的关系。所以，如果你确实对分布头疼，那么完全可以略过这部分内容，不会影响其他内容的阅读；但如果你还有一点兴趣，那么我建议你不妨看看。

1．"学生"发明的 t 分布

在正态分布出现以后，很多现象都可以用这种分布来描述，一直到 19 世纪末大家

都在用。但到了 20 世纪初，有人因为工作原因发现了一个问题：同样的指标，在大样本的时候是服从标准正态分布的，可是如果数据变少了，形状就和标准正态分布不大一样了。这个人叫戈赛特（Gosset），被认为是小样本统计推断的先驱。当时戈赛特发现这一问题后，决心将大样本和小样本的分布区别找出来，找出符合小样本的一套分布。于是他每天晚上在自己的小餐桌上不断地取出一组小数据，然后记录不同数据的分布特征，不断重复。现在我们用计算机统计模拟可以很轻松地实现，但在当时可以想象这一工作量是很大的。总之，在戈赛特的不懈努力下，终于摸索出了一套符合小样本的分布，这就是 t 分布。由于戈赛特发表文章时用了"student"这一笔名，因此很多人也将 t 分布称为 student's t 分布。

我们先通过图 3.21 看一下 t 分布与标准正态分布的不同。图中，绿色曲线为自由度=1 的 t 分布（自由度的概念详见第 5 章，此处只要知道它是和样本例数有关的一个概念即可），蓝色曲线为自由度=5 的 t 分布，黑色虚线为标准正态分布。不难看出，随着自由度的变小，t 分布曲线越来越"矮"，而两端的"尾巴"则越来越翘。

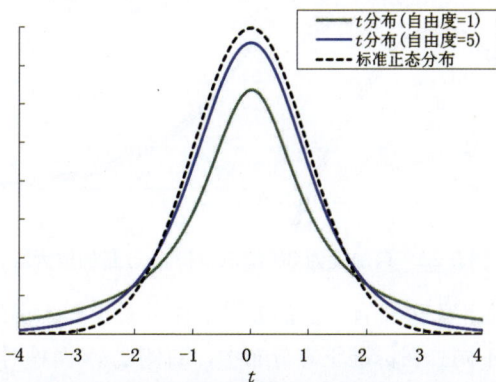

图 3.21　t 分布与标准正态分布区别示意图

t 分布不是一个分布，而是一簇分布。因为它随着自由度的变化而变化，自由度越小，t 分布与标准正态分布偏离越大；当自由度很大的时候，t 分布接近标准正态分布。这里所谓的"很大"，并不是说需要成千上万，事实上，当自由度为 30 时，t 分布与标准正态分布就已经十分接近了；当自由度为 50 的时候，差别已经微乎其微了。

可能有人会问：为什么是 30？我不想从数理角度回答这个问题，还是直接给出图片吧。图 3.22 分别显示了自由度=30、自由度=50 和标准正态分布的情况，仅凭肉眼，你能看得出三者的差别吗？

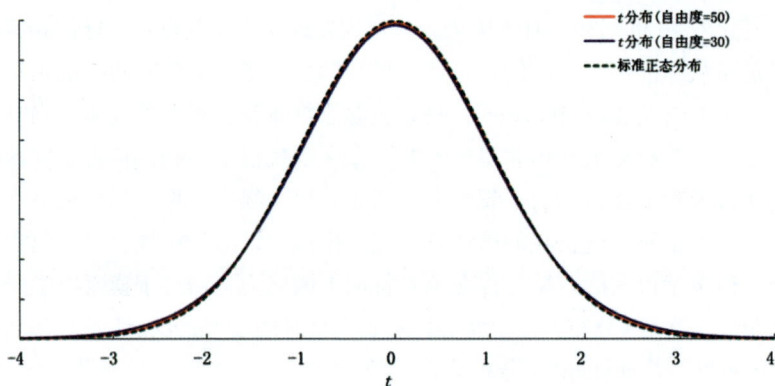

图 3.22　自由度为 30 和 50 时的 t 分布

为了让大家看得更清楚，我把图 3.22 进行了放大，截取了其中一部分（见图 3.23）。这时候可以看得更清楚一些。可以看出，即使放大了这么多倍，自由度=50 的 t 分布与标准正态分布仍然极其接近。

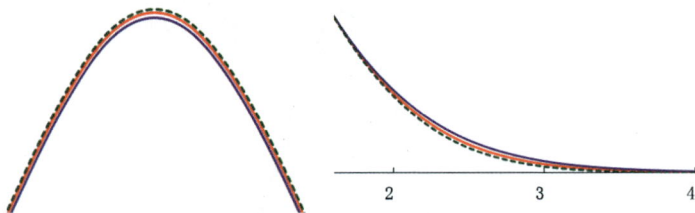

图 3.23　自由度为 30 和 50 时的 t 分布的放大版

由于 t 分布与标准正态分布有一定的差异（尤其是在样本小的时候），因此其对应的面积也会有一定的不同。在标准正态分布中，右侧 2.5%面积对应的 Z 值为 1.96，而在 t 分布中则不是。例如，当自由度=5 时，右侧 2.5%面积对应的 t 值为 2.57；当自由度=30 时，右侧 2.5%面积对应的 t 值为 2.04，等等。因此，基于 t 分布做出的统计推断结论与基于标准正态分布的结论有时是不同的。

> 🖹 **实用技巧：**
>
> 　　在 Excel 中利用 TINV 函数可以轻松地输出不同面积对应的 t 值，如 =TINV(0.05,30)会输出 2.04，即当自由度为 30 时，双侧 0.05 面积所对应的 t 值。

小结一下： t 分布可以看作小样本时候的正态分布，你可以把它们认为是一回事，只不过当数据量大了，就变成了标准正态分布；当数据量小了，就是 t 分布（就像西红柿，大了就叫西红柿，小了就叫圣女果）。所以你会看到统计教材中列出的 t 分布表一般只列到自由度为 100 左右，因为当自由度达到 100 以上的时候，完全可以用标准正态分布来代替。

2. 标准正态分布衍生出的 χ^2 分布

χ^2 分布与标准正态分布有直接关系，对于一个服从标准正态分布的随机变量 Z，它的平方服从自由度为 1 的 χ^2 分布。这句话可能不太容易理解，举个例子，在标准正态分布中，与双侧 0.05 面积对应的 Z 值是 1.96；而在 χ^2 分布中，与 0.05 面积对应的 χ^2 值是 3.84，也就是 1.96 的平方。换句话说，对于自由度为 1 的 χ^2 分布，χ^2 值是标准正态分布中相应 Z 值的平方。

图 3.24 显示了自由度为 1 时的 χ^2 分布。为什么形状看起来这么奇怪呢？可以想象一下，首先，既然 χ^2 值是 Z 值的平方，那肯定没有负数；其次，标准正态分布中多数值集中在 0 附近（在 ±1 之间占 68.2%），那么，平方后应该约有 68.2% 的数小于 1，约有 95.4% 的数小于 4。所以就形成了图 3.24 这种形状。

χ^2 分布和 t 分布一样，也是一簇分布。χ^2 分布只有一个参数，即自由度，也就是说，其形状随着自由度的变化而变化，每一个自由度对应一个 χ^2 分布形状。总的来说，χ^2 分布呈偏态分布；但随着自由度的增加，其偏度逐渐减小；当自由度趋于无穷时，χ^2 分布趋于正态分布。如图 3.25 所示，当自由度为 4 时，偏态还较为明显；当自由度为 10 时，偏态已经小了很多。

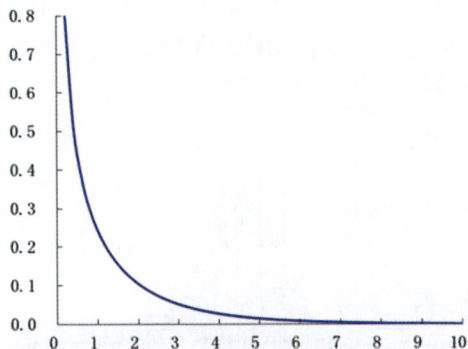

图 3.24　自由度为 1 时的 χ^2 分布

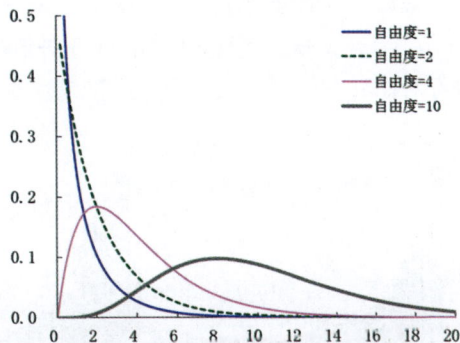

图 3.25　不同自由度对应的 χ^2 分布

由于 χ^2 分布的形状不同，因此对应 0.05 面积的 χ^2 值也各不相同，如自由度为 1 时对应的是 3.84、自由度为 2 时对应的是 5.99 等。

> 🖥 **实用技巧：**
>
> 在 Excel 中利用 CHISQ.INV 函数可以求出不同面积对应的 χ^2 值，如 =CHISQ.INV(1-0.05,1) 会输出 3.84，即当自由度为 1 时，右侧 0.05 面积（左侧 0.95 面积）对应的 χ^2 值。

Z^2 服从自由度为 1 的 χ^2 分布，$Z_1^2 + Z_2^2 + \cdots + Z_n^2$ 则服从自由度为 n 的 χ^2 分布。怎么理解这句话呢？我们仍通过统计模拟的方式直观说明。

首先，随机产生 10 个服从标准正态分布的变量 $Z_1 \sim Z_{10}$（变量的均数为 0，标准差为 1），每个变量模拟生成 1000 个数据。

其次，对 $Z_1 \sim Z_{10}$ 分别求其平方，对应的平方值分别用 $s_1 \sim s_{10}$ 表示。此时相当于每个变量 $s_1 \sim s_{10}$ 都服从自由度为 1 的 χ^2 分布。如 Z_2 和 s_2 对应的分布如图 3.26 所示。可以看出，模拟的 Z_2 是一个标准正态分布（左图），而平方后的 s_2 则是自由度为 1 的 χ^2 分布（右图）。

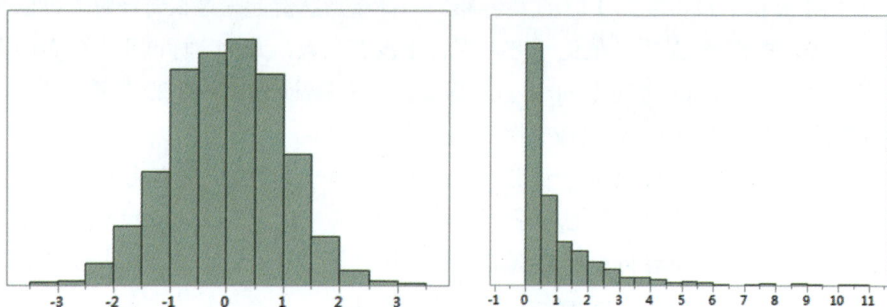

图 3.26 自由度为 1 时的 Z 分布与 χ^2 分布

最后，可以分别计算出 s_1+s_2、$s_1+s_2+s_3$、……、$s_1+s_2+\cdots+s_{10}$ 的值。图 3.27 显示了 s_1+s_2、$s_1+s_2+s_3+s_4$、$s_1+s_2+\cdots+s_{10}$ 这 3 种情况下的分布（便于与图 3.25 所示的分布形状进行对比）。

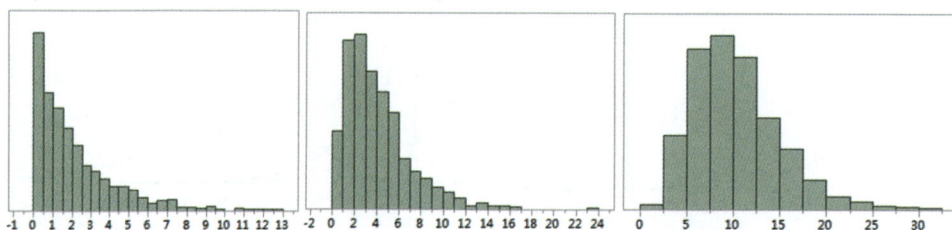

图 3.27 自由度分别为 2、4、10 时的 χ^2 分布

在图 3.27 中，左图为 s_1+s_2 的分布，中图为 $s_1+s_2+s_3+s_4$ 的分布，右图为 $s_1+s_2+\cdots+s_{10}$ 的分布。可以看出，这 3 张图分别与图 3.25 中自由度为 2、4、10 的 χ^2 分布形状一致。换句话说，它们分别服从自由度为 2、4、10 的 χ^2 分布。

3. F 分布

正态分布和 t 分布主要与均数的分布有关，在推论总体均数的时候比较有用；而 F 分布是与方差有关的分布，可用于分析两个方差是否相等、方差是否等于某一具体值等。

假定从两个方差相等的正态总体中随机抽取样本量为 n_1 和 n_2 的样本，这两个样本的标准差分别为 s_1 和 s_2，则 $F=s_1^2/s_2^2$ 服从自由度 $1=n_1-1$ 和自由度 $2=n_2-1$ 的 F 分布。

也就是说，F 分布是方差比的分布。F 分布有两个参数，分别为自由度 1（分子的自由度）和自由度 2（分母的自由度），随着两个自由度的不同，F 分布有不同的形状。图 3.28 显示了 F 分布随着两个自由度的改变而变化的规律。

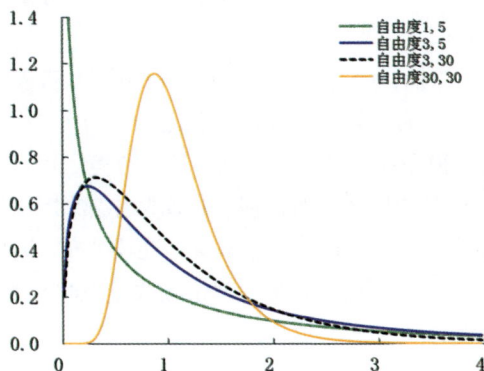

图 3.28 不同自由度 1 和自由度 2 下的 F 分布

可以发现，当分子自由度较小的时候，F 分布呈偏态分布；随着分子自由度的增加，F 分布越来越趋于正态。在方差分析中，分子自由度为组别数-1，由于组别数通常不会太多，因此 F 分布一般呈偏态。

在 F 分布簇中，不同的自由度对应的形状不同。因此，在利用 F 分布进行统计学检验时，需要结合分子自由度和分母自由度。

📇 **实用技巧：**

在 Excel 中利用 FINV 函数可以求出不同面积对应的 F 值，如 =FINV(0.05,1,100)会输出 3.94，即当分子自由度为 1、分母自由度为 100 时，右侧 0.05 面积（左侧 0.95 面积）对应的 F 值。

F **分布与 t 分布的关系**：如果组别数为 2，则分子自由度 2-1=1，此时 F 分布等于 t 分布的平方。所以你会发现用方差分析比较两组均数的差异时，F 值为 t 值的平方。

F **分布与 χ^2 分布的关系**：

$$F = \frac{s_1^2}{s_2^2} = \frac{\frac{1}{n_1-1}\sum_{i=1}^{n_1}(x_{i1}-\bar{x}_1)^2(\frac{1}{\sigma^2})}{\frac{1}{n_2-1}\sum_{i=1}^{n_2}(x_{i2}-\bar{x}_2)^2(\frac{1}{\sigma^2})} = \frac{\chi_{v_1}^2/v_1}{\chi_{v_2}^2/v_2}$$

上述公式比较复杂，你完全可以忽略中间的推导部分，只看最后结果。也就是说，F 分布可以看作两个 χ^2 之比。分子是自由度为 v_1 的 χ^2 除以其自由度，分母是自由度为 v_2 的 χ^2 除以其自由度，二者之比服从 F 分布。

　　小结一下：正态分布、t 分布、χ^2 分布、F 分布是十分常见的 4 种基础分布，后三种分布其实都是从正态分布衍生而来的。

　　t 分布主要是与均数有关的抽样分布，常用于两个均数是否相等的统计检验、回归系数是否为 0 的统计检验。这些检验的形式都是某参数是否等于 0，如两个差值是否等于 0、回归系数是否等于 0。

　　F 分布是与方差有关的抽样分布，常用于方差齐性检验、方差分析和回归模型检验。它们都是针对方差而非均数的，如方差齐性检验是两个方差之比，方差分析是组间方差与组内方差之比，回归模型检验是模型方差与残差方差之比。

　　χ^2 分布也是与方差有关的抽样分布，但它在实际中常用于描述分类资料的实际频数与理论频数之间的抽样误差。由于 χ^2 分布本身是连续分布，因此在用于分类资料时，只有在大样本时才近似 χ^2 分布。这也就是在理论频数较小时需要对 χ^2 检验进行校正的原因。

第 **4** 章

关于统计资料类型的思考

Data, data, data—I can't make bricks without clay. （巧妇难为无米之炊）

——柯南·道尔小说《福尔摩斯探案集之桐山毛榉案》

要学习统计，一定要先理解数据。没有数据，就无法进行统计分析。资料类型似乎很容易理解，多数统计学教材中都会首先介绍各种资料类型。常见的资料类型如图 4.1 所示。

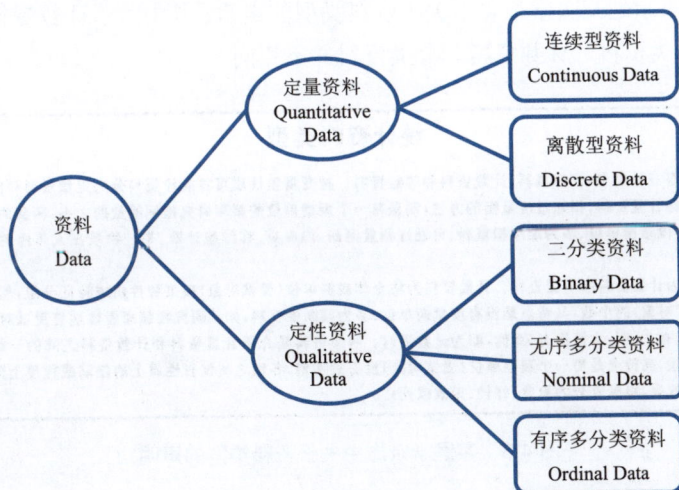

图 4.1　常见的资料类型

连续型资料与离散型资料在形式上的区别主要在于是否有小数点。离散型资料不能有小数点，只能是整数，如疼痛评分只能是 0,1,2,…,10 分，不能取 1.6、4.2 等小数分值。而连续型资料可以取任意值，可以有小数点，如常见的身高、体重等。

无序分类资料与有序分类资料的区别主要在于是否看作有一定的等级顺序。如职业、血型这些分类资料都是无序的，顺序的置换并不影响分析；而疗效（如显效、有效、无效）、严重程度（如轻、中、重）都有固定的顺序，不能随意置换，否则会影响结果。

这里区分资料类型，不是单纯为了概念上的严谨（事实上，我个人并不喜欢纯粹的概念划分），更主要的是为了后续的统计分析，因为不同的资料类型需要考虑不同的统计方法，所以理解不同资料类型之间的区别还是很有必要的。不同的资料类型示例如图 4.2 所示。

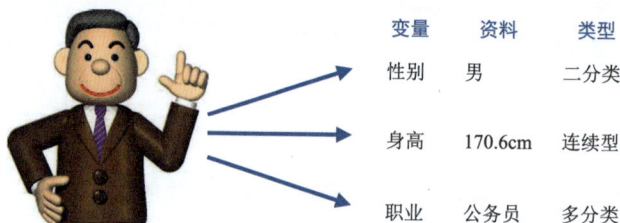

变量	资料	类型
性别	男	二分类
身高	170.6cm	连续型
职业	公务员	多分类

图 4.2　不同的资料类型示例

4.1　计数资料等于分类资料吗

我们首先谈一下计数资料与分类资料的区别，因为在一些杂志中依然存在这一问题。如图 4.3 所示是某医学杂志中关于资料类型的声明，其中关于计数资料的定义严格来说应该是分类资料。计数资料和分类资料并不相同。

统计资料类型

统计资料共有三种类型：计量资料、计数资料和等级资料。按变量值性质可将统计资料分为定量资料和定性资料。

定量资料又称计量资料，指通过度量衡的方法，测量每一个观察单位的某项研究指标的量的大小，得到的一系列数据资料，其特点为具有度量衡单位、多为连续型资料、可通过测量得到，如身高、红细胞计数、某一物质在人体内的浓度等有一定单位的资料。

定性资料分为计数资料和等级资料。计数资料为将全体观测单位（受试对象）按某种性质或特征分组，然后分别清点各组观察单位（受试对象）的个数，其特点是没有度量衡单位、多为间断性资料，如某研究根据患者性别将受试对象分为男性组和女性组，男性组有 72 例，女性组有 70 例，即为计数资料。等级资料是介于计量资料和计数资料之间的一种资料，可通过半定量的方法测量，其特点是每一个观察单位（受试对象）没有确切值，各组之间仅有性质上的差别或程度上的不同，如根据某种药物的治疗效果，将患者分为治愈、好转、无效或死亡。

图 4.3　某医学杂志中关于资料类型的声明

计数资料（Count Data），顾名思义，是一个一个计数清点而得到的资料，这种清点得到的数值是有单位的。例如，发病次数这一变量，其值可能是 1,2,3,…次，这里的1,2,3,…是有单位的，即"次"。

分类资料是没有单位的。例如，性别这一变量，其值为男和女，为了分析方便，我们通常习惯用 1 和 0 表示。这里的男和女（1 和 0）是没有任何单位的。至于"男性

100 人，女性 120 人"中的 100 和 120，并不是性别变量的值，只是变量值的频数，变量值本身（男和女）是没有单位的。

假定有 4 人，3 男 1 女，统计他们的咳嗽次数，分别为 2、3、0、2（图 4.4 中"咳"的数目）。那么性别和咳嗽次数这两个变量分别是什么类型呢？

变　　量	变量值（资料）	单　　位	频　　数
性　　别	男、女	无	男 3 例，女 1 例
咳嗽次数	0、2、3	次	2 次的 2 例，0 次、3 次的各 1 例

图 4.4　分类资料与计数资料区别示例

由于资料类型的不同，计数资料和分类资料的统计方法也是不同的。通常情况下，计数资料服从 Poisson 分布，可用 Poisson 回归分析；分类资料服从二项分布或多项分布，一般采用二分类或多项 Logistic 回归分析。

例 4.1： 观察两种药物治疗咳嗽的效果，以是否咳嗽作为结局变量，比较两组的咳嗽发生人数是否有统计学差异。

在这种情况下，"是否咳嗽"是分类资料，其值只能是"是"或"否"，没有单位，但可以统计出"是"的频数和"否"的频数。此时可采用卡方检验进行比较。但真正分析的变量是"药物"（自变量）和"是否咳嗽"（因变量），至于咳嗽的例数只是作为频数，而不是作为变量值。如果自变量除药物之外，还有其他性别、年龄等因素需要校正，则可以考虑采用 Logistic 回归分析。

例 4.2： 观察两种药物治疗咳嗽的效果，把咳嗽次数作为结局变量（而不是"是否咳嗽"），比较两种药物治疗咳嗽的疗效。

这时结局是计数资料，不能用卡方检验。此时可以药物作为自变量，以咳嗽次数作为因变量，考虑采用 Poisson 回归或负二项回归。Poisson 回归一般用于个体之间独立的情形，负二项回归则可用于个体之间不独立的情形（如在同一个家庭中，如果父亲因感冒而咳嗽，则很可能传染家中其他人也咳嗽，此时就认为家中的几个人咳嗽是非独立的）。

4.2　计数资料可否采用连续资料的方法进行分析

计数资料一般用 Poisson 回归或负二项回归进行分析，但有不少初学者曾有这样的疑惑：如果计数资料取值足够多，如咳嗽次数可以取值到几十次，那么此时是否可以采用一般线性模型（如线性回归）进行分析呢？

关于这一问题，答案是"看情况"。并不是说计数资料取值够多，就可以按连续资料看待，采用连续资料的方法，还需要考虑研究目的和数据分布。

由于计数资料只能取非负数，其分布左侧只能截止到 0，而连续资料理论上可以取任意值，这一点是两种资料的区别。当计数资料取值多数在 0 附近时，由于无法取负值，所以这种资料往往表现为偏态分布（见图 4.5），从分布的角度来看，不适合作为连续资料进行一般线性模型分析。

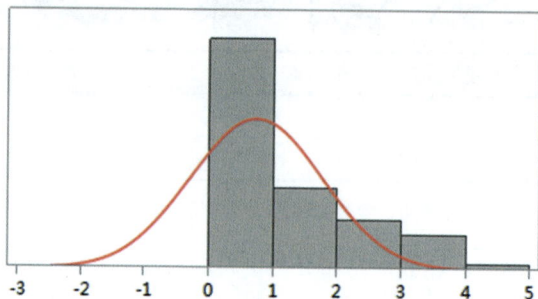

图 4.5　取值在 0 附近时的计数资料的分布

如果计数资料的取值距离 0 较远，则一般不会出现图 4.5 中的情形。此时也可能会呈正态分布，那是否可以进行线性回归呢？

答案仍是"不一定"，还需要结合研究目的。如果主要的研究目的是进行预测，采用 Poisson 回归分析，则不会出现预测值为负数的情况，因为 Poisson 回归是对数形式；而如果采用线性回归，则有可能出现预测值为负数的情况。如果你对预测值特别在意，就不适合采用线性回归。

小结一下：如果计数资料的取值都离 0 很远，大致呈正态分布，而且研究者对预测值出现小数点甚至负数不是很介意，那么，在这种情况下，计数资料也可以考虑采用连续资料的方法（如线性回归）进行分析；否则最好采用 Poisson 回归或负二项回归。

4.3　分类资料中的无序和有序是如何确定的

无序分类资料和有序分类资料从形式上很容易判断，但在分析时，统计方法的选择却并非这么简单。一般来说，两组无序分类资料的比较可用卡方检验，而有序分类资料的比较则可考虑秩和检验。但在实际中，方法的选择并非简单根据资料本身的性质，还要考虑研究目的。比如，年龄划分为<40 岁、40～50 岁、>50 岁三个组，分析时是将其作为无序分类资料还是有序分类资料呢？看起来好像是有序的，但却未必一定作为有序分类资料，很多时候还需要取决于研究目的。

例 4.3：比较两种药物治疗慢性萎缩性胃炎的效果，结局分为进展、不变、好转三种状态，欲比较两种药物的治疗效果是否有差异。

在该研究中，目的是想体现出疗效等级的差异，根据这一目的，必须将结局视为有序分类资料，采用秩和检验。如果采用卡方检验，则体现不出"等级"的含义。因为在卡方检验中将结局的顺序改变，其结果是不变的。所以，如果采用卡方检验，则实际上等同于默认结局是无序分类资料。

但如果研究目的本身并不想体现出"等级"的差异，那么即使资料看起来是有序的，仍可以作为无序分类资料来分析。

例 4.4：比较两组人群的基线均衡情况，年龄划分了 3 个等级，分别为<40 岁、40～50 岁、>50 岁，比较两组的年龄构成有无统计学差异。

在该研究中，目的是比较两组的年龄"构成"有无差异。尽管从数据本身来看，年龄组是一个有序分类资料，但在该研究中并不想体现出两组等级上的差异，只是想了解不同年龄组的构成情况，因此仍可将其作为无序分类资料，采用卡方检验。

小结一下：对于形式上的等级资料，如果研究目的关注这种等级或程度上的差异，则可将其作为有序分类资料；如果研究目的只是想了解各级别的构成情况，并不关注程度上的区别，则可将其作为无序分类资料。

4.4　连续资料什么时候需要转换为分类资料

我们都知道，定量资料是可以转换为分类资料的（反过来不行），如 BMI 是一个连续资料，可以根据一定数值把人群分为正常、超重、肥胖等几类。但一般什么时候划分比较合适呢？对于一个连续变量而言，到底是作为连续资料，还是将其划分为分类资料呢？

这一问题不能一概而论，而应结合研究目的。从信息量来看，肯定是连续资料本身提供的信息更多，一旦分类，必定损失一定的信息。但在有些情况下，可以考虑将连续资料转换为分类资料。

第一，出于实际应用考虑。我们来对比下面两种说法，看哪种说法更容易接受：

BMI 增加 1 个单位，高血压发生风险增加 1.1%。

肥胖人群与体重正常人群相比，高血压发生风险增加 10%。

首先，第一种说法看起来很严谨，但在实际中却不容易被接受。它的意思是：BMI 从 20 到 21，高血压发生风险增加 1.1%；从 29 到 30，高血压发生风险也增加 1.1%。这种情形未必合理，毕竟，谁能保证 BMI 永远以一种相等的速度影响高血压的发生呢？

其次，从实际角度来看，也更难操作。比如利用 BMI 预测高血压，如果用连续资料，那么医生需要在脑子里不断计算：BMI 每增加 1 个单位就增加 1.1%的高血压发生风险，你的 BMI 是 25.4，增加的风险是多少呢？几天下来，医生可以去参加《最强大脑》节目了。但如果作为分类资料，医生只需要看到你的 BMI 大于 28 属于肥胖，就可以对你说，你发生高血压的风险比正常人要高 10%。

第二，如果连续资料本身与结果变量之间并不是线性关系，那么有时为了简化问题，可以考虑将其作为分类资料。

例 4.5： 某研究欲分析高血压的影响因素，调查了 84 名高血压患者和非高血压患者的年龄、性别等多个指标，这里单独分析一下年龄与高血压发生的关系。其中高血压是二分类变量，年龄是计量资料。

我们先将年龄直接纳入 Logistic 回归模型进行分析，结果显示（见图 4.6），年龄对高血压发生的影响无统计学意义（$P=0.8019$）。

然后将年龄划分为 <50 岁、50～59 岁、≥60 岁三组（分别赋值为 1、2、3），重新进行分析。结果显示（见图 4.7），与 <50 岁组相比，50～59 岁组有统计学意义（$P=0.0015$），而 ≥60 岁组无统计学意义（$P=0.6340$）。

最大似然估计分析

参数	自由度	估计	标准误差	Wald卡方	Pr > 卡方
Intercept	1	-0.7670	1.5371	0.2490	0.6178
age	1	0.00723	0.0288	0.0630	0.8019

图 4.6　作为连续资料的年龄的参数估计值

最大似然估计分析

参数		自由度	估计	标准误差	Wald卡方	Pr > 卡方
Intercept		1	-1.0561	0.4105	6.6195	0.0101
age1	2	1	1.7492	0.5521	10.0370	0.0015
age1	3	1	-0.3302	0.6935	0.2267	0.6340

图 4.7　作为分类资料的年龄的参数估计值

这是为什么呢？我们通过图 4.8 来解释一下。不难看出，<50 岁组和 ≥60 岁组高血压发生率均较低，而 50～59 岁组高血压发生率较高。所以在分类资料中，50～59 岁组与 <50 岁组相比有统计学差异，而 ≥60 岁组与 <50 岁组相比则无统计学差异。

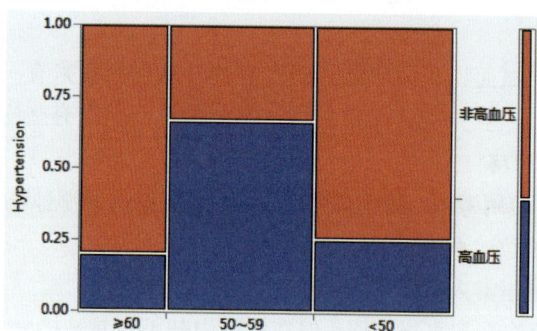

图 4.8　三个年龄组的高血压发生率

在这种情况下，可以考虑将年龄作为分类资料，而不是连续资料，可以更有效地发现二者的规律。

✉ **发表文章提醒：**

如果把一份连续资料划分为分类资料，则一定要在文章的"材料与方法"中说明是如何划分的，尤其要注意划分的界限不要有重叠，如 30～40、40～50。

4.5　连续资料如何分组——寻找 cut-off 值的多种方法

　　如果你决定把连续资料划分为分类资料纳入模型，那么紧接着问题就来了：应该如何划分？比如，在上述例子中，为什么要按<50 岁划分而不按<55 岁划分？

　　关于连续资料的划分，并没有一种十分理想的方法，但以下几种方法值得一试。

1．根据专业和实际经验

　　这种情况主要用于一些常规变量，如年龄可按每 10 岁划分为一个年龄段，BMI 可根据已有的标准划分为正常、超重、肥胖等。当然，划分时必须结合自己的实际情况，例如研究的是 18 岁以下儿童，按 10 岁一个年龄段划分就不合适了，这时可能在低年龄组需要划分得更细。

　　当样本量较小时，尽量划分得不要太多，最好只分为两类，否则容易导致估计结果不可靠。尽管有时你可能觉得从专业上应该分 4 类，但如果估计不出结果，那么专业划分再有意义也无济于事。我们必须综合考虑专业和数据本身。

　　即使你的样本量足够大，但在划分时仍需谨慎。有一个问题一定要注意：作为参照组的那一类例数绝不能太少，否则你会发现所有估计结果都是不稳定的。

　　在例 4.5 中，如果把年龄重新划分，分为≤40 岁、41～50 岁、>50 岁三组，以≤40 岁组作为参照组，此时分析结果如图 4.9 所示。

参数估计值					
项		估计值	标准误差	卡方	概率>卡方
截距	不稳定的	-5.7189752	634.93905	0.00	0.9928
age1[1]	不稳定的	4.8026845	634.93909	0.00	0.9940
age1[2]	不稳定的	5.6812349	634.93907	0.00	0.9929

图 4.9　重新划分年龄组后的参数估计值

　　可以发现，41～50 岁组与≤40 岁组相比、>50 岁组与≤40 岁组相比，其结果都是不稳定的，表现为非常大的标准误。为什么会这样呢？因为≤40 岁的人太少了，才 3 例，尽管另外两组人数很多，但无济于事。关键的是≤40 岁组是参照组，这一组例数少了，就会导致结果不稳定。

2．利用广义可加模型结合专业来划分

　　可能有人会说，我怎么知道应该按≤40 岁还是≤50 岁来划分呢，有没有什么提示？有一种方法可以尝试，尽管它不是专门用于寻找界值的，但确实可以给出一定的线索。这种方法就是广义可加模型（Generalized Additive Model，GAM）。

　　广义可加模型是与广义线性模型相对应的，通常我们所说的线性回归、Logistic 回归等都属于"线性"模型的范畴。但在实际中很多自变量与因变量都不是线性关系，所以广义可加模型就应运而生。该模型主要用于探索自变量与因变量的关系，不管是线性还是非线性，都可以给出一个大致的形式（关于广义可加模型更详细的介绍参见第 10 章）。

在例 4.5 中，为什么没有把年龄分为两组，而是分为三组呢？因为根据广义可加模型给出的结果（见图 4.10），年龄与高血压发生的关系并不是线性的，而是一条中间高、两头低的抛物线。针对这种情形，显然将其划分为三类更为合适，将中间年龄段作为一类，将两头的年龄段各自作为一类。当然，划分时还需要兼顾例数的问题，不要使参照组的例数太少。

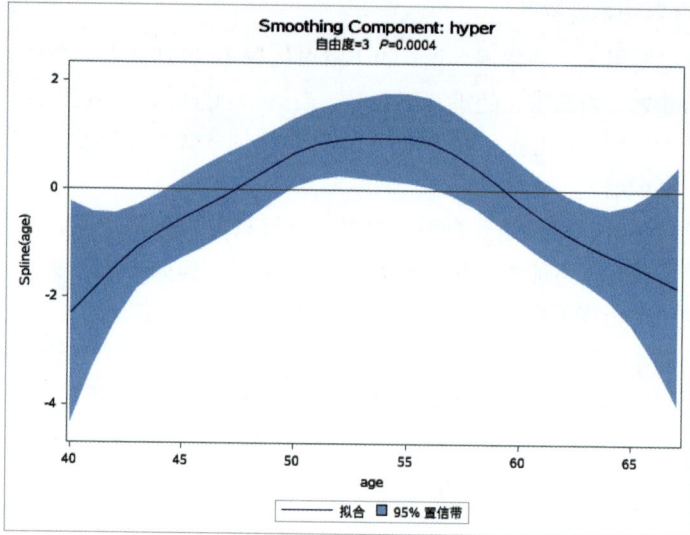

图 4.10　广义可加模型中年龄与高血压发生的关系

广义可加模型并不会给出一个具体的 cut-off 值，也不会直接告诉你是分两组好还是分三组好。但它确实给了我们一些提示，你可以根据这种提示，再结合专业情况，相信不难找出一个合理的界值。

* * * * * * * *

SAS 软件可利用 proc gam 过程拟合广义可加模型并绘图，主要语句如下：

```
proc gam plots=components(clm);
model hyper(event='1')=spline(age)/dist=binomial;
run;
```

R 软件可用 gam 包中的 gam 函数拟合广义可加模型，主要语句如下：

```
library(gam)
fit=gam(hyper~s(age),data=f1,family=binomial)
summary(fit)
plot(fit,se=TRUE)
```

3. 利用 ROC 曲线找出 cut-off 值来划分

在有些情况下，你可能对要研究的指标并无太多的经验，毕竟像 BMI 这样有统一划分标准的指标太少了。如果你有一点经验，则可以根据广义可加模型的提示加上你的经验进行划分。但如果你确实一点经验也无法借鉴，就只能完全靠统计学方法了。下面介绍的几种方法都是基于统计学方法给出的划分标准。

比较简单易用的一种方法就是利用 ROC（Receiver Operating Characteristic）曲线找出界值，然后根据界值划分为两类。但要注意 ROC 曲线只能将变量划分为两类。

利用 ROC 曲线寻找 cut-off 值，其前提条件是：必须有一个明确的二分类结局。如分析年龄对高血压发生的影响，高血压是否发生就是一个明确的二分类结局，然后以高血压发生作为因变量，以原始数据中的年龄作为自变量，绘制 ROC 曲线，寻找界值。如果只有一个年龄变量，而没有对应的二分类结局，则无法使用 ROC 曲线。

ROC 曲线是以灵敏度为 y 轴、以 1-特异度为 x 轴，由不同界值产生不同的点，将这些点连接起来形成的（见图 4.11）。

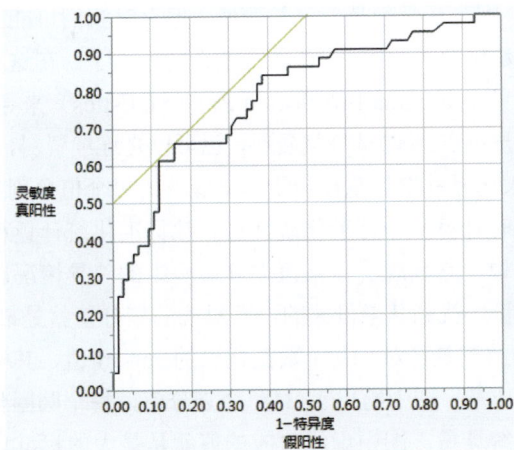

图 4.11　ROC 曲线示意图

利用 ROC 曲线寻找 cut-off 值的标准很简单，ROC 曲线图中最靠近左上角的点就是 cut-off 值，如图 4.11 中黑色曲线就是 ROC 曲线，黄色线与黑色曲线接触的点就是 cut-off 值（不同软件的显示方式不同，有的软件并不给出这条切线，这里显示的是 JMP Pro13 软件的绘制结果）。当然，这一点仅凭肉眼可能很难看出来，不过不用担心，很多统计软件都会自动给出这一点的值。如果你习惯使用的软件没有给出这一界值，那么还可以根据各个点对应的灵敏度和特异度，计算使（灵敏度+特异度-1）取值最大的一个点，作为 cut-off 值。

* * * * * * * *

SAS 软件可用 **proc logistic** 过程绘制 ROC 曲线。假定已知二分类结局为 **y**，连续自变量为 **x**，则主要语句如下：

```
proc logistic plots(only)=roc;
model y(event="1")=x/ctable;
run;
```

R 软件可利用 **pROC** 包中的 **roc** 函数绘制 **ROC** 曲线并找出界值。设有数据集 **f1**，二分类因变量 **y**，连续自变量 **x**，则主要语句如下：

```
library(pROC)
rr=roc(f1$y,f1$x)
plot(rr,print.thres=TRUE,print.auc=TRUE)
```

JMP Pro 软件操作如下：

依次单击"分析"→"拟合模型"，输入相应的因变量和自变量，然后进入 Logistic 回归分析结果界面。在结果中选择"ROC 曲线"，即可绘制 ROC 曲线。该软件可自动寻找 cut-off 值，并在 cut-off 值上以"*"标注。

4．利用最大选择秩统计量来划分

在 ROC 曲线中，因变量必须是二分类变量，但有时我们可能会面临因变量是生存资料、定量资料等其他情况，此时 ROC 曲线就无能为力了。在这种情况下，可以考虑利用最大选择秩统计量（Maximally Selected Rank Statistics）来寻找界值。其思想是：

假定有一个因变量 y（y 可以是分类资料，也可以是连续资料，还可以是生存资料）和一个自变量 x。最大选择秩统计量相当于对 x 变量的每个值分别划分，每一次划分都将数据分为两组，同时计算一个标准化统计量。该标准化统计量根据因变量的类型不同而不同，但总的来说，它反映了按某值划分后两组的差异情况。全部划分后，可以得到多个标准化统计量，找到其中最大的，其对应的划分值就是最佳 cut-off 值。

例如，图 4.12 的结果是针对 119 个数据找出的 cut-off 值，其中 x 轴是自变量 x，y 轴是计算的标准化统计量。图中给出了 118 个划分值，每个圆圈代表一个值，每个值都计算出一个标准化统计量。图中虚线对应的值就是最大的标准化统计量，它所对应的 x 轴的值也就是 cut-off 值。当然，从图中看不出该值具体是多少，但通过软件可以输出该 cut-off 值为 8.3。

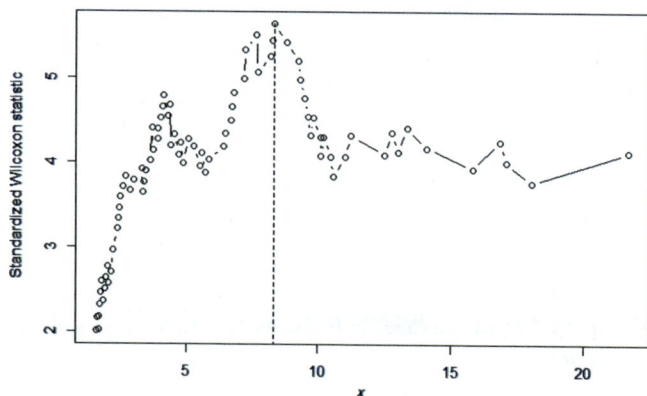

图 4.12　利用最大选择秩统计量法寻找的 cut-off 值

* * * * * * * *

R 软件可用 **maxstat** 包执行最大选择秩统计量，输出 **cut-off** 值并绘图。设 **dataset** 表示数据集，**y** 为因变量，**x** 为自变量，则主要语句为：

```
library(maxstat)
c=maxstat.test(y~x, dataset, pmethod="HL")
plot(c)
```

如果结局是生存资料，以 time 表示生存时间，status 表示生存状态，x 为自变量，则上面第二条句改为：

```
c=maxstat.test(Surv(time,status)~x,dataset,smethod="LogRank",
pmethod="HL")
```

5. 利用分类树来划分

分类树是目前比较流行的一种划分方法，它的基本形式如图 4.13 所示。该方法根据一定的标准将连续变量划分为两类，从而找出相应的界值。如图 4.13 中提示，可以将 PROM1 这个指标以–0.463 作为 cut-off 值。由于其形状像一棵倒置的树，所以称之为分类树。

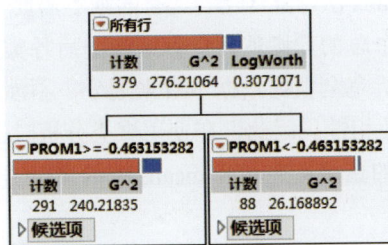

图 4.13　分类树示意图

分类树的划分主要基于"熵"这一概念，熵反映了一种不确定度，或者不纯度，熵越大，说明不纯度越高，即变量越不纯。从数据角度来讲，我们当然希望划分的两类在每一类内尽量相似，也就是纯度较高。换言之，我们希望在每个分组内熵越小越好。

分类树就是利用了这种思想，首先计算划分前的熵，然后计算划分后的熵，看看划分后的熵是否有所降低。和其他方法类似，分类树也是先对要划分的连续变量的每个值进行划分，然后计算熵的降低程度，最后找到一个熵的降低程度最大的划分值，将其作为 cut-off 值。

* * * * * * * *

R 软件可用 **rpat** 包执行分类树并绘图。假定 **dataset** 为数据集，**y** 为因变量，**x** 为自变量，则主要语句为：

```
library(rpart)
c=rpart(y~x,dataset,method="class")
```

```
plot(c,branch=0)
text(c,use.n=T,fancy=T,col="blue")
```

JMP Pro 软件操作如下：

依次单击"分析"→"预测建模"→"分割"，输入相应的因变量和自变量，然后进入分类树结果界面。通过单击"拆分"，即可绘制分类树。

6．聚类分析

前面介绍的几种方法都有一个条件，即必须有一个已经确定的结局（因变量），然后根据这一结局对自变量进行划分，通常将这些情况称为有监督的（Supervised）。但有时可能只有一个连续变量，其他什么都没有。在这种情况下就无法根据结局对其进行划分，只能利用该变量本身的数据来划分，通常将这种情况称为无监督的（Unsupervised）。此时一般可以考虑采用聚类分析（Cluster Analysis）。

聚类分析有很多种算法，如层次法、K-means 法、SOM 法、概率模型的方法等。每种算法的思想各不相同，这里不打算详细介绍，只是简单说一下大致思路，感兴趣的读者请自行参阅相应文献。聚类分析总的来说都是基于距离来划分的，两个点距离比较近就划分成一类，距离远的就划分到其他类。有的聚类算法需要在划分前先指定拟划分的类别数（如 K-means 法、SOM 法），有的则不需要（如层次法），根据不同算法的思想而有所不同。一个总的原则就是：保证划分后各类别之间的距离尽量远，类内的距离比较近。聚类分析完全根据数据本身来划分，不涉及任何的专业知识，但有时会导致划分的类别与专业相悖。因此，在使用聚类分析时需要谨慎。

图 4.14 显示了层次法的聚类结果和 K-means 法的聚类结果，给大家一个直观印象。

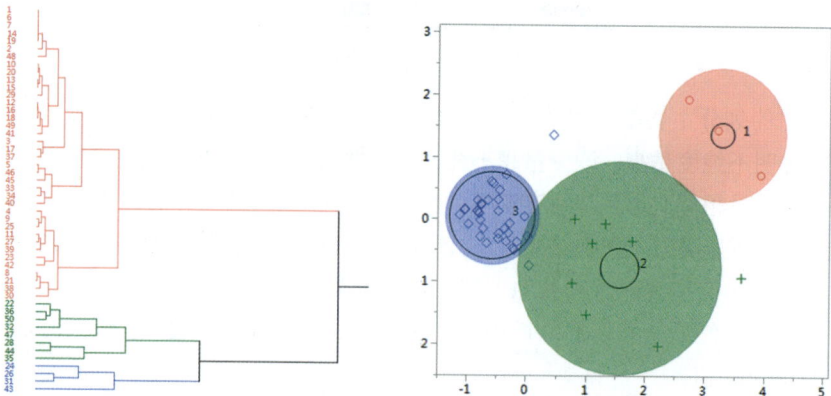

图 4.14　层次法的聚类结果和 K-means 法的聚类结果示意图

从图 4.14 中不难看出两种方法的思路差别。层次法（左图）是先把距离最近的两个点聚成一类，然后再找第 3 个最近的点，再聚成一类；不断寻找，直至所有的点都聚成一个大类。所以，这种方法需要自己判断聚成几类合适，如左图中聚成 3 类。如果想聚成 2 类，那么图中蓝色和绿色的值就会聚成一类。K-means 法则通过寻找每一类的中心点，保证该类中的点都距离自己的中心点较近，而其他类中的点都距离自己的中心点较远。所以这种方法需要一开始就确定聚成几类，这样才能指定几个中心点。

* * * * * * *

SAS 软件中与聚类分析有关的过程主要有（由于较多，不做具体介绍）：

proc fastclus 可实现 K-means 聚类，proc cluster 可实现层次聚类，proc tree 可绘制聚类图，proc modeclus 可实现基于密度的聚类，proc varclus 可实现变量的聚类。

JMP Pro 软件操作如下：

依次单击"分析"→"聚类"，在该菜单中可以选择各种聚类方法，如层次聚类、K-means 聚类、SOM 聚类、概率模型聚类、潜变量聚类等。

4.6　什么是虚拟变量/哑变量

虚拟变量（Dummy Variable）也叫哑变量，它算不上一种变量类型，确切地说，是将多分类变量转换为二分类变量的一种形式。Dummy 这个词的意思是虚拟的、假的，所以 Dummy Variable 的意思就是假的变量，不是真实的变量。那么它到底虚拟在什么地方呢？我们通过一个例子来详细解释一下。

例 4.6：某研究者检测了 4 种社区类型的 SO_2 水平，具体数据如表 4.1 所示。研究者欲分析社区类型是否与 SO_2 水平有关系，或者说，不同社区类型的 SO_2 水平是否不同。

表 4.1　4 种社区类型的 SO_2 水平（$\mu g/m^3$）

对照区	居民区	商业区	工业区
10	338	231	467
30	352	501	665
30	485	630	709
40	511	669	802
51	630	677	851

在该研究中，有很明显的因变量（SO_2 水平）和自变量（社区类型）。什么，你没看出来？那我们把数据换一种方式来显示（见图 4.15），这样你就会看得更清楚了。

图 4.15 的右图中很清楚地显示，因变量（SO_2 水平）是一个定量资料，自变量（社区类型）是一个分类资料，分析方法可以考虑一般线性模型（详见第 10 章）。

对照区	居民区	商业区	工业区
10	338	231	467
30	352	501	665
30	485	630	709
40	511	669	802
51	630	677	851

社区类型	SO_2
0	10
0	30
0	30
0	40
0	51
1	338
1	352
1	485
1	511
1	630
2	231
2	501
2	630
2	669
2	677
3	467
3	665
3	709
3	802
3	851

图 4.15 数据形式的转换

首先要强调一点，不管是一般线性模型还是广义线性模型，它们都是"线性"的，也就是说，只要你采用了这些模型，就已经默认了自变量与因变量之间的关系是线性的。就像电脑软件，只要你安装，就已经默认同意了它们的协议。所以，对于例 4.6 中的数据，如果采用一般线性模型，那么其结果如图 4.16 所示。

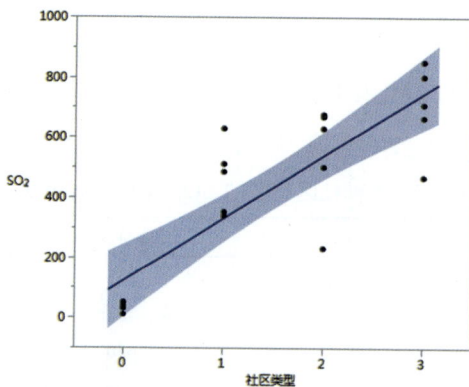

图 4.16 不同社区类型与 SO_2 水平之间的线性关系

图 4.16 的意思是，随着社区类型从 0 到 3 的改变，SO_2 水平是线性增加的，增加的幅度（斜率）是 207.8。也就是说，社区类型从 0 变为 1，SO_2 水平增加 207.8μg/m³；社区类型从 1 变为 2，SO_2 水平增加 207.8μg/m³；社区类型从 2 变为 3，SO_2 水平增加 207.8μg/m³。

但我们会发现，事实并非如此。当社区类型从 0 变为 1 时，SO_2 水平似乎增加的幅度更大；而当社区类型从 1 变为 2 时，SO_2 水平似乎增加的幅度没有这么大。也就是说，207.8μg/m³ 这个幅度只是一个平均幅度，是社区类型从 0 变为 3 增加的平均幅度。如果我们想具体了解社区类型从 0 变为 1、从 1 变为 2、从 2 变为 3 时 SO_2 水平真实的增加值，就需要用到虚拟变量。

所谓虚拟变量，就是把原来的一个多分类变量转换为多个二分类变量，总的来说就是，如果多分类变量有 k 个类别，则可以转换为 $k-1$ 个二分类变量。如变量 x 为赋值 1、2、3、4 的四分类变量，就可以转换为 3 个赋值为 0 和 1 的二分类变量。

在进一步解释虚拟变量的含义之前，我们需要先了解一下"参照"的含义。分类结果的解释一般是要有参照类别的。比如我们说男性肺癌发生率高，暗含了"相对于女性"这样的参照；50 岁以上人群冠心病发生率更高，暗含了"相对于 50 岁以下人群"这样的参照。没有参照，就没法说高或低。比如，我们单独说 80% 这个数字，它是高还是低呢？它相对于 70% 就是高的，相对于 90% 就是低的。所以分类变量的结果需要结合参照来解释。

当我们把 k 个类别的多分类变量转换为 $k-1$ 个二分类变量后，每个二分类变量表示相对参照类的大小。例如，多分类变量 x 用 1、2、3、4 表示，我们设定以 1 作为参照，那么生成的 3 个虚拟变量分别表示 2 和 1 相比的大小、3 和 1 相比的大小、4 和 1 相比的大小。

通过生成虚拟变量，就把原来的一个系数变成了多个系数，这多个系数更详细地展示了自变量与因变量之间的关系，在自变量与因变量呈非线性关系的时候，这尤其重要。因为当你使用线性回归、Logistic 回归这些方法的时候，实际上已经默认自变量与因变量是线性关系了，你是不可能找出非线性关系的。

图 4.17 比较了虚拟变量与原始变量的拟合效果。蓝色线是将其作为定量变量纳入的，给出了直线的拟合效果。红色线是将其作为虚拟变量纳入的，给出了相对参照而言每个类别的拟合效果。不难看出，虚拟变量给出了真实的拟合效果，而定量变量在社区类型=0 时高估，在社区类型=1 时低估，结果很容易有偏。

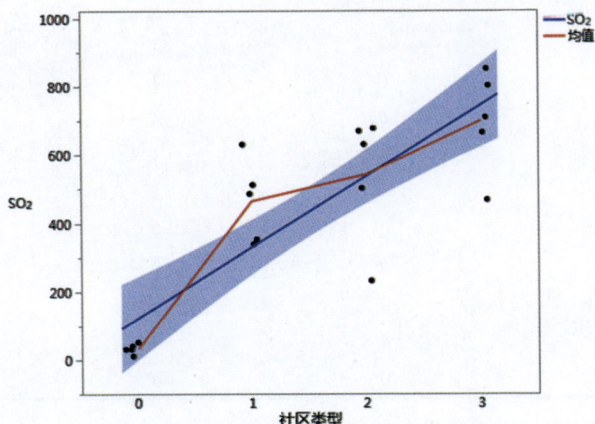

图 4.17 虚拟变量与原始变量的拟合效果

在作为定量资料的时候，我们计算的斜率只有一个，即 207.8。而将其作为 3 个虚拟变量后，便计算出 3 个系数，分别为 431、509.4、666.6，它们分别表示：社区类型=1 与社区类型=0 相比，SO_2 水平平均高 431μg/m³；社区类型=2 与社区类型=0 相比，SO_2 水平平均高 509.4μg/m³；社区类型=3 与社区类型=0 相比，SO_2 水平平均高 666.6μg/m³。

如何设置虚拟变量呢？目前大多数软件都可以实现，如 SAS 软件在各种回归分析的过程中，一般都会有 class 语句，通过 class 语句的 param=reference 选项便可实现虚拟变量的设置；在 SPSS 软件中，在回归分析界面可以单击 Categorical 按钮设置虚拟变量，并指定其参照类。

如果我们要手工来设置，那么其思路也比较简单，设置过程如表 4.2 所示。社区类型是原始变量，社区 1、社区 2、社区 3 是生成的 3 个虚拟变量。方法是：第 1 个虚拟变量，当社区类型=1 时，变量社区 1=1，否则社区 1=0；第 2 个虚拟变量，当社区类型=2 时，变量社区 2=1，否则社区 2=0；第 3 个虚拟变量，当社区类型=3 时，变量社区 3=1，否则社区 3=0。

表 4.2　虚拟变量的手工设置方法

社区类型	社区 1	社区 2	社区 3
0	0	0	0
0	0	0	0
0	0	0	0
0	0	0	0
0	0	0	0
1	1	0	0
1	1	0	0
1	1	0	0
1	1	0	0
1	1	0	0
2	0	1	0
2	0	1	0
2	0	1	0
2	0	1	0
2	0	1	0
3	0	0	1
3	0	0	1
3	0	0	1
3	0	0	1
3	0	0	1

如果是更多类别的变量，那么其思路与此相仿，只不过继续增加虚拟变量的个数而已。

可能你会说，社区 1 这个变量明明是表示社区类型=1 和社区类型=0+2+3 相比较，怎么前面说社区 1 表示社区类型=1 和社区类型=0 相比较呢？这就要注意一个问题，只有当这 3 个虚拟变量同时放在模型中的时候，变量社区 1 才表示社区类型=1 和社区类型=0 相比较；如果只有社区 1 这一个变量，那它就不表示这个意思了。所以，在模型分析中，虚拟变量都是同进同出的，也就是说，要么都在模型中，要么都不在模型中，不能只保留其中一个，否则它的含义就变了。

> ✉ **重要提醒：**
>
> 　　当把变量作为虚拟变量纳入模型时，一定要同进同出，不能在模型中只保留虚拟变量的其中一个，因为它们只有放在一起，才是一个完整的变量，否则就失去了原有变量的含义。

小结一下：

什么时候用虚拟变量？

虚拟变量主要用于多分类自变量与因变量是非线性关系的时候，如果多分类自变量与因变量已经是线性关系了，就没有必要用虚拟变量了。因为此时线性关系已经可以很好地刻画出二者的关系了。在线性回归、Logistic 回归、Poisson 回归、Cox 回归等各种回归中，都有可能用到虚拟变量。

虚拟变量有什么优点和缺点？

优点：当多分类自变量与因变量的关系不是线性关系的时候，虚拟变量可以更真实地展示二者的关系。

缺点：把一个多分类变量转换为虚拟变量后，自变量数目会增多，如一个四分类变量就会生成 3 个虚拟变量。如果你的样本量不是很大，那么自变量的增加会导致估计结果不稳定。

设置虚拟变量时如何指定参照类？

主要根据专业和研究目的。如年龄，如果你想了解高年龄组与低年龄组的比较情况，那就把低年龄组设为参照。一般尽量把危险低的设为参照组，如在社区类型中，把对照区（社区类型=0）设为参照。

如果虚拟变量的结果不一致该怎么办？

如果产生了 3 个虚拟变量，其中 1 个虚拟变量的 $P<0.05$，另外 2 个虚拟变量的 $P>0.05$，那么你在报告结果时仍需要把这 3 个虚拟变量的结果都展示出来，而不是只展示有统计学意义的那一个。在列方程时也需要把 3 个虚拟变量的系数都列在方程中。

第 5 章

如何正确展示你的数据

哥谭市长：现在让我们欢迎哥谭市新任警长。她依靠统计（描述）和满满的爱心，把哥谭市的友邻布鲁海得文治理得井井有条。

——《乐高蝙蝠侠大电影》

所谓展示数据，专业名词就是统计描述，它把一堆原始数据用指标或图表的形式概括出来，让大家一眼就能看出这堆数据所反映的信息。统计描述的指标有很多，比较常见的有均数、中位数、标准差、四分位数间距、率、比例等。

毫不夸张地说，我们几乎每天都会接触到各种不同的统计指标。比如，你打开某个网页，可能就会看到诸如"上半年**省人均收入为 8816 元""《变形金刚 4》在烂番茄网上只有 15%的新鲜度"等新闻。这些都在试图向你反映一些信息，它们并没有把每个人的收入或每个人的评论告诉你，但你通过 8816 或 15%这样的数字就会明白它们要说什么。这就是统计描述所起的作用，只需要一个或几个简单的数字，就能让你对总体概况有一个大致的了解。

在大数据时代，统计描述的地位进一步突出。对于动辄几万甚至几百万的数据，不经过统计描述而直接进行分析，这是既浪费时间又抓不住重点的一种行为。统计描述不仅仅是简单地展示数据概况，更重要的是为后续的统计分析提供方向，有时也许会给出一些连我们自己都想不到的提示。正因如此，如何恰当地进行统计描述也就显得尤为重要。

根据资料类型的不同，统计描述指标也不相同。定量资料的统计描述指标主要有均数、中位数、标准差、四分位数间距、百分位数、标准化 Z 值等，其中均数和中位数用来展示数据的集中情况，而标准差和四分位数间距用来表现数据的分散程度，百分位数、标准化 Z 值可用来描述相对位置。定性资料的统计描述指标主要有率、比例等。

5.1　均数和中位数——你被平均了吗

均数（Mean）是最容易理解也是最常用的定量资料描述指标，就是数据之和除以例数。我们每天都能听到"平均收入""平均房价"等平均数，但并不是每个平均数都是均数，平均数只是一种描述方式，并不等同于均数本身。

例如，有两家公司，A 公司员工的平均月薪是 1.2 万元，B 公司员工的平均月薪是 1.1 万元。你听了有什么感觉呢？我想大多数人的第一感觉就是 A 公司更好一些，如果要跳槽，估计会首选 A 公司。但实际上未必如此。因为仅凭这两个数给出的信息实在太少了，据此贸然做出结论是有风险的。

既然是平均月薪，那必然有人高于该值，有人低于该值，关键是有多少人高于或低于该值。让我们看一下图 5.1，左图和右图的均数都是 1.2 万元，但是它们反映出的波动情况却完全不同。左图中 10 个人的工资水平围绕 1.2 万元上下波动的范围都不大，距离均数都不太远；而右图中前 9 个人的工资水平差不多，不过都在均数线以下，最后一个人的工资水平则远远高于均数。在这种情况下，如果让你选，那你会选择哪家公司呢？我想，除非你有把握把右图公司中收入 4 万元的人取代，否则还是选择左图公司的好。

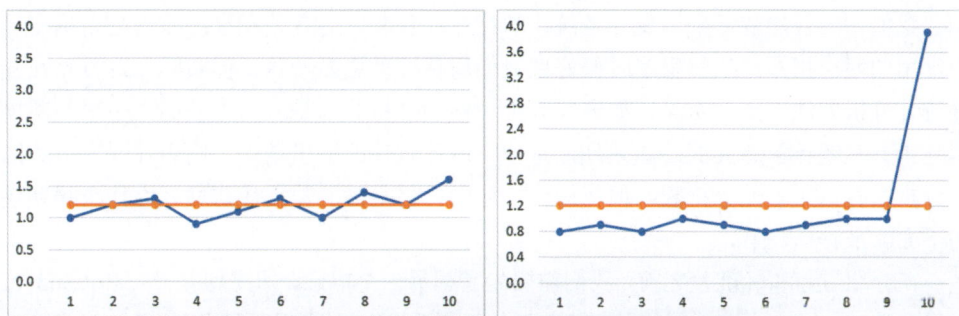

图 5.1　两家公司的工资水平及其围绕均数的波动情况

所以，尽管是相同的均数，但是它们反映的完全是两种情况。这就是你经常觉得"又被平均了"的原因。有时你会看到新闻报道"**市人均月薪 1 万元"，如果该市恰好有很多亿万富翁，那么这一报道可能并非虚假信息，只是像图 5.1 的右图那样给你误导罢了，让你觉得自己好像已经进入了富人阶层。因为对于右图中的数据而言，均数已经不能反映出真实情况了。此时用中位数则能更客观地展示实际结果。

中位数就是把数据从小到大排序后位于中间的那个数。像图 5.1 中的两家公司数据，左图的中位数是 1.2 万元，右图的中位数则是 0.9 万元。用中位数来描述的话，谁高谁低立刻就清楚了。一般来说，如果数据围绕均数均匀地波动，则可以用均数来描述；否则最好用中位数来描述。用统计术语来说，就是正态分布的数据可以用均数来描述，偏态分布的数据最好用中位数来描述。

📂 常见疑惑:

既然中位数是从小到大排序后居中的值,那如果遇到偶数怎么办呢?遇到偶数的话,中位数就是居中两个数的平均。如 1、2、3、4,中位数就是(2+3)/2=2.5。

图 5.2 显示了在不同分布情况下均数和中位数的不同。可以看出,只有在正态分布的时候,均数和中位数才是相等的;如果大多数人的值比较小,而少数人的值比较大(正偏态),如收入,那么用均数会夸大平均情况;如果大多数人的值比较大,而少数人的值比较小(负偏态),如篮球运动员的身高,那么用均数会降低平均情况。

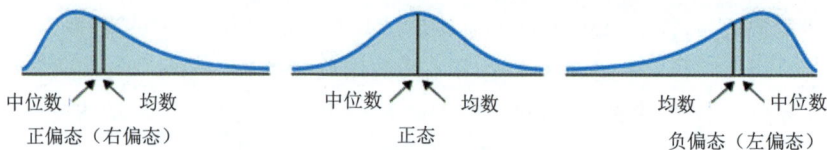

图 5.2 不同分布情况下的均数和中位数

5.2 方差与标准差——变异的度量

我们在一开始就提到,变异是统计学存在的基础,而方差和标准差则是衡量变异最常用的两个指标。虽然很多时候好像我们用标准差更多一些,但实际上,方差在各种统计分析方法中更为常见,如方差分析、回归分析等都是利用方差的大小来判断模型是否具有统计学意义的。如果你注意一下统计软件的输出结果,则会发现大多数回归分析都有一个方差分析表。但在统计描述中,仍是标准差更受欢迎。为什么呢?我们下面就来解释一下。

在介绍方差和标准差之前,我们需要先了解另一个概念,即离均差平方和(Sum of Squares of deviations from mean,SS),这个名字听起来很别扭。所谓离均差,其实就是偏离均数之差,也就是每个数值分别与均数相减之差(见图 5.3),而离均差平方和就是对每个差值求其平方然后相加的总和。

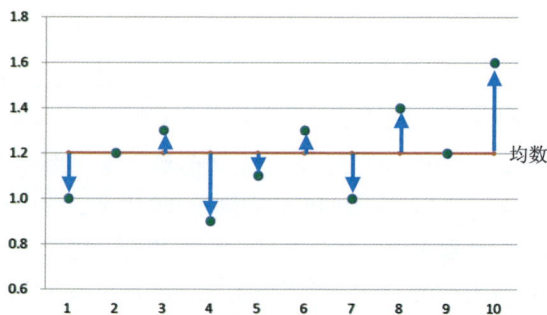

图 5.3 离均差含义的示意图

离均差是一个表示变异的非常自然的概念，图 5.3 中每个蓝色箭头表示的距离很清楚地体现了数据的波动情况，偏离越大，说明数据变异越大。所以想表示变异大小，很自然的想法就是把每个数的偏离均数之差求和，然后看看数值大小。但由于偏离有正有负，直接相加之和必定为 0。因此，在求和之前，先对每个差值求其平方，因为平方后是不影响大小比较的。你可以想象一下，3 比 2 大，那么 3 的平方肯定也比 2 的平方大，用于比较大小是不影响的。

图 5.1 中数据的离均差平方和计算过程如表 5.1 所示。

表 5.1　离均差平方和的计算过程

A 公司			B 公司		
原始数据	离均差	离均差平方	原始数据	离均差	离均差平方
1.0	-0.2	0.04	0.8	-0.4	0.16
1.2	0.0	0.00	0.9	-0.3	0.09
1.3	0.1	0.01	0.8	-0.4	0.16
0.9	-0.3	0.09	1.0	-0.2	0.04
1.1	-0.1	0.01	0.9	-0.3	0.09
1.3	0.1	0.01	0.8	-0.4	0.16
1.0	-0.2	0.04	0.9	-0.3	0.09
1.4	0.2	0.04	1.0	-0.2	0.04
1.2	0.0	0.00	1.0	-0.2	0.04
1.6	0.4	0.16	3.9	2.7	7.29
离均差平方和		0.40			8.16

可以很明显看出，B 公司收入的变异远远大于 A 公司。

但是离均差平方和有一个缺点，即数据越多，离均差平方和一般也越大。这很容易理解。在图 5.1 中，两组数据都是 10 个，可以直接比较。但如果两组数据量不同，那就不方便比较了。所以我们可以很自然地想到对其求平均数，这就是方差。

方差用公式表示为

$$\sigma^2 = \frac{\sum(x_i - \bar{x})^2}{n}$$

分子就是离均差平方和，分母是例数。

通过除以例数，方差保证了不同例数之间也可以直接比较变异大小。从数值来看已经没有问题了，但是从实际角度来看仍有一个问题：方差是一个平方后的值，对于一个指标而言，其平方是没有意义的，如收入的平方是什么意思就很难解释，因此又引出了标准差的概念。

标准差就是对方差求平方根，即 $\sigma = \sqrt{\sigma^2}$，这样就消除了平方后概念上的混淆。所以在统计描述中，用得更多的是标准差而不是方差。

5.3　自由度——你有多少自由活动的范围

我们刚才介绍方差这一概念的时候，是离均差平方和除以例数，但有时我们可能会看到，有的书中介绍方差的公式，分母并不是例数 n，而是 $n-1$。这实际上是总体与样本的区别，总体方差的计算，其分母是 n；而样本方差的计算，其分母是 $n-1$。

为什么样本方差要把分母设为 $n-1$？因为样本相对于总体而言，肯定是有一定偏差的，而在实际中通常很难得到总体数据。所以，在求方差的时候，实际上得到的是样本方差，但我们最终想估计总体方差。在用样本数据估计总体方差的时候，前人已经证明了，如果仍以 n 为分母，那么得到的不是总体方差的无偏估计；而以 $n-1$ 为分母，得到的才是总体方差的无偏估计，所以我们才以 $n-1$ 作为分母。这一证明过程我们没有必要去了解，纯粹是数学公式。当然，如果你想了解，那么可以找一本数理统计教材，通常会有这一证明过程。

这里所说的 $n-1$ 就是自由度（Degree of Freedom）的概念。在统计学中，几乎所有方法、所有指标都会涉及自由度，因为它跟例数有关，而任何统计方法都不能撇开例数这一关键因素。

自由度的字面意思是，计算样本统计量时能够自由取值的数值的个数，一般用 df 来表示。举一个直观的例子，如果有一个方程为 $x+y+z=100$，一旦 y 和 z 的值确定下来，那么 x 的值也就固定了，必然等于 $100-y-z$。所以，x、y、z 是不能同时自由取值的，能够自由取值的个数只有 2 个，而不是 3 个，也就是说，自由度是 2。

为什么样本的自由度就变成了 $n-1$ 呢？因为在用样本统计量估计总体参数时，我们有一个暗含的假定：假定统计量是参数的无偏估计，也就是二者应该相等。这相当于我们已经做出了一个限定（就像 $x+y+z=100$ 一样，已经限定了三者之和为 100），因此，样本的自由度就不是 n，而是 $n-1$。

在不同的统计方法中，自由度都不一样，但基本原则都是每估计 1 个参数，就需要消耗 1 个自由度。下面我们将常见的几种统计方法的自由度综合来看一下。

（1）在单样本 t 检验中，自由度是 $n-1$。因为只需要估计 1 个参数（均数），所以只需要消耗 1 个自由度，所以自由度是 $n-1$。

（2）在两组比较的 t 检验中，自由度是 n_1+n_2-2。因为需要估计的参数有 2 个，也就是两组的均数。对于第一组而言，一旦均数固定，能够自由取值的个数只有 n_1-1 个（n_1 是第一组的例数），即自由度为 n_1-1；同样的道理，对于第二组而言，其自由度为

n_2-1。所以总的自由度就是 $n_1-1+n_2-1=n_1+n_2-2$。

（3）在多组比较的方差分析中，当有 k 个组的时候，需要估计 k 个组的均数，所以总的自由度是 $(n_1+n_2+\cdots+n_k)-k$。而对于组间变异所用到的自由度，因为总均数是固定的，所以需要减去 1 个自由度，也就是 $k-1$。

（4）在回归分析中，如果有 m 个自变量，就有 m 个参数需要估计，而且还需要估计截距项，因此待估计的参数有 $m+1$ 个（m 个自变量加 1 个截距项），所以模型的 F 检验用到的自由度是 $n-(m+1)$。它意味着只剩下 $n-(m+1)$ 个可以自由取值的数值用来估计模型误差，当自变量数 m 固定时，如果样本量 n 比较小，就会导致有效估计例数不足，从而导致结果不可靠。

5.4　百分位数——利用百分数度量相对位置

所谓相对位置，就是一个数在所有数据中大概处在什么位置上，比如我们在学校里经常说排第几名，这就是相对位置。相对位置的度量主要有两个指标：百分位数和 Z 值。

百分位数（Percentile），严格来说应该是一系列指标，第 p 百分位数表示：数据中有 p%位于左边，有$(1-p)$%位于右边。如第 90 百分位数是 37，表示 90%的数据小于 37，10%的数据大于 37（见图 5.4）。

百分位数中有几个较为特殊的值是比较常用的。

（1）第 100 百分位数就是最大值，第 0 百分位数就是最小值，二者之差也称为极差。

（2）第 75 百分位数称为上四分位数（通常用 Q3 表示），第 25 百分位数称为下四分位数（通常用 Q1 表示），二者之差（Q3-Q1）称为四分位数间距（Interquartile Range）（见图 5.5）。

（3）第 50 百分位数也就是中位数。

如果数据呈偏态分布，则一般建议用"中位数（Q1-Q3）"的形式进行统计描述。

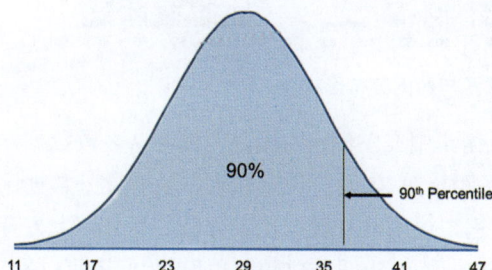

图 5.4　百分位数示例

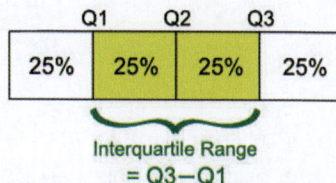

图 5.5　四分位数示例

在统计学中，有一种称为"五数概括"的描述方式，它利用百分位数中的最大值、最小值、第 25 百分位数、第 50 百分位数、第 75 百分位数进行综合描述。这 5 个指标展示在一张图中就是所谓的箱式图（Box Plot，见图 5.6）。

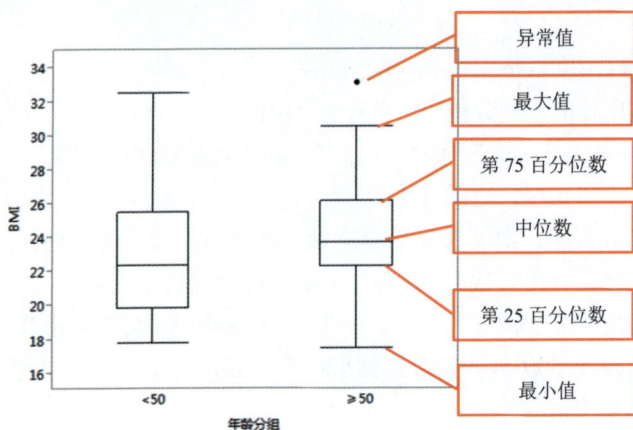

图 5.6　箱式图

在箱式图中，箱子中间的横线为中位数，箱子上、下两端分别是上、下四分位数，箱子两端以外的上、下两个须子分别是"上四分位数+1.5×四分位数间距"和"下四分位数-1.5×四分位数间距"。当然，如果数据中没有这么大的值，那么上、下两条线就是最大值或最小值。如果有超出上、下两个须子范围的数值，那么在箱式图中会以异常点的形式显示出来，如图 5.6 中≥50 岁的箱式图上方有一个超出"上四分位数+1.5×四分位数间距"的异常点。

箱式图所反映的数据分布形状如图 5.7 所示。

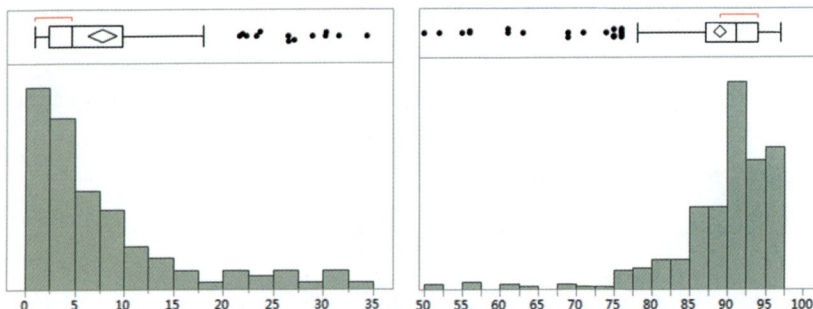

图 5.7　箱式图与数据分布形状

在图 5.7 中，左图是右偏态，多数数据集中在左侧；右图是左偏态，多数数据集中在右侧。从左图中可以看出，下方的须子距离第 25 百分位数较近，说明此处数据比较集中；上方的须子距离第 75 百分位数较远，说明此处数据比较分散。另外，上方有很多点高出须子，说明这些点大于"上四分位数+1.5×四分位数间距"。我们还可以看出，中位数（箱子中的竖线）小于均数（箱子中菱形中心位置），这是右偏态的典型特征。右图与左图正好相反，大家可以自己分析一下。

从图 5.7 中可以看出，箱式图可以很清晰地反映出数据的分布情况，比简单的柱状图反映的信息要多得多，在发表文章时应尽量采用箱式图而不是柱状图。

5.5　如何比较苹果和橘子——利用 Z 值度量相对位置

相对百分位数，Z 值在实际中的应用更为广泛，我们通常所说的标准化（Standardization）就是计算 Z 值。Z 值的计算公式很容易理解：

$$Z = \frac{x - \mu}{\sigma}$$

其中，μ 表示均数，σ 表示标准差。

Z 值反映了某个值 x 偏离均数 μ 的标准差倍数，如 $Z=2$ 说明某个值 x 偏离均数 2 倍标准差。对于正态分布而言，其分布曲线下的面积是有一定规律的（见图 5.8）。如在 ±1 倍标准差内的面积是 68.2%，在 ±2 倍标准差内的面积是 95.4%，在 ±3 倍标准差内的面积是 99.7%。这些规律使得 Z 值有很大的实用价值。

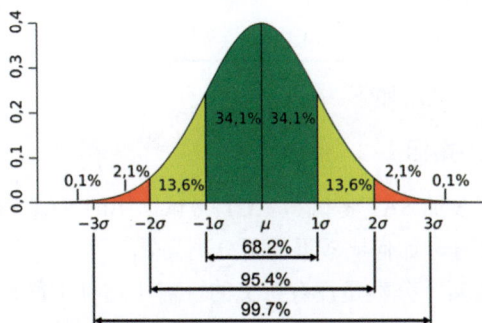

图 5.8　正态分布曲线下的面积规律

数据一旦标准化，就都成了以 0 为均数、以 1 为标准差的标准正态分布，无论原始数据的单位有多大。如表 5.2 中两列原始数据标准化后都变成在同一度量单位上了。所以，无论原始数据的度量单位是什么，标准化后都可以在同一水平上进行比较。

> 📖 **内容扩展：**
>
> 提到标准化，顺便提一个与此类似的名词：中心化（Centralization）。中心化的意思是每个原始数据减其均数后得到的值，相当于标准化的分子部分（见表 5.2 最后两列）。
>
> 中心化有什么作用呢？比如我们在进行线性回归分析时，分析 x 与 y 的关系，如果最后得到的方程为 $y=10+2x$，则意思是 x 每增加 1，y 增加 2；当 $x=0$ 的时候，$y=10$。这种解释在正常情况下没有问题，但如果 x 是身高就有问题了，因为身高是不可能为 0 的，那此时讨论 $x=0$ 就没有任何意义了。但如果你把 x 进行中心化，那么一切问题就迎刃而解了，因为中心化后，讨论 $x=0$ 实际上就是 $x=$ 均数，这就有意义了。

表 5.2　标准化与中心化计算

	身高（cm）	体重（kg）	身高 Z 值	体重 Z 值	身高中心化	体重中心化
	171.64	66.53	1.495	0.868	1.786	1.122
	169.03	65.27	-0.696	-0.112	-0.832	-0.145
	171.05	62.93	0.997	-1.921	1.191	-2.483
	168.18	67.59	-1.407	1.684	-1.681	2.176
	170.06	65.00	0.171	-0.319	0.204	-0.413
	168.93	66.43	-0.773	0.787	-0.924	1.017
	171.56	65.38	1.429	-0.025	1.708	-0.032
	169.53	65.19	-0.273	-0.174	-0.327	-0.225
	169.00	65.64	-0.715	0.175	-0.854	0.226
	169.59	64.17	-0.227	-0.961	-0.271	-1.242
均数	169.86	65.41	0	0	0	0
标准差	1.19	1.29	1	1	1.19479785	1.29221912

Z 值比较常见的两个应用如下。

1．比较不同单位的指标

如甲、乙两人分别参加 SAT 考试和 ACT 考试，甲的 SAT 考试分数为 550 分，乙的 ACT 考试分数为 30 分，如何比较谁的得分更高？

显然，直接比较这两个分数是没有意义的。对于这种不同单位的指标比较，标准化 Z 值是一个很好的选择。假定我们已知 SAT 考试的均数和标准差分别为 500 分和 100 分，ACT 考试的均数和标准差分别为 18 分和 6 分，则可以求出甲和乙在各自考试体系内的 Z 值。

甲：(550-500)/100=0.5；乙：(30-18)/6=2。

图 5.9 直观显示了甲和乙在各自考试体系内的相对位置。乙在 ACT 考试的人中，相对均数高了 2 倍标准差；而甲在 SAT 考试的人中，相对均数仅高了 0.5 倍标准差。因此，可以得出结论：乙的成绩相对高于甲。也可以从曲线下面积的角度来解释，由于在标准正态分布中 0.5 和 2 对应的右侧面积分别大约为 30.85% 和 2.28%，因此，可以说，在 ACT 考试中，只有 2.28% 的人分数比乙高；在 SAT 考试中，有 30.85% 的人分数比甲高。

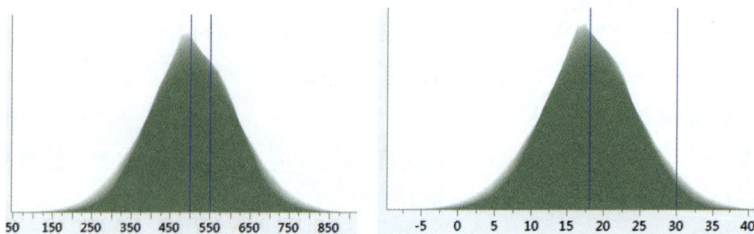

图 5.9　Z 值的直观含义

2. 判断异常值

由于在标准正态分布中，大于 3 倍标准差的值是很罕见的，只有不到 0.3%，因此，通常可以利用这一性质判断某个数值是否为异常值。如果一个数值超出 3 倍标准差，则可以认为这很可能是一个异常值。

例如，在下列 20 个数据中，判断 10.9 是否是一个异常值。

| 5.64 | 6.21 | 4.98 | 6.07 | 5.05 | 5.69 | 6.25 | 10.9 | 5.35 | 5.06 |
| 6.18 | 5.86 | 6.37 | 4.44 | 7.1 | 5.89 | 6.61 | 4.48 | 5.23 | 7.44 |

不难计算出这 20 个值的均数和标准差分别为 6.04 和 1.39，据此可计算 Z 值为 $(10.9-6.04)/1.39≈3.50$，超出 3 倍标准差，提示 10.9 是一个异常值。

利用 3 倍标准差判断异常值，一般只用于正态分布的数据中，对于偏态分布的数据有时效果不一定很好。

5.6　某百岁老人调查报告说：少运动才能活得久——谈一下比例和率

我曾在微信上看到一则新闻，说调查了某省 4000 多名百岁老人的生活习惯，得出了令人震惊的结果：锻炼不重要，不锻炼才能活得久；饮食不重要，吃腌咸菜活得久。结论带着一副好像颠覆了人们常识的窃喜。我却只想说，还有比这种结论更荒谬的吗？

我们就以锻炼这一因素来进行说明。该调查报告发现，绝大多数百岁老人不经常锻炼。由于没有看到具体的百分数，暂且假定为 70%。意思就是说，在 4000 名百岁老人中，有 70%（2800 名）的人不经常锻炼（暂且不考虑所谓的"经常"是如何定义的）。这就能说明不经常锻炼的人活得久？这是一个典型的混淆"比例"和"率"的例子。

这里所谓的 70% 只是一个比例，说明在所有的百岁老人中，有 70% 的人不经常锻炼，仅此而已。绝对不能说不经常锻炼的人活到百岁的概率更大。

假定该省有 4000 万人口，如果按"是否经常锻炼"将人群分为两类，其中"不经常锻炼"的人占 90%（3600 万人），"经常锻炼"的人占 10%（400 万人），就会形成表 5.3 所示的表格。

表 5.3　经常锻炼和不经常锻炼人群的百岁老人数

锻　炼	百岁老人（人）	非百岁老人（人）	合计（人）	百岁率
经常锻炼	1200	3998800	4000000	3/万
不经常锻炼	2800	35997200	36000000	0.78/万
合　计	4000	39996000	40000000	1/万

从表 5.3 中可以看出，在这种假定下，在经常锻炼的人中，每万人中会有 3 名百岁老人；而在不经常锻炼的人中，每万人中只有不到 1 名百岁老人。那到底是经常锻炼

好还是不经常锻炼好呢？这就更加一目了然了。

可能有人说，说不定你的假设是错误的。不错，的确有这种可能，但这里只想说明的是，该调查报告根本不考虑"经常锻炼"和"不经常锻炼"的总人数，却只是在百岁老人群体中说这两类人的比例，这是非常不科学的，完全混淆了"比例"和"率"这两个概念。

比例（Proportion）是一个静态的指标，说明的是在一个群体中某种状态所占的百分比。在刚才的例子中，百岁老人中不经常锻炼的比例、男性的比例、喜欢吃腌制品的比例，这些都是比例。

率（Rate）则更像一个动态指标，一般发病率、死亡率等都是需要经过一段时间的观察才能获得的。如上述例子中，经常锻炼的人中有 3/万的百岁率，这就不是一个比例。经常锻炼或不经常锻炼的人，需要观察很久才能知道是不是能活到百岁。

比例这一指标通常不考虑其背后隐含的总人群，如百岁老人中不经常锻炼的比例是 70%，就没有考虑到非百岁老人中不经常锻炼的比例是多少，它只反映了某一类结局人群中（如活到 100 岁的老人）不同特征（如经常锻炼或不经常锻炼）所占的百分比。率这一指标则反映了不同特征（如经常锻炼或不经常锻炼）人群中出现结局（是否百岁老人）的百分比（见图 5.10）。

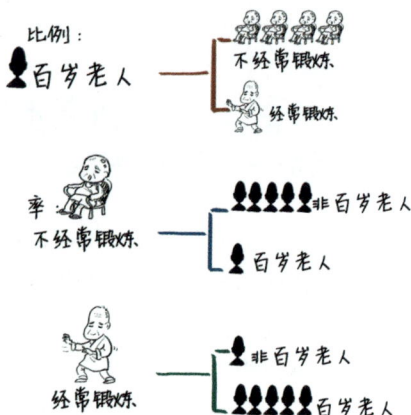

图 5.10　率和比例示意图

如果你还没有一下子转过弯来，那不用着急，我们继续看更为直观的例子。

某班级期末考试，其中男生有 12 人不及格，女生有 4 人不及格。如果我据此就说，男生的学习成绩不如女生，那是不是可信呢？

如果你感觉这一结论可信，那很遗憾，你仍没有理解比例和率。仅从不及格人数来看，男生占 12/16=75%，女生占 25%。这里的 75%和 25%是一个比例。

现在我告诉你，该班共有 48 名男生，8 名女生。这时数据就变成了表 5.4 所示的样子。

表 5.4　男生和女生的不及格率

性　　别	及格（人）	不及格（人）	总例数（人）	率（%）
男生	36	12	48	25
女生	4	4	8	50

现在可以发现，原来男生的不及格率只有 25%，而女生的不及格率则是 50%。到底是男生还是女生的学习成绩不好呢？这就与刚才仅根据比例而做出的结论大相径庭了。

通过这两个例子，如果你仔细体会一下，则应该不难区分比例和率的差别。率有一点动态变化的意味，更强调强度和严重性；而比例是一个静态的指标，一开始就有了所有类别的值，只是客观展示其中某一类所占的百分比，并不带有严重性的意思。

5.7　在文章中如何正确展示百分比

我们经常需要在文章中展示百分比，展示方式不止一种，但很多人都没有注意到，其实不同的展示方式其目的是不一样的，表达出来的效果也是不同的。我们来看下面这个例子。

某研究比较两种疗法治疗肺癌的效果，首先列出了两组的基线资料情况。表 5.5 仅以性别为例，列出了两组的性别分布情况。

表 5.5　两组的性别分布情况

指　　标	A 组	B 组
男性	26 人（49.06%）	27 人（50.94%）
女性	28 人（65.12%）	15 人（34.88%）

这种表格我们再熟悉不过了，但是你可能没有注意到，百分比的表达方式应该结合研究目的。在表 5.5 中，行合计为 100%，此时说明的是男性中 A 组和 B 组的比例情况，以及女性中 A 组和 B 组的比例情况。

但实际上，这真的是你想表达的含义吗？恐怕未必，一般对于这种基线资料的展示，我们想表达的是 A 组中的男女比例以及 B 组中的男女比例，这时候百分比应该如表 5.6 所示。

表 5.6　两组的性别分布情况（修改后）

指　　标	A 组	B 组
男性	26 人（48.15%）	27 人（64.29%）
女性	28 人（51.85%）	15 人（35.71%）

在表 5.6 中，列合计是 100%，反映的是 A、B 各组内男女的构成比情况。可以看出，虽然都是列出百分数，但行合计 100% 和列合计 100%，其表达的含义完全不同。

这种百分比的展示，其一般原则是：每个分组变量内的合计为 100%。如上例是以 A、B 作为分组变量的，因此应该是 A 组内所有人合计为 100%、B 组内所有人合计为 100%。如果你想以性别作为分组变量，则应该是所有男性之和为 100%、所有女性之和为 100%。

因此，如何展示百分比主要取决于你的研究目的，以及分组变量是什么、分析变量是什么。

第 6 章

寻找失踪的运动员——中心极限定理

我的朋友：为什么你觉得自己这次考试会通过？

我：因为我做了 20 套从题库中随机抽取的真题，每次都通过了，没有一次不合格的。根据中心极限定理，我认为真正考试我也会通过。

——在驾考之前我跟一个朋友的对话

声明：以下故事纯属虚构，如有雷同，纯属巧合。

里约奥运会期间闹了不少乌龙事件，但其实还有一件事未对外界披露，那就是某国的运动员在临赛之前失踪了，幸亏反应及时才最终找到，没有耽误参加比赛。下面我们就说一下这件事情的来龙去脉。

里约奥运会进行得如火如荼之际，在准备下午比赛项目的时候，工作人员联系不上某国的 5 位运动员了。据猜测是出去逛街时手机被偷了，而且这 5 位运动员还不会说当地语言，无法跟当地居民交流。现在工作人员只知道这 5 个人开着一辆红色车出去了，然后就联系不上了。没办法，工作人员只好联系当地交警，凡是发现有 5 个人坐在一辆红色车上的，一律跟他们尽量交流一下，看看是不是失踪的运动员。

功夫不负有心人，交警还真找到了两辆车，上面恰好都有 5 个人，而且性别数也跟失踪的运动员相符。两辆车上的人员特征如图 6.1 所示，左边是第一辆车，右边是第二辆车。

图 6.1　两辆车上的人员特征

但是如何判断哪辆车上的人是运动员呢？两辆车上的人都不会说当地语言，而且都显得很着急，交警也不能强拉走两车人，否则会耽误另一车人的事情。幸运的是，有位交警学过统计学，他看了一下两辆车上的人员特征，稍微思考了一下，说道："应该是第二辆车上的人，让第一辆车走吧。"结果证明这位交警的判断是正确的，第二辆车上的 5 个人正是失踪的运动员。

这位交警是如何判断的呢？这就要用到中心极限定理了。

6.1　中心极限定理针对的是样本统计量而非原始数据

中心极限定理的理论含义是：假定有一个总体数据，如果从该总体中多次抽样，那么理论上，每次抽样所得到的统计量（如均数）与总体参数（如均数）应该差别不大，大致围绕在总体参数（如均数）中心，并且呈正态分布。例如，某单位所有人（假定 3000 人）的平均身高值是一个总体参数，为 170cm。如果从总体中进行 100 次随机抽样，每次抽样 300 人，则可以计算出 100 个平均身高值，这 100 个均数应该是以 170cm 为中心的一个正态分布。

下面通过一个模拟的例子详细说明一下中心极限定理的思想。

假定现在有一个 1000 人的总体，该总体是一个均匀分布，即 0～20 之间的每个数值都是 50 个左右（图 6.2 首行的总体分布图），该总体的平均数（参数）为 10。现在从 1000 人中进行重复抽样（实际中一般是做不到的，只是从理论上进行说明），共进行 100 次抽样，每次抽样的样本量都是 5 人（图 6.2 中的第 1 行抽样）。这样可以计算每次样本的均数（统计量），共得到 100 个均数。现在把这 100 个均数看作原始数据，求出这 100 个数值的均数为 9.76。从这 100 个数值的分布图中可以看出，基本上是围绕 10（总体参数）波动的，而且呈正态分布。也就是说，在这 100 个均数中，大多数在 10 附近，只有少数距离 10 较远。

现在我们换一种抽样方式，还是在刚才的 1000 人总体中抽样，也是抽样 100 次，但是每次抽样的样本量改为 10 人（图 6.2 中的第 2 行抽样）。这时候同样计算出 100 个均数，这 100 个均数也是围绕总体参数呈正态分布的，它们的均数为 9.80。

再把每次抽样的样本量分别改为 30 人和 100 人（图 6.2 中的第 3 行和第 4 行抽样），可以看出，这 100 个均数同样围绕总体参数波动。分别对样本量为 30 人和样本量为 100 人的 100 次抽样均数再计算均数，分别为 9.83 和 10.03。

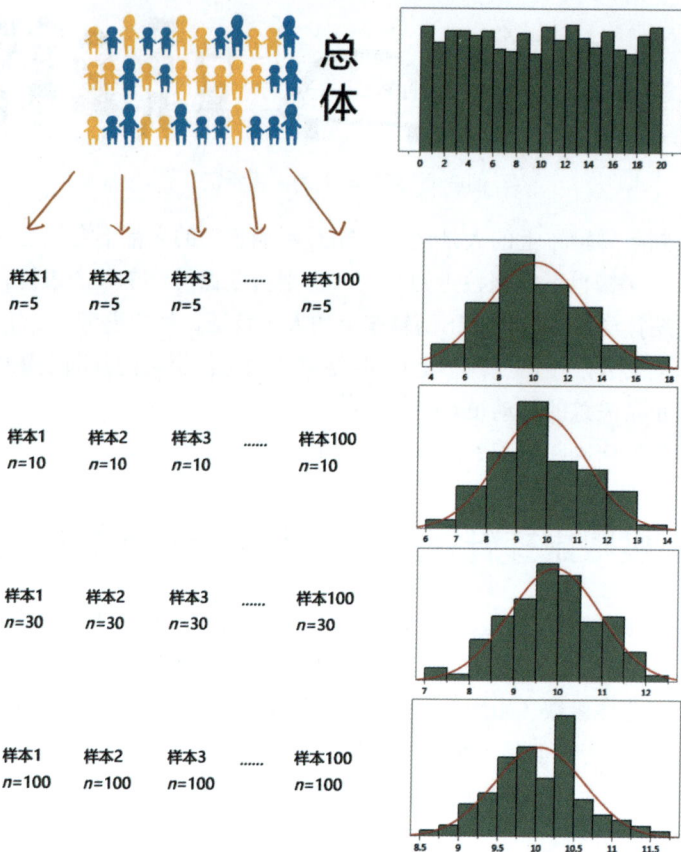

图 6.2　中心极限定理演示

从上述模拟结果中可以看出中心极限定理的一些规律：

（1）如果从总体中进行多次抽样，那么绝大多数样本统计量（如均数）都会紧密围绕在总体参数周围，这些样本统计量以总体参数为中心呈正态分布。

（2）每次抽样的样本量越大，根据样本均数再次计算出的均数越接近总体均数（总体参数）。如当样本量为 5、10、30、100 人时，计算的样本均数分别为 9.76、9.80、9.83、10.03，与总体均数的偏差越来越小。而且不难看出，每次抽样的样本量越大，分布越集中。如当例数为 5 时，样本均数在 4～18 之间波动；而当例数为 100 时，样本均数在8.5～11.5 之间波动。也就是说，样本量越大，越容易得到一个接近总体参数的统计量。

（3）无论总体是什么样的分布（如正态的、偏态的、均匀的），根据上述过程进行多次抽样，样本统计量始终是呈正态分布的，尤其在每次抽样的样本量较大的时候。如上述总体并非正态分布，而是均匀分布，但抽样样本计算的 100 个均数是服从正态分布的，而且抽样例数越多，正态性越明显。

现在我们了解了中心极限定理，继续回到一开始的故事中，为什么交警判断第二辆车上的人可能是运动员呢？因为在正常情况下，运动员的体重应该不会太重，虽然也有举重等运动员的体重较重，但在总体分布上应该大多数人都不是很重。我们假定里约奥运会所有运动员的体重分布如图 6.3 所示，总体均数约为 75kg。这 5 位运动员算是总体运动员中的一个样本，根据中心极限定理，样本均数应该围绕总体均数波动，而且不应该距离总体均数太远。

已知第一辆车上的 5 个人的平均体重为 95kg，从图 6.3 中可以看到，该值偏离总体均数太远，只有不到 5% 的可能性认为（5 个人）这一样本来自里约奥运会所有运动员这一总体。相对而言，第二辆车上的 5 个人的平均体重是 70kg，距离 75kg 就非常近了，更有可能来自运动员总体。

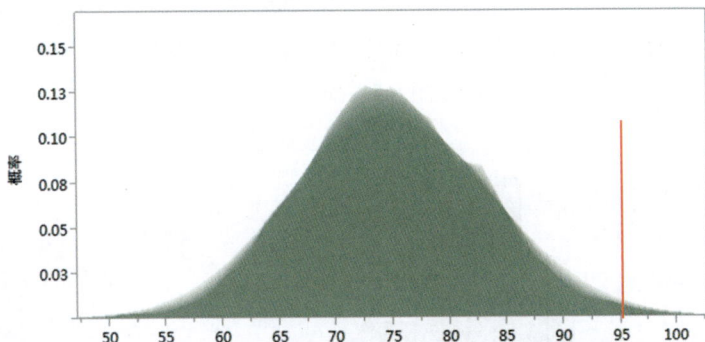

图 6.3　体重 95kg 在所有运动员体重分布中的位置

6.2　样本量大于 30 就可以认为是正态分布了吗

很多研究生或临床医生都问过我：样本量大于 30 是不是就不用做正态性检验了？而且一本正经地说："这是统计学书上说的。"有的说得更专业：根据中心极限定理，当样本量大于 30 的时候，就接近正态了。甚至有人以此来回答审稿人提出的"为什么不做正态性检验"这样的问题。

通过上述介绍，我们一定要明白，**中心极限定理不是针对原始数据的，而是针对统计量的**。它说的是：不管原始数据的分布是什么样的（可能是正态的，也可能是偏态的），从原始数据中多次抽样，得到多个样本，每个样本可以计算出一个相应的统计量（如均数），如果每个样本中的例数大于 30，那么这些统计量（如均数）的分布接近正态；而不是说：一个样本中的原始数据的个数大于 30，原始数据的分布接近正态。

尽管我们刚才已经图示了中心极限定理的思想，但为了解释这一困惑，我们再通过一个例子加强一下对此的理解。

假定有一份很明显的偏态数据（见图 6.4），现在我们从该总体中进行随机抽样。

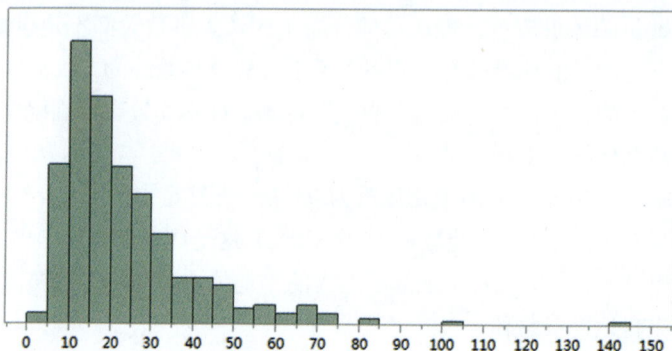

图 6.4　总体分布为偏态分布

　　情形 1：共抽取 500 次，每次样本均为 5 例。计算每次样本 5 个值的均数，得到 500 个均数，这 500 个均数的分布如图 6.5 所示。

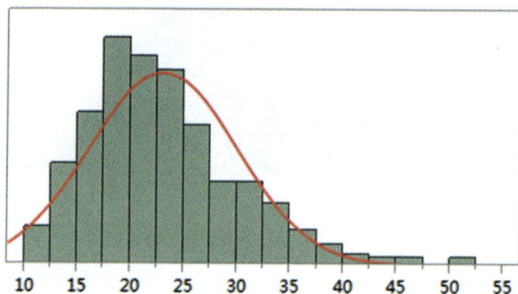

图 6.5　每次抽样例数为 5 时的统计量分布

　　情形 2：共抽取 500 次，每次样本均为 15 例。计算每次样本 15 个值的均数，得到 500 个均数，这 500 个均数的分布如图 6.6 所示。

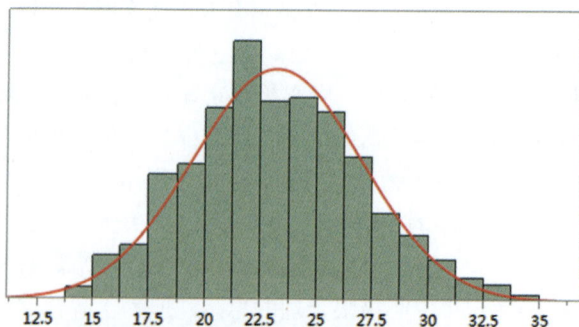

图 6.6　每次抽样例数为 15 时的统计量分布

　　情形 3：共抽取 500 次，每次样本均为 30 例。计算每次样本 30 个值的均数，得到 500 个均数，这 500 个均数的分布如图 6.7 所示。

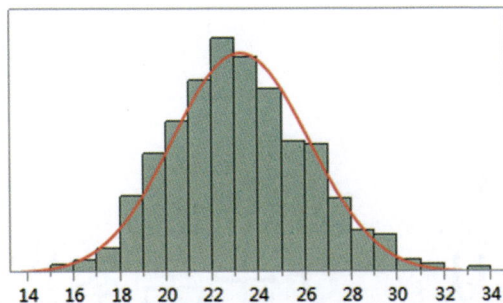

图 6.7　每次抽样例数为 30 时的统计量分布

从上面 3 种情形中可以看出，当每次抽样的例数较少的时候，统计量的分布与总体分布形状差不多（在极端情况下，如果每次抽样例数都是 1，那就跟总体分布基本一样）。随着每次抽样的例数增加，统计量的分布越来越接近正态分布。当例数为 30 的时候，就非常接近正态分布了。这就是为什么说当样本量大于 30 时，统计量的分布基本呈正态分布（注意不是原始数据的分布呈正态分布）。

可惜，统计学中（当然生活中也是如此）经常充满了各种以讹传讹，到最后就变成了听风是雨。如果课堂上老师讲不清楚，那么到了学生的头脑中就变成了：只要数据量大于 30，我就不用做正态性检验了，我就可以理直气壮地使用 t 检验、方差分析了。

有很多变量，哪怕例数有成千上万个，依然是不服从正态分布的，如住院费用、收入、某些检验指标等。此时使用均数已经难以反映其真实情况了，那还使用基于均数的 t 检验等方法进行分析，其结论会可靠吗？

第 7 章

从"女士品茶"中领会
假设检验的思想

探员：这个魔术师知道怎样躲避去抓他的保安，这跟运气无关，这是真实的能力。你能解释吗？

局长：我不能解释，也没有时间解释。俄罗斯联邦有 1 万吨核弹不知去向，应该派警探到处搜查。我需要的是合理的智囊人员，而不是所谓的超能力和胡扯的魔术师。

探员：可是这个胡扯的魔术师展现出能够预知未来的能力。从统计学角度来看，这是不可能的。

——电影《预见未来》

假设检验可以说是统计学中最基础而又最重要的思想，如果你不能明白假设检验的思想，也就无法真正理解 P 值的含义，无法针对结果做出合理的解释。现在，让我们把时光倒流一下，回到百年前剑桥大学的一个下午，重新领会一下 Fisher 是如何用假设检验思想来证明一个结论的。

7.1 女士品茶的故事

1920 年的剑桥大学，某个风和日丽的下午，一群科学家正悠闲地享受下午茶时光。正如同往常一样准备冲泡奶茶的时候，有位女士突然说："冲泡的顺序对于奶茶的风味影响很大。先把茶加进牛奶里，与先把牛奶加进茶里，这两种冲泡方式所泡出的奶茶口味截然不同。我可以轻松地辨别出来。"这些科学家对此不屑一顾，觉得太无聊。幸运的是，当时其中有一位叫 Fisher 的先生，他觉得很有意思，就说："我们做实验来验证一下吧。"

讲到这里，我们先思考一下，如果换做是你，那你会怎么证明这位女士说话的真假呢？当然，很自然的思想就是：准备几杯奶茶，其中有一部分是先放奶后放茶，有一部分是先放茶后放奶，然后让这位女士品尝，看她是否能够品对（见图 7.1）。这当然没问题，但是，至少有两个关键问题需要考虑。

第一，你要以一种什么样的顺序给她品尝呢？理论上有很多种顺序，比如有 8 杯奶茶，可以前 4 杯先放奶后放茶，后 4 杯先放茶后放奶；也可以第

图 7.1　女士品茶图

1、3、5、7 杯先放奶后放茶，第 2、4、6、8 杯先放茶后放奶；等等。但是这些方法都有一定的规律，如果这位女士能够觉察出这种规律，那就很容易猜中结果。所以当时 Fisher 就提出采用"随机"的方式，据说这是第一次从统计学角度提出"随机"的概念。现在看起来，"随机"这个词似乎并没有什么了不起，你也可以想到用随机方式，但是在将近 100 年前，可以想象一下提出这一概念所需的睿智。

第二，需要给她品尝多少杯呢？是给 1 杯还是给 10 杯？可以想象，如果只给 1 杯，那么即使这位女士根本没有这种能力，仅凭猜测，也有 50% 的概率猜对，显然 1 杯不足以说明问题。如果给 2 杯，那么只靠猜测品对的概率就变成了 50%×50%=25%，这种概率仍然很高。想象一下当年你考试的情形就会明白，即使你对这道题一无所知，也有 25% 的概率从 A、B、C、D 4 个选项中选出正确答案。所以，给得太少是不足以证明的，但是太多也不行，且不说这位女士喝多了会不会想吐，太多了也容易浪费。因此，确定一个合理的杯数是很有必要的（这也就是我们需要计算样本量的原因）。那到底需要多少杯才算恰到好处呢？我们来计算一下（见图 7.2）。

杯　数	如果她没有能力而仅靠猜测都品对的概率
×1	0.5
×2	0.25
×3	0.125
×4	0.0625
×5	0.03125
×6	0.015625
×7	0.007813
×8	0.003906

图 7.2　如果这位女士没有这种能力而仅靠猜测都品对的概率

不难看出，喝 5 杯时，如果这位女士不具备这种能力，那么她把这 5 杯都品对的概率只有 3.125%；而如果喝 8 杯，那么这种概率只有 0.39%，这是一个非常低的概率。

7.2 零假设和备择假设

我一直在强调一句话："如果这位女士不具备这种能力。"这句话非常重要，很多人正是因为没有理解这句话，从而无法真正理解假设检验的思想。这句话是一个前提，正是因为这句话，假设检验才有了意义。

让我们从逻辑上厘清一下思路：如果这位女士不具备品尝能力，那么，她能够品对 1 杯的概率有 50%。在这种情况下，即使她品对了，我们也不会立刻就相信她有这种能力，因为这种概率太高了，理论上一半人都可以做到。但是，如果给她 8 杯，她都品对了，那么，在这种情况下，我们就不得不重新考虑。因为如果她不具备这种能力，仅凭猜测而都猜对的概率实在太低了，只有 0.39%，以至于我们不得不怀疑一开始所做假设（这位女士不具备这种能力）的正确性。

这种思路其实就是假设检验的思想。顾名思义，假设检验就是"检验"我们所做的"假设"到底对不对。也就是说，先要有一个假设，然后才谈得上检验。一般我们会从正面做出假设（如这位女士不具备这种能力、两种药物的疗效没有差别），这种假设被称为零假设或无效假设（Null Hypothesis）。零假设的对立面称为备择假设（Alternative Hypothesis），如这位女士具备这种能力、两种药物的疗效有差别。一般零假设是想推翻的，备择假设是想证实的。

* * * * * * * *

零假设通常用 H_0 表示。之所以称为零假设，是因为它的假设一般都是组间差异为 0、两个变量的相关系数为 0、回归系数为 0 等。其一般形式是假定参数等于某个固定值。

如在差异性检验中，零假设通常为：

$$H_0: \mu_1 - \mu_2 = 0$$

这里的 $\mu_1 - \mu_2$ 表示总体中的两组差值，是总体参数，无效假设差值为 0。

再如在线性回归分析中，零假设通常为：

$$H_0: \beta = 0$$

这里的 β 表示总体斜率，即 x 对 y 的影响大小，是总体参数，无效假设其影响大小为 0。

但有时零假设中的参数可以不为 0，而是某个具有一定专业意义的值。如想验证两组差值是否为 0.5，则零假设为：

$$H_0: \mu_1 - \mu_2 = 0.5$$

* * * * * * * *

备择假设通常用 H_1 表示，它跟零假设对立，如组间差异不等于 0、两个变量的相关系数不为 0、回归系数不为 0 等。

如在差异性检验中，备择假设通常为：

$$H_1:\ \mu_1 - \mu_2 \neq 0$$

这里的 $\mu_1 - \mu_2$ 表示总体中的两组差值，是总体参数。

在一些单侧检验中，备择假设不是参数≠0，而是参数>0 或参数<0。如在非劣效性检验中，备择假设一般为：

$$H_1:\ \mu_1 - \mu_2 < \delta$$

其中，$\mu_1 - \mu_2$ 表示总体中的两组差值，是总体参数，δ 表示非劣效界值。

做出假设之后，如何来检验呢？假设的检验有多种方法，目前常用的（也是绝大多数统计教材所介绍的）是经典统计方法。这种方法的思路一般是：先根据收集的数据计算一个统计量（如 t 值、χ^2 值等），然后根据相应的分布计算出至少得到该统计量的 P 值是多少，最终做出结论（见图 7.3）。

零假设　　　　　收集数据　　　　　结论

图 7.3　从假设到结论示意图

7.3　假设检验中的两类错误

当我们根据假设检验思想最终计算出结果并做出结论时，谁也不敢保证结论一定是正确的，任何结论都有错误的可能。比如，你做出嫌疑人有罪的结论，就存在冤枉好人的风险；你做出嫌疑人无罪的结论，就存在纵容恶人的风险。这实际上就是假设检验中的两类错误，我们通常称之为 I 型错误和 II 型错误。下面通过一个例子来更详细地说明这两类错误。

有一家化工厂，一直在排放污染物。环保署接到举报，于是派调查人员前去展开调查。根据环保署的标准，排放浓度的上限是万分之三。所以调查人员就进行抽样调查，随机抽取了几个排放点，检测排放的污染物的浓度。经过调查人员的努力，调查结果出来了，排放浓度是万分之四，高于排放标准上限。那么现在问题来了：要不要让它关门整顿？

如果你直接说"当然让它关门了，都超出上限了，还等什么"，那说明你还没有真正理解统计学。因为工作人员只是做了抽样调查，既然是抽样，就有可能存在误差。因为这家工厂排放的污染物的浓度有可能并没有达到上限，只是抽样的地方恰好浓度高而已。

要判断该工厂的排污浓度是否超标，就要利用假设检验思想，先设定原假设，即这家工厂的排污浓度没有超标，然后根据收集的数据进行统计推断，最后计算统计量和 P 值，做出统计学结论。结论只可能有两种：一是认为超标；二是认为没有超标。而事实也有两种：一是实际上真的超标了；二是实际上并没有超标。这两个结论一组合，就会生成图 7.4 所示的样式。

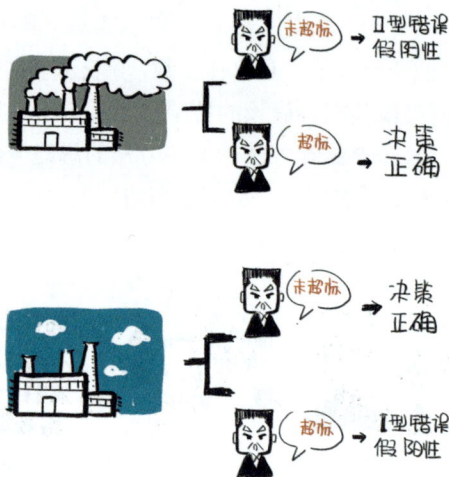

图 7.4　两类错误示例

从图 7.4 中不难看出，所谓 I 型错误，就是环保署冤枉了该厂，本来该厂的排污浓度并未超标，但环保署认为它超标了。在这种情况下，该厂吃亏了（无缘无故被勒令停工好几个月）。所谓 II 型错误，就是你放纵了该厂，本来该厂的排污浓度超标了，环保署却认为它没有超标。在这种情况下，附近老百姓吃亏了（继续忍受污染）。

I 型错误和 II 型错误通常又称为假阳性错误和假阴性错误，一般用 α 和 β 来表示。它们在不同领域有不同的含义。如在医学诊断中，I 型错误就是误诊，即本来未患病却被错误地诊断为患病；II 型错误就是漏诊，即本来患病了却没有被诊断出来。在质量控制领域，I 型错误又称为生产者风险，相当于产品本来没有瑕疵，结果被错误地认为有瑕疵，这种风险由生产者来承担；II 型错误又称为消费者风险，相当于产品本来有问题，结果却没有发现，这种风险就由消费者来承担。

I 型错误和 II 型错误是一种此消彼长的关系，I 型错误增大，II 型错误会减少；反之，I 型错误减少，II 型错误会增大。这一点可通过图 7.5 来说明。

图 7.5 显示的是一组高血压人群和一组非高血压人群的收缩压分布情况，黑色曲线下代表非高血压人群，蓝色曲线下代表高血压人群。可以看出，这两个人群有一定的交叉，换句话说，有一部分高血压人群会被误判为非高血压，有一部分非高血压人群会被误诊为高血压。

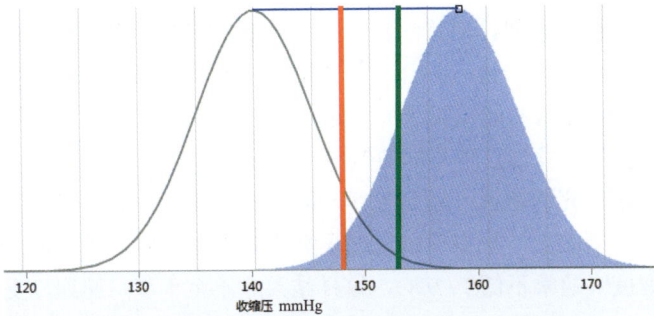

图 7.5 两类错误关系示意图

如果我们以红色线条（147mmHg）作为划分标准，即大于 147mmHg 认为是高血压，否则认为是非高血压。此时误诊率较高，因为在非高血压人群中大于 147mmHg 的人还有不少（黑色曲线中红线右侧面积），这些人都被划分到高血压人群中，从而造成误诊。

如果我们以绿色线条（152mmHg）作为划分标准，即大于 152mmHg 认为是高血压，否则认为是非高血压。此时漏诊率较高，因为在高血压人群中低于 152mmHg 的人还有不少（蓝色曲线中绿线左侧面积），这些人都被划分到非高血压人群中，从而造成漏诊。

因此，如果提高标准，让标准更为苛刻，则可以降低假阳性，但同时会提高假阴性。同样，如果降低标准，让标准更为宽松，则可以降低假阴性，但同时会提高假阳性。

那这两种错误到底哪个更严重？这取决于你站在哪一方。从环保署的角度来看，可能 I 型错误更严重，因为错误地控告该工厂，可能导致该工厂恶狠狠地反咬一口，环保署需要支付高额的赔偿金。从附近居民的角度来看，II 型错误更严重，因为如果该工厂的排污浓度超标但环保署没有发现，那该工厂会继续排放污染物，危害居民健康。

在很多情况下，我们可能很难确定到底哪种错误严重，比如癌症的诊断，如果犯 I 型错误，把本来非癌症的误诊为癌症，则可能会导致他心理压力剧增，甚至真的得病；如果犯 II 型错误，把癌症患者漏诊为非癌症，则可能会丧失早期治疗的最佳时期，从而导致病情的延误。所以有时我们不得不从专业角度综合考虑，到底把假阳性和假阴性设为多少合适。

目前一般习惯上把 I 型错误设为 0.05，把 II 型错误设为 0.1 或 0.2。但这并非固定的，如果你发现犯 I 型错误特别严重，那就可以降低 I 型错误的标准，如设为 0.01。这些只能根据自己的专业知识和研究目的来决定。

* * * * * * * *

最后介绍一个现实中非常重要的概念，即把握度（Power），有的也翻译为功效（我个人其实更倾向于使用"功效"一词，但鉴于多数书中都称为把握度，因此这里也以把握度称呼。但一定要记住，"把握"这个词并不是 Power 的专属词汇）。把握度=1-β（II 型错误）。II 型错误是如果一个人有罪，而错误地判他无罪，所以把握度就可以理解为，如果他实际上确实有罪，而且法官正确地判断他有罪的概率。这是我们所要追求的，也就是正确判断你的结论。举几个例子进一步说明：如果两种药物的疗效确实有差异，那么把握度就是真的能发现这种差异的概率；如果不同性别的发病率真的不同，那么把握度就是真的能发现这种不同的概率。

很显然，一项研究的把握度越高越好，因为这意味着你能以很高的把握做出有意义的统计学结论。事实上，很多项目发起人都希望你在写标书的时候能够告诉他们，你有很高的把握度（通常不低于 0.8），这样结果才不至于事与愿违，支付给你的钱不至于打水漂。否则，如果你说只有 30%的把握发现两组间有差异，那么估计没有人愿意冒这么大的风险支持你。

通常在做组间比较计算样本量时，都会要求你设定 I 型错误和把握度，然后根据相应的效应值（如组间差值）计算样本量。一般我们习惯设定 I 型错误为 0.05，把握度为 0.8。但如果你有足够的经费支持你调查更大的样本量，那么为了更有把握得到一个阳性结果，你可以将把握度设为 0.9 甚至更高。

有时一些文章也会要求你计算把握度，尤其在你的结果是阴性的时候（如没有发现两组数据有统计学差异）。在这种情况下，报告一下你的把握度是很有必要的。如果你的把握度很低，则说明很可能是样本量不足导致无法检验出阳性结果。换句话说，你可能在一开始设计的时候没有科学地计算样本量，样本量较小，从而导致了你的阴性结果。如果你在计算样本量时选择了一个较高的把握度，那么理论上是不会出现这种情况的。

7.4　P 值的含义

我们前面一直说做出统计学结论,那这些结论主要是靠什么做出的呢? P 值就是一个非常关键的指标。不少人学了多年统计，却始终对 P 值有所误解，如有的人认为 P 值是零假设正确的概率，P 值越小，零假设越不正确。这是一种非常错误的理解，因为我们是无法说零假设正确或错误的概率有多大的。比如零假设是新疗法与旧疗法相比无效（$\mu_1 - \mu_2 = 0$），你不能讨论新疗法无效的概率，因为对于新疗法而言，要么有效，要么无效，只能是二者其一。

实际上，P 值是关于数据计算结果的概率，较为官方的说法是，在零假设成立的前提下（注意这一前提），计算出至少这么大的统计量，这种情况有多大可能是偶然发生的。

上述说法较为严谨，但不够通俗，我们通过一个例子来详细解释一下 P 值的含义。

假定某学校想了解男生和女生的考试成绩是否不同，分别从所有男生和女生中各随机抽取 25 人，获取他们的考试成绩。如何通过假设检验思想来证明这一问题呢？

首先，做出假设。一般我们设定零假设为男生和女生的考试成绩相等，即差值为 0。

$$H_0:\ \mu_{女} - \mu_{男} = 0$$

$$H_1: \mu_{女} - \mu_{男} \neq 0$$

　　然后收集数据，计算出男生和女生的平均考试成绩分别为 76.1 分和 78.6 分，二者的差值为 2.5。现在就要考虑一下，既然我们假设男生和女生的考试成绩差值为 0，而根据数据计算的差值却是 2.5，这怎么解释呢？

　　首先要理解一点，我们并没有计算学校中所有男生和女生的平均考试成绩，而是抽样 50 人，计算样本统计量。既然是抽样，就不可避免地存在抽样误差。也就是说，即使学校所有男生和女生的考试成绩差值真的为 0，由于抽样误差的原因，样本中的男生和女生考试成绩差值也未必正好为 0。但可以肯定的是，（在样本没有太大偏差的情况下）即使样本中差值不等于 0，也应该距离 0 不远，因为抽样误差是不会造成很大波动的。所以我们就得判断，差值 2.5 距离 0 到底算不算远？

　　如何判断呢？这就需要借助分布了。图 7.6 就是以 0 为中心的分布，根据中心极限定理，假定总体差值为 0，如果多次抽样，那么每次抽样所得到的差值应该都在 0 附近，如 0.4、-0.6 等。如果偏离 0 太远，那很有可能并非来自（差值为 0 的）这个总体。

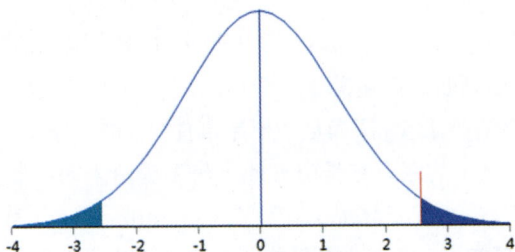

图 7.6　P 值含义图示

　　从图 7.6 中不难看出，当差值为 2.5 的时候（图中红线所示位置），右侧面积为 0.02，这就是 P 值。它反映了：如果总体中男生和女生的考试成绩差值为 0，那么，在一次抽样中出现差值=2.5（甚至比 2.5 还要大）的概率只有 2%。可以这么理解：即使总体中男生和女生的考试成绩差值为 0，抽样误差也会导致样本中男生和女生的考试成绩差值不等于 0，但是出现 2.5（甚至比 2.5 还要大）这么大的差值，只有 2% 的可能性是由抽样误差造成的。换句话说，很可能不是抽样误差造成的，而是真的有这么大的差异。

　　📁 **常见疑惑：**

　　为什么 P 值的表述是"出现 2.5（甚至更大）的概率"，而不是直接说"出现 2.5 的概率"呢？听起来特别拗口。因为只出现 2.5 这样一个值的概率几乎是 0，事实上，在连续分布中，出现任何一个固定的值的概率几乎都是 0。在图 7.6 中，尽管出现 0 的概率较大，但正好出现 0 这个值的概率仍然微乎其微。所以，P 值所表达的不是出现某个具体值的概率，而是出现某一范围的概率。从图 7.6 中也可

> 以直观看出，P 值反映的是曲线下红线右侧的一片面积，而不是红线的那一点面积（一个点的话也不存在面积）。

刚才说的只是右侧面积，但由于备择假设是 $\mu_女 - \mu_男 \neq 0$，也就是说，虽然在这次抽样中计算结果是女生考试成绩-男生考试成绩=2.5，但理论上也有可能出现男生考试成绩高于女生的情况，因此这是一个双侧检验。在双侧检验中需要同时考虑分布两侧的面积，所以最终计算的 P 值并不是 0.02，而是 0.04（图 7.6 中两侧的阴影面积）。

如果从理论上来讲，那么 P 值反映的是：假定在该学校中进行重复抽样，共抽样 100 次，计算男生和女生的平均考试成绩，这样可以得到 100 个差值。由于抽样误差的存在，这 100 次抽样每次计算的差值很可能都不等于 0，但理论上应该最多只有 4 个样本的差值大于 2.5 或小于-2.5。

7.5 为什么 P 值小于 0.05（而不是 0.02）才算有统计学意义

现在我们又遇到一个新的问题：100 次中最多 4 次，这算不算多？或者说，4%的概率算不算低？既然要判断，肯定需要一个标准，目前我们一般习惯用 0.05 作为判断的界值，也就是说，P 值小于 5%认为是小概率事件，在统计学上就认为不大可能发生。

那这个 0.05 是怎么来的呢？它是由 Fisher 先生提出来的，但他并没有对此做太多解释，只是在他出版的 *Statistical Methods for Research Workers* 一书中提到了如何根据 P 值做出统计学结论。事实上，在这本统计学界经典的书中，Fisher 对 P 值的应用也不是很统一，或许是因为他觉得这一问题没有必要解释（略带讽刺意味的是，当科学家利用 Fisher 提出的 P 值做出吸烟有害健康的结论后，喜欢整天叼着烟斗的 Fisher 反而是最强烈反对这一结论的）。

一种比较有理论依据的说法是：在正态分布中，出于实际的方便，我们以偏离均值的 2 倍标准差作为有无统计学显著性的依据。而在正态分布中对应 2 倍标准差的概率是 0.046，不容易记住，因此没有取 2 倍标准差，而是取 1.96 倍标准差，它对应的概率是 0.05，更方便记忆。这样就可以说，在 20 次事件中发生 1 次的概率。

除遵循传统习惯这一原因外，还有一个原因让我们一直在使用 0.05 这一界值。虽然我们可以设定界值更小（如 0.01），这样可以降低假阳性率，但同时却容易增加假阴性率。这在前面我们已经提到了，这里通过一个通俗的例子再强调一遍。

在审判时，一开始法官都认为嫌疑人无罪（无效假设），然后搜集证据，看看搜集的证据能否推翻无罪的假定。假定一开始法官规定，只要找到两个证据（检验水准设为 0.05），就可以推翻无效假设，即认为嫌疑人可能是有罪的。现在为了更谨慎，把规定变得更严格了，必须找到 4 个证据才能认为嫌疑人有罪（检验水准设为 0.01）。

那么，在对某个嫌疑人的审判中，我们找到了 3 个证据（P=0.025），如果按原来的规定（检验水准设为 0.05），我们就可以认为嫌疑人有罪；但根据新的规定（检验水准设为 0.01），不能认为嫌疑人有罪。实际上，这就使得法官更难判处一个人有罪。如果一个人本来确实有罪，但由于新的规定过于苛刻（检验水准设得太低），以至于无法证明他有罪，这就出现了假阴性率，即本来是有罪的，却无法做出有罪的结论。

因此，如果我们把检验水准设得过低，虽然可以更大限度地减少假阳性错误，但同时提高了假阴性的可能。所以我们目前仍以 0.05 作为检验水准，而不是一味地在一个方向上降低。

* * * * * * * *

不管当初 0.05 是如何确定的，我们始终在沿用这一值。目前在科研领域有不少人奉 P=0.05 为经典，一旦发现 P 值等于 0.052 之类的，感觉天都要塌了。事实上，我们从刚才的解释中应该明白，P 值只是一种概率或者可能性。我们可以想一下，如果有人跟你说，今天下雨的可能性是 5.2%，那么你觉得跟 5% 有实质性差异吗？我想多数人会觉得没什么太大差别，那为什么还要纠结于 "我的 P 值刚好大于 0.05，怎么办" 之类的想法呢？所以，当你的结果真的出现这种情况时，把你的具体 P 值展示给读者即可，不会有杂志因为你的 P 值等于 0.052 而拒绝承认你的结论。

目前还有少数人抱有错误观念，认为 P 值跟差异大小有关联。例如，有时在文章中会看到类似这种结论："P<0.01，说明相关性很强。" 事实上，P 值跟差别大小没什么关系，而是跟样本大小更有关。一个例数少的样本容易出现一个大的 P 值。以前就有临床大夫跟我说：我觉得统计学就是在玩数字游戏，比如 20 个数据的比较，P 值就大于 0.05；我原封不动地复制成 200 个，P 值就小于 0.05。

我要说的是：其实恰恰相反，这种情况才说明了统计学的严谨性。在 20 个数据时，P 值大于 0.05，无统计学意义，其实是在提醒你，你的数据太少，不足以支持你的结论；而在 200 个数据时，P 值小于 0.05，说明在 200 人中出现同样的结果，这是更可靠的结论。比如，你治好了 20 人，然后宣称治愈率为 100%，估计没人会相信你；但是你治疗了 200 人仍然都治好了，那你这时候说治愈率为 100%，我想一定会有更多的人相信你。我国古代就有 "三人成虎" 的说法，其实从那时候起就已经有这种思想了。所以，统计学不是数字游戏，而是让你的结论更有说服力。通过什么来体现呢？就是 P 值。

7.6　为什么零假设要设定两组相等而不是两组不等

前面提到，零假设一般设定参数为 0，如两组比较中设为 $\mu_1 - \mu_2 = 0$，为什么不设为 $\mu_1 - \mu_2 \neq 0$？我们说，假设检验采用的是反证法，通过数据证明零假设是错误的。那为什么不直接设定备择假设，证明备择假设的正确性呢？

这就需要仔细体会一句话："在零假设成立的前提下。" 注意我们所有的统计量和 P

值都是在零假设成立的条件下计算出来的。

例如，某次抽样调查了 100 人，零假设是 $\mu_1 - \mu_2 = 0$，根据样本数据计算的差值为 0.23，要判断 0.23 与 0 这么大的差距有多大可能性是由抽样误差造成的。图 7.7 的左图中阴影部分显示了这一 P 值，双侧 P 值为 0.027，说明 0.23 与 0 这么大的差距只有 2.7% 的可能性是由抽样误差造成的。

如果所有样本数据都不变，只把零假设改为 $\mu_1 - \mu_2 = 0.1$，就变成判断 0.23 与 0.1 这么大的差距有多大可能性是由抽样误差造成的。图 7.7 的右图中阴影部分显示了这一 P 值，双侧 P 值为 0.214，说明如果零假设成立，那么在这一前提下，出现 0.23 这样大的值并不是偶然的，概率还是比较高的。

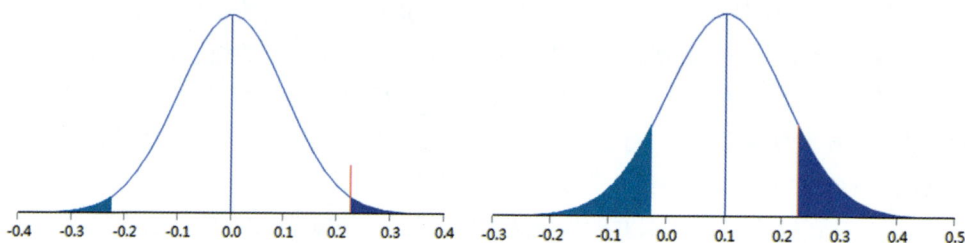

图 7.7　不同零假设下的 P 值比较

我想通过这个例子大家应该可以明白为什么零假设是 $\mu_1 - \mu_2 = 0$，而不是 $\mu_1 - \mu_2 \neq 0$。因为"不等于"是一个无限的概念，如 0.1、−0.9、102、−597，这些都是"不等于"，那么到底根据哪个值来计算统计量和 P 值呢？这是无法计算的。因为你计算的样本均数、标准差等都是固定的，唯一要确定的是这些样本统计的值到底偏离零假设有多远。如果零假设无法确定，也就无法确定偏离多远。所以，一定要在零假设中设定参数"等于"某个值，而不是"不等于"某个值。

第 8 章

参数估计——一叶落而知秋

二人（刘备和孙权）共览之次，江风浩荡，洪波滚雪，白浪掀天。忽见波上一叶小舟，行于江面上，如行平地。玄德叹曰："南人驾船，北人乘马，信有之也。"孙权闻言，自思曰："刘备此言，戏我不惯乘马耳。"乃令左右牵过马来，飞身上马，驰骤下山，复加鞭上岭，笑谓玄德曰："南人不能乘马乎？"

——罗贯中小说《三国演义》

我们在前面已经提到，与样本有关的指标称为统计量，与总体有关的指标称为参数。统计学一个很重要的内容就是根据样本信息来估计总体信息，因为我们最终想了解的是总体的情况，而现实中我们只能获得样本数据，所以必须根据样本统计量来估计总体参数，这就是参数估计。

参数估计主要有两种方式：一是点估计；二是区间估计。它们的意思很好理解，比如看到一个人，估计他的身高是 170cm，这就是点估计；而如果估计他的身高在 168～172cm 之间，这就是区间估计。点估计准确，但未必可靠；区间估计更为可靠，但不是很精确。

参数估计有很多种情形，例如，在组间比较中，根据样本的各组均数估计总体的每组均数；在回归分析中，根据样本得到的回归系数估计总体中自变量与因变量的关系，等等。不同的情形需要不同的估计方法，下面我们对常见的几种估计方法进行简单介绍。

8.1 点估计

这种方法就是计算样本均数、方差等，作为总体均数、方差等的估计值。因为中心极限定理告诉我们，多次重复抽样，所得多个统计量应该都是围绕总体参数波动的，多个统计量的均数应该等于总体参数。从这个角度来讲，样本统计量理论上是总体参数的无偏估计。

刘备看到一个南方人驾船技术高超，然后推断所有南方人驾船技术都很高，这就是点估计（见图 8.1），即根据一个样本推论总体。

图 8.1　点估计示意图

当然，每个样本的统计量不可能正好等于总体参数，所以实际中根据一个样本进行的点估计还是有一定偏差的，采用置信区间估计会更加可靠一些（置信区间的概念详见第 9 章）。

8.2　最小二乘估计

最小二乘估计（Least Square Estimation）主要用于线性回归的参数估计，它的思想很简单，就是求一个使得实际值与模型估计值之差达到最小的值，将其作为参数估计值。

例 8.1：某研究收集了当地一年 12 个月的温度及手足口病发病率情况，欲分析手足口病发病率与温度的关系。

先通过绘制散点图简单看一下二者的关系，如图 8.2 所示。

从图中不难看出，二者还是有一定关系的，总的来说，随着温度的上升，发病率也有增加的趋势。但这只是一个定性说明，我们更想知道的是，如何用一个系数把二者的关系定量描述出来。要得到这样一个估计值，就要找到一条最能把这些数据的趋势描述出来的直

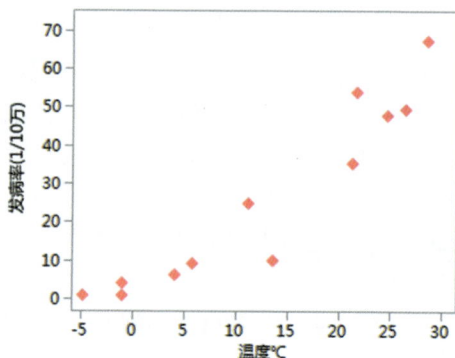

图 8.2　手足口病发病率与温度关系的散点图

线，或者说，找到一条最贴合这些数据的直线，然后求出直线的系数。

但是实际中有无数条直线，哪条才算最佳拟合呢（见图 8.3 左图）？当然，一个很自然的想法就是，找到一条直线能够连接所有的点，但这在实际中几乎是不可能的。所以我们只能退而求其次，找到一条综合而言距离这些点最近的直线，就认为是拟合数据最佳。

根据这一思想，我们可以求出每一点与直线的距离，然后将这些距离求和。其中，使得距离之和最小的那条直线便是我们要找的直线，求出这条直线的系数作为估计值，如图 8.3 右图所示。

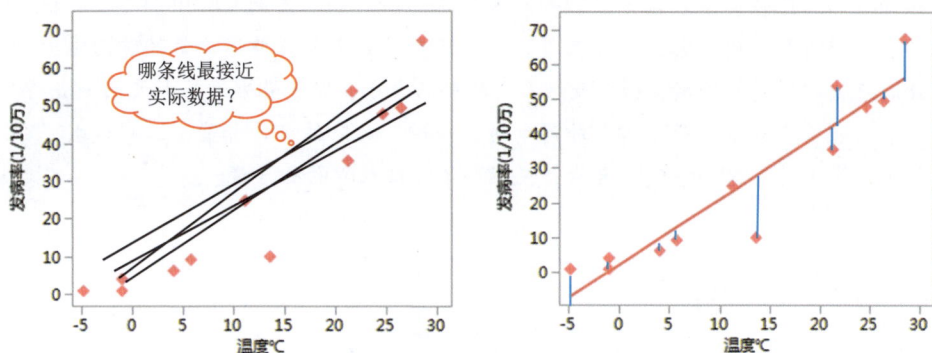

图 8.3 最小二乘估计示意图

这里有一个问题，由于直线与点的距离有正有负，如果直接求和，那么最终距离之和肯定为 0，因此需要换一种思路求和。至少有两种方式：

一是将每个距离求平方后再求和，也就是求平方和。因为平方后并不影响大小比较，2.3 大于 1.9，2.3 的平方依然大于 1.9 的平方。这种方式就是最小二乘法，字面意思其实就是最小平方和法。

最小二乘法用公式表示就是：

$$Q=\sum_{i=1}^{n}(y_i-\hat{y}_i)^2=\sum_{i=1}^{n}(y_i-(a+bx))^2$$

式中，y_i 就是实际值，也就是图 8.3 中的 i 个点（这里的 i 是 12 个）；而 $a+bx$ 就是回归方程，也就是图 8.3 中的直线；a 和 b 是待求的系数，分别为截距和斜率。最小二乘法就是要找到使得 Q 值最小的 a 和 b。实际中可能有多个 a 和 b（图 8.3 左图中的多条直线），但总有一个 a 和 b 会使 Q 值达到最小，这就是我们要求的估计值。

二是将距离绝对值化再求和，也就是求绝对值的和，这样也可以避免距离和为 0 的问题。这种方法称为最小绝对值法（Least Absolute Values），也有人为了与最小二乘法对应，将其翻译为最小一乘法。在很长一段时间内，由于计算上的问题，最小绝对值法没有得到长足发展，直到后来算法上的突破及计算机的发展，最小绝对值法的应用才开始变得广泛。相比于最小二乘法，最小绝对值法是更为稳健的一种估计方法，如当因变量存在异常值的时候，最小绝对值法更为稳健。

可能有人会问：为什么图 8.3 中点和线的距离不是与直线垂直的距离呢？如果我们改用与直线垂直的距离，就不是最小二乘估计了，而是另一种估计方法，称为正交回归（Orthogonal Regression）。所谓正交，在几何中的意义就是 90°垂直。关于正交回归，感兴趣的读者可参阅相关文献。

> 📖 内容扩展：
>
> 　　有时我们会见到"最小二乘均数"这样的概念，其含义为校正其他因素以后的均数。例如，比较吸烟和不吸烟人群的肺活量，在正常情况下，可以直接求两组均数然后比较大小。但如果调查时基线不均衡，如不吸烟人群中调查了一批运动员，而吸烟人群中都是非运动员。由于运动员本来就比非运动员的肺活量大，此时直接比较两组均数，如果吸烟人群的肺活量小，那么很难说是由吸烟造成的，也有可能是由吸烟人群中都是非运动员造成的。此时便可计算最小二乘均数，即扣除"运动员"这一混杂因素后，吸烟和不吸烟人群的肺活量。

8.3　最大似然估计

　　最大似然估计（Maximum Likelihood Estimation）是 Fisher 提出的一种点估计方法，它在很多复杂方法中都有应用，如 Logistic 回归、Cox 回归、多水平模型等。从字面意思来理解，最大似然估计就是最大可能的一个估计。也就是说，我们获得样本数据，根据已知的样本结果，反推找到一个估计值，使得最大可能出现现有结果。通俗来说就是，我们已经有了样本数据，那么，当参数值等于多少的时候，最有可能出现我们已有的样本数据。

　　最大似然估计本身是一个很复杂的过程，我们没有必要去手工计算，这些都交给计算机好了。我们的主要任务是了解一下它的计算思想。

　　先举一个非常简单的例子。如果一位司机撞到了路边的一棵树，那么你猜一下这位司机是不是酒驾。这里的撞树就是已知的数据结果，是否酒驾是我们要估计的。实际上就是问你，酒驾和非酒驾哪个最有可能出现撞树这样的结果（见图 8.4）。这其实就是最大似然估计的思路，即哪一个参数估计值（是酒驾还是非酒驾）能够最大可能地导致出现当前的数据结果（撞树）。

图 8.4　最大似然估计示意图

　　例 8.2： 抛一枚硬币，假设共抛了 10 次，出现的结果是"正正反正正正正正反正"，即正面朝上出现了 80%，反面朝上出现了 20%。在这种情况下，我们来估计这枚硬币正面朝上的比例是多少，或者说，这枚硬币是正常硬币还是骗人的"老千"硬币。

如果参数已知，那么我们不难根据参数计算出对应结果的概率。这是目前我们所了解的正向计算思路，可根据以下公式来计算（如果你对此公式不熟悉，可以看一下伯努利分布的相关内容）：

$$P(数据|参数) = P(正正反正正正正反正|\pi) = \pi\pi(1-\pi)\pi\pi\pi\pi(1-\pi)\pi$$
$$= \pi^8(1-\pi)^2$$

这样我们可以分别计算：当总体中正面朝上的概率是 0.1 时，样本数据出现 80%正面朝上这一结果的可能性有多大；……；当总体中正面朝上的概率是 0.9 时，样本数据出现 80%正面朝上这一结果的可能性有多大。相应的结果总结在表 8.1 中。

表 8.1　不同总体参数对应的当前结果的可能性

总体参数 π（正面朝上的概率）	出现当前结果的可能性
0.1	0.0000000081
0.2	0.0000016384
0.3	0.0000321489
0.4	0.0002359296
0.5	0.0009765625
0.6	0.0026873856
0.7	0.0051883209
0.8	0.0067108864
0.9	0.0043046721

可以看出，当总体中正面朝上的概率为 80%时，出现样本这种结果的可能性最大。所以，我们估计总体参数是 80%。

如果用一个函数来表示，则其形式为：

$$L(\pi|正正反正正正正反正)$$

在这个函数中，π 是我们要求的总体参数，"|"表示条件。该函数的意思是：在样本数据结果为"正正反正正正正反正"的条件下，求最大可能出现这种结果的总体参数值 π。

这个函数称为似然函数，其一般形式为：

$$L(\pi|样本数据)$$

我们就是要求使得 $L(\pi|样本数据)$ 最大的一个估计值。实际中一般将其取对数（因为取对数后更容易求最大值），称为对数似然函数，然后求出一个参数估计值，使得对数似然函数最大化。

最大化问题也就是数学上的求导问题，通过求导，便可得到这个估计值。对数似然函数对参数求导后所得的函数称为"得分"（Score）。在很多软件中都会有得分检验

（Score Test），如在 Logistic 回归中会出现三种参数估计的检验方法，其中一种就是得分检验。

8.4 贝叶斯估计

贝叶斯（Bayes）估计是基于先验信息的一种估计方法，也就是说，根据已有的一些经验（规律），把经验纳入估计过程中，从而得到估计值。在经典的频率统计中（目前多数教材提到的统计体系），参数是固定的，样本统计量是随机变量。而在贝叶斯统计中，认为参数也是随机变量，服从某一概率分布的随机变量，贝叶斯统计的重点是研究参数的分布。

我们先通过两个例子来说明贝叶斯估计的大致思想。

例 8.3： 某市男性司机和女性司机各自占的比例为 60% 和 40%。现在发生了一起车祸，某位司机把一堵墙撞倒了，没有发生人员伤亡。我们想了解一下，这位撞墙的司机可能是男性还是女性。

如果我们没有任何数据，只有该市男女司机的比例，那么我们会推测，撞墙的司机有 60% 的可能是男性（毕竟男性司机更多）。但我们又获得了另一组数据，即男性司机撞墙的可能性为 1%，女性司机撞墙的可能性为 5%。那么在这种情况下，我们如何来判断呢？

我们可以计算出：男性司机撞墙的概率是 60%×1%=0.6%，女性司机撞墙的概率是 40%×5%=2%。此时撞墙为男性司机的可能性为 0.6%/(0.6%+2%)=23%，撞墙为女性司机的可能性为 2%/(0.6%+2%)=77%，也就是说，发生这起撞墙事故的更有可能是女性司机。

在这个例子中，男女司机的比例就是所谓的先验，即已有的规律或经验，而男女司机撞墙的数据是我们收集的数据。贝叶斯估计就是先结合先验，然后收集数据，再用数据来更新先验，从而得到一个估计值。

这里的先验是很重要的，如果本例中已知男女司机比例不是 60% 和 40%，而是 90% 和 10%，那么最终计算的男性司机撞墙的概率就不是 0.6%，而是 0.9%；同样，女性司机撞墙的概率也不是 2%，而是 0.5%。这样一来，这起撞墙事故就很可能是由男性司机造成的。

例 8.4： 已知某疾病的患病率为 1%，某研究者发现一个诊断指标，该诊断指标的灵敏度和特异度均为 95%。也就是说，如果一个人患病，则有 95% 的概率能够正确诊断其患病；如果一个人没有患病，则有 95% 的概率能够正确诊断其为非患者（反过来就是说，如果一个人没有患病，则有 5% 的可能性将其误诊为患病）。我们来分析一下该诊断指标是否值得在临床上推广。

仅从灵敏度和特异度来看的话，该指标很完美。但如果考虑到先验（1% 的患病率），一切就都改变了。为什么呢？让我们来仔细分析一下。

假定甲患病，那么甲患病且被诊断为患病的概率就是 1%×95%=0.95%；假定乙没有患病，那么乙没有患病但被诊断为患病的概率就是 99%×5%=4.95%。正确诊断为患病的概率只有 0.95%/(0.95%+4.95%)=16.1%，这一概率并不是很高。

为什么会这样呢？原因就是该病的患病率太低，多数人是不患病的。在这种情况下，尽管只有 5%的误诊率，但考虑到不患病人数巨大，5%的误诊率足已造成很高的假阳性。由于患病率很低，如果该诊断指标想进一步提高正确诊断的性能，则应该在提高特异度上下功夫。

从上面两个例子中不难看出贝叶斯估计的特点：首先要了解一定的先验，然后收集样本数据，根据样本数据的结果再进行调整，重新计算得到所谓的后验信息。

贝叶斯公式一般可以表示为

$$P(B|A) = \frac{P(A|B) \times P(B)}{P(A)}$$

式中，$P(B|A)$表示在 A 成立的条件下，B 的发生概率。我们把公式中的 A 和 B 替换一下，改为更通俗易懂的形式：

$$P(先验|现象) = \frac{P(现象|先验) \times P(先验)}{P(现象)}$$

式中，先验也就是我们已知的一些规律（如男性司机占 60%、患病率为 1%），现象就是发生的事件情况（如撞墙、诊断为患病）。分子中的$P(现象|先验)$是指在先验的条件下出现该现象的概率，而分母$P(现象)$是指该现象出现的概率（不考虑先验条件）。

传统的概率分布一般是正向概率，如某病的患病率是 1%，如果随机抽取一个人，那么此人患该病的概率有多大。而贝叶斯估计基于逆向概率，如在例 8.4 中，已知一个人被该诊断指标诊断为患病，反推他真正患病的概率有多大；在例 8.3 中，如果一位司机被发现撞倒了墙，反推他是男性司机的概率有多大。

根据贝叶斯公式，我们把刚才的例子再次总结一下。

在例 8.3 中，已有的先验或规律是男性司机占 60%，现象是撞墙，男性司机撞墙的可能性为 1%，女性司机撞墙的可能性为 5%，同时考虑到男性和女性，则整个撞墙现象出现的概率就是 1%×60%+5%×40%=2.6%。根据这些数据，估计撞墙为男性司机的可能性为

$$P(规律|数据) = \frac{0.01 \times 0.6}{0.01 \times 0.6 + 0.05 \times 0.4} = 23\%$$

在例 8.4 中，已有的先验或规律是患病率为 1%，现象是诊断患病，患病者被诊断为患病的可能性为 95%，未患病者被诊断为患病的可能性是 5%，则整个诊断为患病现象出现的概率就是 95%×1%+5%×99%=5.9%。根据这些数据，估计诊断为患病的人是患者的可能性为

$$P(规律|数据) = \frac{0.95 \times 0.01}{0.95 \times 0.01 + 0.05 \times 0.99} = 16.1\%$$

第 9 章

置信区间估计——
给估计留点余地

我不太有把握地说，这里的"置信"（奈曼提出的置信区间）是不是一个"置信诡计"……，就是说我们从中抽取样本的总体，其比重会正好落在这些区间内吗？

——1934 年奈曼首次提出置信区间后鲍利教授的评论

置信区间（Confidence Interval）估计也是参数估计的一种方式，我们在前面提到，点估计用某一个具体值作为参数的估计值，而置信区间估计则用一个区间来估计参数值。从字面意思来看，Confidence Interval 也就是一定的信心下的区间，如 95% 置信区间为（0.72,0.96），就意味着有 95% 的信心认为（0.72,0.96）这个区间包含了总体参数。

9.1 置信区间的理论与实际含义

从理论上讲，95% 置信区间的意思是：如果从一个总体中重复多次抽取不同的样本（如抽取 1000 次），对每一个样本都可以计算一个 95% 置信区间（如计算出 1000 个 95% 置信区间），那么我们期望会有 95% 的置信区间（如 1000 个中有 950 个）包含了总体参数。因为总体参数是固定的，所以以对于每次抽样样本计算的 95% 置信区间，要么包含总体参数，要么不包含总体参数。但总的来说，在 100 次抽样样本中，期望有 95 个区间包含了总体参数。

例如，我们从一个均数为 0.3、标准差为 0.9 的总体中重复随机抽样，共抽取 100 个样本，每次抽样例数均为 100。这样可以对每次抽样样本都计算一个 95% 置信区间，共可以计算得到 100 个 95% 置信区间，如表 9.1 所示。

表 9.1　从总体中抽取的 100 个样本的 95%置信区间

抽样	下限	上限	抽样	下限	上限	抽样	下限	上限	抽样	下限	上限
1	0.054	0.402	26	0.099	0.453	51	0.05	0.394	76	0.221	0.579
2	0.113	0.456	27	0.044	0.389	52	0.098	0.458	77	-0.02	0.346
3	0.017	0.352	28	0.192	0.586	53	-0.06	0.357	78	0.194	0.61
4	0.089	0.433	29	-0.03	0.323	54	0.182	0.544	79	-0.05	0.324
5	0.109	0.471	30	0.055	0.421	55	0.227	0.622	80	0.059	0.425
6	0.071	0.418	31	0.121	0.464	56	0.13	0.479	81	0.076	0.452
7	0.098	0.469	32	0.02	0.368	57	0.174	0.555	82	-0.02	0.314
8	0.108	0.49	33	0.084	0.441	58	0.137	0.539	83	0.198	0.578
9	0.176	0.537	34	0.209	0.587	59	0.218	0.59	84	0.044	0.404
10	0.061	0.4	35	0.207	0.516	60	0.21	0.594	85	0.099	0.451
11	0.08	0.435	36	0.163	0.546	61	0.37	0.722	86	0.052	0.419
12	0.085	0.441	37	-0.02	0.354	62	0.204	0.586	87	0.104	0.478
13	0.051	0.401	38	0.270	0.638	63	0.052	0.426	88	0.163	0.486
14	0.249	0.641	39	-0.00	0.365	64	0.03	0.398	89	0.062	0.458
15	0.092	0.456	40	-0.07	0.244	65	0.177	0.535	90	0.214	0.613
16	0.173	0.533	41	0.015	0.34	66	0.035	0.400	91	0.067	0.435
17	0.169	0.505	42	0.303	0.703	67	0.177	0.555	92	0.055	0.471
18	0.072	0.443	43	0.005	0.38	68	0.082	0.423	93	0.112	0.455
19	0.119	0.499	44	0.16	0.507	69	0.131	0.493	94	0.073	0.451
20	0.04	0.355	45	0.069	0.426	70	0.215	0.539	95	0.18	0.548
21	0.128	0.489	46	0.329	0.736	71	0.125	0.481	96	0.236	0.594
22	0.053	0.408	47	0.157	0.508	72	0.105	0.502	97	-0.01	0.294
23	0.064	0.464	48	-0.01	0.316	73	0.105	0.459	98	0.027	0.396
24	-0.01	0.334	49	0.194	0.509	74	0.124	0.475	99	0.042	0.446
25	0.234	0.623	50	0.038	0.419	75	0.222	0.574	100	0.053	0.438

可以看出，在计算的 100 个 95%置信区间中，共有 95 个包含了总体均数 0.3，5 个未包含（表 9.1 中浅蓝底色的格子）。这就是 95%置信区间的理论含义。

但在实际中，我们是不可能抽样 100 次的，也不可能计算 100 个置信区间，事实上，绝大多数情况下只能计算 1 个置信区间。对于一个样本中计算的 95%置信区间，其确切含义为"有 95%的信心认为该区间包含了总体参数"。因为在经典统计学中，认为参数是固定的，所以从严谨的角度，要说"区间包含了参数"，而不说"参数落在区间"。

有的人认为，置信区间一定要说 95%的"信心"，不能说 95%的"把握"或"可能性"。他们认为只有把握度（1-β）才能用"把握"这个词。事实上，只是国内将 power 一词翻译为把握度，结果弄得好像"把握"这个词就不能随便说了。如果当初不翻译为把握度（事实上，很多人将其翻译为功效），那是不是就没有这一冲突了呢？"有把握"和"有信心"的意思到底有多大差别，即使在新华字典中也没有给出明确的结论。

比如，"我认为明天有 90% 的可能性会下雨"，与"我有 90% 的信心认为明天会下雨""我有 90% 的把握认为明天会下雨"，这三种说法有什么不同呢？所以，我建议学习时重在理解其含义，而不是一味抠字眼，尤其是一些翻译的名词，一定要知道其原词，这会有助于你掌握其真正意义。

9.2　置信区间与 *P* 值的关系

置信区间的前缀数字称为置信系数，一般我们习惯用 95%，但这并非唯一选择，根据研究目的也可以用 90%、99% 等。置信系数越大，所得的区间越宽；置信系数越小，所得的区间越窄。置信区间的宽窄反映了对参数估计的精确度，置信区间越窄，说明估计越精确；置信区间越宽，说明估计越不精确，但更为可靠。比如，我估计一个人的身高在 10~300cm 之间，这一说法非常可靠，但是精确度很差，没什么实际价值。

置信区间在做出统计学结论时与 *P* 值有异曲同工之妙。例如，对于"参数=0"这样一个无效假设，如果 *P* 值小于 0.05，那么计算的该参数估计值的 95% 置信区间一定不包含 0；反之，如果 *P* 值大于 0.05，那么计算的该参数估计值的 95% 置信区间一定包含 0。

尽管置信区间和 *P* 值都可以做出同样的统计学结论，但置信区间提供的信息更多。*P* 值只是告诉我们一种概率，即当无效假设成立时，出现当前结果（或者更极端结果）的概率。但我们并不知道计算的结果与无效假设差别有多大，当样本例数很大时，即使轻微的偏离也会出现一个很小的 *P* 值。如无效假设为两组收缩压的差值为 0，如果每组例数为 10000 人，那么即使两组收缩压的差值为 0.1，也会出现 *P*<0.05 的结论。但 0.1 这种差值是否有实际意义呢？仅从 *P* 值是看不出来的。

而置信区间还可以提示与无效假设的参数偏离有多远，如无效假设为两组收缩压的差值为 0，最后计算 95% 置信区间为（0.1,0.15），这至少提示两点：第一，两组差异有统计学意义，因为置信区间没有包含 0；第二，两组总体的差值并不大，因为我们有 95% 的信心认为两组差值在 0.1~0.15 之间。这说明尽管结果有统计学意义，但从专业角度来看，收缩压差别太少，没有太大的实际价值。这一信息是 *P* 值所无法提供的。

一般来说，样本量越大，计算的置信区间越窄，精度越高，此时 *P* 值也会越小。因为样本量越大，抽样误差越小。当样本量跟总体一样多时（相当于普查），就没有抽样误差了，计算的置信区间就窄成了只有一个值。而此时也没有 *P* 值了，因为根本不用统计推断，计算的指标已经是参数了，也就没有"样本统计量推断总体参数"这一说法了。

9.3　利用标准误计算置信区间

一般置信区间表示为（参数估计值±边际误差）这一形式。所谓边际误差，是因为样本与总体总是有一定差异的，在进行总体参数估计时需要把这一差异考虑进来。根据中心极限定理可以知道，从任何分布中抽样，只要样本量足够大，其统计量终会服从正态分布。因此，边际误差通常用对应一定正态分位数的 Z 值再乘以表示抽样误差的标准误来表示。实际中一般习惯计算的是 95%置信区间，因此一般表示为"参数估计值±1.96×标准误"。

那什么是标准误呢？我们还是从理论上先来解释一下，这样更容易理解。

已知某学校有初三学生共 200 名，这 200 名学生的平均身高为 160cm。我们以这 200 名初三学生作为总体，欲通过抽样调查来了解所有初三学生的平均身高。现在假定我们共做了 10 次抽样，每次抽样的样本量都是 100 人。此时我们可以分别计算出每次抽样样本的身高均数和标准差，如图 9.1 所示。

这里 10 个均数和标准差都是样本统计量，如果我们把 10 个样本的均数作为原始数据，然后计算这 10 个值的标准差，那么我们得到的指标就是标准误。也就是说，标准误是样本统计量的标准差，它反映了每次抽样样本之间的差异。如果标准误小，则说明多次重复抽样得到的统计量差别不大，提示抽样误差较小；反之，如果标准误大，则说明样本统计量之间差别较大，提示抽样误差较大。

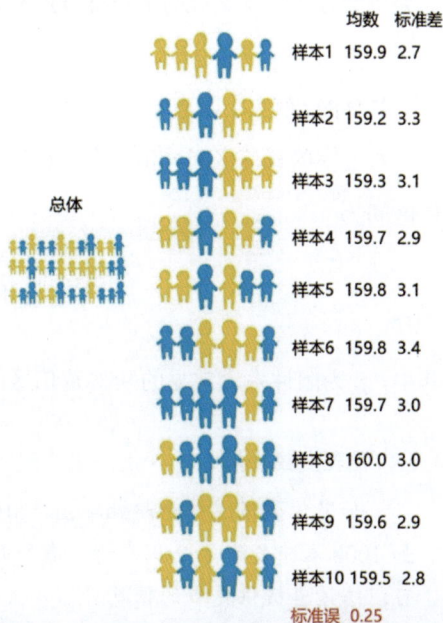

	均数	标准差
样本1	159.9	2.7
样本2	159.2	3.3
样本3	159.3	3.1
样本4	159.7	2.9
样本5	159.8	3.1
样本6	159.8	3.4
样本7	159.7	3.0
样本8	160.0	3.0
样本9	159.6	2.9
样本10	159.5	2.8

标准误 0.25

图 9.1　标准误计算示例

不少初学者很容易混淆标准误和标准差，但其实仔细思考一下并不难理解。标准误和标准差的区别主要体现在以下几个方面：

第一，标准误的英文是 Standard Error，是一种误差；而标准差的英文是 Standard Deviation，只是一种对均数的偏离而已。偏离和误差根本不是一个概念。

第二，标准差只是一个描述性指标，只是描述原始数据的波动情况；而标准误是跟统计推断有关的指标。描述性指标和推断性指标根本不是一个层次上的概念。

第三，它们针对计算的对象不同。标准差是根据某次抽样的原始数据计算的；而标准误是根据多次抽样的样本统计量（如均数、率等）计算的。理论上，计算标准差只需要一个样本，而计算标准误需要多个样本。

* * * * * * * * *

尽管从理论上来讲，标准误的计算是通过多次抽样的多个样本统计量而获得的，但在实际中仅靠一次抽样来计算标准误也是可行的。事实上，在绝大多数情况下，我们也别无选择，只能利用一次抽样数据来计算标准误。此时标准误的计算公式为

$$se = s/\sqrt{n}$$

其中，s 表示样本标准差，n 为样本例数。不难看出，样本例数越大，标准误越小，即抽样误差越小。

不同指标的标准差的计算过程不同，因此其标准误也不同。对于均数的置信区间，如果例数较小，那么此时 t 分布与正态分布有一定差异，因此其置信区间为

$$\bar{x} \pm t \times s/\sqrt{n}$$

具体的 t 值大小取决于样本例数。总的来说，例数越小，或 t 值越大，置信区间越宽。

对于率的置信区间，由于率的标准差为 $\sqrt{p(1-p)}$，因此标准误为 $\sqrt{\dfrac{p(1-p)}{n}}$，率的置信区间为

$$p \pm Z \times \sqrt{\frac{p(1-p)}{n}}$$

其中，p 为阳性率。常见的 95%置信区间，其形式为 $p \pm 1.96 \times \sqrt{\dfrac{p(1-p)}{n}}$。

> ✉ 发表文章提醒：
>
> 如果你要报道一个阳性率，而阳性数又特别少，那么最好同时报道置信区间。如 1000 人中发现了 2 例患者，其阳性率为 0.20%（95%CI: 0.00%-0.48%），这样可以给读者提供更多的信息。

9.4 利用 Bootstrap 法估计置信区间

我们刚才提到了均数、率的置信区间的计算，这些都服从一定的分布（t 分布、正态分布），因此在标准误前乘以相应的 t 分值或 Z 分值。但如果我们想知道中位数的置信区间，那该怎么办呢？中位数一般用在偏态分布的情况下，这时候就不好确定其分布面积 0.05 所对应的分值了。有学者提出其标准误用 $1.25se$ 来表示，即比样本均数的标准误增加 25%，但该公式也仅适用于总体分布近似正态分布的情形，因此还没有解决这一问题。

事实上，不仅中位数，还有其他参数同样面临这一问题。当找不到合适的分布时，就无法计算置信区间了吗？幸运的是，有一种方法几乎可以用于计算各种参数的置信区间，这就是 Bootstrap 法，国内有人将其翻译为自助法、自举法等。这里为了避免翻译不统一，仍采用 Bootstrap 这一称谓。

Bootstrap 估计是利用重复抽样的方法对参数进行估计的，它是在计算机普及以后才开始发展起来的，因为如果没有计算机辅助进行重复抽样，靠手工是极其麻烦的。我们先通过一个例子简单说明 Bootstrap 估计的思想。

假定我们从某所学校中随机抽样调查了 20 名学生的身高，打算通过这 20 人的身高估计该学校所有学生（如 200 人）的身高。20 名学生的身高如表 9.2 所示。

表 9.2　从总体中抽样的 20 人的身高（cm）

编号	1	2	3	4	5	6	7	8	9	10
身高	167	155	166	161	168	163	179	164	178	156
编号	11	12	13	14	15	16	17	18	19	20
身高	161	163	168	163	163	169	162	174	172	172

如果采用常规的思路，则计算出 20 人身高的均数为 166.2cm，标准误为 1.44。由此估计总体的身高均数为 166.2cm，其 95%置信区间为（163.2,169.2），也就是说，有 95%的信心认为（163.2,169.2）区间包含了该学校所有学生的总体身高。

而 Bootstrap 估计的思路就是从这 20 人中重复抽样。具体来说，以这 20 人作为抽样框，做 1000 次抽样（当然也可以是 100 次、2000 次、甚至 10000 次等，视具体情况而定）。第 1 次抽样抽取 20 人，注意，虽然是抽取 20 人，但这 20 人并不完全等同于原来的 20 人。原来的 20 人编号是 1～20，而抽样抽取的 20 人并不是 1～20 号都被抽到，而是有的编号会被抽到好多次，有的则一次都抽不到。也就是说，在抽取的 20 人中，可能 1 号被抽到 3 次，2 号被抽到 2 次，3 号没有被抽到，4 号被抽到 5 次，……，20 号没有被抽到。用专业术语来说，这是有放回的抽样，在一个人的编号被抽中后，再把他放回去，就还有可能再次被抽中。

为了演示方便，假定我们重复抽取 10 次，这 10 次抽取的数据如表 9.3 所示。

表 9.3　Bootstrap 抽样样本

第 1 次	2	2	4	4	4	5	6	9	10	12	13	14	14	15	15	16	17	17	19
第 2 次	1	5	6	6	6	9	10	11	11	13	13	15	16	17	17	17	19	19	20
第 3 次	1	3	3	3	3	4	5	5	7	8	8	8	9	10	13	15	17	18	19	19
第 4 次	1	1	3	4	4	5	7	11	12	13	15	15	16	18	18	18	20	20
第 5 次	2	3	6	6	8	9	10	11	13	14	15	16	16	16	17	18	18	20	20
第 6 次	2	2	3	4	6	7	11	13	14	15	18	20	20	20	20	20
第 7 次	2	2	3	4	4	6	6	8	12	12	13	16	16	17	17	20	20
第 8 次	1	1	1	2	2	3	4	5	5	7	8	10	10	13	14	17	18	19	20
第 9 次	1	2	4	4	5	7	8	10	11	12	13	14	16	17	17	17	18	18	19
第 10 次	3	3	3	5	7	7	7	8	8	8	9	9	11	13	15	17	18	19	20	20

可以看出，在第 1 次抽样中，共抽取了 2 个 2 号、3 个 4 号、1 个 5 号、……、2 个 17 号、1 个 19 号，而编号 1、3、8、11、18、20 则一次也没有被抽到。同样，第 2、

3、4、……、10 次抽样，每次抽取的人都不同，但每次都是抽取 20 人。这就是有放回抽样的意思。

根据 Bootstrap 抽样，可以对每次抽样都计算出一个均数，这 10 个均数分别为：

164.25，166.1，167.2，166.45，166.75，166.3，165.05，165.05，164.65，169.75

然后以这 10 个均数作为原始数据，求出这 10 个均数的均数为 166.15，这就是利用 Bootstrap 法进行的点估计。对于 95% 置信区间，则分别计算出第 2.5% 和第 97.5% 的分位数，如本例为 164.25 和 169.75，这也就是估计的总体均值的 95% 置信区间，与常规方法计算的 95% 置信区间比较接近。

事实上，为了节省篇幅，这里仅列出了 10 次抽样的结果，因此结果不一定很稳定。实际中通常重复抽样 1000 次以上，结果就会更为稳定。

* * * * * * * *

从上述介绍中可以看出，Bootstrap 抽样并不是很难，只要你的计算机不是很古老，一般都可以实现常规的 Bootstrap 抽样（当然速度快慢就得看计算机配置了）。当我们有了 Bootstrap 样本并计算出每个样本的相应统计量（如均数）后，就可以根据这些统计量计算置信区间。那么，如何计算置信区间呢？我们在上述例子中根据第 2.5 百分位数和第 97.5 百分位数来确定置信区间，这种方法是目前较为常用的一种方式，称为百分位数法（the Percentile Method）。

百分位数法的思想是：计算出所有 Bootstrap 样本统计量的第 2.5 百分位数和第 97.5 百分位数，将其作为 95% 置信区间（如果计算 90% 置信区间，则对应第 5 百分位数和第 95 百分位数）。

百分位数法简单易懂，无须复杂计算，只要有了 Bootstrap 样本及每个样本的统计量，找到相应百分位数即可。这也是该法在实际中应用较多的原因。但百分位数法也有一定的缺陷，因为它必须满足一个潜在的假定，即 Bootstrap 抽样分布是样本统计量分布的一个无偏估计，当有偏的时候，估计结果可能也会有偏。基于此，研究人员提出了一些其他方法，这里介绍其中一种——百分位数 t 法（the Percentile-t Method）。

百分位数 t 法的大致思想是：假定要估计一个总体参数（如中位数），该总体参数用 θ 来表示。

（1）计算原始样本数据中的统计量（如中位数）。由于它是总体的估计值，所以我们给它加一顶帽子，用 $\hat{\theta}$ 表示。

（2）从原始数据中进行 Bootstrap 抽样，假定抽取 1000 次。对于第 1 个 Bootstrap 样本，计算其相应的统计量（如中位数）。由于它是对样本数据再次抽样后的估计值，所以我们再给它加一个标记，用 $\hat{\theta}_b^*$ 表示。

（3）计算 $\hat{\theta}_b^*$ 与 $\hat{\theta}$ 的标准偏离，即

$$t_b^* = \frac{\hat{\theta}_b^* - \hat{\theta}}{\hat{\sigma}_{\hat{\theta}}}$$

式中，分母是 Bootstrap 样本计算的统计量（如中位数）的标准误。这个式子实际上就是一个 t 分布的形式，只不过字母含义变了而已。

（4）对于 95% 置信区间，确定 0.025 和 0.975 的百分位数，则 95% 置信区间为

$$(\hat{\theta} - t^*_{b,0.025} \times \hat{\sigma}_{\hat{\theta}},\ \hat{\theta} + t^*_{b,0.025} \times \hat{\sigma}_{\hat{\theta}})$$

从目前的研究来看，尚未证实到底哪种方法最优，没有一种方法能够在所有情况下都表现良好。但由于百分位数法简单易用，所以实际中该法的应用更为广泛。

* * * * * * * *

传统的参数推断主要依赖中心极限定理，因为它规定在大样本条件下，抽样分布都是服从正态分布的。但对于某些抽样分布未知或难以计算的统计量，Bootstrap 法就十分有用了。事实上，即使对于参数推断，Bootstrap 法也可以显示出与其同样的功效。我们举两个 Bootstrap 应用的例子来加深一下理解。

1. 计算两个中位数之差的置信区间

采用 Bootstrap 法的思路是：从样本数据中重复抽取 1000 次样本，每次抽取 n 例。在每个 Bootstrap 样本中，计算两组的中位数之差，最终可计算出 1000 个中位数之差。然后根据这 1000 个中位数之差，计算出它们的第 2.5 百分位数和第 97.5 百分位数，这就是两个中位数之差的 95% 置信区间。如果该置信区间不包含 0，则可以认为两组差异有统计学意义；否则认为两组差异无统计学意义。

2. 计算回归系数的置信区间

假定样本数据有因变量 y 和自变量 x，采用 Bootstrap 法的思路是：从样本数据中重复抽取 1000 次样本，每个样本都包含 y 和 x，每次抽取 n 例。在每个 Bootstrap 样本中，求出 $y=a+bx$ 的系数 a 和 b（当然我们关心的是回归系数 b）。最终可计算出 1000 个回归系数 b。然后根据这 1000 个回归系数，计算出它们的第 2.5 百分位数和第 97.5 百分位数，这就是回归系数的 95% 置信区间。如果该置信区间不包含 0，则可以认为该回归系数有统计学意义；否则认为该回归系数无统计学意义。

也有学者认为，从严谨的角度，回归分析的 Bootstrap 抽样不应进行个体数据的重复抽样，而是要对误差进行重复抽样。因为他们认为，自变量是固定的，只有误差项才是随机的。但这种抽样可能更适用于实验室设计的回归分析，因为此时自变量一般是固定的。而在医学研究或流行病学研究、社会学研究中，自变量在很多情况下并不是固定的。因此，很多理论统计学家建议对误差进行 Bootstrap 抽样，而多数应用统计学家仍对个体进行重复抽样。考虑到医学研究中的实际情况，对个体进行重复抽样应该是可行的。

* * * * * * * *

SAS 软件可利用 **proc surveyselect** 过程实现 Bootstrap 抽样，然后根据 Bootstrap

样本计算相应的参数及置信区间。下面例子给出的是用 Bootstrap 法估计 Logistic 回归系数及其置信区间的 SAS 实现（设数据集名为 **dataset**，因变量为 **y**，自变量为 **x**），作为参考。

```
    proc surveyselect data=dataset method=urs samprate=1 out=outset
rep=1000 outhits;
    run;
    ods output parameterestimates=est;
    proc logistic data=outset;
    model y(event="1")=x;
    by replicate;
    run;
    ods output close;
    proc transpose data=est out=est1;
    by replicate;
    id variable;
    run;
    data est2;
    set est1(where=(_name_="Estimate"));
    run;
    proc univariate data=est2;
    var x;
    output out=bs pctlpts=2.5,97.5 pctlpre=CI;
    run;
```

R 软件可利用 **boot** 包实现 Bootstrap 抽样。下面是一个利用 Bootstrap 抽样估计线性回归中回归系数置信区间的例子（设数据集名为 **f1**，因变量为 **y**，自变量为 **x**）。

```
library(boot)
beta<-function(formula,data,indices){
d<-data[indices,]
fit<-lm(formula,data=d)
return(fit$coef[2])
}
result<-boot(data=f1,statistic=beta,R=1000,formula=y~x)
boot.ci(result)
```

SPSS 软件在 t 检验、线性回归、Logistic 回归、Cox 回归等菜单中均嵌入了 Bootstrap 估计，可利用百分位数法和偏差校正百分位数法（the Bias-Corrected Percentile Method）进行 Bootstrap 区间估计。

第 10 章

常用统计方法大串讲

杨过走出茅棚，在山顶上负手而行，苦苦思索，甚是烦恼，想了半天，突然间心念一动："我何不取各派所长，自成一家？天下武功，均由人所创，别人既然创得，我难道就创不得？"想到此处，眼前登时大现光明。

他自辰时想到午后，又自午后苦思至深夜，在山峰上不饮不食，生平所见诸般精妙武功在脑海中此来彼往，相互激荡。……说要综纳诸门，自创一家，那是谈何容易？以他此时的识力修为固然绝难成功，那更不是十天半月间之事。但连想数日之后，恍然有悟，猛地明白诸般武术皆可为我所用，既不能合而为一，也就不必强求，日后临敌之际，当用则用，不必去想武功的出处来历，也已与自创一派相差无几。想明白了此节，登时心中舒畅。

——金庸小说《神雕侠侣》

武侠小说中经常会提到各种武功招式，一般初学者都是一板一眼、一招一式地照学，而到了一定境界，则是各种武功融会贯通，最终达到所谓"无招胜有招"的境界。统计方法其实也是如此，一开始学习可能也略显死板，需记住各种方法的条件等，但到了一定层次，就应该各种方法融会贯通，根据实际情况选择最恰当的方法。

尽管我们可能在统计学书中学到了很多统计方法，但我相信，没有一位统计老师能够把所有方法都传授给学生，也没有一本书能够把所有统计方法都涵盖。实际应用的统计方法是非常多的，而且新的方法也在不断出现。所以，如果你看到一些没有听说过的方法或名词，那你不用觉得沮丧，这很正常。

有的统计学家把统计方法分为初级和高级，我个人并不是很赞同这一说法。统计方法本身是没有什么低级和高级之分的，只有合适与否。能解决问题的方法都是有效的方法，并不是说 t 检验就是低级的，结构方程模型就是高级的。有的统计学老师在讲课时一味强调所谓"高级统计方法"的优越性，认为文章加上所谓的"高级统计方法"

就会得高分。这种初衷当然是好的，是为了让大家认识到统计的重要性，但如果一味追求方法的复杂性则有失偏颇。事实上，如果你真的把前期的设计做得非常好，所有混杂因素都控制了，那么只需要 t 检验或 χ^2 检验便可以得到可靠的结果，何须回归分析呢？

所以，我们一定要牢牢记住一点：方法不要追求所谓的"高级"，关键的是根据研究目的、数据结构等选择"合适"的方法。当年乔峰在聚贤庄大战群雄，只使用一套普通的太祖长拳便击败少林高僧的七十二绝技，难道太祖长拳本身比七十二绝技厉害吗？

统计学中的方法大都是有一定关联的，并非完全割裂的。本章主要从提纲挈领的角度把常见的各种方法串联起来，让大家有一定的认识，后续章节再详细介绍各种常用的方法及其应用中的注意事项。

10.1　一般线性模型——方差分析与线性回归的统一

统计学初学者通常会首先接触到 t 检验、方差分析、线性回归等方法，不少人的感觉就是，t 检验用于两组均值比较，方差分析用于多组均值比较，而线性回归则用于自变量对因变量的影响分析。看起来似乎没什么关系，但它们却统一在一个模型下，这就是一般线性模型（General Linear Model）。一般线性模型并不是一个具体的模型，而是多种方法的统称，像 t 检验、方差分析、线性回归等都从属于一般线性模型的范畴。

下面我们先来看几个比较熟悉的数据形式，由此引出对一般线性模型的介绍。图 10.1 给出了 3 份数据，左侧为 2 座城市空气质量指数（AQI）的比较，中间为不同心功能分级的精神健康得分比较，右侧为不同温度对某病发病率的影响。

城市A	城市B		1级	2级	3级		温度℃	发病率（1/10万）
80.94	107.26		86.3	63.3	57.5		-4.8	0.78
77.97	91.41		68.5	67.2	32.9		-1	0.76
84.9	90.52		85.5	62.8	43.8		4.1	6.14
84.1	87.61		80.8	43.8	24.3		11.2	24.71
82.36	93.16		89.5	82.6	50.5		21.7	53.77
88.7	92.74		99.0	78.6	94.0		24.7	47.73
94.66	87.07		40.1	73.3	78.4		28.6	67.26
91.9	88.16		62.0	75.1	42.5		26.5	49.37
88.1	78.53		82.3	50.1	92.3		21.3	35.28
73.55	91.11		49.4	46.5	32.0		13.6	9.88
81.24	96.26		74.3	64.3	54.8		5.8	9.11
96.43	94.41						-1	3.96

图 10.1　3 份示例数据

对于这 3 份数据，应该不难看出，左侧数据的两组比较可以考虑 t 检验，中间数据的多组比较可考虑方差分析，右侧的影响分析可考虑线性回归。那这 3 份数据之间有什么关系呢？是如何统一的？从图 10.1 中可能看得不是很清楚，我们转换一下数据格式，再重新看一下（见图 10.2）。

心功能分级	精神健康得分
1	86.3
1	68.5
1	85.5
1	80.8
1	89.5
1	99.0
1	40.1
1	62.0
1	82.3
1	49.4
1	74.3
2	63.3
2	67.2
2	62.8
2	43.8
2	82.6
2	78.6
2	73.3
2	75.1
2	50.1
2	46.5
2	64.3
3	57.5
3	32.9
3	43.8
3	24.3
3	50.5
3	94.0
3	78.4
3	42.5
3	92.3
3	32.0
3	54.8

城市	AQI
1	80.94
1	77.97
1	84.90
1	84.10
1	82.36
1	88.70
1	94.66
1	91.90
1	88.10
1	73.55
1	81.24
1	96.43
2	107.26
2	91.41
2	90.52
2	87.61
2	93.16
2	92.74
2	87.07
2	88.16
2	78.53
2	91.11
2	96.26
2	94.41

温度℃	发病率（1/10万）
−4.8	0.78
−1	0.76
4.1	6.14
11.2	24.71
21.7	53.77
24.7	47.73
28.6	67.26
26.5	49.37
21.3	35.28
13.6	9.88
5.8	9.11
−1	3.96

图 10.2　3 份数据的格式变化

在图 10.2 中，左图第一列的 1 和 2 分别表示城市 A 和 B，中图第一列的 1、2、3 分别表示心功能分级的 1 级、2 级和 3 级。

从形式上来看，这 3 份数据完全一样，它们具有以下几个共同特点。

（1）都有两个变量，而且研究目的基本可以统一概括为左列变量对右列变量的影响。如左侧数据是比较两个城市的 AQI 差异，从广义上来说就是不同城市对 AQI 的变化是不是有一定影响；中间数据是比较不同心功能分级的精神健康得分，从广义上来说就是心功能分级是不是对精神健康得分有一定影响。

（2）根据研究目的，这 3 份数据都有一定的侧重，变量有主次之分，如分析的是温度对发病率的影响（而不是反过来）、心功能分级对精神健康得分的影响（而不是反过来）等。也就是说，两个变量可以分为结果变量和影响因素。

（3）结果变量（AQI、精神健康得分、发病率）都是定量的而不是分类的，影响因素既有定量的（如温度），也有分类的（如二分类的城市、三分类的心功能分级）。

＊　＊　＊　＊　＊　＊　＊　＊

事实上，上述三点也就是一般线性模型的特点。一般线性模型的基本形式为

$$y = \beta_0 + \beta_1 x_1 + \beta_2 x_2 + \cdots + \beta_p x_p + \varepsilon$$

其中，y 称为因变量，也叫反应变量、结局变量等；$x_1, x_2, \cdots, x_p$ 称为自变量，也叫解释变量、预测变量等。在图 10.2 中，AQI、精神健康得分、发病率是因变量，而城市、心功能分级、温度是自变量，目的都是分析自变量对因变量的影响。自变量可以是 1 个，也可以是多个，前面介绍的 3 份数据中都只有 1 个自变量。所谓的自变量和因变量，主要是根据自己的研究目的而定的，如想了解体重对血压值的影响，血压值就是因变量；如果想了解血压值对血糖值的影响，血压值就是自变量，血糖值就是因变量。

模型中的 β_0 表示截距，反映了当自变量=0 时 y 的均值；β_1、β_2 等表示斜率，反映了自变量每增加 1 个单位，y 值的变动大小。

在一般线性模型中，因变量必须是定量的，而自变量则既可以是定量的，也可以是分类的。自变量的不同形式会导致一般线性模型退化为不同的具体方法，具体对应的各种方法如表 10.1 所示。

表 10.1　不同自变量类型所对应的一般线性模型的具体方法

自变量个数与类型	一般线性模型的具体方法
1 个二分类变量	t 检验
1 个多分类变量	方差分析
2 个（或多个）分类变量	多因素方差分析（不是多元方差分析）
1 个连续变量	单因素线性回归
多个连续变量	多因素线性回归（不是多元线性回归）
1 个连续变量、1 个分类变量	协方差分析

✉ 发表文章提醒：

尽管方差分析等都属于一般线性模型，但在文章中进行统计方法介绍时，一般给出的是具体方法名称，而不是说一般线性模型。如两组均值比较用 t 检验，而不是说用一般线性模型（虽然这么说也没错）。不过如果是多因素分析，而且多个自变量中既有连续的也有分类的，则也可以说用一般线性模型分析。

不管自变量是分类的还是连续的，其目的都是分析自变量对因变量的定量影响。在线性回归中，我们可以通过散点图大致判断自变量与因变量的关系。其实对于分类自变量，也可以绘制散点图，只不过此时自变量的类别数较少而已。图 10.3 分别给出了城市与 AQI 的关系、心功能分级与精神健康得分的关系。

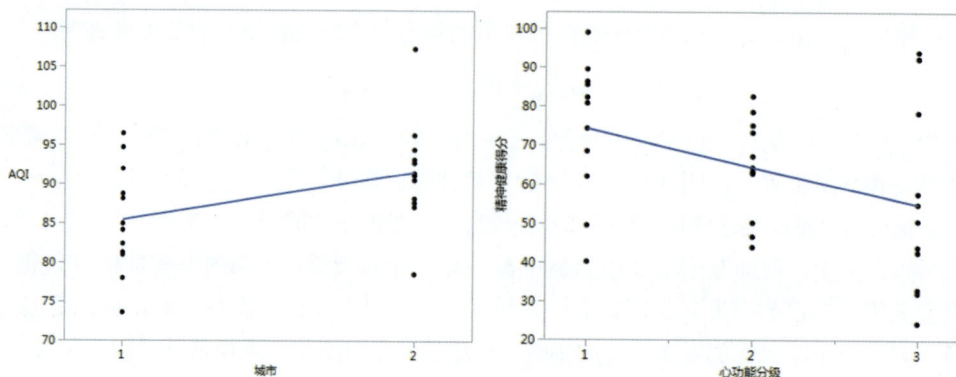

图 10.3　分类自变量与因变量关系的散点图

* * * * * * * *

上面只介绍了一般线性模型的概念，可能你还是会觉得对它们之间的关系难以捉摸。下面我们通过结果直观展示一下就会很清楚了。

首先利用图 10.2 中的左侧数据，对于该数据，如果采用 t 检验，则不难求出两组均值分别为 85.40 和 91.52（见图 10.4），t 检验结果显示：t=2.21，P=0.0378。

我们再用一般线性模型来分析，将城市（分别将城市 A 和 B 赋值为 1 和 2）作为分类自变量，以 AQI 作为因变量，结果如图 10.5 所示。

水平	数目	均值	标准差	均值标准误差	95% 下限	95% 上限
1	12	85.4033	6.82273	1.9696	81.068	89.738
2	12	91.5199	6.73485	1.9442	87.241	95.799

项	估计值	标准误差	t 比	概率>|t|
截距	85.403333	1.956909	43.64	<.0001*
城市[1]	6.1165833	2.767488	2.21	0.0378*

图 10.4　2 座城市的 AQI 均值　　　图 10.5　城市对 AQI 影响的一般线性模型结果

结果中给出了截距和斜率（图 10.5 中的"城市[1]"）的估计值，与 t 检验结果对比不难发现，模型中的截距项就是城市=1 的均值，斜率项就是城市=2 与城市=1 的均值差，斜率项的 P 值等于 t 检验的 P 值。这些不是巧合，而是必然。

为什么会这样呢？因为此处将城市作为分类变量纳入模型，相当于一个虚拟变量（详见第 4 章）。对于一个二分类变量，尽管我们将其赋值为 1 和 2，但当作为虚拟变量纳入模型的时候，都变成了 0 和 1（分别对应我们对其赋的值 1 和 2）。

由于截距项表示自变量=0 时的值，而自变量=0 也就等同于城市 A，因此截距项对应的是城市 A 的均值。斜率表示自变量每增加 1 个单位时 y 的变化值，对于二分类的 0-1 变量而言，增加 1 个单位，也就是从 0 到 1 的变化。而 0 表示城市 A，1 表示城市 B，因此，对于虚拟变量，斜率也就是城市 B 与城市 A 的均值差。

📁 常见疑惑：

曾有人跟我说，他也试着用一般线性模型处理二分类自变量，但是截距项的值跟我得出的不同。这主要是因为他没有把自变量作为分类变量，仍按数值变量来处理了（虽然自变量还是只有 2 个值）。当自变量作为定量变量时，截距和斜率的值取决于自变量的赋值。如果赋值为 0 和 1，那么得到的结果与图 10.5 中的相同。如果分别把城市 A 和 B 赋值为 1 和 2，则截距项不是 85.40，而是 79.28，斜率仍为 6.12。因为当截距=0 时，并不是城市 A 的均值（城市 A 赋值为 1），而 79.29+6.12 即 85.40 才是城市=1 的值。

对于多分类自变量，结果与图 10.5 类似，只是虚拟变量增加。如图 10.2 中的中间数据，将自变量作为分类变量，采用一般线性模型的结果如图 10.6 所示。

项	估计值	标准误差	t 比	概率>|t|
截距	74.336364	5.66927	13.11	<.0001*
心功能分级[2]	-10.00909	8.017558	-1.25	0.2215
心功能分级[3]	-19.51818	8.017558	-2.43	0.0211*

图 10.6　心功能分级对精神健康得分影响的结果

结果中，截距项表示心功能分级=1 时的均值，"心功能分级[2]"表示心功能分级=2 与心功能分级=1 相比的差值为-10.01，"心功能分级[3]"表示心功能分级=3 与心功能分级=1 相比的差值为-19.52。

* * * * * * * * *

SAS 软件可通过 **proc glm** 过程执行一般线性模型，如拟合协方差分析（含 **2** 个自变量，**x1** 为分类变量，**x2** 为连续变量）的基本语句为：

```
proc glm;
class x1;
model y=x1 x2;
run;
```

JMP Pro 软件执行一般线性模型（以协方差分析为例）的操作如下：

依次单击"分析"→"拟合模型"，选中因变量，单击"Y"；选中分类变量 x1 和连续变量 x2，单击"添加"。但要注意的是，需要提前将 x1 设置为"名义型"，即分类变量。

SPSS 软件执行一般线性模型的操作如下：

依次单击"分析"→"一般线性模型"→"单变量"。如拟合协方差分析，则将分类变量 x1 拖到"固定因子"中，将连续变量 x2 拖到"协变量"中。

10.2　广义线性模型——线性回归与 Logistic 回归的统一

一般线性模型统一了不同类型的自变量，但因变量仍仅限于连续变量。而广义线性模型（Generalized Linear Model）则进一步将不同类型的因变量进行了统一，使得模型范畴更加广泛，使得因变量不仅可以是连续型的，还可以是分类和计数型的。

经常有人会混淆一般线性模型和广义线性模型，其实从字面意思不难看出，一般线性模型只是 general 的模型，而广义线性模型则是 generalized 的模型。也就是说，广义线性模型是在一般线性模型基础上推广的模型。

广义线性模型的基本表示形式为

$$g(\mu) = \beta_0 + \beta_1 x_1 + \beta_2 x_2 + \cdots + \beta_p x_p + \varepsilon$$

其中，等式右边是自变量 $x_1, x_2, \cdots, x_p$，可以是 1 个，也可以是多个；形式可以是分类的，也可以是定量的。等式左边是一个连接函数（Link Function），而不是像线性回归中的具体值。正是有了这一连接函数，使得广义线性模型包含了大多数的回归模型。

所谓连接函数，是一个统称，而不是一个固定的函数，根据因变量的类型及分布不同而变化。如在线性回归中，它就是均值 μ，也就是变量 y 本身；在 Logistic 回归中，它就不是因变量本身（如 0、1）了，而是根据阳性率 p 变成了 $\ln\frac{p}{1-p}$（也叫 Logit 变换）；在 Poisson 回归中，它也不是因变量本身（如次数），而是取对数变成了 $\ln(\mu)$。

因此，通过指定连接函数的形式，广义线性模型可转换成相应的具体模型。表 10.2 列出了不同因变量类型和分布所对应的广义线性模型的具体方法。

表 10.2　不同因变量类型和分布所对应的广义线性模型的具体方法

资料类型	分布	$g(\mu)$的具体形式	广义线性模型的具体方法
连续资料	正态分布	μ	线性回归模型
分类资料	二项分布或多项分布	$\ln\frac{\mu}{1-\mu}$ 或 $\mathrm{logit}(\mu)$	Logistic 回归模型
计数资料	Poisson 分布	$\ln(\mu)$	Poisson 回归模型
计数资料	负二项分布	$\ln(1-\mu)$	负二项回归模型

* * * * * * * *

广义线性模型通过连接函数的指定将结局资料扩展到了连续型以外的其他类型数据，因此其范畴更加广泛。尽管其应用范围扩展，但它始终是"线性"模型。在线性回归模型中，要求因变量和自变量大致具有线性关系，这很容易通过散点图直观判断。但对于其他模型，"线性"并不是指因变量和自变量的关系，而是因变量的函数与自变量的关系，如在 Logistic 回归中，要求 $\ln\frac{p}{1-p}$（$\mathrm{logit}\, p$）与自变量呈线性关系；在 Poisson 回归中，要求 $\ln(\mu)$ 与自变量呈线性关系。换句话说，要求 $g(\mu)$ 与自变量呈线性关系。

怎么看 $\ln\frac{p}{1-p}$ 与自变量是不是呈线性关系呢？其实这并不是很难，首先要知道 p 是阳性率。比如分析乳腺增生与妊娠次数的关系，假设数据如下：

	1 次	2 次	3 次
非乳腺增生	102	64	34
乳腺增生	76	79	45

此时可以计算出妊娠 1 次、2 次、3 次的阳性（乳腺增生）率 p 分别为 42.70%、55.24%、56.96%，相应的 $1-p$ 则分别为 57.30%、44.76%、43.04%，这样便可以计算出妊娠 1 次、

2 次、3 次的 $\ln\frac{p}{1-p}$ 分别为-0.29、0.21、0.28。绘制妊娠次数（1、2、3）与 $\ln\frac{p}{1-p}$ 的关系图（见图 10.7）可以看出，它们之间并不呈线性关系。

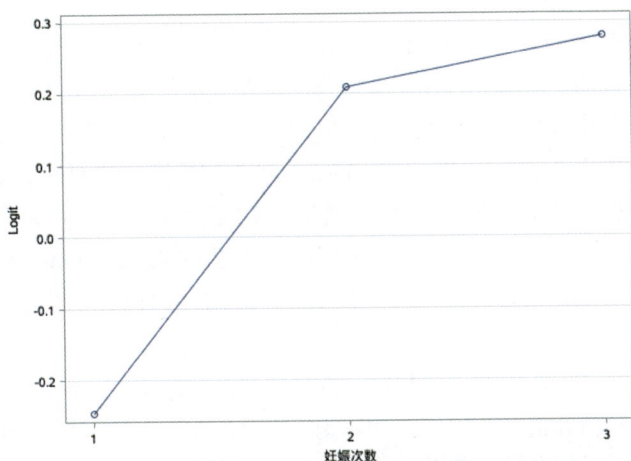

图 10.7　Logistic 回归中自变量与因变量函数的关系

不过 SAS 中已经有了直接绘制二者关系的选项，所以实际中无须手工计算。假定 y 表示乳腺增生，rs 表示妊娠次数，SAS 软件绘制 logit p 与自变量关系的命令为：

```
proc logistic desc plots(only)=(effect(link join=yes));
class rs;
model y=rs;
run;
```

＊　＊　＊　＊　＊　＊　＊　＊

广义线性模型有很多共通之处，如参数估计一般采用最大似然估计（详见第 8 章），回归系数的检验一般是 Wald 检验、似然比检验、score 检验（得分检验）。相信很多人在 Logistic 回归或其他回归结果中见到过这三种检验的身影，当这三种检验结果不一致时，可能还为此头疼过。下面简单说一下这三种检验之间的关系，以后再看到的时候就不至于一无所知了。

在回归系数的检验中，通常无效假设是总体回归系数=0，并假定参数估计值为 b。Wald 检验的思想最容易理解，因为它跟 t 检验有点类似，其基本形式为

$$Z = \frac{b-0}{标准误}$$

也就是说，它反映了回归系数估计值（统计量）与 0（参数）的距离，这个距离用标准误进行了调整；或者说，它反映了相对标准误而言，回归系数与 0 的差值大小。很显然，差值越大，我们越有理由拒绝二者相等的无效假设。一般软件中给出的都是 Z 值的平方，因此二者是服从 χ^2 分布的。

似然比（Likelihood Ratio）检验的思想是通过比较在系数=b 和系数=0 时的两个对

数似然函数来说明参数估计值是否有统计学意义。其基本形式为

$$G^2 = 2\ln\frac{L(b)}{L(0)} = 2[\ln L(b) - \ln L(0)]$$

式中，L 表示似然值，$\ln L$ 则是对数似然值。如果两个似然值之间差别太大，则说明无效假设是值得怀疑的。该统计量在无效假设下也是服从 χ^2 分布的。

似然比检验在检验某变量是否有意义时其含义比较容易理解。如假定模型 1 有 a 和 b 两个变量，模型 2 有 b 一个变量，如果模型 2 和模型 1 的似然函数差别较大，则说明变量 a 可能有统计学意义，因为这两个模型的差别仅在于一个变量 a。

得分（Score）检验在计量经济学中称为拉格朗日乘数（Lagrange Multiplier，LM）检验，由于其计算过程是对对数似然函数求导，有的也称为求导检验。该统计量反映了对数似然函数在系数=0 时的导数。

如果用图形来表示，那么这三种检验方法的关系如图 10.8 所示。不难看出，Wald 检验反映的是系数估计值与 0 的差异，似然比检验反映的是在系数=b 和系数=0 时两个对数似然值的差异，得分检验则反映了在系数=0 时的斜率。

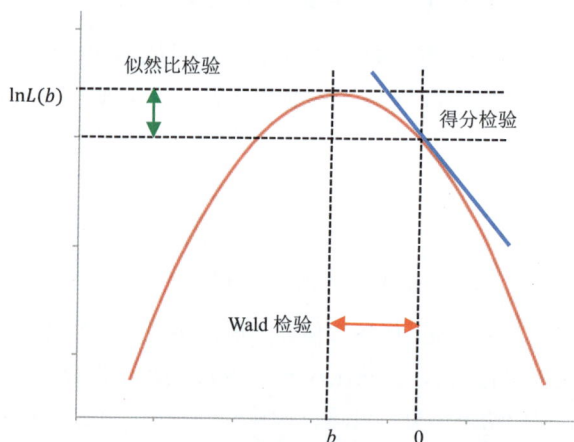

图 10.8　三种检验方法的关系示意图

在大样本情况下，三种检验方法的结果是一致的；但在小样本时往往会不一致，在这种情况下，一般认为似然比检验的结果更为可靠。

* * * * * * * *

SAS 软件可通过 proc genmod 过程执行广义线性模型，如拟合 Tweedie 回归模型的主要语句为：

```
proc genmod;
model y=x/dist=tweedie;
run;
```

R 软件可用 glm 函数执行广义线性模型，如含 2 个自变量的 Poisson 回归，其主

要语句为：

```
model=glm(y~ x1+x2, family=poisson(),data=dataset)
summary(model)
```

JMP Pro 软件执行广义线性模型的操作如下：

依次单击 "分析" → "拟合模型"，选中因变量，单击 "Y"；在 "特质" 中选择 "广义线性模型"，并在 "分布" 中指定相应分布（如 Poisson 等）。

10.3　广义可加模型——脱离 "线性" 束缚

广义线性模型这一概念基本上把常规的统计方法都统一起来了，但它仍是一个 "线性" 模型，不管分布或连接函数是何种形式，都必须满足 "线性" 这一条件。但现实中在很多情况下并不是线性关系，而是非线性关系。

"非线性" 是一个很广泛的概念，它有两种情况。一种是有固定的、一定表达形式的非线性，如二次项、对数关系、指数关系等。它们虽然不是线性的，但通过一定的变换后仍可以满足线性关系。这也就是我们通常所说的非线性回归，只要能找到恰当的变换方式，就可以很容易拟合因变量和自变量的关系。如图 10.9 所示的数据，分别对自变量进行了对数转换和二次项转换，这两种转换最终都可以用方程式表达出来（二次项是自变量中心化后的方程），分别为

$$MCS = -41.93 + 30.31 \times Log(PCS)$$

$$MCS = 43.04 + 0.74 \times PCS - 0.01 \times (PCS\text{-}49.06)\text{^}2$$

还有一种情况是，没有现成的恰当变换形式，或者说，没有一个现成的表达式能够描述因变量与自变量的关系，因为它可能跟对数、二次项等看起来都不是特别吻合。如图 10.10 所示的拟合形式，没有一个函数能够把这条线表达出来（不像图 10.9 能够写出一个方程式），但是从另一方面来说，图 10.10 中的拟合效果可能比图 10.9 中的两种拟合效果要好。

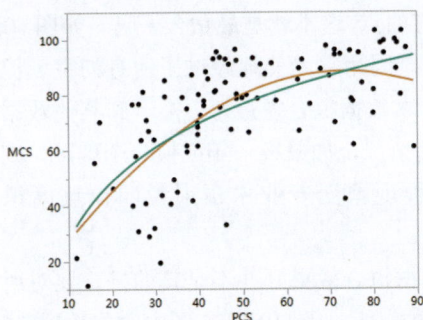

图 10.9　对数拟合与二次项拟合示意图

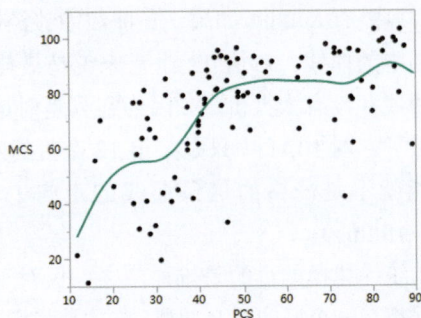

图 10.10　自变量与因变量的光滑样条拟合

为什么会这样？因为凡是能用表达式描述的，必定会有一定限制，如二次项，一定是先高后低（或先低后高）的形式，只是幅度不同而已。而在图 10.10 中不局限于某种特定表达式，只是在寻找一条更贴近点的曲线，其拟合肯定效果会更好一些。

对于图 10.10 中的这种拟合方式，一般统称为非参数回归，也就是说，不用估计参数。前面所说的非线性回归仍属于参数回归的范畴，因为最终仍能估计出回归系数（参数估计值）。而非参数回归则没有回归系数可估计，只是在寻找一条拟合效果相对更好的曲线。

但非参数回归一般只能拟合 1 个自变量，所以后来统计学家提出了可加模型（Additive Model），可以同时拟合多个自变量；再后来又提出了广义可加模型（Generalized Additive Model），将因变量扩展到分类资料、计数资料等更广泛的范围（就像广义线性模型一样）。因此，广义可加模型可以执行因变量与多个自变量的各种非参数拟合，而且因变量可以是服从二项分布、Poisson 分布、Gamma 分布等更加广义的范畴。

* * * * * * * *

与广义线性模型不同，广义可加模型将线性模型中的 $\beta_i x_i$（线性关系）换成了 $f_i x_i$（可以是线性也可以是非线性的函数关系），因此广义可加模型的形式就变成了

$$g(\mu) = \beta_0 + f_1 x_1 + f_2 x_2 + \cdots + f_p x_p + \varepsilon$$

可以看出，它和广义线性模型的样子差不多，但不同的是，在广义线性模型中要求每个自变量与因变量（的连接函数）必须为线性关系；而在广义可加模型中则放宽了这一条件，允许二者之间为非线性关系。

因此，在广义可加模型的公式中，左侧的 $g(\mu)$ 与广义线性模型中的一样，是一个连接函数，允许因变量是各种分布形式；右侧则与广义线性模型不同，用 f 函数（而不是广义线性模型中的 β 值）来作为自变量的函数，它表示任意的单变量函数，既可以是线性的，也可以是非线性的。

与广义线性模型相比，广义可加模型允许自变量与因变量采用任意形式，目的在于寻找二者的最佳拟合，或者说，寻找一条最贴合数据的曲线。

可能有人要说，如果一条曲线能够经过所有的点，这不就是最贴合了吗？如图 10.11 左图中的曲线，对这 12 个点来说是最佳拟合，因为它完美地经过了所有的点。但这种曲线并没有太大价值，因为它只是对这份样本数据拟合得最好，推广到其他数据就未必了。图 10.11 中只是某年 12 个月的发病率情况，如果换一年或换一个地区，则很可能就不是严格的这条曲线的走向了。这种现象用专业术语来说叫作过度拟合（Overfitting）。

统计建模的目的是推而广之，仅对一份数据拟合效果好并不是真的好，要对所有数据都有一个好的拟合效果，这才是我们要找的模型。如图 10.11 右图中的二次项曲线，虽然该曲线可能连一个点都没有完全穿过，但它给出了大致的数据形式。该曲线可能

对这份数据的拟合效果不算太好，但对于其他年份或其他地区却同样适用，它们都大致符合这一规律（先升高后降低）。

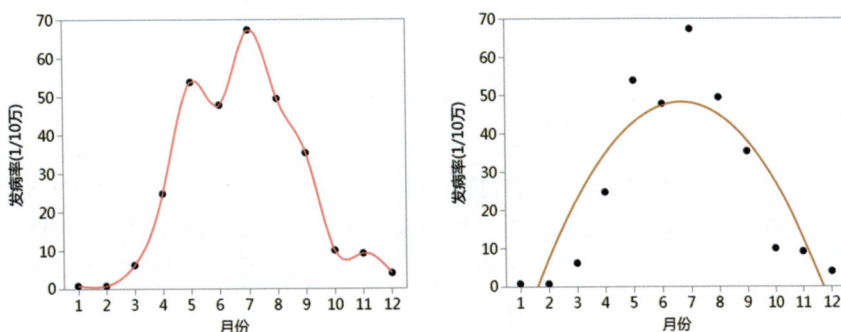

图 10.11　两种拟合效果比较

所以，广义可加模型其实并不是一味地追求拟合效果好，还要考虑曲线光滑度的问题。光滑度好，意思就是曲线的弯曲尽可能少，如直线的光滑度最好，因为它没有弯曲；二次项只有一个弯曲，光滑度也可以；弯曲越多，越难以将其用方程表达出来。广义可加模型就是力求找到一条既能很好地拟合数据，同时又保证较为光滑的曲线，用专业术语来说就是偏差-方差权衡（Bias-Variance Trade-off）。

所谓偏差小，也就是拟合效果好，即尽可能地切合所有点；方差小则反映了对于同一总体数据，每次抽样样本拟合的模型应该是差不多的（如所有样本拟合的都是直线回归，而不是在这个样本数据中是直线关系，而到了另一个样本数据中又是二次项关系），这时曲线的光滑度一般较好。所谓的偏差-方差权衡，意思就是尽量找到一个偏差和方差都较小的模型，因为如果一味地追求偏差小，那么尽管对当前样本数据的拟合效果非常好，但模型过于复杂，难以推广；如果一味地追求方差小，则模型过于简单，不能最佳拟合数据。

在图 10.11 中，左图的偏差很小（事实上是没有偏差），但是方差会很大，因为如果重新调查其他年份的 12 个数据，则几乎不可能得到跟左图形状完全相同的曲线，每一年的数据可能会得到不同的模型，从而导致模型间的方差很大；而右图的偏差相对较大（拟合线与点有一定距离），但方差会较小，因为即使重新调查其他年份的 12 个数据，大致仍是一个二次项。

拟合优度和光滑度之间的结合点通常用光滑参数（Smoothing Parameter）来表示，通过设定光滑参数的大小可以调整曲线的光滑度。光滑参数越小，数据拟合效果越好，但线条波动非常大，光滑度不好（见图 10.11 左图）；光滑参数越大，线条越光滑，但拟合效果欠佳，最光滑的曲线就是直线。

如何找到一个光滑参数以保证同时满足拟合效果和光滑度都较好呢？实际中常采用留一交叉验证（Leave-one-out Cross Validation）法（详见第 16 章）。其基本思想是：

对于 n 个数据，每次拟合光滑函数时留出一个数据点，然后用其余的 $n-1$ 个数据估计出这一点的拟合值，并与实际值（留出的一个点）比较求出光滑参数的残差平方。当每个数据都被留出一次时，便可求出 n 个残差的平方和。交叉验证法就是要取一个光滑参数，使得残差平方和最小。

* * * * * * * *

广义可加模型以探索和预测为主，因为它不像广义线性模型一样可以给出参数估计值，只能给出一条拟合效果最好的曲线，但这条曲线往往无法用一个函数表示出来，因此它无法给出一个像广义线性模型那样的表达式。但这并不是说广义可加模型就没有用处，事实上，它至少在以下两个方面还是非常有效的。

第一，初步探索自变量与因变量的恰当关系。

我们在前面提到过，广义线性模型必须满足线性关系，通常这一点可利用散点图等来观察。但如果数据点很多，那么你在散点图中看到的可能只是黑压压的一团，根本看不出是线性还是非线性。在这种情况下，利用广义可加模型来探索就很有优势了。例如，图 10.12 左图是两个变量之间的散点图，你能从图中看出什么趋势吗？对于多数人来讲，这是有一定难度的。但利用广义可加模型可以大致看出（见图 10.12 右图）两个变量之间较为符合三次项（当然四次项、五次项甚至更高次项可能拟合效果更好，但过于复杂，实际中一般不会选择太复杂的高阶项）。

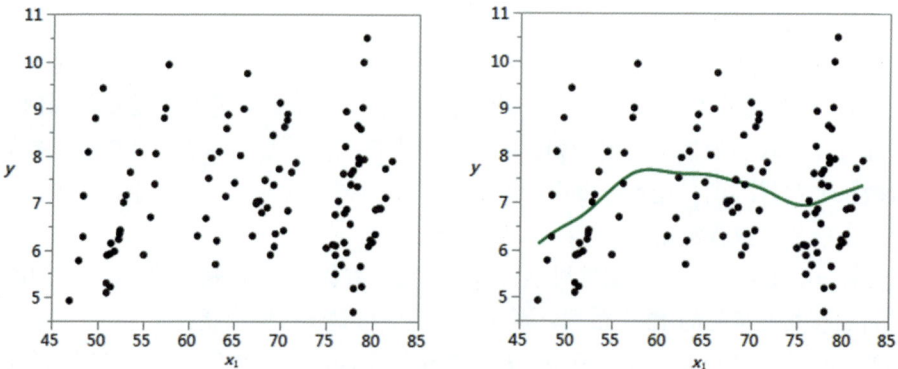

图 10.12　广义可加模型对数据的探索

当然，探索本身不是目的，通过探索找到自变量与因变量的大致关系，然后进行变量变换，执行参数回归，这才是目的。如图 10.12 中的数据，一开始可能我们并不知道应该如何处理自变量和因变量的关系，如果直接用线性回归，则又无统计学意义（$P=0.6951$）。这时是直接放弃这个变量还是进一步探索呢？

通过广义可加模型的探索，发现二者大致为三次项关系，将自变量进行三次项转换，然后执行线性回归，便可得到因变量与自变量三次项的关系如下：

最大似然参数估计的分析							
参数	自由度	估计	标准误差	Wald 95% 置信限		Wald 卡方	Pr > 卡方
Intercept	1	-82.0688	43.0974	-166.538	2.4004	3.63	0.0569
x1	1	4.0139	2.0308	0.0336	7.9943	3.91	0.0481
x1*x1	1	-0.0591	0.0314	-0.1207	0.0025	3.53	0.0602
x1*x1*x1	1	0.0003	0.0002	-0.0000	0.0006	3.19	0.0740

可以看出，因变量对自变量的三次多项式在 0.1 的水平上一次、二次和三次都是有统计学意义的。

因此，如果你想深入地探索数据，那么广义可加模型可以帮助你找到一个较好的关系，然后看这个关系大致符合哪个函数（是二次项还是对数形式），将其进行变量变换，再执行参数模型，便可得到自变量对因变量影响的参数估计值。

第二，只是预测，无须给出参数模型的具体形式。

广义可加模型尽管无法给出参数估计值，但它给出了一条既贴合数据又不是特别复杂的拟合曲线，可以利用该曲线对因变量进行预测。一般情况下，这种预测效果比参数模型要好，因为参数模型具有全局性的特点，如图 10.11 右图是一个二次项形式，所有用于拟合的数据都符合二次项的规律。而广义可加模型则可以在不同的局部有不同的函数形式，如图 10.11 左图，1～7 月份可以拟合一条曲线，7～12 月份可以拟合另一条曲线（当然也可以从其他地方划分）。

正因为广义可加模型比参数模型更加灵活，因此其预测效果通常也更好一些。如对于图 10.12 中的数据，虽然我们认为它像一个三次项，而且也对自变量做了三次项变换并执行参数回归，但它毕竟不是一个真正的三次项。如图 10.13 所示，红色曲线表示三次项，绿色曲线表示广义可加模型拟合的曲线，可以看出二者还是有一定差异的。

对图 10.13 中的数据分别用广义可加模型和三次项的参数回归模型进行预测，它们的残差平方和分别为 118.56 和 143.08。可以发现，广义可加模型的预测效果更好一些。不过我们无法给出一个表达式来说明这个模型是什么，只能说，这样的曲线预测出来的效果比三次项更好一些。所以实际中需要我们自己抉择一下，到底是选择一个没有方程但预测效果较好的模型，还是选择一个预测效果稍差但可以给出明确方程的模型。

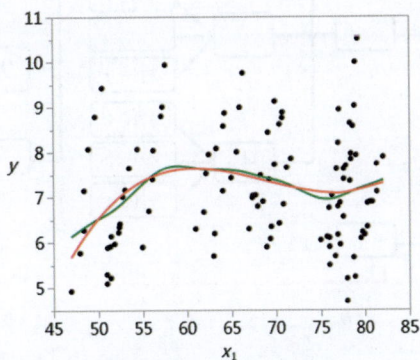

图 10.13　广义可加模型拟合曲线与三次项曲线

* * * * * * * * *

SAS 软件可通过 **proc gam** 过程执行广义可加模型。如拟合一个含 **2** 个自变量的 **Logistic** 回归的可加模型，主要语句为：

```
proc gam;
model y = spline(x1) spline(x2)/ dist=binomial;
run;
```

R 软件可用 **gam** 包执行广义可加模型（在第 **4** 章中已有介绍），还可采用 **mgcv** 包。如对数据集 **dataset** 拟合含 **2** 个自变量的 **Poisson** 回归的可加模型，主要语句为：

```
library(mgcv)
model=gam(y~s(x1)+s(x2), family=poisson,data=dataset)
summary(model)
plot(model)
```

10.4　多水平模型——打破"独立"条件

广义线性模型除要满足"线性"这一条件外，还有一个重要的条件就是"独立性"。如果不满足线性条件，可以考虑广义可加模型；如果不满足独立性条件，则可以考虑多水平模型（Multilevel Model）。

在介绍多水平模型之前，先了解一下什么是多水平数据。可以从图 10.14 所示的 3 个例子中很清楚地理解多水平数据的含义。

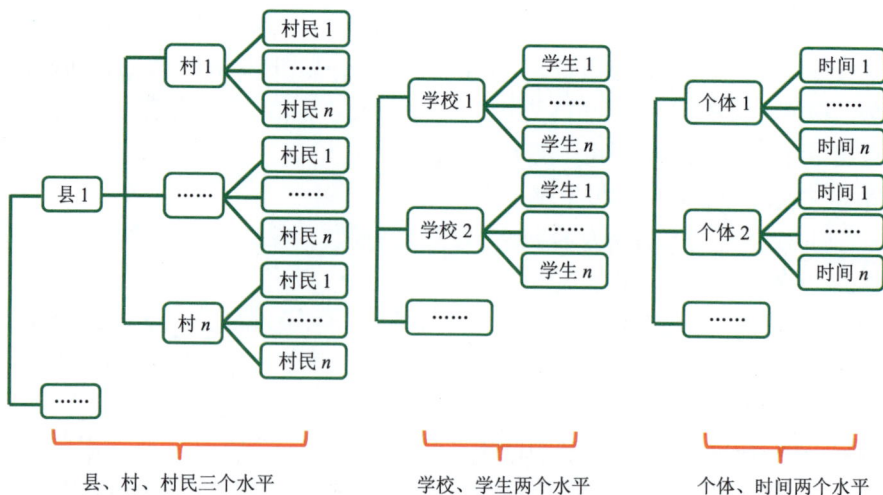

图 10.14　多水平数据示例

不难理解，所谓多水平数据，也就是自然形成的层次数据，如县包含村，村包含村民；学校包含学生；个体包含不同的观测时间点。在多水平数据中，最低层次称为水平 1，往上依次称为水平 2、水平 3……如村民是水平 1 单位，村是水平 2 单位，县是水平 3 单位；学生是水平 1 单位，学校是水平 2 单位；观测时间点是水平 1 单位，个体是水平 2 单位。

多水平数据涵盖的范围很广，很多你接触过的数据很可能都是多水平数据，只不过你没有注意而已。例如，在多中心临床试验中，每个中心是水平 2 单位，受试者是水平 1 单位；在动物实验中，小鼠是水平 1 单位，窝是水平 2 单位；在肿瘤部位研究中，个体是水平 2 单位，肿瘤部位是水平 1 单位；在量表调查中，个体是水平 2 单位，量表的维度是水平 1 单位。

多水平数据最主要的一个特点就是非独立性。例如，调查 30 个村，每个村调查 100人的饮食情况，对于每个村内的村民而言，他们很可能有类似的饮食习惯（如都喜欢吃咸），从而可认为村内的村民之间并不是独立的；再如，观察 60 人，每人观测 5 个时间点，了解他们的血压值情况，对于同一个人而言，在 5 个时间点的血压值应该是差不多的，不会有太大的波动，从而可认为每个人的不同时间的观测值并不是独立的。

由于数据的非独立性，使得这类数据无法采用传统的广义线性模型进行分析，所以才提出了处理非独立数据的多水平模型。多水平模型在不同领域有不同的称谓，如分层线性模型（Hierarchical Linear Model）、混合效应模型（Mixed Effect Model）、随机效应模型（Random Effect Model）、随机系数模型（Random Coefficient Model）、方差成分模型（Variance Component Model）等，其实表达的意思都差不多，都是处理多水平数据的模型。

* * * * * * * *

相对于广义线性模型而言，多水平模型的思想要稍微复杂一些，因为它同时包含了多个水平的数据，从而在多个水平上都存在残差。总的来说，其思想就是把高水平上的差异估计出来（传统的线性模型不考虑这一差异，将其放到了残差中），这就使得残差变小，估计的结果更为可靠。

虽然理论上多水平模型可以有多个层次，但实际中最常用的是二水平模型，因此这里主要通过一份二水平数据简要介绍一下多水平模型的思路。

例 10.1：表 10.3 是 12 名儿童在 30、36、42、48 个月时认知能力得分的测量结果（认知能力得分），目的是想了解年龄对认知能力得分是否有影响。

表 10.3　12 名儿童不同年龄的认知能力得分

id	性别	测量时间（月）	得分	id	性别	测量时间（月）	得分
1	2	30	108	7	1	30	129
1	2	36	96	7	1	36	128
1	2	42	110	7	1	42	123
1	2	48	122	7	1	48	128
2	2	30	103	8	2	30	90
2	2	36	117	8	2	36	84

id	性别	测量时间（月）	得分	id	性别	测量时间（月）	得分
2	2	42	127	8	2	42	101
2	2	48	133	8	2	48	113
3	1	30	96	9	1	30	84
3	1	36	107	9	1	36	104
3	1	42	106	9	1	42	100
3	1	48	107	9	1	48	88
4	2	30	84	10	1	30	96
4	2	36	85	10	1	36	100
4	2	42	92	10	1	42	103
4	2	48	99	10	1	48	105
5	2	30	118	11	1	30	105
5	2	36	125	11	1	36	114
5	2	42	125	11	1	42	105
5	2	48	116	11	1	48	112
6	2	30	110	12	1	30	113
6	2	36	107	12	1	36	117
6	2	42	96	12	1	42	132
6	2	48	91	12	1	48	130

该数据是一份二水平数据，其中儿童个体为水平 2 单位，测量的时间点为水平 1 单位。

如果用常规的线性模型拟合，就是将所有的 48 个数据建立线性模型。

$$得分 = \beta_0 + \beta_1 \times 年龄 + \varepsilon$$

这个模型是将 12 名儿童的数据合起来建立的，因此有时也称**合并模型（Pooled Model）**。它暗含了一个假定条件：12 名儿童的认知能力得分随年龄变化的截距和斜率都是相同的，而实际上却未必如此。图 10.15 绘制了 12 名儿童的认知能力得分随年龄的变化情况，可以看出，有的是随年龄增长，有的则是随年龄降低；即使在增长的儿童中，其增长速度也各不相同，有的增长快，有的增长慢。

所以传统线性模型的问题在于，其暗含的假定条件不一定符合实际情况。也就是说，每个人（水平 2 单位）的认知能力得分随年龄的变化可能有不同的截距和斜率，而传统线性模型则忽略了水平 2 单位上的差异。那么，既然它没有考虑到水平 2 单位上的差异，而水平 2 单位又确实存在差异，那这一差异去哪儿了呢？被线性模型归到误差中（模型中的 ε 部分）去了，从而导致误差增大。

因此，我们现在需要解决这一问题，把水平 2 单位的差异从误差中找出并估计出来，以减小误差。如何找出水平 2 单位之间的差异呢？很自然的一个想法是利用虚拟变量回归，将 12 名儿童的认知能力得分随年龄变化的截距差异和斜率差异估计出来，这样就可以反映出水平 2 单位之间的差异，这种方法一般称为**固定效应模型**（**Fixed Effect Model**）。

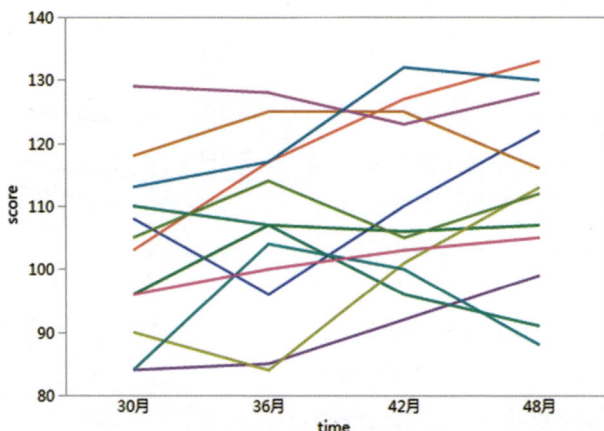

图 10.15　12 名儿童的认知能力得分随年龄的变化情况

但是固定效应模型有一个问题：12 名儿童就需要估计 11 个虚拟变量，当水平 2 单位更多的时候（如 120 名儿童），需要估计的参数太多，用虚拟变量就会消耗太多的自由度，估计结果不可靠，而且也没什么实际意义。因为我们并不关注具体谁和谁之间的差异有多大，我们只要知道这些儿童之间总的有多大差异就行了。这时候用固定效应模型就不大合适，而应采用**随机效应模型**（**Random Effect Model**），也就是多水平模型。

多水平模型是把水平 2 单位看作从一个更大的总体中随机抽样的个体，个体之间的差异是服从某种特定分布（如正态分布）的随机变动。这样，我们只要把这种分布的均数和方差估计出来，就可以反映出这些水平 2 单位围绕均值的波动大小（变异大小）。不管是 12 人还是 1200 人，都只需要一个均值和方差便可以描述其变异大小。

> 📁 **常见疑惑：**
>
> 　常有人问：我调查了 2 个市，每个市抽取 2 个县，每个县又各自抽取 2 个镇，每个镇又抽取了 3 个村，这样就形成了一份四水平数据，怎么拟合一个四水平模型呢？其实在这种情况下无须拟合四水平模型，市、县、镇各自只有 2、4、8 个，而村则有 24 个。真正作为水平 2 单位的只需村即可，因为市、县、镇个数太少，如果想进行分析，则可作为虚拟变量纳入模型，而不是作为高水平数据。有人建议，高水平数据的个数至少应在 30 个以上，这样才能保证参数估计的精确性及功效。

多水平模型根据实际情况一般可分为两大类：随机截距模型和随机斜率模型。

1. 随机截距模型

这种模型假定水平 2 单位之间仅截距不同，斜率是相同的。如图 10.16 所示，12 名儿童的认知能力得分随年龄变化的斜率都相同，但截距不同。

以例 10.1 中的数据为例，随机截距模型的形式为

$$得分 = \beta_{0i} + \beta_1 \times 年龄 + \varepsilon$$

其中，ε 表示误差（这里也就是水平 1 单位的误差）。与传统线性模型相比，截距多了一个下标，变成了 β_{0i}，它表示截距不是一个固定值，而是每名儿童（水平 2 单位）的认知能力得分随年龄的变化有不同的截距值。下标 i 表示水平 2 单位的数目，这里为 12。也就是说，这里的 β_{0i} 反映了共有 12 个截距

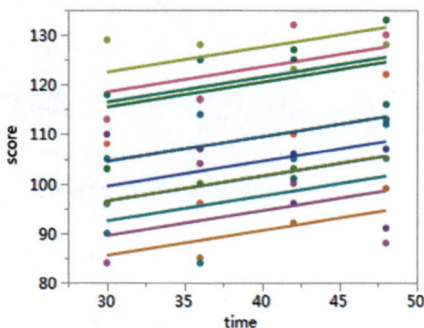

图 10.16　随机截距模型示意图

值。而斜率 β_1 没有下标，说明它只有一个值，也就是说，12 名儿童的认知能力得分随年龄变化的斜率是相等的。此时只需把水平 2 单位之间的截距的变异大小（方差）估计出来即可。

由于随机截距模型假定截距 β_{0i} 是随机变化的，因此我们可以把 β_{0i} 进一步分解为 $\beta_0 + u_{0i}$，β_0 表示水平 2 单位截距的总均值（图 10.16 中 12 条线的 12 个截距的均值），u_{0i} 表示每个水平 2 单位的截距与截距总均值的差异（12 名儿童各自截距与截距总均值的差异）。通常假定 u_{0i} 服从均值为 0、方差为 $\sigma_{u_0}^2$ 的正态分布，这里的方差 $\sigma_{u_0}^2$ 反映了水平 2 单位之间的截距变动情况（12 名儿童的截距间的变异）。方差越大，说明水平 2 单位之间差异越大，越有理由认为应该采用多水平模型；如果方差为 0，则说明水平 2 单位之间没有变异，也就没有必要采用多水平模型，直接用传统线性模型就可以了。

经过分解后的随机截距模型变成了

$$得分 = \beta_0 + u_{0i} + \beta_1 \times 年龄 + \varepsilon$$

将其换项，重新表示为

$$得分 = (\beta_0 + \beta_1 \times 年龄) + (u_{0i} + \varepsilon)$$

这时再与传统线性模型对比一下就比较清楚了。模型中 $(\beta_0 + \beta_1 \times 年龄)$ 是固定部分，这部分与传统线性模型完全相同；$(u_{0i} + \varepsilon)$ 是随机部分，同时包含了水平 2 单位误差 u_{0i} 和水平 1 单位误差 ε。在传统线性模型中，将 $(u_{0i} + \varepsilon)$ 部分都归到误差 ε 中，而多水平模型则可以把其中的一部分（水平 2 单位误差）估计出来，从而使得误差变小，结果更为可靠。

因此，对于随机截距模型而言，不仅要估计固定参数 β_0 和 β_1，还需要估计两个随

机参数：水平 2 单位的方差 σ_{u0}^2 和水平 1 单位的方差 σ_ε^2。图 10.17 是 SAS 软件针对表 10.3 中的数据给出的两个随机参数的估计值，给大家一个直观印象。可以看出，水平 2 单位之间的变异（方差）为 136.13，水平 1 单位之间的变异（方差）为 57.66。也就是说，12 名儿童个体之间的差异更大，其导致的变异所占比例为 $\frac{136.13}{136.13+57.66} \times 100\% = 70.25\%$。这一比例也称为内部相关系数（Intra-class Correlation Coefficient，ICC），该值越大，说明水平 2 单位之间造成的变异比例越大，提示越应该考虑采用多水平模型。

2．随机系数模型（随机斜率模型）

这种模型假定水平 2 单位之间不仅截距不同，而且斜率也不同。如图 10.18 所示，12 名儿童的认知能力得分随年龄变化的截距和斜率都不同。

协方差参数估计				
协方差参数	对象	估计	标准误差	Z 值	Pr > Z
Intercept	sub	136.13	64.2852	2.12	0.0171
Residual		57.6571	13.7827	4.18	<.0001

图 10.17　随机截距模型中两个随机参数的估计值

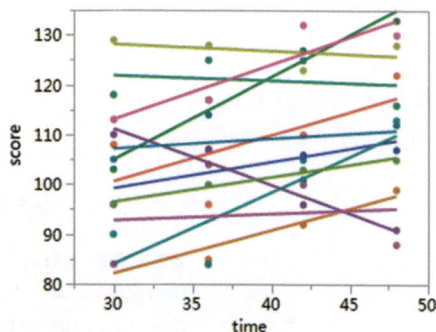

图 10.18　随机系数模型示意图

以例 10.1 中的数据为例，随机系数模型的一般形式为

$$得分 = \beta_{0i} + \beta_{1i} \times 年龄 + \varepsilon$$

其中，β_{0i} 仍表示第 i 名儿童（水平 2 单位）的认知能力得分随年龄变化的截距值。不同的是，这里斜率 β_1 也有下标 i，说明斜率在 12 名儿童之间也是不同的，每名儿童有自己的斜率值。此时不仅需要估计出截距之间的变异（方差），还需要估计出斜率之间的变异（方差）。

由于随机系数模型假定截距 β_{0i} 和斜率 β_{1i} 都是随机变化的，因此需要把 β_{0i} 和 β_{1i} 都进一步分解：

$$\beta_{0i} = \beta_0 + u_{0i}, \quad \beta_{1i} = \beta_1 + u_{1i},$$

其中，β_0 表示水平 2 单位截距的总值（图 10.18 中 12 条线的 12 个截距的均值），u_{0i} 表示每个水平 2 单位的截距与截距总值的差异（12 名儿童各自截距与截距总均值的差异）；β_1 表示水平 2 单位斜率的总均值（图 10.18 中 12 条线的 12 个斜率的均值），u_{1i} 表示每个水平 2 单位的斜率与斜率总均值的差异（12 名儿童各自斜率与斜率总均值的差异）。

经过分解后的随机系数模型变成了

$$得分 = \beta_0 + u_{0i} + (\beta_1 + u_{1i}) \times 年龄 + \varepsilon$$

将其换项，重新表示为

$$得分 = (\beta_0 + \beta_1 \times 年龄) + (u_{0i} + u_{1i} \times 年龄 + \varepsilon)$$

不难看出，与随机截距模型相比，随机系数模型将传统线性模型中的误差部分分解得更细，从而使得误差进一步变小。因此，对于随机系数模型，不仅要估计固定参数 β_0 和 β_1，还需要估计多个随机参数（取决于随机系数的个数）。如表 10.3 中的数据，将年龄变量作为随机系数进行估计，此时就需要估计 3 个随机参数：水平 2 单位的截距方差 σ_{u0}^2、水平 2 单位的斜率方差 σ_{u1}^2 和水平 1 单位的方差 σ_{ε}^2。

图 10.19 是 SAS 软件针对表 10.3 中的数据给出的 3 个随机参数的估计值。其中，Intercept 表示水平 2 单位的截距方差为 102.17，time 表示水平 2 单位的斜率方差为 0.028，Residual 表示水平 1 单位的方差为 54.77。其结果表明，对于图 10.18 中的 12 条直线，其截距之间的差异无统计学意义（$P=0.0937$），斜率之间的差异也无统计学意义（$P=0.2644$）。

协方差参数估计					
协方差参数	对象	估计	标准误差	Z 值	Pr > Z
Intercept	sub	102.17	77.4832	1.32	0.0937
time	sub	0.02847	0.04521	0.63	0.2644
Residual		54.7667	13.7987	3.97	<.0001

图 10.19 随机系数模型中 3 个随机参数的估计值

如果结合随机截距模型和随机系数模型的两个结果（图 10.17 和图 10.19），则可以做出判断：该数据采用随机截距模型较为合适，无须采用随机系数模型。换句话说，这 12 名儿童的认知能力得分随年龄的变化，其截距是有统计学差异的，但斜率无统计学差异。

* * * * * * * *

SAS 软件可通过 **proc mixed** 过程执行线性混合模型（因变量为连续资料的多水平模型），通过 **proc glimmix** 过程执行广义线性混合模型（如多水平 Logistic 回归、多水平 Poisson 回归等）。如对例 **10.1** 中的数据拟合含随机截距模型（水平 **2** 单位是 **id**）的主要语句为：

```
proc mixed covtest;
class id;
model y=time/solution;
random int/subject=id type=vc solution;
run;
```

将 time 变量作为随机效应，拟合随机系数模型的主要语句为：

```
proc mixed covtest;
class id;
model y=time/solution;
random int time/subject=id type=vc solution;
run;
```

SAS 软件拟合广义线性混合模型（以多水平 **Logistic** 回归为例，假定例 **10.1** 中的结局 **y** 不是连续变量，而是二分类变量）的主要语句为：

```
proc glimmix;
class id;
model y=time/dist=binary link=logit;
random int/subject=id;
run;
```

R 软件可用 **lm4** 包中的 **lmer** 函数执行线性混合模型，通过 **glmer** 函数执行广义线性混合模型。如对例 **10.1** 中的数据拟合随机截距模型的主要语句为：

```
library(lm4)
model=lmer(y~time+(1|id), data=dataset)
summary(model)
```

将 time 变量作为随机效应，拟合随机系数模型的主要语句为：

```
library(lm4)
model=lmer(y~time+(time|id), data=dataset)
summary(model)
```

JMP Pro 软件执行多水平模型的操作如下：

依次单击"分析"→"拟合模型"，选中因变量，单击"Y"；在"特质"中选择"混合模型"，并在"构造模型效应"中指定固定效应或随机效应。如果拟合随机截距模型，则指定水平 2 单位的变量（如例 10.1 中的儿童 id）为随机效应（id 必须事先设定为名义型）；如果拟合随机斜率模型，则同时指定水平 2 单位的变量和作为随机效应的变量均为随机效应。

10.5　结构方程模型——从单因单果到多因多果

结构方程模型（Structural Equation Modeling，SEM）可用于多种实用的场景，如多因变量分析、潜变量分析、中介变量分析等。它可以看作路径分析（Path Analysis）和验证性因子分析（Confirmatory Factor Analysis）的组合。因此，在了解结构方程模型之前，必须先简单认识一下路径分析和验证性因子分析。

* * * * * * * * *

1. 路径分析

前面我们提到的所有模型，不管其形式如何，都只有一个因变量，但自变量可以有多个。但实际中所谓因变量和自变量往往是相对的，如调查了体重、血压、血糖等指标，相对体重而言，血压可能是因变量；而相对血糖而言，血压可能就是自变量。在这 3 个指标的关系中，很可能体重会同时影响血压和血糖，而血压也会影响血糖，如图 10.20 所示。

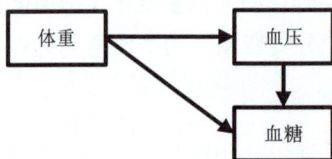

图 10.20　体重、血压、血糖的关系示意图

在图 10.20 所示的情形中，传统意义上的自变量和因变量已经很难用来表述，如血压到底是因变量还是自变量？这就引申出内生变量（Endogenous Variables）和外生变量（Exogenous Variables）的概念。

简单来说，内生变量就是会受到其他变量影响的变量，外生变量就是不受任何其他变量的影响、但是会影响其他变量的变量。外生变量肯定是自变量，但内生变量可能是自变量，也可能是因变量。在图 10.20 中，体重就是外生变量，血压和血糖是内生变量，血压既是自变量又是因变量。

图 10.20 就是一幅简单的路径图，路径分析简单来说就是求出每条路径上的系数大小（其含义与回归分析中的系数一样），这样就可以了解体重是如何影响血压和血糖的、血压又是如何影响血糖的。

图 10.21 直观展示了路径图中各路径上的系数。在该图中，x_1 和 x_2 是外生变量，y_1 和 y_2 是内生变量，y_1 受 x_1 和 x_2 的影响，y_2 受 x_2 和 y_1 的影响，x_2 对 y_2 既有直接影响，还有通过 y_1 的间接影响。根据图中的系数可以看出，x_2 对 y_2 的直接影响是-0.07（x_2 每增加 1 个单位，y_2 变化-0.07 个单位），而 x_2 通过 y_1 对 y_2 的间接影响则是-0.26×0.75=-0.195，因此 x_2 对 y_2 的总的影响是(-0.07)+(-0.195)=-0.265。

图中每个变量右侧的数值为残差（与回归分析中的残差意思一样），说明无法被解释的部分。如 y_2 的残差为 0.40，说明它虽然被 x_1、y_1、x_2 解释了一部分，但仍有 0.40 的残差。

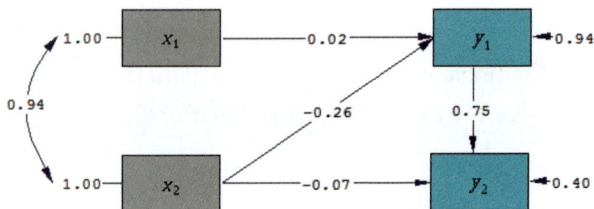

图 10.21　路径图及其系数示意

在回归分析中，我们研究的往往只是"关联"，统计学家一般会提醒说，关联并不等于因果关系。而在路径分析中，（从某种意义上来说）我们研究的是因果关系。在图 10.20 中，如果我们求出体重对血压的系数，就可以说体重是如何影响血压的。但这里有一个很重要的前提，即必须先根据专业知识绘制一幅预先确定因果关系的路径图。如图 10.20 和图 10.21 必须由专业人员根据其经验和知识绘制，其箭头的指向都是很明确的。图 10.20 和图 10.21 中都是单向箭头，意味着影响都是单向的，如体重会影响血压，但血压不会影响体重；x_1 影响 y_1，而不是 y_1 影响 x_1。如果事先确定的路径图是错误的，那么最后计算出来的系数就没有意义了。

* * * * * * * *

2. 验证性因子分析

在传统的广义线性模型中，各自变量或因变量都是通过"直接"测量或调查而获得的，但有些变量却是难以直接测得的，如学习能力、幸福指数、抑郁状态等。这种无法直接测得的变量称为潜变量（Latent Variables），与此对应，可以直接测得的变量称为显变量（Observed Variables）。

潜变量虽然无法直接获得，但却是存在的，而且在背后支配着显变量。例如，一名学生的考试成绩是可以直接观测的显变量，它可能是由学习能力这一潜变量决定的；再如，一个人的抑郁状态是潜变量，可能决定着他的"能否很快入睡""感到沮丧"等可直接回答的问题。

潜变量与显变量之间是有一定关系的，如"焦虑"这一潜变量是如何支配"我睡不着觉"和"我心里觉得烦乱"这两个显变量的？验证性因子分析就是用来确定它们的关系的。

在验证性因子分析中，通过以下模型将潜变量和显变量联系起来：

$$x_1 = a_{11}F_1 + a_{12}F_2 + \cdots + a_{1m}F_m + \varepsilon_1$$
$$x_2 = a_{21}F_1 + a_{22}F_2 + \cdots + a_{2m}F_m + \varepsilon_2$$
$$\cdots\cdots$$

其中，$x_1, x_2, \cdots$ 是显变量，$F_1, F_2, \cdots, F_m$ 是潜变量。各潜变量通过系数 a_{11}、a_{21} 等支配显变量 x_1、x_2 等，ε_1、ε_2 等则是无法解释的误差。

如潜变量"焦虑"与显变量"我睡不着觉"和"我心里觉得烦乱"之间的关系可以表达为

$$我睡不着觉 = a_1 焦虑 + \varepsilon_1$$

$$我心里觉得烦乱 = a_2 焦虑 + \varepsilon_2$$

只要能求出 a_1、a_2，便可以知道焦虑是如何支配"我睡不着觉"和"我心里觉得烦乱"这两个显变量的。

可能大家已经看出来了，上述公式与线性模型的公式很相似。其实 a_1、a_2 等作为系数，其含义也与线性模型中差不多，如 a_1 表示焦虑每增加 1 个单位，"我睡不着觉"的预期改变量；a_2 表示焦虑每增加 1 个单位，"我心里觉得烦乱"的预期改变量。

不过与线性模型不同的是，在验证性因子分析中，该系数不叫回归系数，而被称为因子载荷（Factor Loading），它反映了潜变量与显变量之间的关系。因子载荷越大，表明潜变量与显变量的关系越密切。

在验证性因子分析中，一个很关键的问题是确定潜变量，这一点是由专业知识来决定的。例如，有 6 个问题，分别为"感到孤独""感到苦闷""感到没希望""神经紧张""焦躁不安""恐慌"，如果要执行验证性因子分析，那么必须确定有几个潜变量、每个潜变量分别支配哪（几）个显变量。如可以根据专业知识认为这 6 个问题主要由 2 个潜变量支配，分别为抑郁和焦虑，其中抑郁支配前 3 个问题，焦虑支配后 3 个问题。用模型表示为：

$$感到孤独 = a_1抑郁 + \varepsilon_1$$
$$感到苦闷 = a_2抑郁 + \varepsilon_2$$
$$感到没希望 = a_3抑郁 + \varepsilon_3$$
$$神经紧张 = a_4焦虑 + \varepsilon_4$$
$$焦躁不安 = a_5焦虑 + \varepsilon_5$$
$$恐慌 = a_6焦虑 + \varepsilon_6$$

这样求出 $a_1 \sim a_6$ 这 6 个因子载荷，便可以说明潜变量与显变量的关系了。图 10.22 直观展示了求出的因子载荷，可以看出，抑郁对"感到孤独""感到苦闷""感到没希望"3 个显变量的因子载荷分别为 0.94、0.86 和 0.97；焦虑对"神经紧张""焦躁不安""恐慌"3 个显变量的因子载荷分别为 1.48、1.02 和 0.98。提示抑郁与"感到没希望"的关系较密切，焦虑与"神经紧张"的关系较密切。

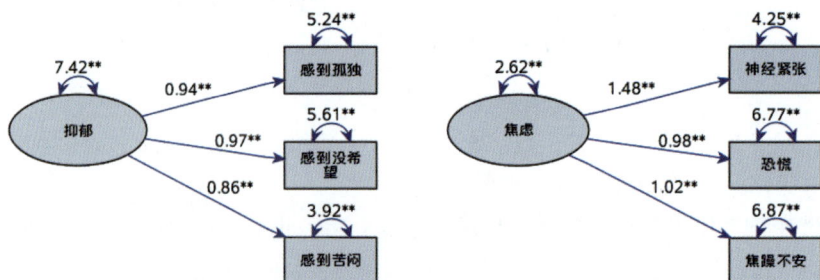

图 10.22　验证性因子分析中的因子载荷

🗀 **常见疑惑：**

验证性因子分析与探索性因子分析的不同之处在于，在验证性因子分析中，需要事先确定：①有几个潜变量；②每个潜变量各自支配哪几个显变量。在

图 10.22 中，事先确定了 2 个潜变量，第一个为抑郁，支配前 3 个问题；第二个为焦虑，支配后 3 个问题。因此，抑郁只在前 3 个问题上有因子载荷，焦虑只在后 3 个问题上有因子载荷，软件需要做的就是求出因子载荷。

而探索性因子分析则事先并不确定有几个潜变量，也不知道哪个潜变量支配哪个显变量，完全是在探索。如对于上述 6 个问题，可能发现 2 个因子就足够了（如解释了 80% 的信息），这 2 个因子在每个问题上都会有因子载荷，根据因子载荷大小来判断每个问题主要由哪个因子来支配。如 "感到孤独" 的因子 1 的载荷为 0.97，因子 2 的载荷为 0.18，说明 "感到孤独" 这一问题主要是由因子 1 来支配的。

一般情况下，探索性因子分析和验证性因子分析的选择主要取决于研究目的。如果事先一无所知，则可以先用探索性因子分析，根据其结果再进行验证。如果已经有很明确的目标，则可以直接考虑验证性因子分析。

* * * * * * * *

3. 结构方程模型

路径分析可以探索（显）变量之间的直接和间接关系，验证性因子分析可以分析潜变量与显变量之间的（直接）关系，结构方程模型则将二者结合，可以同时分析带有潜变量的直接和间接关系。也就是说，路径分析中可以含有潜变量。

图 10.23 显示了路径分析（a）、验证性因子分析（b）和结构方程模型（c）的区别。可以看出，路径分析中没有潜变量，都是显变量；验证性因子分析中没有中介变量，都是直接关系；结构方程模型中既有潜变量，还可以分析中介变量的间接影响。

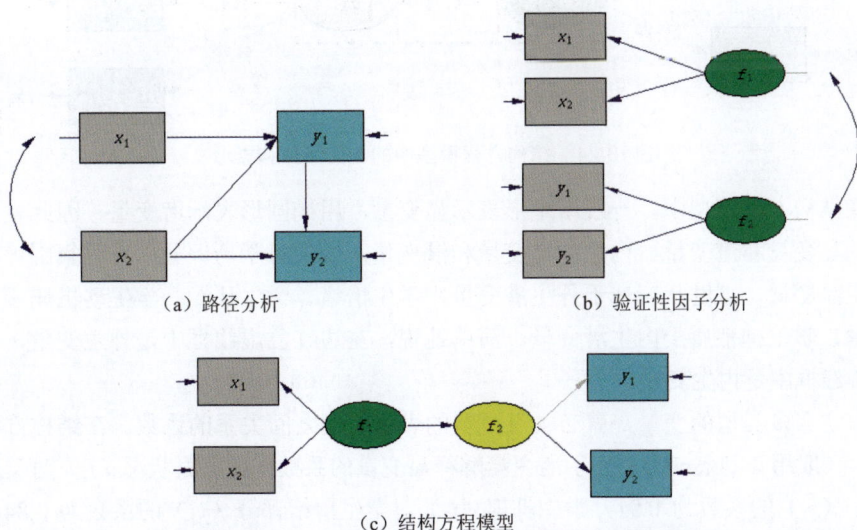

（a）路径分析　　　　　（b）验证性因子分析

（c）结构方程模型

图 10.23　路径分析、验证性因子分析和结构方程模型的区别

结构方程模型是一个相当复杂的模型，想想你需要估计多少内容就行了。有人戏言：如果你初学结构方程模型没有抓狂，那说明你根本没有看懂。因为它需要估计的内容太多了。下面通过一个简单的例子来说明结构方程模型中的一些概念和标识。

例 10.2：表 10.4 是调查了 100 人的 5 个变量的协方差结构，目的是了解家庭状况对学生抑郁是否会有影响。

假定家庭状况（潜变量）用父母学历评分和家庭氛围评分（显变量）来体现，学生抑郁（潜变量）用学生情绪评分、学生认知评分和学生动机评分（显变量）来体现。并且假定路径为：家庭状况会影响学生的抑郁状态。

表 10.4　调查了 100 人的 5 个变量的协方差结构

	父母学历 评分 x_1	家庭氛围 评分 x_2	学生情绪 评分 y_1	学生动机 评分 y_2	学生认知 评分 y_3
父母学历评分 x_1	3.204				
家庭氛围评分 x_2	2.722	2.629			
学生情绪评分 y_1	-0.468	-0.456	1.386		
学生动机评分 y_2	-0.502	-0.539	1.189	1.741	
学生认知评分 y_3	-1.05	-0.96	0.071	0.104	1.422

最终我们得到的结构方程模型如图 10.24 所示。图中，f_1 表示潜变量家庭状况，f_2 表示潜变量学生抑郁。

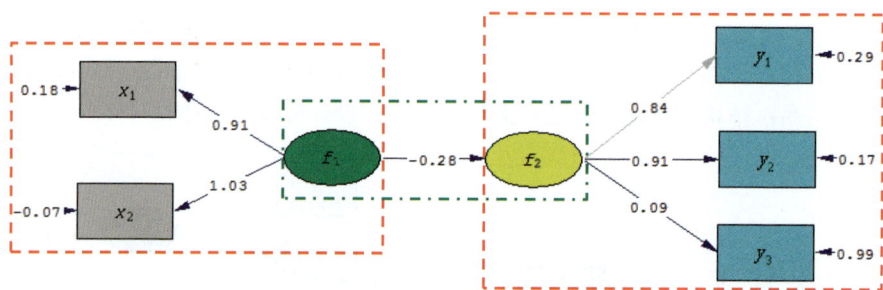

图 10.24　结构方程模型中的一些系数和概念

在结构方程模型中，一般用矩形表示显变量，用椭圆形表示潜变量，因此就分为外生的显变量和潜变量、内生的显变量和潜变量。如父母学历评分、家庭氛围评分属于外生显变量，家庭状况属于外生潜变量，学生情绪、学生认知、学生动机属于内生显变量，学生抑郁属于内生潜变量。简单地说，左边红色虚线框中是外生变量，右边红色虚线框中是内生变量。

有这么多类型的变量，就必须有更多的表示它们之间关系的系数。在结构方程模型中，一般用 λ（Lambda）表示潜变量解释显变量的系数，如家庭状况（f_1）对父母学历评分（x_1）的系数为 0.91，学生抑郁（f_2）对学生情绪评分（y_1）的系数为 0.84。一般用 γ（Gamma）表示内生潜变量被外生潜变量解释的系数，如家庭状况（f_1）对学生抑郁（f_2）的系数为-0.28，即家庭状况评分越高，学生抑郁倾向越小。此外，还有内生潜变量被内生潜变量解释的系数一般用 β（Beta）表示（图 10.24 中只有一个内生潜变量 f_2，因此未显示这部分系数；如果有两个内生潜变量，则它们之间的系数用 β 表示）。

另外还有残差部分，即图中短箭头指向部分。如父母学历评分（x_1）的残差为 0.18，反映了外生显变量无法被外生潜变量解释的部分；学生动机评分（y_2）的残差为 0.17，反映了内生显变量无法被内生潜变量解释的部分。

结构方程模型中的系数解释其实与传统线性模型类似，都可以反映某一变量增加 1 个单位所导致的另一变量的变化。如果你能仔细阅读软件输出的结果，则还是可以看明白的。但比较令人头疼的一件事就是输出结果太多，就算简单输出也得好几页纸（限于篇幅，这里就不显示了，读者自己在软件里运行一次就会明白）。

图 10.24 只显示了部分系数、残差等，实际中当变量较多的时候，该图形是非常复杂的。但不管如何复杂，其基本结构都是相同的。总的来说，结构方程模型主要包含两大部分：测量模型和结构模型。

测量模型相当于验证性因子分析，如图 10.24 中红色虚线框中就是测量模型，反映了潜变量与显变量之间的关系。结构模型相当于路径分析，如图 10.24 中绿色虚线框中就是结构模型，反映了潜变量之间的关系（图 10.24 中较为简单，只有一条路径，实际中经常会有多个潜变量，形成复杂的路径）。

* * * * * * * *

LISREL（结构方程模型的专业分析软件）在 **8.0** 版本以后可以分别采用 **LISREL** 语言和 **SIMPLIS** 语言执行结构方程模型。下面是采用 **SIMPLIS** 语言对例 10.2 中的数据进行拟合的主要语句：

```
observed variables:
x1 x2 y1 y2 y3
covariance matrix:
3.204
2.722 2.629
-0.468 -0.456 1.376
-0.502 -0.539 1.189 1.741
-1.050 -0.960 0.071 0.104 1.422
sample size=100
latent variables:
f1 f2
relationships:
x1-x2=f1
y1-y3=f2
f2=f1
path diagram
lisrel output all
end of problem
```

LISREL 软件输出结果如图 10.24 所示。

SAS 软件可通过 proc calis 过程执行结构方程模型，如对例 10.2 中的数据进行拟合的主要语句为：

```
data ex(TYPE=COV);
_type_ ="cov";
input _name_ $ x1 x2 y1 y2 y3;
datalines;
x1 3.204 . . . .
x2 2.722 2.629 . . .
y1 -0.468 -0.456 1.376 . .
y2 -0.502 -0.539 1.189 1.741 .
y3 -1.050 -0.960 0.071 0.104 1.422
;
proc calis cov edf=101 plots=pathdiagram;
lineqs
x1 =lam1 f1 + e1,
x2 =lam2 f1 + e2,
y1 =lam3 f2 + e3,
y2 =lam4 f2 + e4,
y3 =lam5 f2 + e5,
f2 =gam1 f1 + d1;
pathdiagram diagram=standard;
run;
```

SAS 软件的输出结果与 LISREL 软件的输出结果布局不同，如图 10.25 所示，其给出了标准化的系数，这样各变量之间可以相互比较影响大小。

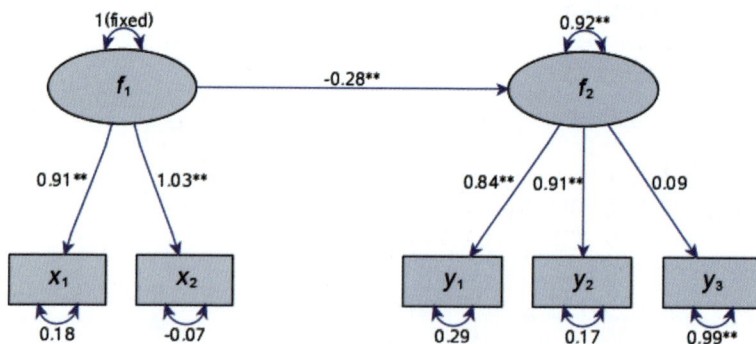

图 10.25　SAS 软件输出的结构方程模型的部分结果

正态性与方差齐性

如果我用了 χ^2 拟合优度来检验一组服从正态分布的数据，但我没能得到一个显著的 P 值，那么我怎么知道这组数据确实服从正态分布呢？

——E 皮尔逊和奈曼讨论的一个问题

正态性和方差齐性是经典统计模型应用的两个前提条件，如 t 检验、方差分析、线性回归等都需要满足这两个条件。

所谓正态性（Normality），严格来说是残差要符合正态分布，不过实际中很多人都直接对因变量进行正态性检验，在多数情况下二者是差不多的。

方差齐性（Equality of Variances）也就是方差相等，意思是对于每一个 x 取值，因变量（严格来说是残差）的方差基本相等。这一点在 t 检验和方差分析中很容易理解，因为此时 x 取值只有两类或多类，每一类有很多的因变量取值，可以计算其方差，然后比较各类的方差大小。但在线性回归中，x 取值很多，每个 x 取值上对应的因变量取值可能只有 1 个，那这时候怎么计算方差呢？这一点我们会在 11.4 节中详细说明。

但这两个条件并不十分苛刻，其实，这个条件与其说是满足"符合正态"和"符合方差相等"，倒不如说是满足"正态不要偏得太严重"和"方差不要差得太大"。在正常情况下，这些方法本身对轻微的偏离是有一定"抗性"的，不会影响其结果。

11.1　用统计检验方法判断正态性

目前大多数统计软件常用的正态性检验方法有 4 种（但并不仅限于这 4 种），即 Shapiro-Wilk（SW）检验、Kolmogorov-Smirnov（KS）检验、Cramer-von Mises（CVM）检验和 Anderson-Darling（AD）检验。根据它们的思想，可分为两大类。

1. 基于峰度和偏度的 SW 检验

SW 检验的思想是基于偏离峰度或/和偏度。峰度（Kurtosis）通俗来讲就是分布形状是平坦还是尖峰；偏度（Skewness）则反映了分布形状是否对称。也就是说，峰度和偏度分别从上下和左右两个维度来说明分布是否符合正态分布。

正态分布的峰度和偏度均为 0。如果峰度大于 0 则提示为尖峰，如果峰度小于 0 则提示为平坦峰；如果偏度大于 0 则提示为右偏态（正偏态），如果偏度小于 0 则提示为左偏态（负偏态）。

假定有两个变量 x 和 y，它们的峰度和偏度分别如图 11.1 中的左图和右图所示（为了便于比较，将它们的纵坐标进行了统一）。变量 x 和 y 的峰度分别为 1.66 和-0.27，因此可以看出左图更高尖一些，右图则矮平一些。变量 x 和 y 的偏度分别为 3.64 和-0.44，与此对应，左图是右偏态，而右图是左偏态。

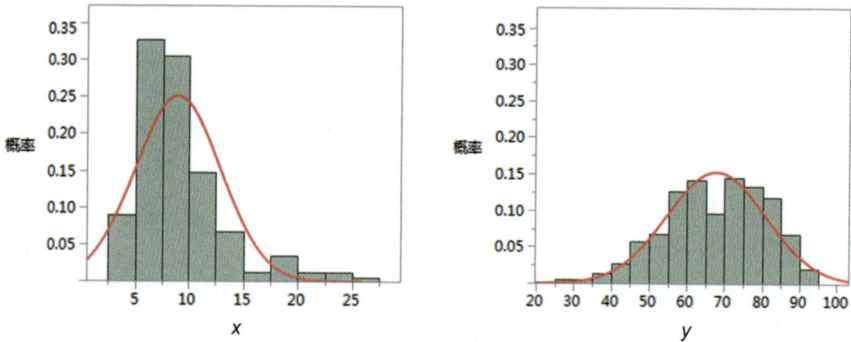

图 11.1　峰度与偏度示例

SW 检验反映了基于峰度和/或偏度对正态分布的偏离程度，该值介于 0 和 1 之间，越接近 1，说明越符合正态分布；越接近 0，说明越偏离正态分布。该法最初只用于例数在 3～50 之间，后来经 Royston（1982,1992）多次改进，将应用例数扩大到 2000 以内和 5000 以内。

对图 11.1 中的 x 和 y 变量进行 SW 检验，结果分别为 $W=0.869$（$P<0.001$）和 $W=0.986$（$P=0.01$），说明相对而言，y 变量更接近正态分布。

2. 基于拟合优度的 KS、CVM、AD 检验

KS、CVM、AD 检验都是基于拟合优度的思想，计算理论（正态）分布与基于数据得到的（正态）分布之间的差异，通俗来说就是，（正态）分布应该有一种形状，而实际数据又是一种形状，比较这两个形状是不是一样的。这几种方法不仅可以用于正态分布的拟合，也可用于其他分布的拟合优度检验（如验证数据是否服从指数分布）。

正态分布的拟合优度检验思路是：先求出正态分布的累积概率函数（Cumulative Distribution Function，CDF），然后看一下样本数据与该函数的差别有多大。如果二者

的差别较小，则说明样本数据的分布接近正态分布，可认为服从正态分布；如果差别较大，则说明样本数据可能不服从正态分布。

KS、CVM、AD 这三种检验都是基于这种思想的，它们的区别主要在于对"差别"的定义，如 KS 法定义理论分布与实际数据分布的差别是绝对值形式，而 CVM 法是平方的形式，AD 法则对 CVM 法进一步做出了改进。

图 11.1 中的 x 和 y 变量表现出的与理论正态分布的差别如图 11.2 所示。

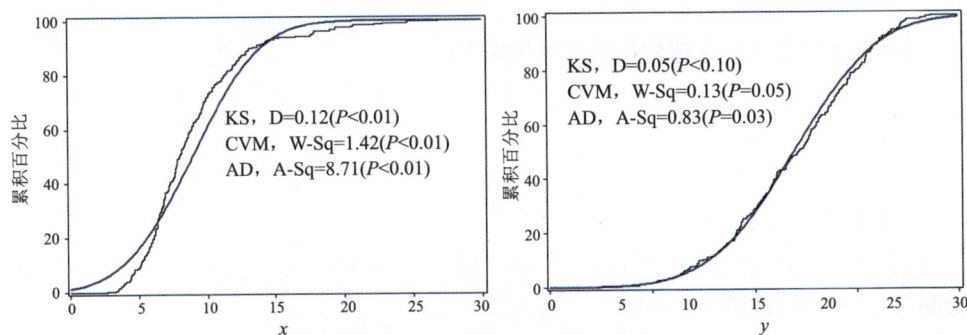

图 11.2　理论正态分布示例

图中较光滑的粗线表示理论的 CDF，粗糙的细线表示实际数据的 CDF。可以看出，x 变量的差别更大一些，而 y 变量的差别小一些。这与前面的 SW 检验结果一致。

大家可能会注意到，这 4 种检验方法的检验结果其实并不一致，这是因为它们的思路不同。这自然就带来一个问题：如果检验结果不一致，那么该选择哪种检验方法？

Razali（2011）等曾对这 4 种检验方法进行模拟，结果显示，如果例数在 2000 以内，则 SW 检验的效率最高，一般建议作为首选方法；而在基于拟合优度的 3 种检验方法中，AD 法效率最高，KS 法效率最低。这些模拟结果可作为参考依据。

其实从对图 11.1 中的变量 y 的检验结果中也可以看出，KS 检验在 0.05 的检验水准上无统计学意义（不能推翻"满足正态分布"的无效假设），而 SW 和 AD 法均有统计学意义（认为不满足正态分布）。这说明 SW 和 AD 法更容易检测出对正态分布的偏离。

* * * * * * * * *

SAS 软件可通过 **proc univariate** 过程的 **normal** 选项进行正态性检验，通过 **cdfplot** 和 **histogram** 语句绘制偏离正态的 CDF 图和直方图。其主要语句为：

```
proc univariate normal;
var x;
cdfplot x/normal;
histogram x/normal;
run;
```

R 软件的 **shapiro.test** 函数可执行 SW 检验，**nortest** 包中的 **lillie.test** 函数、**ad.test** 函数、**cvm.test** 函数可分别执行 KS 检验、AD 检验、CVM 检验，而 **sf.test** 函数则可

执行简化的 **SW** 检验，即 **SF**（**Shapiro-Francia**）检验（**Shapiro SS, Francia RS; 1972**）。
如对数据集 **f1** 中的 **x** 进行检验的主要语句为：

```
shapiro.test(f1$x)
library(nortest)
lillie.test(f1$x)
ad.test(f1$x)
cvm.test(f1$x)
sf.test(f1$x)
```

JMP Pro 软件进行正态性检验的操作如下：

依次单击"分析"→"分布"，将变量拖入"Y 列"。在结果界面中，单击红色下
拉按钮，选择"连续拟合"→"正态"，出现"正态拟合"结果。在该结果中，继续单
击红色下拉按钮，选择"拟合优度"，即可输出正态性检验结果。

SPSS 软件进行正态性检验的操作如下：

依次单击"分析"→"统计描述"→"探索"，将变量拖入"因变量列表"，单击
"绘制"，选择"带检验的正态图"。

11.2 用描述的方法判断正态性

对于图 11.1 中两个变量的正态性检验，有的读者可能会有这样的疑问：变量 y 的
分布挺像正态的，尤其是 CDF 图，跟理论分布曲线很接近了，为什么 SW 检验和 AD
检验仍然提示不满足正态分布呢？

首先要明确，正态性检验的无效假设是"数据服从正态分布"，也就是说，SW 等
方法先计算偏离正态的程度，然后看能否推翻无效假设。跟其他的假设检验一样，当
数据越多时，越容易推翻无效假设。就像 t 检验中比较两组均值一样，当样本量很大的
时候，即使差别 0.01 也会有统计学意义；同样，当样本量很大的时候，即使偏离正态
很小，也会有统计学意义。

但是，有统计学意义未必代表有实际意义，因为统计学的差异有时对我们来说并
不是很重要，如两组身高的差值为 0.1cm，即便有统计学意义，也没有多大实际意义。
同样，正态性检验结果的 P=0.09 和 P=0.01，也并不意味着前者的正态性更好，也许只
是说明后者的数据较多而已。在大样本的时候，从统计检验的角度来看，你的数据几
乎永远不符合正态分布。

正因如此，不少统计学家并不建议用统计学检验的方法来判断正态性，而是推荐
用图形等描述性方法来进行判断。虽然略带主观性，但是考虑到多数的经典统计方法
对"偏离正态"这一问题都是有一定抵抗力的，因此图形判断法还是比较有价值的。

常见的判断正态性的描述性方法主要有以下几种。

1. Q-Q 图和 P-P 图

这里的 Q-Q 跟腾讯并没有什么关系，它是 Quantile-Quantile 的缩写，也就是分位数-分位数图。在 Q-Q 图中，横坐标是正态分位数，纵坐标是实际数据的分位数。其思想就是：比较理论分位数和实际分位数的差距，如果理论分位数和实际分位数没什么差别，那么图中所有的点应该都在一条直线上；如果差别大，就会偏离直线较远。

因此，Q-Q 图判断正态性的原则就是：如果图中的点大致呈一条从左下至右上的直线，则可以认为是正态的。

P-P（Probability-Probability）图的思想跟 Q-Q 图差不多，只不过不是用分位数，而是用累积概率。它比较理论上正态分布的累积概率与样本数据的累积概率，其横坐标为理论的累积概率分布，纵坐标为样本数据的累积概率分布。显然，如果二者吻合，则应该是一条从左下至右上的直线；如果偏离直线较远，则说明样本数据不服从正态分布。

图 11.3 给出了图 11.1 中变量 x 的 Q-Q 图和 P-P 图。不难看出，这两幅图的点都不像一条（从左下至右上的）直线，提示可能不满足正态分布。

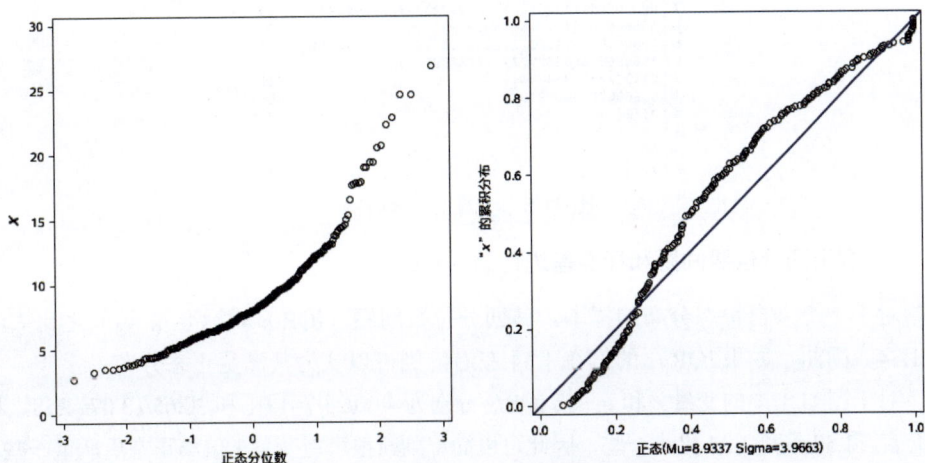

图 11.3　变量 x 的 Q-Q 图和 P-P 图

2. 茎叶图

茎叶图的含义我们通过图形比较容易解释。图 11.4 给出的是图 11.1 中变量 x 的茎叶图，我们以此对茎叶图进行说明。

首先我们回过头来看一下图 11.1，变量 x 的值都是小于 30 的，也就是说，最多只有两位数。图 11.4 中的"茎"列是变量 x 的十位数，"叶"列是变量 x 的个位数，"计数"列则是频数。例如，最后一行的 0|33 表示有两个 3（凡是在 2.5～3.5 之间的，都显示为整数 3）；第三行的 2|23 表示有一个 22（凡是 21.5 和 22.5 之间的数值都算是 22，如 22.1 或 21.9）和一个 23；其他以此类推。

茎	叶	计数
2	7	1
2	55	2
2	23	2
2	11	2
1	888889999	9
1	7	1
1	4444444555	10
1	22222222222222222333333333	26
1	0000000000000000000000000001111111111111	40
0	8888888888888888888888888888888888888889999999999999999999999999999	67
0	66666666666666666666666666666666666666777777777777777777777777777777777777777	76
0	44444444444444445555555555555555555	35
0	33	2

图 11.4　变量 *x* 的茎叶图

从茎叶图中可以看出很多信息，如可以很容易发现，大多数数据集中在 10 以下，而且整个茎叶图的形状并不是对称的，这些都说明变量 *x* 很可能是不服从正态分布的。

而对于图 11.1 中的变量 *y* 而言，则看起来稍微对称一些（见图 11.5），说明变量 *y* 可能比变量 *x* 更接近正态分布。变量 *y* 的茎叶图提示，大多数数据集中在 50～90 之间。

茎	叶	计数
9	5	1
9	000334	6
8	555555566777778899999	21
8	000001111222222222223333334444	30
7	555555556666666677777778888888899999	36
7	000000011111111111122222222333333444444	39
6	5566666677777778888999999	25
6	00000000111112222222233333333334444444444	41
5	556666666666677777777788888999	30
5	01122233333444444	17
4	5566667778999999	16
4	0112344	7
3	78	2
3	0	1
2	9	1

图 11.5　变量 *y* 的茎叶图

3．利用四分位数间距和标准差进行简易判断

对于一个来自正态分布的样本，其四分位数间距（IQR）和标准差（*s*）之比大约为 1.34。因此，如果 IQR /*s* 的值在 1.34 左右，则可以认为其满足正态分布。

对于图 11.1 中的变量 *x* 和 *y*，其 IQR/*s* 分别为 4.00/3.97=1.01 和 20.65/13.07=1.58，相对而言，1.58 偏离 1.34 更小一些，因此可以简单判断很可能变量 *x* 偏离正态更严重一些。

* * * * * * * *

SAS 软件可通过 proc univariate 过程的 qqplot 语句和 ppplot 语句输出 Q-Q 图和 P-P 图，可通过 plot 选项输出茎叶图。其主要语句为：

```
proc univariate normal plot;
qqplot x/ normal square;
ppplot x/ normal square;
run;
```

JMP Pro 软件绘制 P-P 图和茎叶图的操作如下：

依次单击“分析”→“分布”，将变量拖入“Y 列”。在结果界面中，单击红色下拉按钮，选择“正态分位数图”可输出 P-P 图，单击“茎叶图”可输出茎叶图。

SPSS 软件绘制 Q-Q 图和茎叶图的操作如下：

依次单击"分析"→"统计描述"→"探索"，将变量拖入"因变量列表"，单击
"绘制"，选择"带检验的正态图"。

11.3　方差分析中的方差齐性判断

在方差分析中，所谓方差齐性检验，就是判断两组或多组的方差是否相等。很多
人对正态性比较重视，但对方差齐性往往有意无意地忽略。事实上，方差齐性是一个
很重要的假定（有时比正态性更为重要），方差不等会严重影响方差分析的 F 检验。
Wilcox 等（1986）曾做过模拟证明，如果最大方差和最小方差差别很大，则会导致一
类错误发生的概率大大增加。

既然是判断各组的方差是否相等，那一个很自然的想法就是计算出各组的方差，
比较其大小就可以了。方差比（F ratio）和 Hartley 检验就是基于这种思想的。

方差比主要用于两组方差齐性的检验，求出两组方差，用较大的方差除以较小的
方差，得到 F 值。如果 F 值很大，则说明两组方差差别较大，可以认为方差不等。

Hartley 检验主要用于多组方差齐性的检验，求出各组的方差，用最大的方差除以最
小的，得到 F 值。如果 F 值很大，则说明多组方差差别较大，可以认为方差不等。

但是这些方法有一个局限性，即对正态性很敏感，如果数据偏离正态，则结果可
能偏差较大。此时可以考虑使用 Levene 检验。

Levene 检验的思想是基于每一组内的每一观测值与各自组均值的偏差程度。这里
的"偏离程度"有两种方式：差值的平方或绝对值（因为如果直接用差值，则对其求
和后结果为0）。而"组均值"也有多种表示方式，如平均数、中位数、截取平均数（Trimmed
Mean）（去掉最大或最小的几个值后的平均数）。

最初的 Levene 检验（1960）只用到了平均数作为组均值，后来 Brown 和 Forsythe
（1974）对其进行了改进，采用了中位数和截取平均数，称为 BF 法。

后来 O'Brien（1979）也提出了一种对 Levene 检验的调整方法，即对 Levene 检验
中的偏差加了一个调节参数 W。该参数的作用在于，根据实际数据的峰度大小，调整
W 参数的大小，使之适应实际数据的分布情况。多数软件默认 $W=0.5$（这也是 O'Brien
所推荐的）。

还有一种在软件中常出现的方法是 Bartlett 检验。该方法在数据服从正态分布时效
率很高，但对正态性很敏感，一旦数据偏离正态，该方法的效果不佳。

这几种方法在数据服从正态分布的时候给出的结果基本一致，但如果数据偏离正
态性，则有时会出现较大差别。图 11.6 给出了男性和女性的生存时间数据的分布形式，
图 11.7 给出了这两组数据的方差齐性检验结果。

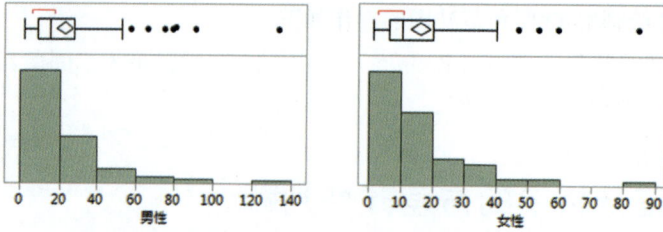

图 11.6 男性和女性的生存时间数据的分布形式

检验	F比	分子自由度	分母自由度	p 值
O'Brien[.5]	2.4197	1	179	0.1216
Brown-Forsythe	2.4650	1	179	0.1182
Levene	5.0028	1	179	0.0265*
Bartlett	13.7555	1	.	0.0002*
F 双边检验	2.2355	95	84	0.0002*

图 11.7 方差齐性检验结果

可以看出，不同方法给出的结果并不一致，原因在于该数据严重偏离正态。基于正态分布的 F 检验和 Bartlett 检验的结果基本一致，P 值最小，认为方差不相等；而 BF 法和 O'Brien 法的 P 值最高（不能认为方差不等），因为它们最为稳健，对偏离正态并不是很敏感；而 Levene 法的 P 值介于中间，因为该法也可以用于偏离正态的情形，但不如 BF 法稳健。

总之，在实际应用中，如果数据符合正态分布，则可以采用 Barlett 法（当然采用 Levene 法和 BF 法也没问题）；但如果偏离正态，则建议采用 Levene 法（如果偏离不严重）或 BF 法（如果偏离很严重）。事实上，Levene 法和 BF 法是一种方法，只是用到的统计量不同而已。

* * * * * * * *

实际中，除了上述统计检验方法，一种很实用的方式是利用箱式图来进行判断（见第 5 章）。箱式图同时体现了中位数和四位分数的信息，可以根据其箱体大致判断方差是否相等。如图 11.8 是基于图 11.6 中的两组数据绘制的箱式图。

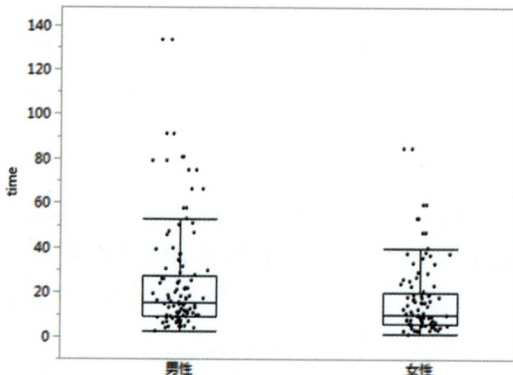

图 11.8 男性和女性的生存时间数据的箱式图

从箱式图中可以看出，男性组箱式图更宽一些，提示男性数据的方差要大于女性数据的方差。但同时也可以看出，箱体宽度的差别并不是特别明显，而且还可以发现，两组数据应该都不服从正态分布，因为箱子并不对称，而是往下方集中。这种形状体现在直方图中就是左侧数据特别多，右侧数据偏少（对比图 11.6）。

＊　＊　＊　＊　＊　＊　＊　＊

SAS 软件可通过 **proc glm** 过程的 **means** 语句配合 **hovtest** 选项输出方差齐性检验，如对不同性别（**gender**）的 **time** 进行方差齐性检验，输出 O'Brien 检验的语句为（可将 obrien 改为 levene、bf、bartlett 等）：

```
proc glm;
class gender;
model time=gender;
means gender /hovtest=obrien;
run;
```

R 软件可通过 **car** 包中的 **bartlett.test** 函数输出 **Bartlett** 检验，通过 **leveneTest** 函数可输出 **Levene** 检验和 **BF** 检验（通过指定相应的参数）。如对数据集 **f1** 中不同性别（**gender**）的 **time** 进行方差齐性检验的主要语句为：

```
library(car)
leveneTest(f1$time,f1$gender,center=median)
leveneTest(f1$time,f1$gender,center=mean,trim=0.05)
bartlett.test(time~gender,data=f1)
```

JMP Pro 软件进行方差齐性检验的操作如下：

依次单击"分析"→"以 x 拟合 y"，指定因变量和自变量，进入结果界面，然后单击红色下拉按钮，选择"不等方差"，可输出方差齐性检验结果。

SPSS 软件进行方差齐性检验的操作如下：

依次单击"分析"→"比较均值"→"单因素方差分析"，单击"选项"，选择"方差同质性检验"。

11.4　理解线性回归中的方差齐性

从直观上理解的话，两组和多组的方差齐性检验是很容易理解的，无非就是比较各组的方差，只是思路不同而已。但对于线性回归就很难直观理解，因为在线性回归中自变量 x 不是分类变量，x 取值很多，经常每个 x 值只对应 1 个 y 值。很显然，对于 1 个数是没有办法计算方差的，那何来"方差齐性"检验呢？

这是因为，尽管在一次抽样中每个 x 取值可能只对应 1 个 y 值，但对于总体而言，理论上每个 x 取值对应的 y 值是有很多的。例如，研究身高（x）与血压值（y）的关系，尽管在一次抽样中每个身高值（如 170cm）所对应的血压值可能只有 1 个（如

140mmHg），但对于总体而言，这一固定的身高（170cm）所对应的血压值应该有很多，可能是 140mmHg，也可能是 150mmHg，只是在我们的抽样中恰好抽中了这个值而已，所以理论上是有方差的。

当然，我们必须基于实际数据来进行分析。所以，除非你有总体数据，知道每个 x 取值对应的所有 y 值，否则是没有办法真正计算方差的。但这种情况几乎是不可能发生的，因此，线性回归中的方差齐性检验在很多情况下只是一种探测而已。当然，有不少人提出了一些方法来帮助我们进行这种探测，这里介绍常见的两种方法。

1. BP（Breusch-Pagan）法

既然线性回归无法做到对每个 x 取值对应的 y 值计算方差，那么我们可以将条件放宽一些，可以简单地看某个 x 取值范围内对应的 y 值的方差，这是可以做到的。所以实际中我们经常通过线性回归的残差图来判断方差齐性，即以因变量残差作为纵坐标，以自变量作为横坐标，绘制散点图。如拟合年龄（x）与 BMI（y）的关系，可通过残差图（见图 11.9）大致观察一下 BMI 的残差有没有随着年龄增加而出现增大或减小的趋势，如果有，则意味着可能存在方差不齐的现象。

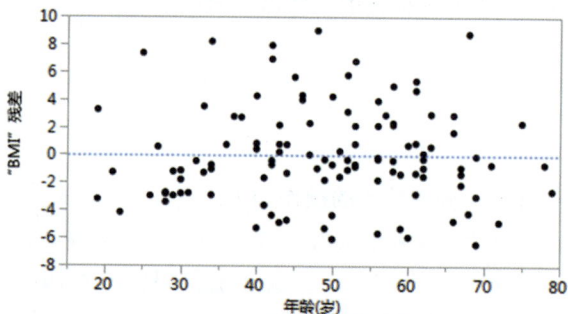

图 11.9　因变量残差对自变量的散点图

当然，残差图仅用于观察，如果想用统计学方法来验证是否有趋势，那么很自然的一个想法就是分析年龄（横坐标）与 BMI 的残差（纵坐标）有没有关系。

BP 法的大致思想如下（以两个自变量 x_1 和 x_2 为例）：

首先，拟合因变量 y 与自变量的关系，建立线性回归模型：$y_i = \beta_0 + \beta_1 x_{i1} + \beta_2 x_{i2} + \varepsilon$。

其次，根据回归模型与实际值求出残差（ε）。

最后，建立残差（作为因变量）与自变量的回归模型，即 $\varepsilon = a_0 + a_1 x_{i1} + a_2 x_{i2} + v_i$。

如果满足方差齐性，则残差应该与各自变量都没有关系，是随机波动的。所以，只要检验模型中的 a_1、a_2 有没有统计学意义就可以了。如果 a_1、a_2 都等于 0，那么很显然，ε 就是一个常数 a_0，换句话说，方差是不变的（相等的），满足方差齐性。

2. White 检验

White 检验的思想与 BP 检验差不多，只不过考虑得更为周密。在 BP 检验中，只是给出了残差与自变量的线性关系，也就是说，只能检验残差增大或减小这样的线性趋势。如果残差不是线性趋势，而是先增大或减小等非线性趋势，那么 BP 检验就看不出来了。因此，White 检验在最后建立的残差与自变量的回归模型中增加了各种高次项，变成了

$$\varepsilon = a_0 + a_1 x_{i1} + a_2 x_{i2} + a_3 x^2{}_{i1} + a_4 x^2{}_{i2} + a_5 x_{i1} x_{i2} + v_i$$

通过加上 x_1 和 x_2 的二次项和交互项，就可以对各种趋势都进行检验，不仅可以判断方差增大或减小的线性趋势，还可以检验其他的变化趋势。从这个意义上来讲，BP 检验可以看作 White 检验的特例。

图 11.10 给出的是关于这两种检验方法的结果示意。

异方差性检验					
方程	检验	统计量	自由度	Pr > 卡方	变量
y	White 检验	2.69	3	0.4412	所有变量的叉积
	Breusch-Pagan	2.69	2	0.2600	1, x1, x2

图 11.10　BP 检验和 White 检验的结果示意

* * * * * * * *

SAS 软件可通过 **proc model** 过程输出 **BP 检验**和 **White 检验**。如自变量为 **x1** 和 **x2**，因变量为 **y**，执行这两种检验的主要语句为：

```
proc model;
parms const a1 a2;
/*指定需要估计的参数，const 是截距，a1 和 a2 分别是 x1 和 x2 的系数*/
y=const+a1*x1+a2*x2;
fit y/ white breusch=(1 x1 x2);
/*BP 法只指定截距、x1 和 x2，没有其他交互项和二次项*/
run;
```

R 软件可通过 **lmtest** 包中的 **bptest** 函数，通过指定不同的变量形式，输出 **BP 检验**或 **White 检验**。如果只指定自变量，即为 **BP 检验**；如果包含了所有项，则为 **White 检验**。语句如下：

```
library(lmtest)
f2=lm(y~x1+x2, data=f1)
# BP 检验，只包含线性形式 #
bptest(f2, ~ x1+x2, data = f1)
# White 检验，包含两个自变量的所有形式：二次项和交互项 #
bptest(f2, ~ x1*x2 + I(x1^2) + I(x2^2), data = f1)
```

t 检验——不仅是两组比较

——朋友绘制的 *t* 检验漫画

　　t 检验大概是医学统计中用得最多的方法（起码在发表的文章中是这样的），我们都知道 *t* 检验常用的一些情形，如两组独立样本的均值比较、样本均值与总体均值的比较等。当然，如果你稍加注意，则也会在线性回归系数检验中发现 *t* 检验的身影。很多人以为自己会用 *t* 检验，或者认为对 *t* 检验已经理解得很到位，但即使简单如 *t* 检验，如果不仔细思考，则仍会有用错的风险。事实上，目前 *t* 检验的错误应用并不在少数。本章主要从理解的角度，详细说明如何正确使用 *t* 检验，从而避免错误应用。

12.1　从另一个角度来理解 *t* 检验

　　相信大家都见过 *t* 检验的公式，其统一的形式为：

$$t = \frac{样本统计量 - 总体参数}{样本统计量的标准差（标准误）}$$

　　如两组比较，一般假定总体参数为两组差值=0，因此其公式为：

$$t = \frac{(\bar{x}_1 - \bar{x}_2) - 0}{s_{\bar{x}_1 - \bar{x}_2}}$$

　　为什么要提 *t* 检验的公式呢？因为从公式中可以发现其检验思想。

　　在解释公式之前，我们先回忆三点：第一，两组均值比较的无效假设是两组差值=0；第二，标准误是样本统计量的标准差；第三，中心极限定理认为，从总体中抽样的样本，其统计量应该是紧密围绕总体参数波动的，波动程度用样本统计量的标准差来反映。

　　现在来解释一下公式：分子中的 $\bar{x}_1 - \bar{x}_2$ 是样本统计量（两组均值之差），0 则是无效假设的总体参数（总体中两组均值的差值），因此分子反映了样本统计量与总体参数的偏离程度；分母中的标准误则是样本统计量的标准差。

　　这样就不难理解了，*t* 检验的公式反映了"相对于样本统计量的标准差而言，样本统计量偏离总体参数的大小"。这跟前面我们介绍的标准化 *Z* 变换差不多，只不过当时介绍的 *Z* 变换是基于原始数据的标准化，反映的是相对于原始数据的标准差而言，每个原始数据偏离均值的大小。而这里的 *t* 检验公式是基于样本统计量的标准化，相对于样本均值差的标准差而言，每个样本均值差($\bar{x}_1 - \bar{x}_2$)相对于总体均值差（0）的偏离程度。当然，实际中不可能有多个样本，这只是理论上的含义而已。

　　很明显，这一偏离程度越大，越说明不大可能是从该总体中抽样出来的样本。一般认为，概率小于 0.05 就算是"不大可能"，因此只要找到对应 *t* 分布中两侧面积小于 0.05 的 *t* 值即可。前面我们已经介绍过，*t* 分布的形状与自由度有关，自由度越小，对应 0.05 面积的 *t* 值越大（见图 12.1）。如当自由度分别为 3、9、99 时，右侧曲线下 0.025 面积所对应的 *t* 值分别为 3.18、2.26 和 1.98；同样，由于 *t* 分布是对称的，因此，左侧曲线下 0.025 面积所对应的 *t* 值分别为-3.18、-2.26 和-1.98。

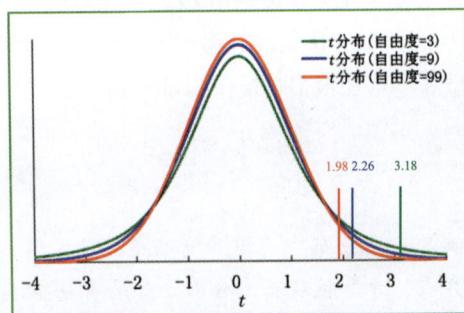

图 12.1　不同自由度下的 *t* 分布

　　因此，利用 *t* 检验进行统计推断，根据自由度的不同，当获得相应的 *t* 值时，便可做出相应的统计学结论。如当自由度为 9 时，如果 *t* 值为 2.37，则可以计算相应 *P* 值为 0.042，意思是：在"两组总体均值相等"的无效假设前提下，样本出现如此大（甚至更大）的偏离，其概率只有不到 4.2%。因此，我们怀疑无效假设可能有误，更倾向于接受无效假设的对立面，认为该样本很可能不是来自"两组均值相等"的总体，即认为两组总体均值可能不等。

当然，t 检验还有另一种更为通俗的解释方式。从公式中可以看出，分子反映了实际样本数据的两组均值差，而分母标准误则反映了抽样误差。t 检验公式则反映了：相对于抽样误差而言，两组差值的大小；或者说，在这么大的两组差值中，抽样误差所占的比例有多大。显然，如果抽样误差相对较大，t 值必然小，则说明两组差值更多的是由抽样误差造成的，而非实际差异；如果抽样误差相对较小，t 值必然大，则可以认为"这种差异是由抽样误差造成的"的概率很小，或者说，这种差异不大可能是由抽样误差造成的。

12.2 如何正确应用 t 检验

我们都知道，t 检验的应用并非是无条件的，而是有几个前提要求，因此在分析时必须逐一考虑，而不是一看到两组连续资料比较就直接用 t 检验。总的来说，t 检验的应用需要考虑以下几点。

（1）首先要明确，t 检验用于两组比较，多组比较后的两两比较不用 t 检验。

如果你在设计时就是两组，则可以考虑 t 检验；如果你在设计时分了 3 组，然后发现可能其中两组有差异，想分别对任意两组进行比较，那劝你不要用 t 检验，因为此时会增加假阳性错误，两两比较有专用方法（详见第 13 章）。

（2）如果数据严重偏态，则建议不要用 t 检验。

理论上，t 检验要求假定两组均值差的抽样分布是正态的，这也就是所谓的正态性假定。但实际中，一般是对两组样本数据分别进行正态性检验。当数据严重偏态时，均值已经不能反映数据的真实情况，如果仍用 t 检验，则只会导致结果的偏倚。注意这里说的是严重偏态，多数统计学家认为，轻微偏态对结果的影响不会太大，仍可考虑用 t 检验。但所谓的轻微和严重在很多情况下只能靠自己主观判断，可根据第 11 章介绍的各种方法进行判断。

📁 **常见疑惑：**

两组数据，一组满足正态分布，一组严重偏态，可以用 t 检验吗？一般认为，只有两组都服从正态分布，才算服从正态分布。如果有一组不满足，则不建议用 t 检验。

如果数据严重偏态，则有两种方法可以考虑：一是根据其分布情况进行变量变换，如对数变换等，使变换后的值接近正态分布；二是采用非参数的 Wilcoxon 秩和检验。

（3）如果两组方差相差较大，则建议不要用 t 检验。

理论上，t 检验要求两组总体方差相等，这也就是所谓的等方差性假定。但实际中总体方差是不可能获得的，因此一般比较两组样本数据的方差是否相等。当然，统计学中的相等并不是真正相等，只要两组方差相差不是很大就可以。

一般两组方差的比较采用 *F* 检验（见第 11 章），也就是两组中较大的方差除以较小的方差，得到一个 *F* 值。很显然，如果两组方差相等，则该 *F* 值等于 1；该值越大，说明两组方差相差越大。由于其服从 *F* 分布，因此可根据 *F* 分布对方差是否相等做出统计学推断。

这里要注意，与正态性检验一样，在方差相等的检验中，其无效假设也是"两组方差相等"。因此，当 $P<0.05$ 时，可以认为两组方差不等。

> 📂 **常见疑惑：**
>
> 两组数据，一组例数较多，一组例数很少，两组例数相差悬殊，可以用 *t* 检验吗？可以用，但是效率较低。因为对于例数较少的组，其方差会变大，很容易导致两组方差相差悬殊，从而导致效率低下。

如果两组方差不等，则有两种方法可以考虑：第一，变量变换，如经对数变换后通常会使其方差变小，从而使差距变小；第二，采用非参数的 Wilcoxon 秩和检验。

（4）如果两组数据不独立，则建议不要用 *t* 检验。

统计学中所谓的"独立"并非严格意义上的独立，很少有数据是完全不相关的，只要专业上认为没什么相关性即可，所以一般实际中基于专业意义来判断数据是否独立。常见的配对设计就是典型的非独立数据，如时间上的前后配对、个体基于某条件的配对（如根据性别、年龄配对）、人体某些部位的配对（如左眼和右眼、左手和右手）等。一般这种数据会采用配对 *t* 检验，但要注意区分下面两种情形：

第一，比较一组人群在治疗前后的疗效差异，此时可以用配对 *t* 检验，比较差值的均值与 0 是否有统计学差异。如果前后差值不满足正态分布，则可采用非参数的配对 Wilcoxon 秩和检验。

第二，将人群分为两组，对每组分别进行治疗前后的观察，此时不能用配对 *t* 检验，因为此时不是为了前后比较，而是两组比较，只是比较的是两组的前后变化值（疗后-疗前）而已。这种方法一般称为倍差法（Difference in Difference，DID），因为它做了两次差值比较，第一次是对每组的前后差值进行比较，第二次是对两组的前后差值进行比较。

12.3　*t* 检验用于回归系数的检验

不少初学者往往对 *t* 检验有一定误解，认为 *t* 检验就是一种用于两组比较的方法，除此之外别无他用。正是由于这种误解，以至于在线性回归中看到回归系数给出了 *t* 值会觉得很惊奇（见图 12.2）。

参数估计值				
项	估计值	标准误差	t 比	概率>|t|
截距	461.21991	36.70334	12.57	<.0001*
年龄(岁)	-1.677312	0.716573	-2.34	0.0212*

图 12.2　线性回归中的系数估计与检验

事实上，t 检验主要利用 t 分布检验某一样本统计量是否与总体参数相等，其形式为：

无效假设 H_0：样本统计量=总体参数

如在单样本 t 检验中，样本统计量是样本均值，总体参数是总体均值，因此它要检验的是样本均值与总体均值是否相等；再如在两独立样本 t 检验中，样本统计量是两组均值差，总体参数是两总体均值差（常假定为 0），因此它要检验的是两样本均值差与两总体均值是否相等。

而在线性回归中，我们需要检验回归系数（斜率）是否为 0，因为如果回归系数为 0，则说明自变量对因变量毫无影响。因此它也是"样本统计量=总体参数"的形式，即

无效假设 H_0：样本系数=总体系数（通常假定为 0）

t 检验公式的形式都是相同的，在线性回归系数检验中也是如此，仅仅是样本统计量和总体参数的不同而已。在线性回归系数检验中，其形式变为

$$t = \frac{样本系数 - 0}{样本系数的标准差（标准误）}$$

在图 12.2 中，年龄这一因素的样本系数估计值为-1.677，标准误为 0.717，因此其 t 值为(-1.677-0)/0.717=-2.34。

因此，当我们在线性回归或其他方法中看到 t 检验的身影时，不用奇怪。不要把 t 检验当作一种固定的方法来看待，它更是一种检验方式或思路。

12.4　t 检验的替代——Wilcoxon 秩和检验

当数据严重偏离正态性时，t 检验已经难以反映数据的实际情况，此时最常见的方法是采用非参数的 Wilcoxon 秩和检验代替。

> 📂 **常见疑惑：**
>
> 　　为什么 Wilcoxon 秩和检验叫作"非参数"？这是相对于参数检验而言的，在 t 检验中是对总体参数进行推断的，如均值就是参数；而在非参数检验中，并不对任何参数进行推断（我们不用求均值、标准差等），只是侧重总体概率分布的位置，因此称为"非参数检验"。

Wilcoxon 秩和检验不是对原始数据进行分析，而是将原始数据进行排序，以其秩次进行分析，这样可以避免严重偏态问题。例如，数据 1、2、30 偏态较严重，但如果转换为秩次则为 1、2、3，可以避免这一问题。当然，Wilcoxon 秩和检验在具有这一优

点的同时，可能也会损失一定的信息，毕竟这不是实际数据。已有人做过统计模拟，当数据满足正态性的时候，采用 Wilcoxon 秩和检验的效率大约为 *t* 检验的 95%；而当数据不满足正态性的时候，采用 Wilcoxon 秩和检验的效率则远远高于 *t* 检验。

📁 **常见疑惑：**

什么是检验效率？我们经常会听到，非参数检验效率不如参数检验，这到底说明了什么？首先要明确，这里的检验效率并不是功效（Power）。可能这样理解更容易接受一些：如果说 Wilcoxon 秩和检验的效率是 *t* 检验的 95%，那么这意味着，Wilcoxon 秩和检验用 100 例有把握检出差异的话，*t* 检验只需要用 95 例就可以做到（如果符合 *t* 检验的应用条件）。

Wilcoxon 秩和检验的大致思想为：假定有两组例数分别为 n_1 和 n_2，首先将两组数据混合后排序，每个数值都有相同的机会排序为 $1,2,\cdots,n_1+n_2$。不难理解，如果两组样本来自相同的总体，那么理论上两组排序后的秩次之和（秩和）应该相等，都等于 $(1+2+3+\cdots+n_1+n_2)/2$。

当然，由于抽样误差的存在，两组数据排序后的秩和不可能正好都等于 $(1+2+3+\cdots+n_1+n_2)/2$，但肯定应该相差不大。如果差别太大，那就说明一开始的假设（两组分布位置相等）可能有问题。

例 12.1： 有两家公司 A 和 B，假定两家公司都有 10 人，公司 A 中每人的年薪都是 10 万元；公司 B 中 1 人的年薪是 91 万元，其余 9 人的年薪为 1 万元（表 12.1 上方两行）。现在比较一下两家公司的年薪分布位置是否相等。

表 12.1　两家公司的年薪（万元）及秩次

公司 A 年薪	91	1	1	1	1	1	1	1	1	1
公司 B 年薪	10	10	10	10	10	10	10	10	10	10
公司 A 秩次	20	5	5	5	5	5	5	5	5	5
公司 B 秩次	14.5	14.5	14.5	14.5	14.5	14.5	14.5	14.5	14.5	14.5

如果用 *t* 检验比较均值，则不难计算出，两家公司的平均年薪都是 10 万元，完全相等。但我们能说两家公司的平均年薪一样吗？我想还是很难做出这一结论的。

如果用 Wilcoxon 秩和检验，首先将这 20 个数据混合排序，则可以得到排序后的秩次（表 12.1 下方两行），这里相同的秩次取其平均，如共有 9 个 1，理论上秩次应该是 1～9，但由于都是 1，所以取了 $(1+2+\cdots+9)/9=5$ 这样一个秩次平均值。

理论上，如果两组分布位置相等，那么它们的秩和应该都是 $(1+2+3+\cdots+20)/2=105$。而实际上，公司 A 的秩和为 65，公司 B 的秩和为 145，与期望值 105 有一定差距。那我们就需要考虑，如果无效假设成立（两组分布位置相等），那么出现 40 及以上这么大的差异，概率有多大？或者说，这么大的差异有可能是偶然性造成的吗？这也就是 P 值所回答的问题。

图 12.3 是 Wilcoxon 秩和检验的结果。一般软件会自动计算出两组的秩和及期望的秩和，然后给出检验结果。在两组分布位置相等的假设下，出现相差 40 这么大（甚至更大）的秩和，概率只有 0.08%，因此可以推翻无效假设，认为两组分布位置并不相等。

水平	计数	得分和	期望得分	得分均值	(Mean-Mean0)/Std0
1	10	65.000	105.000	6.5000	-3.369
2	10	145.000	105.000	14.5000	3.369

◢ 双样本检验，近似正态分布

S	Z	概率>|Z|
145	3.36857	0.0008*

图 12.3　Wilcoxon 秩和检验的结果

📂 **内容扩展：**

除了 Wilcoxon 秩和检验，还有很多方法也可以用于不满足正态分布的情形，常见的如中位数检验。其思想是：先求出所有数据的中位数，然后分别求出 A 组中大于中位数的个数、B 组中大于中位数的个数，最后对求出的两个个数进行比较。

* * * * * * *

SAS 软件可通过 proc npar1way 过程执行秩和检验，如 Wilcoxon 秩和检验和中位数秩和检验的主要语句为（分组变量为 **group**，结局用 **x** 表示）：

```
proc npar1way wilcoxon median;
class group;
var x;
run;
```

R 软件可通过 wilcox.test 函数执行 Wilcoxon 秩和检验。如对数据集 f1 的分析：

```
wilcox.test(x~group,data=f1)
```

JMP Pro 软件进行 Wilcoxon 秩和检验的操作如下：

依次单击"分析"→"以 x 拟合 y"，指定因变量和自变量，进入结果界面，然后单击红色下拉按钮，选择"非参数"→"Wilcoxon 检验"即可。

SPSS 软件进行 Wilcoxon 秩和检验的操作如下：

依次单击"分析"→"非参数检验"→"独立样本"，在"字段"界面中输入因变量和组别变量，单击"运行"，可出现结果。注意：双击结果表格可出现更为详细的结果。

第 13 章

方差分析与变异分解

从前，有一大一小两个和尚出门化缘，走到一条河边时，看见一个妙龄女子被水围困着不能过河，于是大和尚毫不犹豫地将她背过了河。小和尚大为不解，晚上便忍不住问道："师兄，出家人六根清净，你背了那女子，不是犯了戒吗？"

大和尚答道："我背那女子一过河就放下了，可师弟你为什么到现在还背着她放不下来？"

——某佛教故事

曾有不少学生问我：方差分析不就是做多组均值的比较吗，为什么在线性回归、Logistic 回归中也有方差分析呢？它们有什么关系吗？要回答这一问题,首先必须理解,方差分析（Analysis of Variance）不仅是一种方法，更是一种分析思路，是变异分解的思路。这种思路不仅可以用于多组均值差异的比较，也可以用于其他统计方法中。事实上，很多统计方法都会用到方差分析的思想。要明白这一点，我们必须首先真正理解方差分析的思路。

13.1　方差分析中变异分解的思想

假定有 3 组人群，每组 20 人，服用 3 种降压药（分别用 A、B、C 表示），比较用药后的血压值（假定用药前 3 组人群的血压值基本相等）。我们想了解服用这 3 种不同的药物会不会对降低血压值有作用或有影响。

首先，这 3 组共 60 人之间的血压值各有不同，这也就是我们所说的变异（Variation）。在第 5 章中已经提到，最直观的表示变异的方式是使用离均差平方和这一指标。这 60 人之间的血压值越是不同（变异越大），离均差平方和就越大。通常把所有人（60 例）的变异称为总变异。我们其实就是想知道，为什么会存在这么大的变异？

为什么有的人服药后血压降低了，而有的人没有降低？为什么有的人降低得较多，而有的人降低得很少？

要回答这一问题，至少要考虑到两个原因。第一，个体之间的差异（一般称之为组内变异），因为人和人之间总会有所不同。这种抽样误差导致的差异在任何抽样研究中都是必然存在的，而且是无法避免的，因为谁也不能保证被抽中的人完全相同。第二，药物之间的差异（一般称之为组间变异）。如果 A 药效果更好，那么正常情况下服用 A 药的人血压可能就会降低得多一些。这一因素是我们所关注的。

既然这两种原因都能造成数据的变异，那么我们就需要明确，到底哪个原因造成的变异大一些呢？哪个原因造成的变异大，就说明它对结局的影响大。

这就变得简单了，我们只需要弄清楚刚才的两个原因中哪个造成的变异大就可以了。这很容易，求出组间的离均差平方和及组内的离均差平方和，看看哪个值大即可。如果组间变异远远大于组内变异，那么可以认为总变异主要是由组间变异引起的（药物的不同导致数据差异较大）。如果二者差别不大，那就不能说数据变异主要是由不同药物造成的。换句话说，药物的疗效可能对血压的影响并不大。

但是还有一个问题，那就是数据存在这样一种规律：数据越多，离均差平方和越大。所以我们不能简单地用离均差平方和来比较，而应该用方差来比较（因为方差消除了例数所带来的影响）。这样一来，我们就可以通过比较组间方差和组内方差（通常称为均方）大小来说明组间变量（不同药物）对结果的影响。

组间方差除以组内方差就是通常所说的 F 值。不难理解，如果组别变量（药物）对结果影响很大，那么组间方差应该远大于组内方差（抽样误差造成的变异），此时 F 值应该很大；反之，F 值会较小。但是，到底大到什么程度才算是"很大"呢？这就需要结合 F 分布来下结论了。

由于我们所有的计算都是基于无效假设（假定组间方差为 0）的，从 F 分布图形来看（见图 13.1），过大的 F 值（意味着组间方差很大）出现的概率是很小的，所以 F 值越大，表明在无效假设成立的条件下出现这一结果的概率越小（这句话需要仔细体会一下）。换句话说，在无效假设成立的条件下，不大可能出现太大的 F 值，而一旦出现，我们可能要怀疑是不是无效假设有问题。如果这种概率小于 0.05，那么我们会更加怀疑无效假设可能是错误的。据此可以做出结论：推翻无效假设，认为无效假设的对立面（备择假设）可能是正确的。

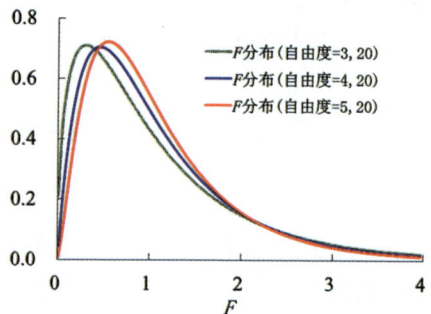

图 13.1 不同组数、例数下的 F 分布

13.2　为什么回归分析中也有方差分析

在阅读这部分内容的时候，我希望你已经仔细阅读了第 10 章的"一般线性模型"部分，这样会有助于你理解。我更希望你跳出"方差分析是用于多组比较的统计方法"这样的理念，而用因变量、自变量、变异分解这样的思想来重新体会。

我们都知道，方差分析中最终会形成一张方差分析表，表中给出了总变异、组间变异、组内变异（误差）等数据。图 13.2 给出的是一个 603 人的 4 组比较结果。

源	自由度	平方和	均方	F 值	Pr > F
模型	3	1556.93279	518.97760	6.18	0.0004
误差	599	50319.46854	84.00579		
校正合计	602	51876.40133			

图 13.2　方差分析中的变异分解表

根据刚刚介绍的思路，这 603 人的总变异（离均差平方和）为 51876，4 组之间的变异为 1557，剩余的随机变异为 50319。根据其自由度，分别计算的组间均方为 519，误差均方为 84，二者之比（F 值）为 6.18。在无效假设（4 组方差为 0，或 4 组均值相等）成立的前提下，出现 6.18 这么大（甚至更大）的 F 值，其概率只有 0.04%。

注意：很多软件的方差分析表都不会给出"组间""组内"这样的字眼，而用"模型""误差"等来表示（见图 13.2）。这是因为，方差分析也是一般线性模型的特例，在一般线性模型中就是模型和误差。"模型"表示自变量（可能是一个，也可能是多个）对因变量变异的解释部分，"误差"表示模型无法解释的部分。

在单因素方差分析中，"模型"表示组间因素，"误差"表示组内因素；在多因素方差分析中（如析因设计），"模型"表示所有的因素综合，"误差"表示这些因素以外的误差。

方差分析中的变异分解示例如图 13.3 所示。总的变异是 100%，其中模型可以解释变异的 86%，其余无法解释的就只能归于误差（所谓误差变异，其实就是无法解释）。如果模型中有两个因素 a 和 b，那么模型所解释的 86% 的变异可以进一步细分，由因素 a 解释 69%，由因素 b 解释 17%。当然，如果还有其他变量，则可以继续细分。

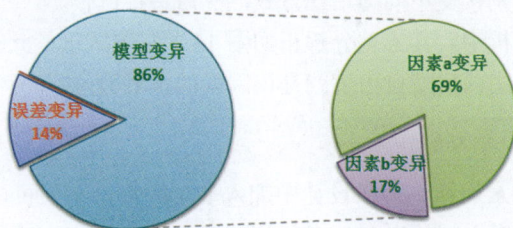

图 13.3　方差分析中的变异分解示例

其实，几乎所有的回归模型大都是基于变异分解的，因为回归模型的一个很重要的使命就是寻找哪些因素会影响结果的变化。所有结果的变异就是 100%，如果有一个因素会导致结果变异，那就从图 13.3 所示的饼中切一块；如果有第二个因素也能解释结果的变异，那就再切一块……每个因素都会或多或少地解释结果的变异，但总有一部分变异是无法解释的，这就是误差。

因此，在这种理念下，方差分析和线性回归的思想都是一致的，都是变异的分解，只不过方差分析中的自变量是分类变量，而线性回归中的自变量主要是连续变量而已。所以在线性回归（或者其他回归分析）中发现有方差分析表就不足为奇了。事实上，如果只看结果，那么你能看出图 13.2 所示的是方差分析结果而图 13.4 所示的是线性回归分析结果吗？

方差分析					
源	自由度	平方和	均方	F 值	Pr > F
模型	1	31.78496	31.78496	11.72	0.0014
误差	41	111.20049	2.71221		
校正合计	42	142.98545			

图 13.4　线性回归中的变异分解表

13.3　铁打的方差分析，流水的实验设计

很多实验设计都是基于方差分析的思想，通过严格的设计，找出其中哪个因素会对实验结果造成影响，或者哪个因素对结果的影响更大，等等。你可能听说过很多方差分析类型，如单因素方差分析、析因设计的方差分析、交叉设计的方差分析等。其实它们的思想都是相同的，唯一不同的是设计的因素多少，当然有的可能还需要考虑层级关系等。

1. 单因素方差分析

单因素方差分析是最简单的，只有一个因素，根据这个因素的水平数将其分为多个组。例如，想比较两种药物治疗高血压的疗效，药物（因素）共两种（两个水平），因此可将人群随机分为两组，分别服用不同的药物，然后进行比较。再如，想了解 A、B、C 三种疗法治疗干眼症的疗效，疗法（因素）共有三种（三个水平），因此可将人群随机分为三组，分别接受不同的治疗方式，然后进行比较。

在单因素方差分析中，其方差分解正如图 13.3 左图所示，此时"模型"就是指该分析因素，所以结果中的模型自由度就是该因素的水平数-1。

2. 析因设计的方差分析

析因设计是多因素设计，可在设计中加入多个因素，不仅可以考查各因素的单独效应，还可以考查因素之间的交互效应。

这里要注意，是否采用析因设计往往跟你的研究目的有关系。例如，想了解 A、B 两种药物治疗高血压的疗效，如果你的目的是比较这两种药物的疗效差异，那么此时

"药物"是一个因素，而药物的 A、B 类是因素的两个水平。但如果你的目的不是单纯地比较这两种药物的疗效差异，而是还想关注这两种药物联合服用会不会效果更好，那就可以采用析因设计。此时是把两种药物各自作为一个因素，药物 A 有两个水平（服用和不服用），药物 B 也有两个水平（服用和不服用），这时析因设计就是表 13.1 所示的 4 种组合。

表 13.1　2×2 析因设计实验方案

药物 A 因素	药物 B 因素	
	服用	不服用
服用	服用 A+B（降低 7mmHg）	单纯服用 A（降低 4mmHg）
不服用	单纯服用 B（降低 3mmHg）	A 和 B 均不服用（降低 0mmHg）

在单因素设计中，只能分析不同水平之间的差异；而在析因设计中，不仅可以分析每个因素各水平之间的差异，还可以分析多个因素之间的交互效应（Interaction）。所谓交互效应，是指产生了 1+1≠2 这样的效果。

有的人对交互效应存在误解，如果同时服用 A 和 B 的降压效果优于单纯服用 A 或单纯服用 B，就认为存在正向交互效应。如在表 13.1 中，同时服用 A 和 B 的降压效果比单纯服用 A 或 B 都要好，但这并不说明存在交互效应，因为在理论上，A+B 就应该产生 3+4=7 的效果。只有 A+B 产生了大于 7 的效果，才能说存在正向交互效应，即用 A 药可以加强 B 药的降压效果（或反过来，用 B 药可以加强 A 药的降压效果）。

含交互项的多因素方差分析的变异分解过程如图 13.5 所示。总的来说，仍将总变异分为模型和误差两部分，但此处的"模型"不是一个因素，而是一个包含了 A、B、A*B 三个因素的模型。因此，从图 13.5 中可以发现，模型的离均差平方和为 886.2，它又继续分为三个部分：A=661.5，B=170.7，C=54.0。大家可以对比图 13.3 考虑一下。

源	自由度	平方和	均方	F 值	Pr > F
模型	3	886.166667	295.388889	37.00	<.0001
误差	20	159.666667	7.983333		
校正合计	23	1045.833333			

源	自由度	III 型 平方和	均方	F 值	Pr > F
A	1	661.5000000	661.5000000	82.86	<.0001
B	1	170.6666667	170.6666667	21.38	0.0002
A*B	1	54.0000000	54.0000000	6.76	0.0171

图 13.5　含交互项的多因素方差分析的变异分解过程

从图 13.5 中还可以看出，A 因素解释的变异最大，说明 A 因素对结果的影响最大；A*B 有统计学意义（$P=0.0171$），说明 A 和 B 之间可能存在交互效应。当然具体的交互效应（是正向还是负向）需要结合实际情况来看。

📂 **常见疑惑：**

统计软件中常出现的 Type 3 平方和（Ⅲ型平方和）和 Type 1 平方和（Ⅰ型平方和）分别是什么意思呢？所谓Ⅲ型平方和，是指校正了其他因素以后的结果；而Ⅰ型平方和与自变量进入模型的顺序有关（软件中指定的自变量顺序），自变量的分析结果仅校正了在它之前的变量。

3. 交叉设计的方差分析

交叉设计（Crossover Design）在医学研究中很常见，这是一种相对节省样本的方法。当我们在比较两种或多种处理之间的差异时，即使对多个条件（如年龄、体重等）进行配比，各组间在许多方面的差异仍可能会影响到实验结果。基于"最好的配对就是自身"这一理念，交叉设计采用自身配对的思想，可以很好地解决这一问题。

以 2×2 交叉设计为例，其基本设计过程为：首先将研究对象随机分为两组，第 1 组先接受 A 处理，经过一段洗脱期（Washout Period）消除 A 处理的影响后，再接受 B 处理，即第 1 组的实验顺序为 AB。第 2 组先接受 B 处理，经过一段洗脱期消除 B 处理的影响后，再接受 A 处理，即第 2 组的实验顺序为 BA。两种处理在实验过程中交叉进行，所以称为交叉设计。图 13.6 是一个 2×2 交叉设计的基本过程图。

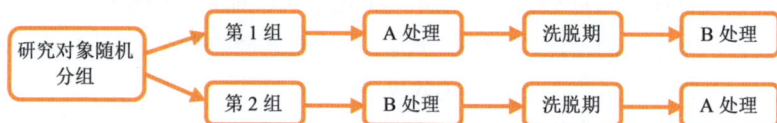

图 13.6 2×2 交叉设计的基本过程图

交叉设计同时包含了自身对照和组间对照的设计思路，能用较小的样本获得较高的研究效率，尤其适用于医学研究中某些难以获得病例的情况。而且该设计中每一受试对象均按随机原则和一定的实验顺序接受实验处理和对照处理，遵循了伦理原则，并保证了公平性。

当然，该设计也有一些注意事项，关键的问题是设计过程中必须有一个洗脱期（清除阶段），即在实施两个处理的中间环节设置一段时间的观察期，期间受试对象不接受任何处理，以保证前一处理的残余效应（Carryout Effect）已经消失，受试对象已恢复到实验前的状态，接受下一处理时不会再受到前一处理的影响。洗脱期的长短可根据不同实验条件及处理因素来决定，如果某处理的效应很快达到高峰，且很快消失，则洗脱期可以短一些；如果处理效应持续时间较长，则洗脱期应长一些。例如，阿司匹林对血小板的影响需要 1 周左右消失，则洗脱期可设为 10 天左右。

交叉设计的方差分析的变异分解过程如图 13.7 所示。总变异分解为组别因素（两组差异）、时间因素（前后差异）、处理顺序因素（是先接受 A 还是先接受 B）、个体间差异 4 个因素，这 4 个因素的变异（离均差平方和）之和构成了"模型"的变异（2754.2）。而随机误差变异（441.7）和模型变异合起来就是总变异（3195.8）。

源	自由度	平方和	均方	F 值	Pr > F
模型	13	2754.166667	211.858974	4.80	0.0089
误差	10	441.666667	44.166667		
校正合计	23	3195.833333			

源	自由度	III 型 平方和	均方	F 值	Pr > F
seq	1	104.166667	104.166667	2.36	0.1556
sub(seq)	10	1941.666667	194.166667	4.40	0.0142
period	1	4.166667	4.166667	0.09	0.7650
trt	1	704.166667	704.166667	15.94	0.0025

图 13.7 交叉设计的方差分析的变异分解过程

* * * * * * * *

　　总之，不管何种设计类型的方差分析，其思路都是对变异进行分解。设计中考虑到的每个因素都会解释一部分变异。但不同设计考虑的因素各不相同，单因素设计只考虑一个因素；多因素设计考虑多个因素，有时还需要考虑因素之间的交互效应；交叉设计不仅需要考虑处理因素，还有顺序、时间、个体间等多个因素。这些在软件中体现为指定不同变量，有时甚至需要指定不同的误差，尤其对于某些具有层次结构的数据来说。

＊　＊　＊　＊　＊　＊　＊　＊

　　SAS 软件可通过 **proc glm** 过程执行各种实验设计的方差分析，基本形式都一样，只是不同设计中的因素不同，从而在 **model** 语句中加入的因素不同。如单因素方差分析为：

```
proc glm;
class group;
model x=group;
run;
```

　　析因设计的方差分析为（假定分析因素 a 和 b 及其交互效应）：

```
proc glm;
class a b;
model x=a b a*b;
run;
```

　　在交叉设计的方差分析中，以 seq 表示顺序，sub 表示个体，period 表示时期，trt 表示处理组。由于个体嵌套于顺序之中，因此需要指定 seq 对应的误差是个体。

```
proc glm;
class seq sub period trt;
model y=seq sub(seq) period trt;
test h=seq e=sub(seq);
run;
```

　　R 软件可通过 **aov** 函数执行方差分析，但是该函数只能输出 I 型平方和结果。如果想输出Ⅲ型平方和结果，则需要利用 **car** 包中的 **Anova** 函数（注意需先将组别变量改为分类型）。如对数据集 **f1** 分析变量 **a**、**b** 及其交互效应，主要语句为：

```
t1=aov(time~a*b,data=f1)
library(car)
t3=Anova(t1,type=3)
```

　　JMP Pro 软件进行单因素和多因素方差分析的操作如下。

　　单因素方差分析：依次单击"分析"→"以 x 拟合 y"，指定因变量和自变量（名义型），进入结果界面，然后单击红色下拉按钮，选择"均值/方差分析"即可。

　　多因素方差分析：依次单击"分析"→"拟合模型"，选定因变量，单击"Y"；选定多个自变量（名义型），单击"添加"；如果要添加交互项，则同时选中多个变量，单击"交叉"。进入结果界面，然后单击红色下拉按钮，选择"估计值"→"指标参数化估计值"。

SPSS 软件进行单因素和多因素方差分析的操作如下：

依次单击"分析"→"一般线性模型"→"单变量"，将因变量拖入"因变量"，将自变量拖入"固定因子"（固定效应和随机效应详见 13.6 节），并可在"模型"中指定是否需要分析交互效应，默认分析所有效应。

13.4　方差分析后为什么要进行两两比较

方差分析用于多组比较时，其无效假设为：

$$H_0: \ \mu_1=\mu_2=\cdots=\mu_k$$

即 k（$k>2$）组中任意两组都是相等的。换句话说，方差等于 0。

与此对应的备择假设就是：k 组中至少有两组不相等。换句话说，方差不等于 0。

这就带来一个问题：如果拒绝 H_0，那怎么知道是哪两组不相等呢？要想回答这个问题，仅靠方差分析的结果是做不到的，必须进行后续的两两比较，才能发现到底是哪两组有差异。

所谓两两比较（Pairwise Comparison，有的也翻译为成对比较），就是对多组中的任意两组分别进行比较。如 A、B、C 三组，A 与 B、A 与 C、B 与 C 分别比较，共比较 3 次。当然，对于两组比较我们都很熟悉，可以考虑 t 检验，但这里有一个问题，即对同一份数据进行多次比较，会带来假阳性率的增加。

为什么会这样呢？所谓统计检验，也就是做决策，而任何决策都是有可能犯错误的。比如，你打算用 1 万元买一只股票，你事先不知道这只股票会不会给你带来收益，如果决策错误，很可能就会有损失（比如 1000 元的损失）。那再考虑一下，如果你打算买 3 只股票，每只投入 1 万元，则相当于要做 3 个决策，每个决策都有可能犯错误。很显然，做 3 个决策面临的错误肯定比做 1 个决策面临的错误要大。如果每个决策错误都可能面临 1000 元的损失，那么 3 个决策就会面临 3000 元的损失。

同样，在统计学检验中，我们每次做出统计学结论，都有一定的错误风险。当拒绝 H_0 时，必然存在假阳性风险。一般我们把这种风险控制在 5%以内，以避免出现较大的错误。做一次检验有 5%的错误风险，那么做多次检验，面临的风险肯定要更大。因此，我们必须有一些特殊的比较方式来处理这一问题。这也就是多重比较（Multiple Comparison）方法。

* * * * * * * *

多重比较是一个比较宽泛的名词，具有很多种比较形式，常见的有：

　　（1）多组中任意的其中两组进行比较。如 A、B、C 三组，A 与 B、A 与 C、B 与 C 分别比较，共 3 次。这种比较方式也就是 Pairwise Comparison。常用的比较方法有 Tukey HSD 法、SNK 法、LSD 法等。

　　（2）多组中所有可能的比较。如 A、B、C、D 四组，A 与 B、C、D 的均值比较，A、B 的均值与 C、D 的均值比较，这些统称为 Multiple Comparison。常用的比较方法有 Bonferroni 法、Scheffe 法等。

　　（3）对照组与其他所有试验组进行比较。如设立 A（对照组）、B（试验组 1）、C（试验组 2）三组，分别对 B 和 A、C 和 A 进行比较，但 B 和 C 之间不进行比较。主要的比较方法是 Dunnett t 检验。

　　（4）根据研究目的，只选择其中部分组别进行比较。如 A、B、C 三组，根据专业知识，只想比较 A 和 B、B 和 C 两对。这种比较也称为事先计划的比较（Planned Comparison）。与此相对应，研究开始时没有任何计划，收集完数据之后，根据数据结果的提示，再想做一些多重比较，这就称为事后比较（Post-hoc Comparison）。

$$* \quad * \quad * \quad * \quad * \quad * \quad * \quad *$$

　　多重比较并不仅仅意味着方差分析后的两两比较，还包含了多个指标的多次比较。如目前流行的基因筛选，从成千上万个基因中筛选有意义的基因，这就是多指标比较，也需要采用多重比较方法，因为它也比较了多次。

　　在多重比较方法中，不同的比较策略采用的思路不同，常见的一种思路是控制 FWER（Family-Wise Error Rate）。如果我们进行所有可能的两两比较（如 A、B、C 3 组，A 与 B、A 与 C、B 与 C 均比较），这就称为一个 Family。假定以 0.05 为检验水准，那么执行 3 次两两比较，只能保证其中一次的 I 型错误率（假阳性率）不超过 5%，但无法保证 3 次都不超过 5%。为了确保在任意一次的两两比较中 I 型错误率都不超过 5%，就需要控制 FWER。也就是说，FWER 是多次两两比较中至少一次犯 I 型错误的概率。

　　控制 FWER 比较典型的方法就是 Bonferroni 法，该法根据比较次数 k，将每次比较的 I 型错误率（设为 0.05）控制在 0.05/k 之内。如 3 组共需两两比较 3 次，则每次比较的 I 型错误率不超过 0.05/3=0.0167，这样所有 3 次比较的 I 型错误率就不超过 5%。

　　但控制 FWER 有时过于苛刻，尤其在比较次数很多的时候，如比较 100 次，必须把 I 型错误率控制得非常低，这样反而会增大 II 型错误率（假阴性率）。因为如果认为 $P<0.0005$ 才算有统计学差异，那么有的可能本来是有差异的，结果因为检验水准太低而检验不出来，从而造成假阴性。这种情况在基因筛选中很不利，想象一下，如果有 1 万个基因，那么检验水准就变成了 0.0005%，几乎很难找出有意义的基因。

　　因此，有的统计学家提出了 FDR（False Discovery Rate）这一概念。FDR 的含义是：多重比较在所有拒绝 H_0 的次数中，错误拒绝 H_0（假阳性）所占的比例。如比较 100 次，共有 20 次拒绝 H_0，其中有 4 次错误地拒绝了 H_0，则 FDR=4/20=0.2。

　　FDR 法常用于基因筛选，因为它没有 FWER 法那么苛刻，但又不像 t 检验那样有

很高的假阳性率。其基本思路为:

首先将 n 个基因的原始 P 值从大到小排序,将最大 P 值赋为 n,将最小 P 值赋为 1。校正 P 值=原始 P 值×(n/i)。其中,n 表示所有的基因个数,i 表示从小到大第 i 个 P 值。

例如,在表 13.2 中,共有 6 个基因,因此 n=6。从大到小排序后,第一大的原始 P 值为 0.0687,其校正 P 值为 0.06873×(6/6)=0.0687;第二大的原始 P 值为 0.0235,其校正 P 值为 0.0235×(6/5)=0.0282;……;第六大的原始 P 值为 0.0003,其校正 P 值为 0.0003×(6/1)=0.002。

表 13.2　FDR 法校正 P 值过程示例

基　因	原始 P 值	P 值大小顺序	FDR 法校正 P 值
x_2	0.0687	6	0.0687
x_6	0.0235	5	0.0282
x_3	0.0192	4	0.0282
x_1	0.0088	3	0.0176
x_4	0.0014	2	0.0042
x_5	0.0003	1	0.0018

但是要注意第三大的原始 P 值 0.0192,如果按公式计算,则其校正 P 值为 0.0195×(6/4)=0.0288,但是 FDR 在计算校正 P 值时,需要将当前计算值与上一个计算值相比较,取二者中的最小值。比如,第三大原始 P 值所计算的校正 P 值为 0.0288,与上一个校正 P 值 0.0282 相比,0.0282 更小,因此这里的值不是 0.0288,而是 0.0282。

13.5　多重比较方法的选择建议

在方差分析中有几个问题是比较令人头疼的,两两比较绝对算是其中之一。不是因为难以实现,而是因为难以选择,所以有时方法太多了也不是好事。但实情摆在眼前,SAS 和 SPSS 软件都提供了 10 种以上的两两比较方法让你选择,这对一个非统计学专业的人而言,绝对不是一个好消息。不过有一个好消息是,你看了下面的内容后,就不会再对这一问题头疼了。下面就让我们对常见的几种多重比较方法一一介绍并进行总结。

例 13.1: 表 13.3 和表 13.4 给出了 A、B、C 三组数据(三组均值分别为 97.3、105.3、111.1)及其方差分析的结果。后面介绍两两比较方法时均以此为例。

表 13.3　三组数据

A	108	103	96	86	118	93	99	90	84	96
B	96	117	107	85	125	107	128	84	104	100
C	110	127	106	112	125	106	121	101	100	103

表 13.4　三组数据的方差分析结果

源	自由度	平方和	均方	F 值	P 值
模型	2	960.3	480.1	3.35	0.0504
误差	27	3875	143.5		
校正合计	29	4835			

1．linear contrast

linear contrast 一般翻译为 "线性比较"，它是一种非常灵活的比较方式，不仅可以比较两组，还可以进行各种方式的组合比较，如对 A 与 B、C 的平均值进行比较等。下面说一下 contrast 比较的大致思路。

如果要验证 A 和 B 是否有统计学差异，其无效假设为 A=B 或 A-B=0，则可以给它加一个系数，改为 1A-1B=0。所以要比较 A 和 B 的差异，在 contrast 比较上，其系数就是 1 和-1。可能有人要问：为什么不是 2 和-2 呢？即使你写成 2 和-2，最终约分后还是 1 和-1，何必如此麻烦呢？

对于 A、B、C 三组，如果要比较 A 和 B，则 contrast 比较为：1 -1 0（因为 C 不参与比较，因此将其系数设为 0，这样 C 就没有了）；如果要比较 A 和 C，则 contrast 比较为：1 0 -1；如果要比较 B 和 C，则 contrast 比较为：0 1 -1；如果要比较 A 组与 B、C 两组平均值是否有差异，则 contrast 比较为：1 -0.5 -0.5；如果要比较 A、B 两组均值与 C 组是否有差异，则 contrast 比较为：0.5 0.5 -1。

contrast 比较一次不可能完成所有的两两比较，为什么呢？假如我给你一个公式：

$$A+B+C=0$$

你在 A、B、C 前面各添加一个系数（系数之和为 0），能够同时实现 A 和 B、A 和 C、B 和 C 的两两比较吗？这是永远做不到的，你不妨试一下。

所以在一次 contrast 比较中，只能比较一个你想要的内容，但你可以多执行几次 contrast 比较，就可以实现多次比较了。

2．Fisher's LSD 法

LSD（Least Significant Difference）法是由 Fisher 提出的，因此又叫作 Fisher's LSD t 检验。该法的计算公式为：

$$t = \frac{\bar{x}_i - \bar{x}_j}{\sqrt{\dfrac{2MS_{\text{error}}}{n}}}$$

其中，$\bar{x}_i$ 和 $\bar{x}_j$ 表示对比的两组，MS_{error} 表示误差均方（表 13.4 中的 143.5），n 表示每组例数（在例 13.1 中为 10）。

LSD 法基本相当于 t 检验，只是在具体计算公式的细节上略有差异（大家可以对比一下 t 检验公式），但结果基本一致。不过 LSD 法要求在方差分析有统计学意义后才能使用，而 t 检验则无须此条件。如果方差分析有统计学意义，那么使用 LSD 法至少能

发现一次两两比较有差异。该法并没有控制 FWER，因此，如果进行多次比较，那么其假阳性率可能会较高。

在大多数情况下，LSD 法都不作为首选。除非你在一开始设计时就很明确要比较哪两组，这时可以考虑这种方法。因为如果事先计划比较多次，那么通常需要分配检验水准（如做两次比较，均设检验水准为 0.025），这样最后多次比较时不用再次校正，直接用 0.05 即可。

3. SNK 法、Tukey 法和 REGWQ 法

为什么把这三种方法放在一起介绍呢？因为它们都是基于学生化极差 q 统计量（Studentized Range Statistic）计算的。q 统计量定义为：

$$q = \frac{\bar{x}_i - \bar{x}_j}{\sqrt{\dfrac{MS_{error}}{n}}}$$

注意：此处为了简化，将各组例数设为相等。如果例数不等，则分母为

$$\sqrt{\frac{\frac{MS_{error}}{n_i} + \frac{MS_{error}}{n_j}}{2}}$$ 。

不难看出，q 统计量与 LSD t 检验的公式相比少了一个 $\sqrt{2}$，即 $q = \sqrt{2}t$。当然，这只是表面差别，二者的真正差别在于对应的界值不同。q 界值与各组均值的大小顺序有关，如例 13.1 中三组均值从小到大分别为 A=97.3、B= 105.3、C=111.1。当比较 A 和 B 时，跨了两组；当比较 A 和 C 时，则跨了三组。不同跨度所对应的 q 界值不同。当跨度为 2 时，相当于临近的两组比较，此时 $q = \sqrt{2}t$。

q 界值可以通过查 q 界值表获得，也可以利用软件通过函数输出。

> 📁 **实用技巧：**
>
> SAS 软件可通过 probmc 函数输出 q 界值。例如，在 0.05 水平下，当误差自由度为 27（见表 13.4）、跨度为 2 时，可利用 q=probmc("range",.,0.95,27,2);语句输出 q 界值为 2.90。如果把函数中的跨度 2 改为 3，则输出结果为 3.51。

SNK（Student-Newman-Keuls）法利用 q 界值计算在某一跨度下的最小差异统计量 W_r：

$$W_r = q_{0.05}(r, df)\sqrt{\frac{MS_{error}}{n}}$$

其中，$q_{0.05}(r, df)$ 是通过查表或软件函数给出的检验水准为 0.05、跨度为 r、误差自由度为 df 的 q 界值。如刚才计算的当跨度为 2 和 3 时，q 界值分别为 2.90 和 3.51。

据此可以计算出：当跨度为 2 时最小差异统计量 W_2=2.90×$\sqrt{143.5/10}$=10.99，当跨度为 3 时最小差异统计量 W_3=3.51×$\sqrt{143.5/10}$=13.28。

然后分别计算出欲比较的两组差值，与各自对应跨度的最小差异统计量 W_r 比较，如果大于 W_r，则认为有统计学差异；否则认为无统计学差异。

例如，A 和 B 差值为 8，B 和 C 差值为 5.8，这两组比较的跨度均为 2，因此均与 10.99 比较，结果发现差值均小于 10.99，因此可以认为 A 和 B、B 和 C 的差异均无统计学意义。而 A 和 C 差值为 13.8，而且跨度为 3，因此与 13.28 比较，结果发现差值大于 13.28，因此可以认为 A 和 C 的差异有统计学意义。

Tukey' HSD（Honestly Significant Difference）法简称 Tukey 法，它的思想跟 SNK 法差不多，唯一的不同在于：SNK 法是根据各比较组不同跨度 r 计算出不同的最小差异统计量 W_r，然后分别与其比较；而 Tukey 法则是根据最大跨度计算出最大的 W_r，所有比较组的差值均与 W_r 比较。

例如，A、B、C 三组的两两比较，最大跨度为 3，因此只需计算出跨度为 3 时的最小差异统计量 W_3=13.28。在进行两两比较时，所有的两组间差值都与 13.28 比较，不管跨度是 2 还是 3。结果显示，只有 A 和 C 差值（13.8）大于 13.28，才可以认为 A 和 C 的差异有统计学意义；而 A 和 B 差值（8）、B 和 C 差值（5.8）均小于 13.28，认为其无统计学差异。

根据 Tukey 法和 SNK 法的思路可以看出，Tukey 法在控制 I 型错误方面更为严格，但随之而来的副作用就是假阴性率可能会有所增加；而 SNK 法则在控制假阴性方面更具优势（更容易检出差异），当然假阳性率相对就会高一些。

REGWQ（Ryan-Einot-Gabriel –Welsch Procedure）法是 Ryan（1960）、Einot 和 Gabriel（1975）、Welsch（1977）在 SNK 法的基础上不断改进而形成的。在 SNK 法中，每次比较所用的检验水准都是 0.05，随着比较组跨度的增加，q 界值也随之增加，但这种增加的速度不足以控制 FWER 在 0.05 水准上。因此，Ryan 等人分别提出根据比较组的跨度修正检验水准的建议。当组别数为 k、两个比较组的跨度为 r 时，修正的检验水准 $\alpha_r = 1 - (1 - \alpha)^{r/k}$，而且当 $r=k,r=k-1$ 时（如三组，当跨度分别为 2 和 3 时），α_r 仍为 α。

REGWQ 法的这种修正既保证了对 FWER 的控制，而且还可以提供较高的检验功效（较低的假阴性率）。

4. Games-Howell 法

Games-Howell 法的思路与上述三种方法差不多，那为什么不跟它们放在一起讲呢？因为该法做了一点小改动。Games-Howell 法计算最小差异统计量 W_r 的公式为：

$$W_r = q_{0.05}(r, df') \sqrt{\frac{s_i{}^2/n_i + s_j{}^2/n_j}{2}}$$

该公式与 SNK 法的公式有两点不同：第一，对 q 界值的自由度进行了调整（具体调整方式较为复杂，这里不展开介绍）；第二，用到了两个比较组各自的标准差，而不是误差均方。

一般来说，当各组例数相差较大的时候，往往方差也会有所差异。当方差相差不大时，用误差均方没什么问题；但如果方差相差较大，Games-Howell 法则是一个更好的选择。

5. Scheffe 法

上述几种方法都是基于 q 统计量计算一个最小差异统计量 W_r，然后看各比较组的差值是否大于 W_r。Scheffe 法总的来说也是这种思路，但它不是基于 q 统计量，而是基于 F 统计量。

Scheffe 法计算的最小差异统计量 T_{ij} 为：

$$T_{ij} = \sqrt{(k-1)F_{\text{crit}}} \times \sqrt{MS_{\text{error}}\left(\frac{1}{n_i} + \frac{1}{n_j}\right)}$$

其中，k 表示组数，F_{crit} 表示在一定检验水准下（通常为 0.05）、分子自由度为 k-1、分母自由度为 n-k（n 为总例数）时的 F 界值，MS_{error} 表示误差均方，n_i 和 n_j 分别表示欲比较的两组例数。

如果仔细对比一下 SNK 法的公式，则可以发现二者在结构上比较相像，只是 SNK 公式中用的是 q 统计量，而 Scheffe 公式中用的是 F 统计量。

例 13.1 中共有三组数据，因此可以求出在 0.05 水准下、分子和分母自由度分别为 2 和 27 时 F 界值为 3.35（如利用 Excel 的 finv 函数）。据此可以计算出 T_{ij} 为：

$$T_{ij} = \sqrt{2 \times 3.35} \times \sqrt{143.5\left(\frac{1}{10} + \frac{1}{10}\right)} = 13.87$$

以此为最小差异统计量，则 A 和 B 差值（8）、B 和 C 差值（5.8）、A 和 C 差值（13.8）均小于 13.87，可以认为任意两组均无统计学差异。

6. Dunnett 法

Dunnett t 检验是一种比较特殊的检验，它不是用于两两比较，而是用于特定的比较。在通常情况下，如果有一个对照组和多个试验组，多个试验组之间不进行比较，但是每个试验组分别与对照组进行比较，则选择 Dunnett t 检验。

Dunnett t 检验的思路与 SNK 等方法类似，也是先计算一个界值，然后看各比较组的差值是否大于该界值。该界值的计算方式为：

$$\text{Dunnett 界值} = t_d\sqrt{\frac{2MS_{\text{error}}}{n}}$$

式中，t_d 是对 t 统计量的一个修正值，反映了在一定的组数跨度和误差自由度的条件下的一个统计量。该值可通过专门的界值表获得，由 Dunnett（1955,1964）提出。不过实际上没有必要去查表，完全可以利用统计软件通过函数求出该值。

⊡ **实用技巧：**

SAS 软件可通过 probmc 函数输出 t_d 值。例如，在 0.05 水平下，当误差自由度为 27（见表 13.4）、跨度为 3 时，可利用 t_d=probmc("dunnett2",.,0.95,27,3);语句输出 t_d 值为 2.49。

根据求出的界值，将对照组和试验 1 组差值、对照组和试验 2 组差值分别与该界值进行比较，如果大于该界值，则认为有统计学差异；否则认为无统计学差异。

在例 13.1 中，假定 A 组为对照组，B 和 C 组为试验组，采用 Dunnett t 检验，可求出界值为 2.49×5.36=13.34。由于 A 和 B 差值（8）低于 13.34，可以认为其差异无统计学意义；而 A 和 C 差值（13.8）高于 13.34，可以认为其差异有统计学意义。

7. Bonferroni 法与 Šidák 法

Bonferroni t 检验（有时也称 Dunn's 检验）是多重比较中非常流行的一种方法，部分原因是其思路简单、容易理解，而且适用范围广。该法基于 Bonferroni 不等式，在多重比较中，其思路为：

假定共比较 c 次，每次计算组间比较统计量（多数软件给出的是 LSD t 统计量，但是也有很多人用常规 t 统计量，二者在求 P 值时对应的自由度不同，LSD t 统计量对应的是方差分析中的误差自由度，t 统计量对应的是两组的自由度）。在基于该统计量进行推断时，多次比较的 I 型错误率不能超过事先设定的 α（如 5%）。反过来就是说，每次比较的 I 型错误率不能是 α，而是 α/c，如当 c=3 时，校正的检验水准为 0.05/3=0.0167。

在例 13.1 中，可以计算 A 和 B、A 和 C、B 和 C 的两两比较的 LSD t 值分别为 1.49、2.57 和 1.08，根据 Bonferroni 法计算的 P 值分别为 0.441、0.047、0.866（根据 LSD t 值直接求得的 P 值分别为 0.147、0.016、0.289，约为上述 3 个 P 值的 1/3）。

✉ **发表文章提醒：**

当你用软件执行 Bonferroni 法的时候，通常给出的是校正后的 P 值，可以直接与 0.05 进行比较，而不是与 "0.05/比较次数" 进行比较。在上述结果中，SAS 软件给出 A 与 C 比较的 P 值为 0.047，小于 0.05（而不是 0.05/3），提示 A 与 C 的差异有统计学意义。

Bonferroni 法的思路非常简单，用途也很广，不仅可以用于均数的两两比较，也可用于率的两两比较。比如你要做三组的卡方检验，想进一步两两比较，就可以考虑用这种方式，即分别做两组的卡方检验，但是一共比较 3 次，所以 P 值小于 0.0167 才算有差异。

Bonferroni 法的缺点是，当比较次数多时，结果过于保守，如比较 10 次，那就需要 P 值小于 0.005 才算有差异，这样可能很难检出差异，容易导致假阴性率的增加。由于 Bonferroni 法的这一缺点，不少统计学家对该法进行了修正，以提高功效，Šidák 检验就是其中之一。

Šidák 检验（或称 Dunn-Šidák 检验）是对 Bonferroni 法的一种调整，该法校正的检验水准不是 α/c，而是 $1-(1-\alpha)^{1/c}$，c 是比较次数。不难比较，Šidák 检验的校正水准相比 Bonferroni 法高一些，这样稍微提高了一点功效。例如，当比较 4 次时，Bonferroni 法的检验水准为 0.05/4=0.0125，而 Šidák 法的检验水准为 $1-(1-0.05)^{1/4}$=0.0127。但二者差别细微，实际中由于 Bonferroni 法通俗易懂，因而应用更为广泛。

8. Holm 法与 Hochberg 法

上述提到，当 Bonferroni 法的比较次数太多时，结果倾向于保守，不易检出差异。Šidák 法虽然进行了一定调整，但调整幅度不大。这两种方法在组间比较时还可以（因为组别数一般不会太多），但对于多指标的多重比较就力不从心了。如基因筛选，经常面临的是成千上万的指标，此时用 Holm 法和 Hochberg 法则会提高功效，增加检出阳性结果的机会。

Holm 法，也称 step-down Bonferroni 法，顾名思义是对 Bonferroni 法进行 step-down 的校正。其具体的校正思路为：

对于 n 个基因，首先根据原始 P 值从小到大排序（将最大 P 值赋为 1，将最小 P 值赋为 n），然后用原始 P 值乘以对应的顺序赋值即得到 Holm 法的校正 P 值。计算的顺序是从最小的原始 P 值开始，且每次计算的校正 P 值都要跟上一次计算的校正 P 值比较，取二者中的大者。

如检验 6 个基因（见表 13.5），先按 P 值从小到大排序，对于最小的 P 值，其顺序为 6，因此其校正 P 值为 0.0003×6=0.0018，由于其有统计学意义（$P<0.05$），因此继续看第二小的 P 值；对于第二小的 P 值，由于少了一个指标，因此不是 0.0014×6，而是 0.014×5=0.007；第二小的 P 值通过检验后，再继续看第三小的 P 值，此时校正 P 值为 0.0088×4=0.0352……

这里需要注意一下第五小的原始 P 值（0.0235），如果按公式计算，则校正 P 值应为 0.0235×2=0.047。但由于它要与上一个校正 P 值（0.0577）比较并取二者的最大值，且 0.0576 更大，因此第五小的 P 值的校正 P 值并不是 0.047，而是 0.0576。

表 13.5　Holm 法校正 P 值示例

基因	原始 P 值	P 值大小顺序	Holm 法校正 P 值
x_5	0.0003	6	0.0018
x_4	0.0014	5	0.007
x_1	0.0088	4	0.0352
x_3	0.0192	3	0.0576
x_6	0.0235	2	0.0576
x_2	0.0687	1	0.0687

Hochberg 法，也称 step-up Bonferroni 法，与 Holm 法的思路正好相反，是逐步升高的方式。其校正 P 值的思路如下：

对于 n 个基因，先按 P 值从大到小排序（将最大 P 值赋为 1，将最小 P 值赋为 n）。计算的顺序是从最大的原始 P 值开始，再依次计算较小的，且每次计算的校正 P 值都要跟上一次计算的校正 P 值比较，取二者中的小者。

如对表 13.6 中的 6 个基因的原始 P 值进行校正。对于最大的 P 值，其顺序为 1，因此其校正 P 值为 0.0687×1=0.0687；再看第二小的 P 值，其校正 P 值为 0.0235×2= 0.0469；继续看第三小的 P 值，其校正 P 值本来为 0.0192×3=0.0576，但与上一个校正 P 值（0.0469）相比，0.0469 是较小者，因此这里的校正 P 值不是 0.0576，而是 0.0469……

表 13.6　Hochberg 法校正 P 值示例

基因	原始 P 值	P 值大小顺序	Hochberg 法校正 P 值
x_2	0.0687	1	0.0687
x_6	0.0235	2	0.0469
x_3	0.0192	3	0.0469
x_1	0.0088	4	0.0352
x_4	0.0014	5	0.007
x_5	0.0003	6	0.0018

9. 几种方法的比较

以例 13.1 中的数据为例，如果采用上述介绍的多重比较方法，则分别计算出不同方法所得的最小差异统计量如表 13.7 所示。

表 13.7　不同方法的最小差异统计量

LSD	Dunnett	SNK	REGWQ	Tukey	Šidák	Bonferroni	Scheffe
10.99	12.5	10.99	10.99	13.28	13.64	13.68	13.88
		13.28	13.28				

由于两两比较组的差值是固定的，A 和 B 差值为 8、B 和 C 差值为 5.8、A 和 C 差值为 13.8，不难理解，如果最小差异统计量越大，则说明越难以拒绝 H_0，换句话说，越不容易得出有统计学差异的结论。因此，根据表 13.7 中的最小差异统计量可以大致得出以下结论：

- LSD 法很容易拒绝 H_0，因为它并没有真正控制 FWER，可能假阳性率较高。
- SNK 法和 REGWQ 法在三组的两两比较中效率相同（大家可以返回去看看 REGWQ 法校正的方式就明白了），但在四组以上二者会有差别。
- Tukey 法、Šidák 法、Bonferroni 法均控制了 FWER，但 Tukey 法效率最高，而 Bonferroni 法相对更为保守。

- Scheffe 法最为保守，也就是说，最不容易检出差异。事实上，前面的方差分析结果显示为 $P=0.0504$，在 0.05 的检验水准上无统计学差异。但只有 Scheffe 法在两两比较中均为阴性结果，其余方法都显示至少有一个两组差异有统计学意义。

10. 两两比较方法的选择建议

如果你在设计开始时就明确了打算比较哪几个组，那么采用 LSD t 检验就可以。在这种情况下，一般需要你在设计时就对 α 进行分配，如打算比较两次，可能每次比较都分配 $\alpha=0.025$，这样两次比较合起来总的 I 型错误率仍是 5%，所以可用 LSD t 检验。但如果你一开始并没有对 α 进行分配，每次比较仍按 0.05 的检验水准，那么最后用 LSD t 检验时仍需用 Bonferroni 法进行校正。

如果你在设计之初并没有什么想法，而是等数据出来进行了分析后才有了一些两两比较的想法（这也是现实中更常见的情形），那么前面介绍的大多数方法基本都可以考虑，但可能有效率高低的不同，具体选择如下：

- 如果比较的组数较多（如 4 组以上），想执行两两比较的话，则建议首选 Tukey 法（虽然 Tukey 法仅用于各组例数相等的情形，但大多数软件中给出的 Tukey 法是指对 Tukey 修正的 Tukey-Kramer 法，可用于例数不等的情况）或 REGWQ 法，这两种方法效率较高。
- 如果比较组数不是很多（如 3 组），则 Tukey 法和 Bonferroni 法均可作为首选。
- 如果你不仅想执行两两比较，还想进行其他比较方式，如一个对照组与另外两个试验组的均值比较（A 与 B+C/2 比较），则建议选择 Bonferroni 法或 Scheffe 法。如果比较次数很多，则不建议首选 Bonferroni 法。
- 如果有明确的一个对照组和多个试验组，分别比较各试验组与对照组，则首选 Dunnett 法。
- 如果各组例数相差较大，尤其方差相差明显，则可以考虑 Games-Howell 法。
- 如果不是进行组间比较，而是进行多指标筛选，尤其在指标很多的时候（如几千个），则可考虑 FDR 法、Holm 法或 Hochberg 法。

📁 **常见疑惑：**

经常有人说：我的方差分析有统计学意义，为什么做两两比较反而都无差异？或者：我做的方差分析无统计学差异，为什么两两比较反而有的有差异？在这种情况下该怎么办？

当方差分析的 P 值在 0.05 附近时，如果你想让方差分析与两两比较的结果一致，则建议当方差分析有统计学意义时，两两比较考虑 Tukey 法或 SNK 法，一般总会有一个比较组有差异；当方差分析无统计学意义时，建议两两比较用 Scheffe 法，一般任何两组都不会出现统计学差异。

* * * * * * * *

　　SAS 软件可通过 **proc glm** 过程的 **means** 语句或 **lsmeans** 语句实现各种两两比较。**means** 语句可实现的方法较多，但只给出两两比较有无差异的结论，而无 *P* 值；**lsmeans** 语句可以给出具体的 *P* 值，但可指定的方法相对少一些。利用 **means** 语句实现两两比较的基本语句为：

```
proc glm;
class group;
model x=group;
means group/lsd snk tukey regwq bon sidak scheffe dunnett("a") cldiff;
run;
```

利用 lsmeans 语句实现两两比较的基本语句为：

```
proc glm;
class group;
model x=group;
lsmeans group/adjust=bon tdiff pdiff;
lsmeans group/adjust=tukey tdiff pdiff;
lsmeans group/adjust=scheffe tdiff pdiff;
lsmeans group/adjust=sidak tdiff pdiff;
lsmeans group/adjust=dunnett tdiff pdiff=control("a");
run;
```

　　SAS 软件可在 proc multtest 过程中实现对多指标比较的 FDR 法、Holm 法、Hochberg 法等的校正。假定要从 100 个指标中筛选出有组间差异的指标，则主要语句为：

```
proc multtest fdr holm hochberg;
class group;
test mean(x1-x100);
run;
```

　　R 软件可通过 **TukeyHSD** 函数执行 **Tukey** 检验，但需要先利用 **aov** 函数（或其他函数）执行方差分析。如对数据集 **f1** 中的 **group** 变量进行两两比较，主要语句为：

```
f2=aov(x~group, data=f1)
f3=TukeyHSD(f2)
```

　　R 软件可通过 p.adjust 函数执行多指标检验的 FDR 法等，只需先输入原始 *P* 值，然后指定相应的校正方法（如 fdr、holm、hochberg 等）及比较次数即可。主要语句为：

```
p=c(0.0088,0.0687,0.0192,0.0014,0.0003,0.0235)
p.adjust(p,method="fdr",length(p))
```

JMP Pro 软件进行两两比较的操作如下：

　　依次单击"分析"→"以 x 拟合 y"，指定因变量和自变量（名义型），进入结果界面，然后单击红色下拉按钮，选择"比较均值"，可选择"Tukey HSD"等多种方法。

　　JMP Pro 软件执行多指标筛选的 FDR 操作如下：

　　单因素方差分析：依次单击"分析"→"筛选"→"响应筛选"，指定因变量和自变量（名义型），结果会给出原始 *P* 值和 FDR 校正的 *P* 值，以及相关图形展示。

SPSS 软件进行两两比较的操作如下：

依次单击"分析"→"一般线性模型"→"单变量"，将因变量拖入"因变量"，将自变量拖入"固定因子"（固定效应和随机效应详见 13.6 节）。然后单击"两两比较"，将"因子"中的组别变量拖入"两两比较检验"框中，然后在下方选择相应的两两比较方法。

13.6 所有的多组都需要做两两比较吗——兼谈固定效应和随机效应

在方差分析中，不少人形成了这样一种习惯：先做组间比较，如果有统计学差异，则再做两两比较，看看具体哪两组之间有统计学差异。实际上，并不是所有的组间比较都必须做两两比较。有的是因为研究目的根本就没打算做，还有的则是因为没有必要做。为什么没有必要做呢？这就需要从固定效应（Fixed Effect）和随机效应（Random Effect）来谈起。

即使非统计学专业的人，也会对固定效应和随机效应这两个词感兴趣，主要原因在于，在 SPSS 软件中，当你执行一般线性模型的时候，在变量输入界面中有一个"随机因子"和"固定因子"。不少人不知道是什么意思，所以就留下了印象。

什么是固定效应呢？假定想比较三种药物的疗效（药物是一个因素，三种药物是三个水平），如果研究者的目的很简单，就是想比较这三种药物（而不是其他药物）的疗效差异，那么这就是固定效应。

什么是随机效应呢？假定还是比较三种药物的疗效，如果研究者的目的不是比较这三种药物的疗效差异，而是想要了解这三种药物所代表的三类药物的疗效差异，那么这就是随机效应。

例如，要比较北京、上海、重庆三个地区的空气质量，如果研究者的目的就是要看这三个地区的空气质量差异，那么这就是固定效应；而如果研究者的目的是比较这三个地区所代表的地域（华北、华东、西南）之间的空气质量差异，那么这就是随机效应。

在固定效应中，研究者的目的很明确，就是为了观察固定的这三个地区的空气质量差异；而在随机效应中，研究者的目的是观察华北、华东、西南地区的空气质量差异，北京、上海、重庆只是这三个地域的随机代表而已。事实上，研究者完全可以选择其他具体城市（如石家庄、济南、成都），这就是随机效应的含义。

以北京、上海、重庆三个地区的空气质量比较为例，在固定效应中，其无效假设和备择假设分别如下。

H_0： $\mu_1 = \mu_2 = \mu_3$，即三个地区的空气质量相同。

H_1：三个地区的空气质量不完全相同（或者说，至少有两个地区的空气质量不同）。

而在随机效应模型中，其无效假设和备择假设分别如下。

$$H_0: \quad \sigma^2_{\text{group}}=0$$

$$H_1: \quad \sigma^2_{\text{group}}>0$$

其中，σ^2_{group} 表示因素 group（地区）的方差。

不难发现，在固定效应模型中，比较的就是固定的这三个城市的均数差异大小；而在随机效应模型中则不是比较这三个均数，而是估计组别因素 group（地区）的变异是不是大于 0，所以这种模型有时也称为方差成分模型（Variance Components Model）。

为什么随机效应模型不是比较三个均数，而是求其方差？因为三个城市只是从华北、华东、西南随机选择的其中之一，实际中还可以选择其他的城市，因此，单纯比较这三个城市的空气质量差异并没有太大的实际意义。而方差则反映了这三个城市背后所代表的总体的变异情况，因而用方差才能真实反映其目的。

正因如此，对固定效应模型进行两两比较是有实际意义的，而对随机效应模型进行两两比较则意义不大，因为随机效应模型并不关心"这"三个城市，更不用说具体的其中某两个有无差异了，它关心的是三个城市所代表的总体。

📂 **常见疑惑：**

有人在使用 SPSS 软件时会发现这样的问题：当把组别作为"随机因子"，再打开"两两比较"界面时，会发现并无因子可选，无法做两两比较。只有把变量作为"固定因子"，才能做两两比较。这是因为随机效应一般不做两两比较。

可能很多人关心的是：实际中到底怎样才算随机效应，怎样才算固定效应呢？在很多情况下其实取决于你的研究目的。下面举几个例子，我们不妨思考一下。

为比较山东省沿海城市和内陆城市的空气质量，选择了青岛和潍坊两个城市，测量其空气质量并进行比较。此处通常将城市看作随机效应，因为青岛和潍坊只是从沿海城市和内陆城市中随机选出的两个城市，可以换成其他城市。

比较某药物不同剂量的疗效是否有差异，将药物分为 10mg、15mg、20mg 共三个剂量。此处可根据研究目的而定，如果研究目的就是比较 10mg、15mg、20mg 这三个具体剂量的疗效差异，就是固定效应；如果研究目的不是观察"这"三个剂量的疗效差异，而是观察小剂量、中剂量、大剂量的疗效差异，则可以看作随机效应，因为小剂量也可以是 9mg 或 11mg 等（中剂量、大剂量也是如此），只是这里选了 10mg 作为代表而已。

在析因设计中，观察两种药物的疗效及其交互效应，两种药物均为"用"和"不用"两个水平。此处通常作为固定效应，因为对于一种药物而言，只有固定的"用"或"不用"两种状态，只能比较这两种状态下的差异。

区分固定效应和随机效应的一个简单方法是，看其是否具有"可互换性"。如比较青岛和潍坊两个城市的空气质量，青岛可以换成烟台，潍坊也可以换成菏泽，具有可互换性，所以是随机效应。再如比较"服药"和"不服药"的效果差异，服药没有可互换性，不能换成其他状态，因此是固定效应。

13.7　重复测量方差分析详解

重复测量（Repeated Measures）数据在医学领域和社会学领域很常见，如对一组人群分别在用药前、用药后 1 个月、用药后 2 个月进行疗效观察；再如，将人群分配至不同的处理组，每组分别在不同的时间点进行观察，等等。

📁 常见疑惑：

重复测量不同于重复调查。重复测量是对"同一人群"的不同时间点的测量，而重复调查是在不同时间点对"不同群体"的调查。例如，国内每隔几年就重复调查的营养膳食情况，每次调查不一定是同一群体（当然也可能有重复的人，但一般不会太多）。这种重复调查数据分析的是年代、世代等的一些现象的变化，通常可以采用年龄+时期+世代分析。

在医学领域，目前仍存在一些对重复测量数据的错误分析。比较典型的如：
- 对于同一人群（不分组）测量了 4 个时间点，分析时将这 4 个时间点作为独立的 4 组，采用常规的方差分析来处理。
- 对于同一人群（不分组）测量了 4 个时间点，将这 4 个时间点作为随机区组，采用随机区组方差分析来处理。
- 对多组人群各观察了 4 个时间点，分别在每个时间点进行 t 检验。

上述做法的一个共同缺陷是：没有考虑到重复测量数据非独立性这一特点。所谓非独立性（Nonindependence），是指各次测量之间可能具有一定的相关性。例如，对 100 名高血压患者每周测量一次血压值，对于同一个人而言，第 1 周和第 2 周的血压值肯定会有一定的相关性，如第 1 周为 150mmHg，第 2 周正常情况下应该也在 150mmHg 上下，不大可能突然变成 180mmHg 或 120mmHg。所以，对于同一个人，其不同时间点的测量之间是非独立的。

传统的 t 检验或方差分析等都要求数据满足独立性这一前提条件。很显然，重复测量数据是不满足这一前提条件的，采用 t 检验或方差分析来处理重复测量数据，往往会增加假阳性错误。

那么目前处理重复测量数据常用的方法有哪些呢？主要有三类方法：多水平模型、广义估计方程、重复测量方差分析。多水平模型在第 10 章中已有提及；广义估计方程的大致思路是扣除个体内的相关性，然后再进行分析；重复测量方差分析则相对简单一些，下面主要介绍这种方法。

📁 **常见疑惑：**

不少人曾问：重复测量方差分析与多水平模型到底有什么区别？两种方法可以互换吗？对于重复测量数据来说，这两种方法都可以用，只是它们的思路不同，因此结果也会略有不同，但总的来说，你用哪一种方法都没有原则性错误。但我个人更推荐多水平模型（如果你会用），因为多水平模型的思路更加清晰，对水平 2 单位和水平 1 单位的变异都分解得很明确，而且对于缺失值有更好的处理方式，无须删除（重复测量方差分析无法有效处理缺失值，缺失值只能删除）。另外，重复测量方差分析只适用于结局为连续变量的重复测量数据，而多水平模型的适用范围则更为广泛，可以用于空间上的"重复"测量，而且可以处理分类资料的结局（如多水平 Logistic 回归）。总之，重复测量方差分析可以用的场合，多水平模型基本上都可以用；而多水平模型能分析的数据，重复测量方差分析未必能处理。

* * * * * * * *

重复测量方差分析的基本思路如下。

首先，判断其应用条件，主要有正态性、方差齐性和球性（Sphericity）假定。

严格来说，这里的正态性和方差齐性是指多元（Multivariate）正态性和多元方差齐性，因为在重复测量数据中，每个人对应的观测值是多个，即有多个因变量，这时需要多个因变量都满足正态性和方差齐性。

📁 **常见疑惑：**

Multivariate 一般翻译为多元，指多个因变量；Multiple 一般翻译为多重（有时也称多因素），指多个自变量。如 Multivariate Regression（多元线性回归）是指多个因变量的线性回归，与单个因变量的线性回归相对应；Multiple Regression（多重线性回归）是指多个自变量的线性回归（多因素线性回归），与单因素线性回归相对应。再如，多元方差分析是指多个因变量的方差分析，而多因素方差分析是指多个自变量的方差分析。如析因设计中有多个处理因素，可以称为多因素方差分析；而重复测量数据中如果把多次观测都看作因变量，则可以称为多元方差分析。

多元正态性和单变量正态性的区别可以通过图 13.8 来描述。可以看出，单变量正态分布也就是针对一个变量看其是否符合正态分布，而多元正态分布则是将多个变量综合起来看。多元正态分布不是对每次测量分别执行正态性检验，而是类似于把多次测量结果打包，作为一个整体来分析。

同理，多元方差齐性也不是针对每次测量判断其方差是否相等，而是观察组间的方差-协方差矩阵是否相等。

球性假定是重复测量方差分析的一个专有名词，其含义是任意两个时间点之差的方差相等。如观察了三个时间点，则有三个时间点之差，分别为 $t_{21}=t_2-t_1$、$t_{31}=t_3-t_1$、

$t_{32}=t_3-t_2$，球性假定的意思是 t_{21}、t_{31}、t_{32} 这三个变量的方差相等。通俗来讲，球性假定的主要目的是判断多次测量之间是否非独立。因为即使重复测量数据，也未必在各次测量之间一定有相关性。

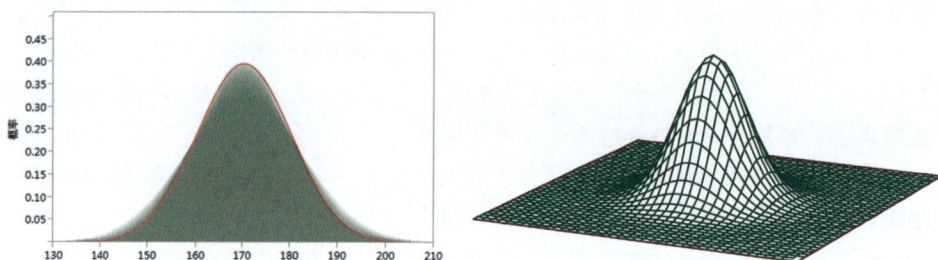

图 13.8　多元正态性和单变量正态性的区别

　　是否满足球性假定这一条件需要进行统计学检验，即检验任意两个时间点差值的方差是否相等。目前常用的方法是 Mauchly's 球性检验，这也是大多数统计软件所提供的检验方法。但该法对非正态数据可能较为敏感，很容易判断为不满足球性假定，而且在样本量很小的时候，即使其不满足球性假定，也很难检出。这也是不少统计学家对该方法颇有微词的原因。

　　其次，根据球性检验结果，选择相应的方法。

　　如果统计学检验结果提示满足球性假定，则可以考虑单变量（Univariate）方差分析（也称一元方差分析）的结果。

　　注意这里的单变量方差分析并不等同于普通的方差分析，二者的变异分解不同。以对同一人群的重复测量数据为例，单变量方差分析将变异分解为个体间变异、个体内（时间点之间）变异、误差变异，通过比较个体内变异与误差变异，从而做出时间点之间有无统计学差异的结论；而普通方差分析是将时间 t 作为组别变量，变异分为组间（时间点之间）变异和误差变异（相当于单变量方差分析中的个体间变异和误差变异合在一起）。

　　图 13.9 显示了对同一份数据分别采用普通方差分析（左）和单变量方差分析（右）的结果。可以看出，时间点之间的变异在两种方法中都是 904.96，但其对应的误差不同，单变量方差分析中对应的误差是 3165.70，而普通方差分析中对应的误差（5008.67）则同时包含了随机误差（3165.70）和个体间误差（5008.67-3165.70）。

源	自由度	平方和	均方	F 值	Pr > F
模型	2	904.962963	452.481481	2.17	0.1363
误差	24	5008.666667	208.694444		
校正合计	26	5913.629630			

源	自由度	III 型 平方和	均方	F 值	Pr > F
time	2	904.962963	452.481481	2.29	0.1338
误差(time)	16	3165.703704	197.856481		

图 13.9　普通方差分析与单变量方差分析的变异分解的不同

　　如果统计学检验结果提示不满足球性假定，则可以考虑两种方式：一是对单变量方差分析结果进行校正；二是采用多变量方差分析结果。

单变量方差分析的校正主要通过校正自由度从而达到校正 P 值的目的，并不影响参数估计值。假定个体内自由度为 $\nu_{受试者内}$，误差自由度为 $\nu_{误差}$，则校正后的自由度为

$$\nu'_{受试者内}=\nu_{受试者内}\times 校正系数$$

$$\nu'_{误差}=\nu_{误差}\times 校正系数$$

当自由度校正后，与此对应的 F 统计量的界值会发生相应变化，从而实现了对 P 值的校正。

校正系数一般用 ε（Epsilon）表示，它反映了对球性假定的偏离程度。当 $\varepsilon=1$ 时，表示对球性无偏离，也就是满足球性假定；当 $\varepsilon<1$ 时，表示偏离球性，距离 1 越远，偏离越大。

常用的校正方法有两种，即 G-G（Greenhouse-Geisser）系数校正和 H-F（Huynh-Feldt）系数校正。这两种校正方法的思路都是对自由度进行校正，但具体的校正公式过于复杂，这里就不列出了，大家明白其思想即可。

例如，在图 13.10 中，原来的个体内（时间点之间）自由度是 2，误差自由度是 14。以 G-G 系数（0.79）为例，校正后个体内自由度为 $2\times0.79=1.58$，误差自由度为 $14\times0.79=11.06$。

源	自由度	III 型 平方和	均方	F 值	Pr > F	调整的 Pr > F G - G	H - F
time	2	3.00000000	1.50000000	9.00	0.0031	0.0067	0.0033
误差(time)	14	2.33333333	0.16666667				

Greenhouse-Geisser Epsilon	0.7903
Huynh-Feldt Epsilon	0.9821

图 13.10　单变量方差分析校正示例

如果根据原先的 F 检验，F 值为 9.00，则其结果判断的 F 界值为 $F_{(2,14)}=3.74$；而如果根据校正后的自由度，则 F 界值为 $F_{(1.58,11.06)}=4.84$。很明显，校正后的 F 界值变大，更难以拒绝无效假设，换句话说就是降低了假阳性率。

多元方差分析是把多个时间点作为一个矩阵来进行分析（就像打包一样把它们放在一起进行分析）。但其变异分解的思路仍与单变量方差分析相同，只不过单变量方差分析中只是针对单变量的"方差"进行分解；而多元方差分析中由于有多个因变量，就不是单个变量的方差，而是形成了多个变量的方差-协方差矩阵，因此是对"方差-协方差矩阵"进行分解。

具体来说，在单变量方差分析中，总离均差平方和（SS_{total}）可分解为模型解释的变异（SS_{model}）和误差变异（SS_{error}）；多元方差分析由于是多维结构，因此不是分解离均差平方和（SS），而是交叉乘积（Cross-Product，CP）平方和（$SSCP$）矩阵，将总的 $SSCP$ 矩阵 T（$SSCP_T$）分解为模型 $SSCP$ 矩阵 H（$SSCP_H$）和误差 $SSCP$ 矩阵 E（$SSCP_E$）。

可以看出，其实思路都一样，都是对总变异进行分解，只不过由于多元方差分析中有多个因变量，所以从形式上来看更加复杂而已。

绝大多数统计软件会给出基于多元方差分析的 4 个统计量：Wilks' lambda、Pillai's

trace、Hotelling-Lawley trace 和 Roy's largest root。这几个统计量的计算均较为复杂，下面通过一份简单的含两组、两个时间点的数据介绍一下其计算思路，如表 13.8 所示。

表 13.8　多元方差分析统计量计算示例数据

group	A	B	$SSCP_T$			$SSCP_E$		
			C	D	E	F	G	H
	t1	t2	$t1-\overline{t1}$	$t2-\overline{t2}$	C*D	$t1-\overline{t1}_g$	$t2-\overline{t2}_g$	F*G
1	1	−1	1.1	0.4	0.44	0.8	0.4	0.32
1	0	−1	0.1	0.4	0.04	−0.2	0.4	−0.08
1	0	−1	0.1	0.4	0.04	−0.2	0.4	−0.08
1	0	−1	0.1	0.4	0.04	−0.2	0.4	−0.08
1	0	−3	0.1	−1.6	−0.16	−0.2	−1.6	0.32
g1 均值	0.2	−1.4						
2	0	−1	0.1	0.4	0.04	0.4	0.4	0.16
2	0	0	0.1	1.4	0.14	0.4	1.4	0.56
2	−1	−1	−0.9	0.4	−0.36	−0.6	0.4	−0.24
2	0	0	0.1	1.4	0.14	0.4	1.4	0.56
2	−1	−5	−0.9	−3.6	3.24	−0.6	−3.6	2.16
g2 均值	−0.4	−1.4						
总均值	−0.1	−1.4						
离均差平方和			2.9	20.4		2	20.4	
求和					3.6			3.6

从表 13.8 中可以看出，$SSCP_T$ 和 $SSCP_E$ 的计算原理差不多，只不过 $SSCP_T$ 用的是对总均值的离均差，而 $SSCP_E$ 用的是对各组均值的离均差。根据表 13.8 最后两行的计算结果

$$SSCP_T=\begin{pmatrix}2.9 & 3.6\\ 3.6 & 20.4\end{pmatrix},\ SSCP_E=\begin{pmatrix}2 & 3.6\\ 3.6 & 20.4\end{pmatrix},\ SSCP_H=SSCP_T-SSCP_E=\begin{pmatrix}0.9 & 0\\ 0 & 0\end{pmatrix}$$

Wilks' lambda 的计算公式大致为：$|E|/(|H|+|E|)=|E|/|T|$，即 $SSCP_E$ 的行列式除以 $SSCP_T$ 的行列式，它反映了组内方差占总方差（组间方差+组内方差）的比例。该值越小，组间方差越大，意味着组间差异越大。对于表 13.8 中的数据，可以求出 $SSCP_E$ 和 $SSCP_T$ 的行列式（如利用 Excel 的 mdeterm 函数），分别为 27.84 和 46.2，因此 Wilks' lambda 指标值为 0.6026。

Pillai's trace 的计算公式为：$|H|/(|H|+|E|)=|H|/|T|$，反映了组间方差占总方差的比例。在表 13.8 中即为(46.2−27.84)/46.2=0.3974。

Hotelling-Lawley trace 和 Roy's largest root 的计算需要先求出 HE^{-1} 矩阵（H 矩阵与 E 逆矩阵的乘积，相当于 H/E）。这个很容易求出（如利用 Excel 的 minverse 和 mmult 函数）：

$$HE^{-1}=\begin{pmatrix}0.65948 & -0.11638 \\ 0 & 0\end{pmatrix}$$

Hotelling-Lawley trace 是 HE^{-1} 矩阵的对角线方差之和，即 0.65948+0=0.65948。
Roy's largest root 则是 HE^{-1} 矩阵的最大特征值，即 max(0.65948,0)=0.65948。

* * * * * * * *

重复测量方差分析的思路并不是很难，但还有一个关键之处是结果解释比普通的方差分析要复杂得多。下面通过一个例子说明重复测量方差分析的思路及结果解释。

例 13.2：比较不同性别儿童在某眼科手术后的效果是否有差异，观察了 13 名男性儿童和 7 名女性儿童分别在疗前、疗后 6 个月、疗后 12 个月的眼压情况，如表 13.9 所示。

表 13.9　不同性别儿童在 3 次测量时间的眼压值（mmHg）

id	性别	疗前	疗后 6 个月	疗后 12 个月	id	性别	疗前	疗后 6 个月	疗后 12 个月
1	男	15	13.5	13	11	男	17	19	18
2	男	16	14	12	12	男	17	20	16
3	男	16	14	13	13	男	23	23	23
4	男	20	15	15	14	女	10	14	10
5	男	18	15	16	15	女	17	16	18
6	男	17	16	16	16	女	20	18	18
7	男	22	17	18	17	女	21	19	19
8	男	15	18	17	18	女	19	19	19
9	男	18	19	16	19	女	18	19	19
10	男	20	19	17	20	女	22	20	20

首先检验数据的多元正态性和方差齐性。

图 13.11 给出了多元正态性检验结果（附带给出了单变量的正态性检验），包括基于 Mardia 的峰度（Mardia Kurtosis）和偏度（Mardia Skewness）检验，以及 Henze-Zirkler T 检验，并给出了多元正态性检验的 Q-Q 图。

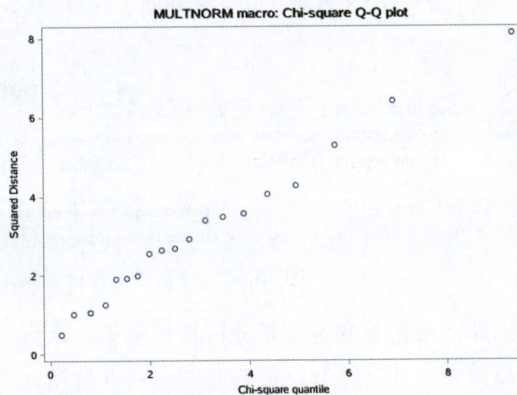

正态性检验			
方程	检验统计量	值	概率
t1	Shapiro-Wilk W	0.95	0.3320
t2	Shapiro-Wilk W	0.93	0.1239
t3	Shapiro-Wilk W	0.97	0.6838
系统	Mardia Skewness	6.87	0.7375
	Mardia Kurtosis	-1.00	0.3181
	Henze-Zirkler T	0.74	0.1177

图 13.11　多元正态性检验结果

从结果来看，三种正态性检验均显示 $P>0.05$，而且 Q-Q 图中所有点大致在一条从左下到右上的直线上，因此可以认为其结果满足多元正态分布。

图 13.12 给出了多元方差齐性检验（两组的方差-协方差矩阵是否相等的检验）结果，可以认为其结果满足方差-协方差矩阵相等的假设（$P>0.05$）。

卡方	自由度	Pr > 卡方
8.643437	6	0.1946

图 13.12　多元方差齐性检验结果

其次进行球性检验。

图 13.13 给出了 SAS 软件显示的球性检验结果，由于 $P<0.05$，可以认为结果不满足球性假定。注意：SAS 软件给出了两个结果，当两个结果不一致时，以"正交成分"行的结果为准，如本例结果为 $P=0.0148$。其他统计软件一般只给出一个结果，无须考虑选择问题。

球性检验				
变量	自由度	Mauchly 准则	卡方	Pr > 卡方
转换后的变量	2	0.308406	19.997747	<.0001
正交成分	2	0.609406	8.4195999	0.0148

图 13.13　球性检验结果

根据球性检验结果选择相应方法。

由于检验结果不满足球性假定，因此可以考虑对单变量方差分析进行校正或进行多元方差分析。

（1）单变量方差分析结果及其校正。

图 13.14 给出了单变量方差分析结果及其校正结果。组间因素（gender）无须校正，提示男女性别之间的差异无统计学意义（$P=0.6008$）。组内因素（时间点之间，time）在单变量分析中 $P=0.0218$，经 G-G 和 H-F 校正后分别变为 0.0362 和 0.0334，基本一致。组间和组内因素的交互项（time*gender）提示无统计学意义，校正和不校正结果均一致。

源	自由度	III 型 平方和	均方	F 值	Pr > F
gender	1	6.1670788	6.1670788	0.28	0.6008
误差	18	391.2454212	21.7358567		

源	自由度	III 型 平方和	均方	F 值	Pr > F	调整的 Pr > F	
						G - G	H-F-L
time	2	16.72500000	8.36250000	4.26	0.0218	0.0362	0.0334
time*gender	2	2.25833333	1.12916667	0.58	0.5677	0.5150	0.5247
误差(time)	36	70.66666667	1.96296296				

Greenhouse-Geisser Epsilon	0.7191
Huynh-Feldt-Lecoutre Epsilon	0.7646

图 13.14　单变量方差分析结果及其校正结果

因此，根据单变量方差分析校正结果，最终可以认为，男性儿童和女性儿童之间的眼压并无统计学差异，但各时间点之间有统计学差异。而且结果还提示，性别与时间点之间的交互项并无统计学意义，提示男性儿童的时间变化趋势与女性儿童的时间变化趋势没有什么不同，体现在图中就是两条曲线大致平行（图 13.15 中的两条曲线都呈下降趋势）。

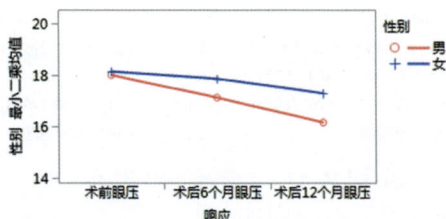

图 13.15　男性儿童和女性儿童的眼压在不同时间点的变化情况

（2）多元方差分析。

图 13.16 分别给出了性别因素、时间点因素、性别与时间点的交互项的统计学检验结果。可以看出，3 个统计量的结果完全一致，均显示时间点之间有统计学差异，而性别之间、性别与时间点的交互项无统计学意义。这与单变量方差分析的校正结果一致。

MANOVA Test Criteria and Exact F Statistics for the Hypothesis of No Overall gender Effect
H = Type III SSCP Matrix for gender
E = Error SSCP Matrix

S=1 M=0.5 N=7

Statistic	Value	F Value	Num DF	Den DF	Pr > F
Wilks' Lambda	0.90265742	0.58	3	16	0.6396
Pillai's Trace	0.09734258	0.58	3	16	0.6396
Hotelling-Lawley Trace	0.10784001	0.58	3	16	0.6396
Roy's Greatest Root	0.10784001	0.58	3	16	0.6396

MANOVA Test Criteria and Exact F Statistics for the Hypothesis of no time Effect
H = Type III SSCP Matrix for time
E = Error SSCP Matrix

S=1 M=0 N=7.5

Statistic	Value	F Value	Num DF	Den DF	Pr > F
Wilks' Lambda	0.50499559	8.33	2	17	0.0030
Pillai's Trace	0.49500441	8.33	2	17	0.0030
Hotelling-Lawley Trace	0.98021531	8.33	2	17	0.0030
Roy's Greatest Root	0.98021531	8.33	2	17	0.0030

MANOVA Test Criteria and Exact F Statistics for the Hypothesis of no time*gender Effect
H = Type III SSCP Matrix for time*gender
E = Error SSCP Matrix

S=1 M=0 N=7.5

Statistic	Value	F Value	Num DF	Den DF	Pr > F
Wilks' Lambda	0.90318095	0.91	2	17	0.4208
Pillai's Trace	0.09681905	0.91	2	17	0.4208
Hotelling-Lawley Trace	0.10719785	0.91	2	17	0.4208
Roy's Greatest Root	0.10719785	0.91	2	17	0.4208

图 13.16　多元方差分析结果

（3）深入分析——具体哪两个时间点有差异。

前面的分析结果提示，不同时间点的眼压可能有所不同。如果想深入分析，那么我们可能想知道：到底哪个时间点眼压最高、哪个时间点眼压最低？它们随时间变化有没有一定的规律？如果有，则呈什么样的规律变化？想分析具体时间点之间的差异，通常采用 contrast 比较（详见 13.5 节）。

contrast 比较是指定一个参照组（一般习惯以第一个时间点为参照），其余时间点分别与该参照时间点进行比较。如例 13.2 中的 contrast 比较结果如图 13.17 所示。

对比变量: time_2					
源	自由度	III 型 平方和	均方	F 值	Pr > F
Mean	1	6.2320055	6.2320055	0.99	0.3333
gender	1	1.6320055	1.6320055	0.26	0.6171
误差	18	113.5054945	6.3058608		

对比变量: time_3					
源	自由度	III 型 平方和	均方	F 值	Pr > F
Mean	1	33.25054945	33.25054945	10.22	0.0050
gender	1	4.45054945	4.45054945	1.37	0.2574
误差	18	58.54945055	3.25274725		

图 13.17　contrast 比较结果

图 13.17 中的结果可能较难理解（而且不同软件给出的形式也各不相同，此处给出的是 SAS 软件的结果），因为很多人对 Mean 和 gender 这两个结果不知道如何解释。

Mean 的结果表示的是对所有人（不考虑 gender 分组）的比较，如时间点 2 与时间点 1 相比无统计学差异（$P=0.3333$），而时间点 3 与时间点 1 相比有统计学差异（$P=0.0050$），说明对所有的 20 人而言，时间点 3 与时间点 1 之间有统计学差异，而时间点 2 与时间点 1 之间无统计学差异。从图 13.18 中不难看出，时间点 3 与时间点 1 之间的差异更大。

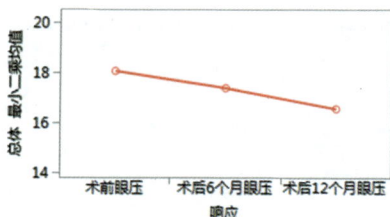

图 13.18　所有人的眼压随时间变化的趋势

gender 的结果不是表示两组（男性儿童和女性儿童）之间的差异，而是反映了变化趋势。如 time_2 中 gender 的结果表示"时间点 2 男女差异"与"时间点 1 男女差异"之间的差值，实际上就是反映了图 13.19 左图的两条线是否平行（思考一下为什么）。由于其 P 值为 0.6171，可以认为两条线可能是平行的（确切地说，没有足够证据认为两条线不平行）。而 time_3 中 gender 的结果表示"时间点 3 男女差异"与"时间点 1 男女差异"之间的差值，实际上就是反映了图 13.19 右图的两条线是否平行。由于其 P 值为 0.2574，也不能认为两条线不平行（可能直观上你会觉得两条线不平行，但总的来说两条线都是下降的，统计学检验认为判断其不平行的证据不足，主要原因应该是例数太少）。

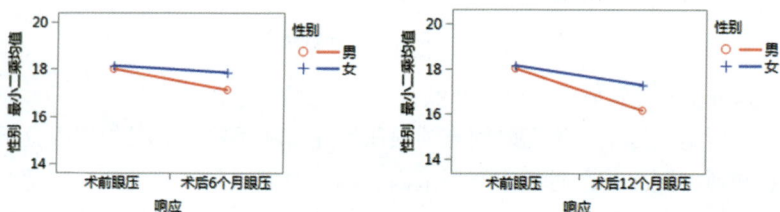

图 13.19　gender 变量所反映的含义示例

（4）深入分析——两组随时间变化有什么规律。

分析变化趋势一般采用正交多项式（Orthogonal Polynomial）。正交多项式的思路是把总变异分解为不同的多项式，如 3 个时间点，就将总变异分解为线性和二次项两部分；4 个时间点，则将总变异分解为线性、二次项和三次项三部分（其他以此类推），然后分析哪一阶次的变异更大。如果二次项有统计学意义，则说明二次项造成的变异更大，提示数据可能是二次项；如果线性有统计学意义，则提示可能是直线变化；如果都没有统计学意义，则提示可能是一条与 x 轴平行的直线，即没有任何升高或降低的趋势。

图 13.20 给出了正交多项式的分析结果。由于只有 3 次观测点，因此最多拟合二次项，分别给出了线性和二次项的拟合结果。

对比变量: time_1

源	自由度	III 型 平方和	均方	F 值	Pr > F
Mean	1	16.62527473	16.62527473	10.22	0.0050
gender	1	2.22527473	2.22527473	1.37	0.2574
误差	18	29.27472527	1.62637363		

对比变量: time_2

源	自由度	III 型 平方和	均方	F 值	Pr > F
Mean	1	0.09972527	0.09972527	0.04	0.8374
gender	1	0.03305861	0.03305861	0.01	0.9059
误差	18	41.39194139	2.29955230		

图 13.20　正交多项式的分析结果

Mean 的结果表示所有人（不分 gender）的眼压随时间的变化呈何种趋势。由结果不难看出，Mean 在二次项上无统计学意义（$P=0.8374$），而在一次项（线性）上有统计学意义（$P=0.0050$），提示这 20 名儿童的眼压随时间的变化呈线性趋势（见图 13.18）。

gender 的结果表示男性儿童和女性儿童的眼压随时间的变化趋势有无统计学差异，通俗来说就是两条曲线是否平行。从线性趋势来看，两组趋势并无统计学差异（$P=0.2574$）；从二次项趋势来看，两组趋势也无统计学差异（$P=0.9059$）。也就是说，不管是从线性角度来看，还是从二次项曲线角度来看，都不能认为两条曲线不平行。

有一点可能很多人没有注意到：正交多项式中 Mean 的线性的离均差平方和 16.625 与二次项的离均差平方和 0.100 之和为 16.725，这个值是什么呢？大家回头看一下图 13.14 中 time 的离均差平方和，也是这个值。gender 也是如此，线性的离均差平方和 2.225 与二次项的离均差平方和 0.033 之和恰好等于图 13.14 中 gender*time 的离均差平方和 2.258。这不是巧合，因为这正是正交多项式的思路：把变异分解为不同阶次的多项式。

* * * * * * * *

SAS 软件执行重复测量方差分析过程的几个主要过程包括：

（1）多元正态性检验可利用宏%multnorm 来实现（http://support.sas.com/kb/24/983.html）。

```
%inc "H:\mysas\multnorm.sas";    /*调用宏，注明宏程序的位置*/
%multnorm(data=aa, var=t1 t2 t3, plot=MULT);
```

（2）多元方差齐性可利用 proc discrim 过程来实现。

```
proc discrim pool=test;
class gender;
var t1-t3;
run;
```

（3）重复测量方差分析可利用 proc glm 过程来实现。

```
proc glm;
class gender;
model t1-t3=gender/nouni;
repeated time 3 contrast(1)/printe summary;
repeated time 3 polynomial/printe summary;
manova h=gender;
run;
```

R 软件并无专门用于重复测量方差分析的函数，但可以通过 aov 函数指定 Error 来实现单变量方差分析，并可通过 car 包中的 Anova 函数进行 G-G 校正等。但这些相对较为复杂，不如 SAS 软件实现起来方便。因此建议如果用 R 软件处理重复测量数据，则可用 lme4 包中的 lmer 函数拟合混合效应模型（参见第 10 章）。

JMP Pro 软件进行重复测量方差分析的操作如下：

依次单击"分析"→"拟合模型"，将三个测量变量同时拖入"Y"，并在"特质"下拉菜单中选择"多元方差分析"；然后选中 gender 变量，单击"添加"，然后单击"确定"，进入结果界面。

在结果界面中，先勾选"进行一元检验"和"分别检验各列"，然后在"选择响应"下拉菜单中选择"重复测量"，单击"确定"即可。

SPSS 软件进行重复测量方差分析的操作如下：

依次单击"分析"→"一般线性模型"→"重复度量"，在"级别数"中输入重复测量的次数（此处为 3），单击"添加"，将其添加到框中；然后单击"定义"，将重复测量的 3 个变量拖入"群体内部变量（因子 1）"中，然后将组别变量 gender 拖入"因子列表"中，单击"确定"，即可输出重复测量方差分析的结果。

SPSS 软件默认进行正交多项式对比，如果想进行 contrast 比较，则在上述单击"定义"后的界面中单击"对比"，在"对比"的下拉菜单中选择"简单"，并单击"更改"，然后单击"继续"，返回主界面，单击"确定"即可。

13.8　方差分析的替代——Kruskal-Wallis 秩和检验

Kruskal-Wallis 秩和检验的思路与第 12 章中介绍的 Wilcoxon 秩和检验差不多，只不过该检验用于多组比较而已。下面通过一个例子简要说一下 Kruskal-Wallis 秩和检验的思路。

例 13.3： 某研究评价了不同心功能分级人群的精神健康评分，比较三级人群的精神健康评分是否不同。三组数据（略）的分布如图 13.21 所示，可以看出，数据基本均呈偏态分布，可以考虑用 Kruskal-Wallis 秩和检验。

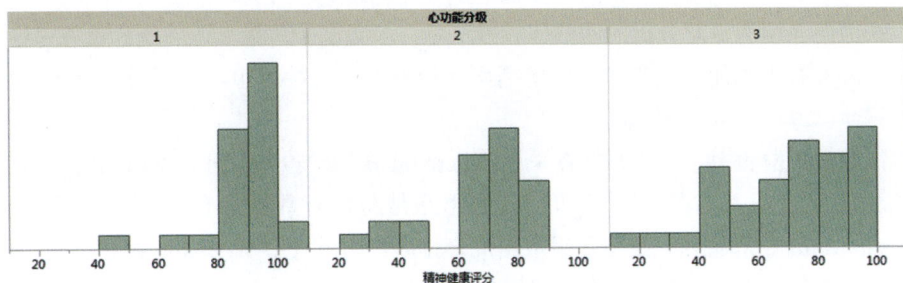

图 13.21　不同心功能分级组的精神健康评分

Kruskal-Wallis 秩和检验的思路是：先将所有数据混合排序，然后计算每组的秩和。假定总例数为 N，则三组总的秩和应为 $N(N+1)/2$，各组平均秩次应为 $(N+1)/2$（稍微想一下不难理解）。Kruskal-Wallis 秩和检验也是利用了变异分解的思想，只不过是对秩次的变异进行分解。

秩次的总离均差平方和为

$$Q_{总} = \frac{N(N^2 - 1)}{12}$$

同样可以求出秩次的组间离均差平方和 $Q_{组间}$（公式省略，理解思路即可）。对于 Kruskal-Wallis 秩和检验，其定义的统计量为

$$H = \frac{Q_{组间}}{Q_{总}/(N-1)} = \frac{Q_{组间}}{N(N+1)/12}$$

从公式来理解 Kruskal-Wallis 秩和检验，分子反映了组间变异，分母反映了标准误大小。因此该公式就不难理解了，组间差异越大、抽样误差越小，越有理由认为各组之间有差异。

由于 Kruskal-Wallis 秩和检验的统计量近似服从 χ^2 分布，因此有的软件给出的是 χ^2 统计量。图 13.22 给出了例 13.3 的 Kruskal-Wallis 秩和检验结果，给出的统计量就是 χ^2。

Wilcoxon / Kruskal-Wallis 检验（秩和）

水平	计数	得分和	期望得分	得分均值	(Mean-Mean0)/Std0
1	28	2023.00	1344.00	72.2500	5.539
2	26	869.000	1248.00	33.4231	-3.159
3	41	1668.00	1968.00	40.6829	-2.250

▲单因子检验，近似卡方分布

卡方	自由度	概率>卡方
31.8242	2	<.0001*

图 13.22　Kruskal-Wallis 秩和检验的结果示例

13.9 多组秩和检验后的两两比较方法

Kruskal-Wallis 秩和检验很容易理解，而且其软件实现也非常方便。如果说对该法有些疑问，那主要就是关于其两两比较。

在前面介绍的方差分析的两两比较方法中，多数基于"最小差异统计量"，只不过计算方式各有不同而已。秩和检验的两两比较也基于这种思想，只不过针对的是秩次的计算而已。

在非参数检验中，一般不推荐采用 Wilcoxon 秩和检验分别进行两组比较，即使对 P 值进行了校正。这是因为秩和检验的思路是将所有数据混合排序，对于多组的 Kruskal-Wallis 秩和检验，是将多组数据混合排序。如果采用 Wilcoxon 秩和检验，则只能对所比较的两组数据混合排序，这样秩次就会发生改变。

目前常用的秩和检验两两比较方法主要有以下几种。

1. DSCF 法

DSCF（Dwass, Steel, Critchlow-Fligner）法基于标准化的 Wilcoxon 统计量 z（对相同秩次不进行校正），DSCF 统计量等于 $\sqrt{2}\,z$。DSCF 法计算的 P 值仍然基于前面方差分析中介绍的学生化极差 q 统计量，比较 DSCF 值与对应的 q 界值，如果大于 q 界值，则认为差异有统计学意义；否则认为差异无统计学意义。例 13.3 的 DSCF 法（SAS 软件）两两比较结果如图 13.23 所示。

成对双侧多重比较分析		
Dwass-Steel-Critchlow-Fligner 方法		
变量: MCS		
group	Wilcoxon Z	DSCF 值	Pr > DSCF
3 vs. 2	0.8363	1.1827	0.6804
3 vs. 1	-4.4605	6.3081	<.0001
2 vs. 1	-5.4361	7.6878	<.0001

图 13.23 DSCF 法两两比较结果

2. Conover-Iman 法

Conover-Iman 法相当于前面介绍的 LSD t 检验，只不过在方差分析的两两比较中，LSD t 检验是根据原始数据来计算的，而 Conover-Iman 法是基于秩次来计算的。与 LSD t 检验一样，如果 Conover-Iman 法不进行校正，则其假阳性率也较高。

例 13.3 的 Conover-Iman 法（R 软件）两两比较结果如下（用 Bonferroni 法进行校正）：

H_0	statistic	p.value
1=2	6.290508	3.2e−08（0.000000032）
1=3	5.681521	4.7e−07（0.00000047）
2=3	1.277770	0.61

3. Nemenyi 法

Nemenyi 法类似于 Tukey 法，先根据 q 界值和标准误计算一个最小差异统计量，只不过在 Tukey 法中标准误的计算方式为 $\sqrt{\frac{MS_{\text{error}}}{n}}$，而这里用的是 $\sqrt{\frac{N(N+1)}{12} \times (\frac{1}{n_i} + \frac{1}{n_j})}$，而且 q 界值是根据无限自由度来计算的，因此 Nemenyi 法计算的最小差异统计量为

$$q_{0.05}(k, df = \infty) \sqrt{\frac{N(N+1)}{12} \times (\frac{1}{n_i} + \frac{1}{n_j})}$$

式中，k 表示总的组数，n_i 和 n_j 分别表示欲比较两组的例数。

判断标准就是比较两组的平均秩次，看是否大于最小差异统计量。如果大于最小差异统计量，则说明有统计学差异；否则认为无统计学差异。

例 13.3 的 Nemenyi 法（R 软件）两两比较结果如下：

H_0	statistic	p.value
1=2	7.313243	7e−07（0.0000007）
1=3	6.605245	9e−06（0.000009）
2=3	1.485515	0.55

4. Dunn 法

Dunn 法的思路与 Nemenyi 法差不多，只不过不是根据 q 界值来计算最小差异统计量，而是根据正态分布的分位数来计算，因此其最小差异统计量为

$$Z_{0.05/2} \sqrt{\frac{N(N+1)}{12} \times (\frac{1}{n_i} + \frac{1}{n_j})}$$

判断标准也是先计算欲比较两组的平均秩次之差，看其是否大于最小差异统计量。

例 13.3 的 Dunn 法（SPSS 软件）两两比较结果如图 13.24 所示。

样本1-样本2		检验统计量	标准误	标准检验统计量	Sig.	调整显著性
2-	3	-7.260	6.911	-1.050	.294	.881
2-	1	38.827	7.508	5.171	.000	.000
3-	1	31.567	6.759	4.671	.000	.000

图 13.24　Dunn 法两两比较结果

这些两两比较方法的思路不同，但结果都差不多，选择哪种方法并无原则性错误。Rublík（2005）的统计模拟结果表明，在进行三组或四组的两两比较时，Nemenyi 法和 DSCF 法各有优劣，实际中任选其一即可。

* * * * * * * *

SAS 软件执行 **Kruskal-Wallis** 秩和检验及 **DSCF** 法两两比较的主要命令如下：

```
proc npar1way wilcoxon dscf;
class group;
var x;
run;
```

R 软件可通过 **kruskal.test** 函数实现 **Kruskal-Wallis** 秩和检验，通过 **PMCMR** 包中的 **posthoc.kruskal.dunn.test** 函数、**posthoc.kruskal.conover.test** 函数和 **posthoc.kruskal.nemenyi.test** 函数实现 **Bonferroni** 法、**Conover** 法和 **Nemenyi** 法的两两比较。假定数据集 **f1** 中有结果变量 **x** 和组别变量 **group**，其主要语句如下：

```
kruskal.test(x~group, data=f1)
posthoc.kruskal.dunn.test(x~group, data=f1, p.adjust="bonf")
posthoc.kruskal.nemenyi.test(x~group, data=f1)
posthoc.kruskal.conover.test(x~group, data=f1, p.adjust="bonf")
```

JMP Pro 软件可给出 **Steel-Dwass** 检验和 **Dunn** 检验的两两比较结果，操作如下：

单因素方差分析：依次单击"分析"→"以 x 拟合 y"，输入相应的因变量和自变量，单击"确定"进入结果界面。在下拉菜单中选择"非参数"→"Wilcoxon 检验"，即可输出 Kruskal-Wallis 秩和检验。在下拉菜单中选择"非参数"→"非参数多重比较"，可指定 Steel-Dwass 检验或 Dunn 检验。

SPSS 软件可执行 **Dunn** 法的两两比较，操作如下：

首先将组别变量设为名义型，然后依次单击"分析"→"非参数检验"→"独立样本"，在出现的界面中单击"手动分配"。出现操作界面，单击"字段"，将组别变量拖入"组"，将分析变量拖入"检验字段"，单击"运行"，出现 Kruskal-Wallis 秩和检验结果。

双击结果中的表格，会进入"模型浏览器"界面，在右侧界面下方的"视图"下拉菜单中选择"成对比较"，即可给出 Dunn 法的两两比较结果。

第 14 章

卡方检验——有"卡"未必走遍天下

瑜（周瑜）笑曰："瑜特为此来解开主公。主公因见操檄文，言水陆大军百万，故怀疑惧，不复料其虚实。今以实较之：彼将中国之兵，不过十五六万，且已久疲；所得袁氏之众，亦止七八万耳，尚多怀疑未服。夫以久疲之卒，御狐疑之众，其数虽多，不足畏也。瑜得五万兵，自足破之。愿主公勿以为虑。"

——罗贯中小说《三国演义》

14.1　卡方检验用于分类资料组间比较的思想

χ^2在很多人眼中是一个很奇怪的词，不仅是因为其读音（Chi Square），还因为在很多方法中总能看到它的身影，如 Logistic 回归中有 Wald χ^2、似然比 χ^2，生存分析中的 log-rank 检验也是 χ^2，甚至非参数 Kruskal-Wallis 秩和检验的结果还是 χ^2。这让很多初学者一头雾水，到底 χ^2 是什么？为什么书上说 χ^2 用于两组率的比较，而现实中却发现到处是 χ^2？

要明白这一点，必须先了解 χ^2 检验的思想。我们通过一个简单的例子来说明一下。

例 14.1：某研究者实施了一项关于女性心肌梗死与吸烟关系的病例对照研究，研究者调查了 240 名心肌梗死患者和 480 名非心肌梗死患者，并调查她们的吸烟情况（对"吸烟"有明确定义）。最终调查的结果如表 14.1 所示，研究者想了解心肌梗死患者与非心肌梗死患者的吸烟比例是否有差异，或者说吸烟与心肌梗死是否有关联。

表 14.1 女性心肌梗死与吸烟关系的四格表

心肌梗死患者	吸烟	不吸烟	合计
是	158	169	327
否	82	311	393
合计	240	480	720

对于例 14.1 的研究目的，有两种方式可以考虑：

第一，采用 Z 检验，比较两组的吸烟比例，即比较 48.32%和 20.87%之差是否有统计学意义。这种方式类似于 t 检验，通过计算两组比例的差值及其标准误，用差值除以标准误便得到 Z 值，然后根据正态分布做出推断即可。

第二，采用 χ^2 检验，不是比较两组比例，而是根据表中的实际频数和理论频数的差异做出推断。这是我们要重点介绍的，下面详细说一下其具体思想。

首先我们还是需要做出假定（无效假设），认为心肌梗死与吸烟无关，或者说，心肌梗死患者与非心肌梗死患者的吸烟比例是相等的。

由于所有人的吸烟比例为 240/720=33.33%，如果无效假设成立（心肌梗死与吸烟无关），那么心肌梗死患者与和非心肌梗死患者的吸烟比例应该是一致的，都是 33.33%。从而得出心肌梗死患者中吸烟的例数应为 327×33.33%=109 人，非心肌梗死患者中吸烟的例数应为 393×33.33%=131 人。

这里的 109 人和 131 人是在无效假设成立的前提下理论上应该出现的例数，因此称为理论频数（Theoretical Frequency）。而实际上，心肌梗死患者和非心肌梗死患者中的吸烟例数并不是 109 人和 131 人，而是 158 人和 82 人。这里的 158 人和 82 人是实际调查数据中出现的例数，因此称为实际频数（Actual Frequency）。

由此我们可以发现，理论频数和实际频数并不相符。造成这种差异的原因至少有两个：

（1）该研究是抽样调查，即使无效假设真的成立，由于抽样误差的存在，两组的吸烟人数也不大可能正好是 109 人和 131 人，总会有一定差异。

（2）理论频数是在无效假设（假定两组人群的吸烟比例相等）成立的条件下计算出来的。如果这一假定是错误的，那么实际频数与理论频数有差异就不足为奇了。

因此，现在需要解决的问题是：理论频数与实际频数不相等，到底是由于无效假设错误，还是由于抽样误差造成的？这时候就用到了 χ^2 检验。

χ^2 检验的公式为

$$\chi^2 = \sum \frac{(A_i - T_i)^2}{T_i}$$

其中，A_i 为实际频数，T_i 为理论频数。

不难看出，χ^2 值反映了理论频数和实际频数的差异大小。理论频数和实际频数差别越大（分子越大），χ^2 值越大；反之，χ^2 值越小。

当无效假设成立时，理论频数和实际频数应该相等，此时 χ^2 值为 0。但由于抽样误差的存在，理论频数和实际频数不可能完全相等，但肯定应该差别不大。换句话说，如果无效假设成立，只是由于抽样误差造成理论频数和实际频数不相等，则二者差别应该很小，χ^2 值也应该很小。如果 χ^2 值太大，则无法用抽样误差来解释，只能认为无效假设可能不成立，即两组人群的吸烟比例不同（或心肌梗死与吸烟有关）。

那么 χ^2 值多大才算"差别过大"呢？由于这一公式服从 χ^2 分布，因此可根据 χ^2 分布来确定。χ^2 分布的特征与自由度有关，其自由度为(行数-1)×(列数-1)，对于四格表资料，行、列数均为 2，因此其自由度为(2-1)×(2-1)=1。对于自由度为 1 的 χ^2 分布，当 χ^2 值大于 3.84 时，右侧面积小于 0.05，可以认为是小概率事件，即理论频数和实际频数的差别不大可能是由于抽样误差造成的，从而拒绝无效假设，认为两组比例可能确实有差异。

在例 14.1 中可计算其理论频数（括号中红色数值），如表 14.2 所示。

表 14.2　女性心肌梗死与吸烟关系的实际频数和理论频数

心肌梗死患者	吸烟	不吸烟
是	158（109）	169（218）
否	82（131）	311（262）

根据表 14.2，不难计算出其 χ^2 值为

$$\chi^2 = \frac{(158-109)^2}{109} + \frac{(169-218)^2}{218} + \frac{(82-131)^2}{131} + \frac{(311-262)^2}{262} = 60.53$$

图 14.1 是 SAS 软件给出的 χ^2 检验结果。你可能会发现，除 χ^2 检验之外，还有其他一些附带的结果，这些我们稍后会提到。

统计量	自由度	值	概率
卡方	1	60.5337	<.0001
似然比卡方检验	1	61.0710	<.0001
连续调整卡方	1	59.3046	<.0001
Mantel-Haenszel 卡方	1	60.4496	<.0001

图 14.1　SAS 软件给出的 χ^2 检验结果

由于 χ^2 值远远大于 3.84，所以可以认为有足够的证据拒绝无效假设，认为心肌梗死和吸烟是有关联的，或者说，心肌梗死患者和非心肌梗死患者的吸烟比例是有差异的。

* * * * * * * *

SAS 软件执行 χ^2 检验的主要命令如下：

```
proc freq;
weight f;                /*如果以列联表形式输入，则需加上该语句指定频数变量*/
table smoke*mi/chisq;
run;
```

R 软件可通过 **chisq.test** 函数实现 χ^2 检验。假定数据集 **f1** 中有结果变量 **mi** 和组别变量 **smoke**，其主要语句如下：

```
tab=xtabs(~smoke+mi,data=f1)
chisq.test(tab)
```

如果在 R 软件中以列联表形式输入，则主要语句如下：

```
mi=matrix(c(158,169,82,311),nc=2)
chisq.test(mi,correct = F)
```

JMP Pro 软件执行 χ^2 检验的操作如下：

依次单击"分析"→"以 x 拟合 y"，将分组变量拖入"X，因子"，将结局变量拖入"Y，响应"（如果是列联表输入形式，则还需将频数变量拖入"频数"），即可显示 χ^2 检验结果。注意分组变量和结局变量必须都是分类变量。

SPSS 软件进行 χ^2 检验的操作如下（如果是列联表输入形式，则首先需要在"数据"菜单中将频数变量加权）：

依次单击"分析"→"统计描述"→"交叉表"，在出现的界面中将分组变量拖入"行"，将结局变量拖入"列"，然后单击"统计量"，选择"卡方"。

14.2 卡方用于拟合优度评价——从 Hardy-Weinberg 定律谈起

从上述 χ^2 检验的思想不难看出，χ^2 检验不是通过比较两个率的大小（像 t 检验比较两个均数大小一样）来说明两组差异的，而是依靠理论频数与实际频数的差异。实际上这也就是拟合优度（Goodness of Fit）的思想，即看实际值与理论值（预测值）的差异有多大。

在不同场合下，拟合优度有不同的用处。例如，在组间比较中，通过比较实际值与理论值的差异大小，做出是否有统计学差异的结论；在模型评价中，根据实际值与模型预测值的差异大小，判断模型是否很好地拟合了数据；在判断数据是否服从某一分布时，根据其理论分布与实际数据的差异做出判断；等等。

事实上，第 11 章介绍的正态分布的检验同样利用了拟合优度的原理。首先有原始数据，然后根据正态分布的公式计算出（如果服从正态分布）理论数据，再比较实际数据与理论数据相差多大，如果差别不大，就可以认为其满足正态分布。

下面通过"Hardy-Weinberg 定律"和"二项分布的拟合优度检验"两个例子进一步说明 χ^2 拟合优度的思想，加深大家对 χ^2 检验思想的理解。

1. Hardy-Weinberg 定律

例 14.2：某研究检测了病例和对照的某基因型频率，其中对照组的基因型频率及等位基因频率如表 14.3 所示，试判断对照组的基因型分布是否符合 Hardy-Weinberg 定律。

表 14.3　对照组的基因型频率及等位基因频率

	例数	基因型频率			等位基因频率	
		AA（p^2）	AG（$2pq$）	GG（q^2）	A（p）	G（q）
实际数	212	36（0.170）	69（0.325）	107（0.505）	141（0.333）	283（0.667）
理论数	212	23.44（0.111）	94.11（0.444）	94.44（0.445）		

注：括号中为其比例。

在表 14.3 中，首先根据实际数据的基因型频率求出等位基因频率，然后再根据 $p^2+q^2=1$ 计算出理论的基因型频率。如果实际数与理论数一致，则说明对照组的基因型分布符合 Hardy- Weinberg 定律。

对于这种比较理论数与实际数是否一致的目的，就可以考虑用 χ^2 检验，计算 χ^2 值为

$$\chi^2 = \frac{(36 - 23.44)^2}{23.44} + \frac{(69 - 94.11)^2}{94.11} + \frac{(107 - 94.44)^2}{94.44} = 15.10$$

自由度为(3-1)×(2-1)=2，此时对应的 P 值为 0.0005，可以认为对照组的基因型分布不符合 Hardy-Weinberg 定律。

> 📋 实用技巧：
>
> 在 Excel 中利用 chidist 函数可以求出 χ^2 值对应的 P 值，如=chidist(15.10,2)会输出 0.000526，即当自由度为 2 时，χ^2 分布中 15.10 右侧的面积为 0.000526。

2. 二项分布的拟合优度检验

例 14.3：某研究调查了 150 户三口之家的某病发病率，结果发现每户发生疾病的人数如表 14.4 所示。现在想通过拟合优度检验来判断该病的发病率是否具有家庭聚集性。

表 14.4　实际发病数与理论发病数

每户发病数	理论发病率	家庭数	理论发病的家庭数
0	0.6361	112	150×0.6361=95.41
1	0.3106	20	150×0.3106=46.59
2	0.0506	11	150×0.0506=7.59
3	0.0027	7	150×0.0027=0.41

对于该例，实际上也就是判断该病的发病率是否服从二项分布，因为如果其服从二项分布，那就是独立的，意味着不存在家庭聚集性。

想要判断该病的发病率是否服从二项分布，首先需要知道根据当前的发病率，如果服从二项分布，则理论上应该发生的例数是多少，然后通过拟合优度检验来评价实际发病数与理论发病数的差别有多大。如果差别不大，则说明符合二项分布；否则认

为可能不服从二项分布，即认为可能具有家庭聚集性。

从表 14.4 中不难计算出总的发病率为(20×1+11×2+7×3)/(150×3)=0.14。因此，基于二项分布可以计算出理论发病率如下。

0 人发病的概率：$P(0) = C_3^0 \times 0.14^0 \times 0.86^3 = 0.6361$

1 人发病的概率：$P(1) = C_3^1 \times 0.14^1 \times 0.86^2 = 0.3106$

2 人发病的概率：$P(2) = C_3^2 \times 0.14^2 \times 0.86^1 = 0.0506$

3 人发病的概率：$P(3) = C_3^3 \times 0.14^3 \times 0.86^0 = 0.0027$

考虑到 3 人发病的概率太小，因此一般跟 2 人合并，即合并为≥2 人。因此，可计算 χ^2 拟合优度为

$$\chi^2 = \frac{(112 - 95.41)^2}{95.41} + \frac{(20 - 46.59)^2}{46.59} + \frac{(18 - 8.00)^2}{8.00} = 30.56$$

自由度为(3−1)×(2−1)=2，此时对应的 P 值小于 0.001，可以认为该病的发病率不符合二项分布，即该病可能具有家庭聚集性。

* * * * * * *

SAS 软件执行 χ^2 拟合优度检验的主要命令如下（以例 14.3 为例）：

```
data incidence;
do num=1 to 3;
input f@@;
output;
end;
cards;
112 20 18
;
proc freq;
weight f;
table num/chisq testp=(0.6361 0.3106 0.0533);
run;
```

14.3　似然比 χ^2、M-H χ^2、校正 χ^2 与 Fisher 精确检验

通常我们所说的 χ^2，实际上是指 Pearson χ^2。其实 χ^2 有很多种，即使用于分类资料的组间比较也不止一种。我们可能会发现，在多数软件中给出的都不仅是 Pearson χ^2 这一个结果，至少还有一个 χ^2 几乎跟它同在，这就是似然比 χ^2。

似然比 χ^2 是与 Pearson χ^2 齐名的一种检验方法，该检验的思路是先确定在无效假设 H_0 为真的条件下，似然函数所能达到的最大值；再确定在 H_0 不一定为真的条件下，似然函数所能达到的最大值。似然比 χ^2 就是基于二者之比：

$$LR = \frac{\text{满足} H_0 \text{时参数的最大似然值}}{\text{不一定满足} H_0 \text{时参数的最大似然值}}$$

如果分母的值更大，则说明更倾向于接受 "不满足 H_0" 这一结论，此时 LR 值肯定会小于 1。换句话说，如果 LR 值小于 1，则说明有很强的证据拒绝 H_0。

完整的似然比 χ^2 统计量是对 LR 取对数，再乘以 -2，即 $G^2=-2\log LR$。采用对数变换是为了产生一个近似 χ^2 的抽样分布。这样一来，LR 值越小，似然比统计量 G^2 就越大。因此，大的似然比 χ^2 统计量意味着有更强的证据拒绝 H_0。

在大样本情况下，似然比 χ^2 与 Pearson χ^2 的结果几乎是一致的。但如果样本例数较少，则二者的结果会有一定差异。Agresti（2002）认为，如果总例数与(行×列)之比小于 5（如四格表中(行×列)为 4，如果总例数小于 20，则二者之比小于 5），则似然比 χ^2 对 χ^2 分布的近似程度不好，计算的 P 值可能会太大或太小。但 Ozdemir（2005）认为，从功效（Power）角度来看，即使在期望值低于 5 的情况下，似然比 χ^2 的功效也是高于 Pearson χ^2 的。

例 14.1 中数据的似然比 χ^2 值为 61.07（图 14.1 中的 "似然比卡方检验"），在大样本情况下，该统计量与 Pearson χ^2 的结果几乎一致。

* * * * * * * * *

还有一种很常见的 χ^2 是 M-H（Mantel-Haenszel）χ^2。M-H χ^2 检验的是行和列之间是否存在线性关系（Linear Trend），而 Pearson χ^2 检验的是一般关联（General Association）。一般关联是一个很广泛的概念，任何关系都可以看作关联；而线性关系则更为局限一些，专门指 "线性" 趋势。因此，不管列联表中的行或列是有序变量还是无序变量，都可以分析一般关联；但线性趋势一般只用于行变量和列变量均为有序变量的情形。

M-H χ^2 统计量的计算较为复杂，这里不列出详细公式，但该统计量与我们经常提到的 Pearson 相关系数（r）是有一定关系的：

$$\text{M-H} \chi^2 = (N-1) r^2$$

这里的 N 是指总例数，r^2 即 Pearson 相关系数的平方。

例 14.4： 某研究采用焦虑量表 SAS 和抑郁量表 SDS 调查了 446 名大学生的焦虑和抑郁状况，结果均分为无、轻度、中重度三类（分别赋值为 1、2、3），如表 14.5 所示。研究目的是想了解焦虑和抑郁之间是否有一定的相关性，即随着焦虑等级的增加，抑郁等级也会增加。

表 14.5　焦虑和抑郁的关系示例（单位：人）

抑　郁	焦　虑		
	无	轻度	中重度
无	104	83	41
轻度	79	72	31
中重度	9	14	13

本研究是为了观察线性相关趋势，由于抑郁和焦虑都是有序变量，因而可以考虑用 M-H χ^2 检验。利用统计软件可以直接输出该结果，如图 14.2 所示。

统计量	自由度	值	概率
卡方	4	9.3777	0.0523
似然比卡方检验	4	8.7224	0.0684
Mantel-Haenszel 卡方	1	4.2800	0.0386

图 14.2　M-H χ^2 统计量的输出结果

由于 M-H χ^2 是将行变量和列变量作为有序变量,因此其自由度为 1×1=1；而 Pearson χ^2 和似然比 χ^2 是将行变量和列变量作为无序变量,因此这两个统计量的自由度为 (3-1)×(3-1)=4。

Pearson χ^2 和似然比 χ^2 检验的是两个变量之间有无关联,不考虑行变量和列变量的有序或无序；而 M-H χ^2 将行变量和列变量均作为有序变量,检验的是两个变量之间的线性相关趋势。从输出结果来看,M-H χ^2 统计量为 4.28（P=0.0386）,可以认为抑郁程度与焦虑程度有一定的线性关系,即随着抑郁等级的增加,焦虑等级也呈增加趋势。

如果想了解具体的相关系数是多少,可计算 Spearman 相关系数（详见第 15 章）。

注意：对于例 14.4 中的数据,选择何种检验方法更多地取决于研究目的。如果把抑郁和焦虑均作为等级资料,目的是分析两个变量的线性趋势,那么可考虑 M-H χ^2；但如果以抑郁作为分组变量,比较不同抑郁分组下的焦虑程度是否有统计学差异,那么由于结局变量（焦虑）是有序变量,因而可以考虑 Kruskal-Wallis 秩和检验；如果将抑郁和焦虑均看作无序变量,只是为了观察抑郁与焦虑之间有无关联（或者说不同抑郁组的焦虑程度的比例有无差异）,此时用 Pearson χ^2 即可。

* * * * * * * *

在第 3 章中提到过,χ^2 分布是基于连续资料的分布,而 Pearson χ^2 检验用于组间比较时是对分类资料的比较。在这种情况下,Pearson χ^2 只有在大样本时才近似 χ^2 分布,当样本量较小时,这种近似不是很好,此时如果仍基于 χ^2 分布进行统计推断就会有偏。因此,当样本量较小时,需要考虑其他方法。比较常见的有两种替代方法：Yates 校正与 Fisher 精确检验。

Yates 校正的思路很简单,就是将 Pearson χ^2 的分子减去 0.5,变为

$$\chi^2 = \sum \frac{(|A_i - T_i| - 0.5)^2}{T_i}$$

不难看出,Yates 校正 χ^2 值比 Pearson χ^2 值小,从概率分布的角度来看更接近精确 P 值。

对例 14.1 中的数据进行 Yates 校正的结果为 59.30（图 14.1 中的"连续调整卡方"）,略低于 Pearson χ^2 值。由于例 14.1 中的数据量较大,因此二者的差异微乎其微。

* * * * * * * *

如果例数非常少，Yates 校正 χ^2 仍不是 χ^2 分布的很好近似，那么结果仍有可能存在假阳性，一般建议用 Fisher 精确检验（Exact Test）更为保守一些。

Fisher 精确检验跟 Pearson χ^2 检验其实并没什么太大关系，二者基于的分布也不同，Pearson χ^2 检验近似 χ^2 分布，计算 χ^2 统计量，然后据此计算 P 值，做出统计学结论；而 Fisher 精确检验则基于超几何分布，没有统计量，直接计算组合概率。下面通过一个例子说明 Fisher 精确检验的计算思路。

例 14.5： 某研究比较了两种治疗方式对某癌症的治疗效果，具体数据如表 14.6 所示，目的是比较两种疗法的治疗效果是否不同。

表 14.6　不同疗法治疗某癌症的效果（单位：人）

治疗方式	有　　效	无　　效	合　　计
手术疗法	20	2	22
放射疗法	14	3	17
合　　计	34	5	39

在表 14.6 中，无效的人数为 5 人，其中手术组 2 人，放射组 3 人。理论上，如果两组无差异，则手术组和放射组是有相等的机会出现任意组合的，比如也可能是 1 和 4，而不是现在的 2 和 3（换成"有效"的说法也一样，不过"无效"的例数少，解释起来更方便一些）。

Fisher 精确检验就是利用超几何分布的思想，将无效的这 5 人所有可能出现的组合的概率计算出来（如出现当前 2 和 3 的概率有多大，出现 1 和 4 的概率有多大），然后观察比现有表中这种情况更极端的概率有多大。如在表 14.6 中，放射组无效人数更多一些，那么更极端的情况就是 1 和 4、0 和 5。

超几何分布的计算公式为

$$P(X=k) = \frac{\binom{r}{k}\binom{n-r}{m-k}}{\binom{n}{m}}$$

以表 14.6 为例，式中，n 表示总例数（39），r 表示无效例数（也可以是有效例数，但出于计算方便，一般选择较少的一类），k 表示无效例数中放射组的人数（3），m 表示放射组的总人数（17）。

因此，对于表 14.6 而言，如果当前无效例数只是各种组合中的一种情况，那么出现当前 2 和 3 这种组合的概率为

$$P(X=3) = \frac{\binom{5}{3}\binom{34}{14}}{\binom{39}{17}} = 0.2728$$

意思是：在所有组合中（0 和 5、1 和 4、2 和 3、3 和 2、4 和 1、5 和 0），出现当前这种组合（2 和 3）的概率是 0.2728。

> **实用技巧：**
>
> 如果你想自己手工验证一下，以加深理解，则可以在 Excel 中利用 COMBIN 函数进行计算，如输入=COMBIN(5,3)*COMBIN(34,14)/COMBIN(39,17)，即可得到 0.2728。

如果例 14.5 是一个单侧检验，那只需要计算比当前的组合（2 和 3）更极端的情形（1 和 4、0 和 5）的概率即可。不难计算 $P(X = 4) = 0.0909$，$P(X = 5) = 0.0107$，则可以计算出 $P(X \geqslant 3) = 0.3745$。意思是：如果无效假设（两组率无差异）成立，那么，在这一条件下，出现当前结果（甚至更为极端）的概率为 0.3745，这一概率比较大，因此不能拒绝无效假设。

当然，更为常见的是双侧检验，即比较两组是否有差异，此时不仅需要计算 $P(X \geqslant 3)$，还需要计算其对立面的概率。对于本例而言，与 $P(X = 4)$ 对立的是 $P(X = 1)$，与 $P(X = 5)$ 对立的是 $P(X = 0)$，因此还需要计算出 $P(X = 1) = 0.2160$，$P(X = 0) = 0.0457$。因此，双侧概率为 $P(X \geqslant 3) + P(X \leqslant 1) = 0.6362$。由于这一概率较大，所以不能拒绝无效假设，即尚无足够证据认为两组疗效有差异。

例 14.5 中 Fisher 精确检验的统计软件（SAS）结果如图 14.3 所示，图中的表概率 0.2728 是指当前组合（两组无效例数分别为 2 和 3）的概率，右侧 P 值（0.3745）是指比当前组合更为极端的概率，双侧 P 值（0.6362）是指双侧检验（有可能手术组有效率高，也有可能放射组有效率高）的概率。

Fisher 精确检验	
单元格 (1,1) 频数 (F)	20
左侧 Pr <= F	0.8983
右侧 Pr >= F	0.3745
表概率 (P)	0.2728
双侧 Pr <= P	0.6362

图 14.3　SAS 软件给出的 Fisher 精确检验结果

Fisher 精确检验法最大的一个缺点就是计算量大，一般四格表资料计算速度还可以，但如果行和列较多，则普通计算机往往需要计算数个小时才能计算出结果。所以，如果你的列联表很大，而数据较为稀疏（Sparse），则建议不要直接用 Fisher 精确检验。最好（在专业知识的指导下）将临近的行或列进行合并，压缩表格。

* * * * * * * * *

关于几种方法的比较和选择：

Pearson χ^2 检验只有在例数较大时才近似 χ^2 分布，结果较为可靠。如果例数较少，则 Pearson χ^2 检验结果会有偏,容易增加假阳性率。此时通常可考虑用 Yates 校正 χ^2 或 Fisher 精确检验。

多数统计学家建议,当总例数>40 且理论频数<5 时,可以考虑 Yates 校正 χ^2 检验;当总例数<40 或理论频数<1 时,用 Fisher 精确检验更为稳妥一些。

似然比 χ^2 和 Pearson χ^2 在很多情况下都是一致的,只是思路不同。这两个统计量都近似服从 χ^2 分布,但相对而言,Pearson χ^2 统计量向 χ^2 接近的速度更快一些。当总例数与(行×列)的比值小于 5 时,似然比 χ^2 对 χ^2 分布的近似程度不如 Pearson χ^2。

不管是 Pearson χ^2、似然比 χ^2、Yates 校正 χ^2 还是 Fisher 精确检验,它们对行变量或列变量的性质并无要求,都是将它们看作无序变量。因此,对于行、列大于 2 的列联表,如果你将行或列的顺序置换,那么所得结果是不变的。

但是,M-H χ^2 则不同,如果你将列联表的行或列置换顺序,则会发现 M-H χ^2 统计量会发生很大改变,因为 M-H χ^2 将行和列看作有序变量,一旦顺序改变,结果就会发生改变。

* * * * * * * *

SAS 软件中的 **proc freq** 过程可同时输出 Pearson χ^2、Yates 校正 χ^2、M-H χ^2、Fisher 精确检验(如果行或列大于 **2**,需要在 **table** 语句中加上 **fisher** 选项)。主要命令如下:

```
proc freq;
weight f;                    /*如果是列联表输入形式,则需加上该语句指定频数变量*/
table smoke*mi/chisq fisher;
run;
```

R 软件可通过 **chisq.test** 函数实现 Yates 校正 χ^2 检验,通过 **fisher.test** 函数实现 Fisher 精确检验。例如:

```
ca=matrix(c(20,2,14,3),nc=2)
chisq.test(ca,correct = T)
fisher.test(ca)
```

JMP Pro 软件在 χ^2 检验的结果中,可默认输出似然比 χ^2 检验和 **Fisher** 精确检验。

SPSS 软件中的 χ^2 检验可输出 Pearson χ^2、Yates 校正 χ^2、M-H χ^2 检验,Fisher 精确检验可在"分析"→"统计描述"→"交叉表"的"精确"中指定。

14.4　等级资料到底可不可以用卡方检验

很多初学者经常问这样一个问题:等级资料用 χ^2 检验到底对不对?其实这是一个很难说对或不对的问题,需要结合研究目的、数据类型综合考虑。我们通过一个例子详细说明一下这个问题。

例 14.6: 某研究比较两种仪器治疗颈椎病的疗效,结果分为显效、有效、无效三类,如表 14.7 所示。

表 14.7　两种仪器的疗效情况（单位：人）

组　别	无　效	有　效	显　效
仪器 A	40	37	43
仪器 B	23	49	48

首先，如果你很明确地把疗效这一结局作为有序变量，那么比较两组疗效最好用 Wilcoxon 秩和检验而不是 χ^2 检验。因为我们在前面刚提到，χ^2 检验是把变量看作无序的，即使你将行或列进行顺序调换，其结果依然不变。而对于一个有固定顺序的变量而言，其顺序是不能随意调换的。

对于例 14.6 中的数据，利用统计软件很容易计算得到 Wilcoxon 秩和检验的结果为：$Z=2.865$, $P=0.091$，可以认为两组的疗效无统计学差异。同时计算出 Pearson χ^2 统计量为：$\chi^2=6.536$, $P=0.038$。两个检验的结果恰好相反。

现在把数据调整一下，将显效置于第一列，即以显效、无效、有效的顺序排列数据（见表 14.8），重新进行分析。

表 14.8　对表 14.7 调整后的数据（单位：人）

组　别	显　效	无　效	有　效
仪器 A	43	40	37
仪器 B	48	23	49

此时 Wilcoxon 秩和检验的结果为：$Z=0.254$, $P=0.614$；而 Pearson χ^2 统计量仍为：$\chi^2=6.536$, $P=0.038$。

不难看出，一旦结局变量的顺序发生变化，秩和检验的结果随之变化，而 χ^2 检验的结果并不改变，因为 χ^2 检验将结局视为无序变量。因此，如果你想将结局看作有序变量，那就不要采用 χ^2 检验。当然，如果你不想说明疗效的等级差异，只想展示一下两组的疗效构成比有无差异，则相当于把疗效看作无序变量，仍然可以用 χ^2 检验。所以，选择哪种方法，在很大程度上取决于你的研究目的。

例 14.7：某研究比较两种仪器治疗颈椎病的疗效，在分析主要结局之前，先比较一下两组的一些基线特征是否均衡。表 14.9 列出了两组的年龄比较情况。

表 14.9　两组的年龄比较情况（单位：人）

年　龄	仪器 A	仪器 B
<40 岁	43	39
40～50 岁	52	51
>50 岁	25	30

在本研究中，组别仍是仪器分组，结局是年龄。从常规来看，年龄分了三个等级，似乎是一个等级资料。但从研究目的来看，是为了比较两组的年龄构成有无差异，并没有将年龄作为等级资料的必要性。因为此处的目的并不是比较年龄的等级差异，而

是看两组的基线构成有无差异，因此完全可将年龄看作无序变量，采用 χ^2 检验即可。

例 14.8：某研究评价患者对社区医生的满意率情况，结局根据打分情况分为满意和不满意两类。将患者按年龄分为<50 岁、50～60 岁、>60 岁共 3 组，比较不同年龄组的患者满意率是否有所不同。表 14.10 列出了三个年龄组的满意率情况。

表 14.10　三个年龄组的满意率情况

年　龄	满　意	不满意	合　计	满意率
<50 岁	86	40	126	68.25%
50～60 岁	91	20	111	81.98%
>60 岁	73	16	89	82.02%

在本研究中，年龄是一个有序变量，满意率是一个二分类变量（不用考虑是否有序），在这种情况下，是否需要采用 Wilcoxon 秩和检验？

答案是不用。因为这里的年龄虽然是有序变量，但它并不是研究的结局变量，而是分组变量。只有当研究的结局变量是有序变量时，才考虑 Wilcoxon 秩和检验。也就是说，统计方法的选择只跟结局变量的性质有关，至于分组变量是有序还是无序，并不影响。由于本例的结局变量是二分类变量，因此考虑用 χ^2 检验即可。

14.5　卡方检验的两两比较

对于例 14.8，执行 χ^2 检验很容易得到 χ^2 统计量为：$\chi^2=8.170, P=0.017$，可以认为三个年龄组之间的满意率差异有统计学意义。

对于多组率的比较，与多组均值比较一样，如果总的组间有差异，则可以进一步考虑具体哪两组之间有差异，即两两比较。

率的两两比较有多种方法可以选择，其实第 13 章介绍的 Tukey 法、Scheffe 法等的思路依然可以用在率的多重比较中，只是将标准误替换一下而已，因为率的标准误不同于均值的标准误。但鉴于大多数软件都未给出这些方法的操作过程，这里不对这些方法进行详细介绍，有感兴趣的读者可参考 http://support.sas.com/resources/papers/proceedings14/1544-2014.pdf。

如果从简单实用的角度来看，则 Bonferroni 法是较为常用的一种方法，只需根据比较次数调整检验水准，然后选择想要比较的两组，执行 χ^2 检验，再以调整的检验水准进行统计推断即可。

如例 14.8，共需比较 3 次，因此可将检验水准调整为 0.05/3=0.0167，然后分别对 <50 岁和 50～60 岁、<50 岁和>60 岁、50～60 岁和>60 岁执行 χ^2 检验，如果 P 值小于 0.0167，则可以认为差异有统计学意义。

Bonferroni 法总的来说是简单易用的一种方法，即使没有直接可实现的程序或菜单，手工分别计算每次比较的 χ^2 值及 P 值也很容易。但如果比较次数较多，则可能会倾向于保守，不容易得出有统计学意义的结论。此时可考虑 Šidák 法、HOLM 法、FDR 法等（详见 13.5 节）。

对例 14.8 中的数据采用 Bonferroni 法、Šidák 法、HOLM 法、FDR 法的结果如图 14.4 所示。

		p-Values					
Variable	Contrast	Raw	Bonferroni	Stepdown Bonferroni	Sidak	False Discovery Rate	Bootstrap
sat	age<50 vs 50-60	0.0169	0.0508	0.0508	0.0499	0.0410	0.0378
sat	age<50 vs >60	0.0273	0.0820	0.0546	0.0797	0.0410	0.0579
sat	age>60 vs 50-60	1.0000	1.0000	1.0000	1.0000	1.0000	1.0000

图 14.4　各种多重比较方法的结果

* * * * * * * *

在 SAS 软件中可通过 **proc multtest** 过程输出 Bonferroni 法、Šidák 法、HOLM 法、FDR 法、Bootstrap 法等各种校正方法。如对例 14.8 中的数据进行分析的主要命令如下：

```
data sat;
do age=1 to 3;
do sat=0 to 1;     /*结局变量必须为 0 和 1，1 表示阳性结局（取决于研究目的）*/
input f@@;
output;
end;
end;
cards;
86  40
91  20
73  16
;
proc multtest bon sidak fdr holm bootstrap;
test fisher (sat);
class age;
freq f;
contrast "age<50 vs 50-60" -1 1 0;
contrast "age<50 vs >60" -1 0 1;
contrast "age>60 vs 50-60" 0 -1 1;
run;
```

14.6　Cochran-Armitage 趋势检验

Cochran-Armitage 趋势检验（CA Trend Test），从名字就可以看出，是用于检验是否具有某种趋势的。只有三类及三类以上才会有趋势，两类是无所谓趋势的（因为两点之间永远是一条直线），因此这种检验主要用于分组变量（注意不是结局变量）是三类或以上的情形，而且应该作为有序变量。如果分组变量是无序变量，则进行趋势检验的意义不大。比如，"随着血型的变化，阳性率呈增加趋势"，这句话就没有太大意义。因为血型是没有固定顺序的，可以是 A 在前，也可以是 O 在前。不像"随着年龄的增长"这样的说法更有实际意义。

同时结局变量必须是二分类的，这样才能说阳性（结局）率是否有随着多个类别（分组）的变化而变化的趋势，三分类就不是"率"了。你试着说一下"随着年龄的增长，三种高血压类型是呈增长趋势还是降低趋势"，是不是觉得表达不清楚？但在例 14.8 中就可以清楚地表达为：满意率是否有随着年龄的增长而增加的趋势。

如果分组是二分类的，而结局是多分类的，那么虽然在数据上可以做趋势检验，但实际上意义不大，因为此时说明的是随着结局类型的变化，组别中某一类的变化趋势。如"随着疗效的变好，男性的比例是增加的"，这种说法就没有什么实际意义。

CA 趋势检验利用了分组变量的赋值，检验样本率的线性趋势。其思想是将分组变量的多个类别看作线性的，并对该趋势进行检验。因此，该法只能检验"线性"的增长或降低趋势，如果是非线性的，则有可能检验不出来。该公式较为复杂，这里不详细列出，感兴趣的读者请参考 Agresti（2012）的 *Categorical Data Analysis* 一书。

CA 趋势检验与 M-H χ^2 检验的关系：在分组为多分类、结局为二分类的列联表中，CA 趋势检验与 M-H χ^2 检验的结果是一致的（有细微差别，在其计算公式中有一处用的是 n，而 M-H χ^2 用的是 $n-1$），M-H χ^2 检验统计量近似为 CA 趋势检验统计量的平方。

CA 趋势检验与 Logistic 回归的关系：如果以结局作为因变量，以多分类的组别变量作为自变量（不是作为虚拟变量），那么 Logistic 回归中的得分（Score）检验与 CA 趋势检验的结果是一致的，得分检验统计量是 CA 趋势检验统计量的平方。

对例 14.8 中的数据进行趋势检验，分析满意率是否有随着年龄的增长而增加的趋势，结果如图 14.5 所示。

Cochran-Armitage 趋势检验	
统计量 (Z)	2.5044
单侧 Pr > Z	0.0061
双侧 Pr > |Z|	0.0123

图 14.5 SAS 软件给出的 CA 趋势检验结果

CA 趋势检验的统计量（Z）有方向性，跟数据的赋值有关。如果 Z 为正值（如本例为 2.5044），则单侧 P 值给出的是右侧 P 值（0.0061），表明第一列呈上升趋势。从表 14.10 中不难证实这一点，第一列的满意率是呈增加趋势的。

本例中的 M-H χ^2 检验统计量为 6.2526，近似为 CA 趋势检验统计量 2.5044 的平方。如果以满意与否作为因变量，以年龄分组作为自变量，拟合 Logistic 回归，则得分检验统计量为 6.2719，恰好为 CA 趋势检验统计量 2.5044 的平方。

* * * * * * * *

SAS 软件可通过 **proc freq** 过程中 **table** 语句的 **trend** 选项输出 **CA** 趋势检验。如对例 **14.8** 中的数据进行分析的主要命令如下：

```
data sat;
do age=1 to 3;
do sat=0 to 1;
input f@@;
output;
end;
end;
cards;
86  40
91  20
73  16
;
proc freq;
weight f;
table age*sat/chisq trend;
run;
```

R 软件可通过 **prop.trend.test** 函数执行 **CA** 趋势检验。如对例 **14.8** 中的数据进行分析的主要命令如下：

```
sat=c(86,91,73)
n=c(126,111,89)        #总例数#
prop.trend.test(sat,n)
```

JMP Pro 软件执行 **CA** 趋势检验的操作如下：

依次单击"分析"→"以 x 拟合 y"，将分组变量拖入"X，因子"，将结局变量拖入"Y，响应"（如果是列联表输入形式，则还需将频数变量拖入"频数"），即可显示 χ^2 检验结果。在结果界面中，单击下拉菜单，选择"Cochran-Armitage 趋势检验"。

14.7 分类变量的赋值是如何影响分析结果的

从刚才的介绍中不难发现，在分类资料的统计分析中，有的方法是基于无序资料的（如 Pearson χ^2、似然比 χ^2），而有的方法则是基于有序资料的（如 M-H χ^2 检验、CA 趋势检验）。

对于无序资料的分析，分类变量的赋值并不会影响其分析结果。如对年龄组分别赋值为 1、2、3 和 1、4、6，Pearson χ^2 和似然比 χ^2 的结果都是相同的，因为它们在计算时并没有用到具体的赋值，只要知道分类就够了。

而对于有序资料的分析则不然，分类变量如何赋值会影响到结果。如对年龄组分别赋值为 1、2、3 和 1、4、6，M-H χ^2 检验和 CA 趋势检验的结果都会发生改变；但如果对年龄组分别赋值为 1、2、3 和 1、4、7，则 M-H χ^2 检验和 CA 趋势检验的结果仍无变化。也就是说，对于有序资料，等间隔的赋值，不管间隔是 1（如 1、2、3）还是 2（如 1、3、5），其结果仍是相同的。但如果赋值的间隔发生改变（如 1、2、3 和 1、2、5），则结果会不同。

例 14.9： 某研究分析心功能分级与焦虑的关系，调查的主要数据如表 14.11 所示。

表 14.11 不同心功能分级的焦虑情况（单位：人）

焦　虑	心功能分级			
	1 级	2 级	3 级	4 级
否	32	39	30	12
是	7	8	7	9

如果本例的目的只是观察心功能分级与焦虑之间是否有关联（不同心功能分级之间的焦虑比例是否有差异），此时将心功能分级看作无序分类变量，则可考虑 Pearson χ^2 和似然比 χ^2。在这种情况下，无论将心功能分级变量如何赋值（哪怕赋值为 11、100、46、87），所有的结果都是相同的，Pearson χ^2 统计量为 2.9494（$P=0.3995$），似然比 χ^2 统计量为 2.8612（$P=0.4135$）。

如果将心功能分级作为有序变量，想观察随着心功能分级的增加，焦虑的比例是否有增加的趋势，则可考虑 M-H χ^2 检验或 CA 趋势检验。这时对心功能分级的赋值就会有影响了。

首先按常规方式，分别将心功能分级赋值为 1、2、3、4，此时 M-H χ^2 检验和 CA 趋势检验的结果如图 14.6 所示。

统计量	自由度	值	概率		Cochran-Armitage 趋势检验	
卡方	3	6.6652	0.0834		统计量 (Z)	-1.8721
似然比卡方检验	3	5.8409	0.1196		单侧 Pr < Z	0.0306
Mantel-Haenszel 卡方	1	3.4804	0.0621		双侧 Pr > |Z|	0.0612

图 14.6 心功能分级为 1~4 时 M-H χ^2 检验和 CA 趋势检验的结果

由于 Z 值为负值，提示第一行（焦虑为"否"）呈下降趋势，换句话说，第二行（焦虑为"是"）呈上升趋势。即焦虑的比例随着心功能分级的增加而上升，但无统计学意义。

然后我们将赋值换一种方式，如改为 1、1.1、1.2、2，此时 M-H χ^2 检验和 CA 趋势检验的结果如图 14.7 所示。

统计量	自由度	值	概率		Cochran-Armitage 趋势检验	
卡方	3	6.6652	0.0834		统计量 (Z)	-2.5308
似然比卡方检验	3	5.8409	0.1196		单侧 Pr < Z	0.0057
Mantel-Haenszel 卡方	1	6.3606	0.0117		双侧 Pr > |Z|	0.0114

图 14.7 心功能分级为 1、1.1、1.2、2 时 M-H χ^2 检验和 CA 趋势检验的结果

对比图 14.6 所示的结果不难发现，赋值发生改变后，Pearson χ^2 和似然比 χ^2 并未发生改变，但 M-H χ^2 检验和 CA 趋势检验的结果变化较大，P 值都变得小于 0.05。为什么会这样呢？

让我们直观地看一下心功能分级与焦虑的关系（见图 14.8），可以看出，尽管总的来说焦虑的比例随着心功能分级的增加而增加，但却不是一种线性增长趋势。而 M-H χ^2 检验和 CA 趋势检验都用来检验线性趋势，也就是说，默认的赋值间隔相等。

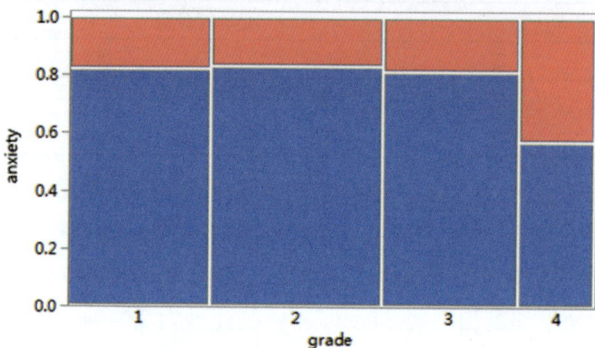

图 14.8　心功能分级与焦虑关系的直观展示

因此，对于像图 14.8 这种看似不是一条直线增长的数据，有时趋势检验未必有统计学意义。此时如果换一种赋值方式，则可能会有统计学意义。但如何赋值才是最佳赋值呢？

Cochran（1954）曾写道："如果赋值很糟糕，严重扭曲了本来的顺序尺度，那么检验结果会不够灵敏。因此，赋值应体现出对类别构建和使用方式的最佳认识。"最好的赋值方式是结合以往数据表现出来的形态，在专业知识的指导下来确定。但这往往很难，因为以往数据的趋势与自己研究的未必相似，而且在专业上有时很难非常精确地指定具体赋值。

有的研究者提出用分组的每一类的中位秩次来赋值，如在例 14.9 中，心功能分级=1 的类别中位秩次为(1+39)/2=20；心功能分级=2 的类别中位秩次为(40+86)/2=63；心功能分级=3 的类别中位秩次为(87+123)/2=105；心功能分级=4 的类别中位秩次为(124+144)/2=134。

中位秩次赋值方法的诟病在于，赋值与每一类的例数有关；如果某一类中的例数较少，就会跟相邻类别的秩次较为接近。如心功能分级=4 的例数较少，因此其中位秩次与心功能分级=3 的中位秩次接近。

还有其他的一些赋值方式，如 ridit 法以中位秩次除以样本量 n，相当于做了标准化；修正的 ridit 法则以中位秩次除以 $n+1$，将其值限制在(0,1)之内。

任何方法赋值都不一定尽如人意，我个人建议在分析前最好先利用图形简单探索一下。如在例 14.9 中，可以很明显地发现不同心功能分级的焦虑比例并非线性，此时可根据图形提示的比例大致确定赋值。前三类差不多，因此其赋值差别不要太大（不一定是整数），而最后一类的赋值可相对大一些。事实上，根据图 14.8 的提示，还可以考虑将 1～3 合并。

* * * * * * * *

SAS 软件可在数据输入时指定赋值，然后进行分析。如在例 14.9 中将心功能分级赋值为 **1、1.1、1.2、2**，主要命令如下：

```
data anx;
do grade=1,1.1,1.2,2;
do anxiety =0 to 1;
input f@@;
output;
end;
end;
cards;
32 7
39 8
30 7
12 9
;
proc freq;
weight f;
table grade*anxiety/chisq trend;
run;
```

如果采用中位秩次赋值，则可利用 table 语句的 scores=rank 选项来实现，命令如下：

```
proc freq;
weight f;
table grade*anxiety/chisq trend scores=rank;
run;
```

R 软件可通过 **prop.trend.test** 函数执行 **CA** 趋势检验并设定赋值。如对例 14.9 中的数据进行分析的主要命令如下：

```
sat=c(32,39,30,12)
n=c(39,47,37,21)          #总例数#
prop.trend.test(sat,n,c(1,1.1,1.2,2))
```

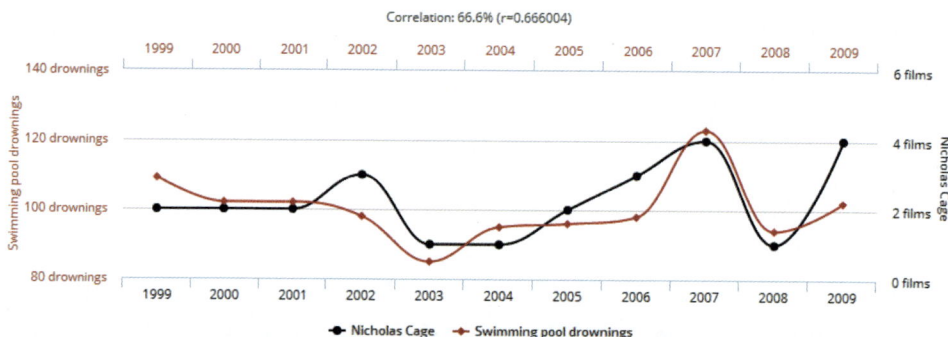

Correlation: 66.6% (r=0.666004)

尼古拉斯·凯奇每年主演的电影数与在游泳池淹死的人数之间的相关系数为 0.666。

——摘自网站 **http://www.tylervigen.com/spurious-correlations**

15.1 从协方差到线性相关系数

　　相关系数包含多种类型，这里先介绍两个连续资料之间的线性相关系数，后面再介绍分类资料之间的相关系数。统计学的初学者大都知道线性相关系数是什么，但是要说线性相关系数跟协方差的关系，却是一脸疑惑。从方差到协方差，再从协方差到线性相关系数，这中间是如何变换的？看了本节内容后，相信你会解开心中的疑惑。

　　例 15.1： 已知变量 x 和 y（见表 15.1），现在想了解 x 和 y 的相关性。

表 15.1　x 和 y 两个连续变量

x	0.8	1.5	1.6	1.4	2.3	3.1	3.1	3.9	4.6
y	0.6	1.3	1.9	3.0	2.2	3.1	3.9	4.8	4.9

首先，绘制 x 和 y 关系的散点图（见图 15.1）。不难看出，二者存在一定的相关性，总的来说，随着 x 的增大，y 也随之增大。但如何来定量描述二者的相关大小呢？

现在我们分别求出 x 的均值 $\bar{x}$ 和 y 的均值 $\bar{y}$，在图 15.1 中分别用竖线和横线来表示，这样就将图 15.1 分割为 4 个象限，分别用 1、2、3、4 来表示。

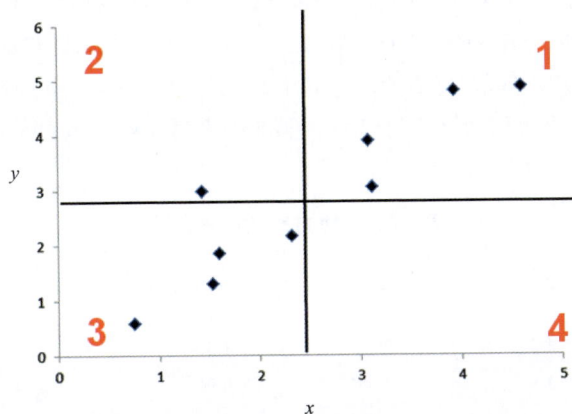

图 15.1　x 和 y 关系的散点图

不难看出，在 1、2 象限中，$y_i - \bar{y}$ 都是正值；在 3、4 象限中，$y_i - \bar{y}$ 均为负值。同样，在 1、4 象限中，$x_i - \bar{x}$ 都是正值；在 2、3 象限中，$x_i - \bar{x}$ 均为负值。

现在如果我们来计算一下 $(y_i - \bar{y})(x_i - \bar{x})$，则不难发现，在 1、3 象限中，$(y_i - \bar{y})(x_i - \bar{x})$ 为正数；在 2、4 象限中，$(y_i - \bar{y})(x_i - \bar{x})$ 为负数。

可以想象一下，如果两个变量呈正相关（y 随着 x 的增大而增大），那么大多数数据应该位于 1、3 象限中；如果两个变量呈负相关（y 随着 x 的增大而减小），那么大多数数据应该位于 2、4 象限中；如果两个变量没有什么关系，那么 4 个象限中的数据应该差不多。

根据上述特点，可以认为，如果 1、3 象限中的点越多，则越说明 x 和 y 可能呈正相关。但怎样从数据中体现出 1、3 象限中的点的多少呢？我们刚才提到，在 1、3 象限中，$(y_i - \bar{y})(x_i - \bar{x})$ 为正数。我们可以利用这一点，如果 $(y_i - \bar{y})(x_i - \bar{x})$ 大多数是正数，就说明 1、3 象限中的点比较多。

但现在又有一个问题：现实中我们也不大可能挨个去数 $(y_i - \bar{y})(x_i - \bar{x})$ 中有多少个数是正数，能不能用一个指标体现出来呢？最简单的一种方式就是，把所有的 $(y_i - \bar{y})(x_i - \bar{x})$ 求和，即 $\sum_{i=1}^{n}(y_i - \bar{y})(x_i - \bar{x})$。如果 $(y_i - \bar{y})(x_i - \bar{x})$ 中正数居多，那 $\sum_{i=1}^{n}(y_i - \bar{y})(x_i - \bar{x})$ 必然大于 0。换句话说，如果 $\sum_{i=1}^{n}(y_i - \bar{y})(x_i - \bar{x})$ 为正数，则说明 1、3 象限中的点较多，从而说明这两个变量可能呈正相关。

因此，我们可以利用 $\sum_{i=1}^{n}(y_i - \bar{y})(x_i - \bar{x})$ 的值来判断 x 和 y 的相关性，该值越大，说明 x 和 y 的相关性越强。但该值与离均差平方和有一个共同的缺点，即数据越多，该值可能越大，不利于不同数据之间的相互比较。因此，我们将其除以例数，就可以消除例数的影响。最终形成的指标就是协方差（Covariance）。

$$Cov(y, x) = \frac{\sum_{i=1}^{n}(y_i - \bar{y})(x_i - \bar{x})}{n-1}$$

事实上，协方差跟方差是一回事，如果你把公式中的 y 都换成 x，就变成了 x 的方差。因此，方差可以看作协方差的特例，自己对自己的关系就是方差。

协方差的计算过程如表 15.2 所示，其中 x 的均值为 2.48，y 的均值为 2.86，第 3 列为第 1 列-2.48，第 4 列为第 2 列-2.86，第 5 列为第 3 列和第 4 列的乘积。最终计算的协方差为 14 /(9-1)=1.75。

表 15.2 协方差的计算过程

x	y	$(x_i - \bar{x})$	$(y_i - \bar{y})$	$(y_i - \bar{y})(x_i - \bar{x})$
0.8	0.6	-1.68	-2.26	3.80
1.5	1.3	-0.98	-1.56	1.53
1.6	1.9	-0.88	-0.96	0.84
1.4	3.0	-1.08	0.14	-0.15
2.3	2.2	-0.18	-0.66	0.12
3.1	3.1	0.62	0.24	0.15
3.1	3.9	0.62	1.04	0.64
3.9	4.8	1.42	1.94	2.75
4.6	4.9	2.12	2.04	4.32
求和				14.00

* * * * * * * *

但利用协方差比较不同数据之间的相关性大小还存在一个致命问题，那就是度量单位的问题。试想，如果把表 15.2 中的 x 和 y 各扩大 10 倍，那么二者的关系并没有发生改变，但协方差值却会增大几百倍。这说明协方差不利于度量单位不同的数据之间的比较。

如何消除这一问题呢？这就要用到我们在第 5 章中提到的标准化，即

$$Z = \frac{x - 均值}{标准差}$$

通过标准化，使得不同度量单位的数据均变换为以 0 为均数、以 1 为标准差的值，这样就可以直接比较数据大小了。而根据标准化后的数据所计算的协方差就是线性相关系数（Linear Correlation Coefficient）。表 15.3 是对表 15.1 中 x 和 y 标准化后计算的协方差，由于标准化后的均值为 0，因此无须再计算 $(y_i - \bar{y})$ 和 $(x_i - \bar{x})$，因为它们就等同于 y_i 和 x_i。最终计算的协方差为 7.32/(9-1)=0.915，这也就是 x 和 y 的线性相关系数。

表 15.3　数据标准化后的协方差

x 的标准化值	y 的标准化值	$(y_i - \bar{y})(x_i - \bar{x})$
−1.31	−1.50	1.98
−0.77	−1.04	0.79
−0.69	−0.64	0.44
−0.84	0.10	−0.08
−0.14	−0.44	0.06
0.49	0.16	0.08
0.49	0.70	0.34
1.11	1.30	1.44
1.66	1.36	2.27
求和		7.32

通过上述思路，再来看线性相关系数的计算公式，就不难理解其含义了。其实它就是将协方差与数据标准化结合在一起的一个公式而已。

$$r = \frac{\sum_{i=1}^{n}(y_i - \bar{y})(x_i - \bar{x})}{\sqrt{\sum_{i=1}^{n}(x_i - \bar{x})^2}\sqrt{\sum_{i=1}^{n}(y_i - \bar{y})^2}}$$

* * * * * * * *

SAS 软件计算协方差和线性相关系数的主要命令如下：

```
proc corr pearson cov;
var x y;
run;
```

R 软件可通过 **cor** 函数输出线性相关系数，通过用 **cov** 函数输出协方差。其主要语句为：

```
cov(x,y)
cor(x,y)
```

JMP Pro 软件执行相关分析的操作如下：

依次单击"分析"→"多元方法"→"多元"，将 x 和 y 均拖入"Y，列"，即可给出相关分析结果。如果想显示协方差，则可在结果界面中单击红色下拉按钮，在下拉菜单中选择"协方差矩阵"即可。

SPSS 软件执行相关分析的操作如下：

依次单击"分析"→"相关"→"双变量"，将 x 和 y 均拖入"变量"，在"选项"中选择"叉积偏差和协方差"，单击"确定"即可。

15.2　线性相关系数及其置信区间

我们前面提到的线性相关系数通常默认称为 Pearson 相关系数。虽然它不是由

Pearson 提出的（事实上，首先提出的是 Galton），但却是 Pearson 推广并发展的，因此仍以其名字命名。

Pearson 相关系数（r）给出了两个变量之间线性相关大小的度量指标，该系数具有简单易理解的特点：当 r 大于 0 时，说明两个变量之间存在正向的线性相关（随着一个变量的增加，另一个变量也增加）；当 r 小于 0 时，说明两个变量之间存在负向的线性相关（随着一个变量的增加，另一个变量减小）；当 r 等于 0 时，说明两个变量之间没有线性相关（随着一个变量的增加，另一个变量没有增加或减小的趋势）。

> ✉ 重要提醒：
>
> 注意"线性相关"不等于"相关"。两个变量之间没有线性相关，不等于两个变量之间没有相关。除线性相关外，还有非线性相关。两个变量之间没有线性相关，可能有非线性相关。

对于例 15.1 中的数据，线性相关系数 r=0.915，提示 x 和 y 之间具有很强的线性相关关系。那到底怎样才算相关性强或弱呢？有人将大于 0.7 作为强相关，也有人认为大于 0.8 才算强相关，不一而论。但其实这些划分并没有什么理论依据，也很难作为实践指导，因为不同领域的标准是不同的。比如，实验室检测数据，往往要求相关系数大于 0.9 才算好；而在社会学、流行病学调查数据中，相关系数达到 0.5 就非常不错了。所以，没必要纠结于具体的标准，每个领域都有自己的特点。

* * * * * * * *

我们一定要清楚，即使相关系数再大，也只是一个样本数据的统计量，如果想要推论到总体，则必须进行假设检验，以证明你的相关系数不是偶然得到的。

相关系数的检验与其他系数的检验一样，至少有两种方式：t 检验法和置信区间法。

如果大家真正理解了第 12 章介绍的 t 检验，那应该不会奇怪为什么相关系数的检验要用 t 检验。因为相关系数检验的无效假设是 r=0（两个变量之间无相关性），备择假设为 r≠0（两个变量之间存在相关性）。这也就是 t 检验的思想，即检验统计量是否等于某一参数值（通常为 0）。

用 t 检验对 r 进行假设检验的公式为

$$t_r = \frac{r - 0}{\sqrt{\dfrac{1 - r^2}{n - 2}}}$$

式中，分子是样本统计量与参数值的差值，分母是线性相关系数的标准误。统计量 t_r 服从自由度 v=n-2 的 t 分布，n 为样本量。

如例 15.1 中的数据，可计算得到在 t_r=6.01、自由度为 2 的 t 分布中，对应的双侧 P 值为 0.0005。

* * * * * * * *

我个人更推荐用置信区间法来检验相关系数是否为 0，因为它展示的信息更多。我们都很清楚置信区间的计算方式，既然已知线性相关系数的标准误为 $\sqrt{\frac{1-r^2}{n-2}}$，理论上就可以直接计算了。但这里有一个问题，导致不能直接计算。这个问题就是：除非总体相关系数为 0，否则样本的相关系数 r 的抽样分布都不是对称的。这一原因导致我们无法直接计算置信区间，所以我们采用一种迂回的方式，先把 r 转换为一个新的统计量 z，使 z 的抽样分布近似正态，然后就可以按常规方式计算 z 的置信区间，最后把它还原回去，获得 r 的置信区间。

转换的新的统计量 z 为

$$z = \frac{1}{2}\ln(\frac{1+r}{1-r})$$

z 统计量的标准误则为

$$s_z = \frac{1}{\sqrt{n-3}}$$

有了统计量和标准误，计算置信区间就是弹指间的事情了。

对于例 15.1 中的数据，可以很容易计算得到 $z = \frac{1}{2}\ln\left(\frac{1+0.915}{1-0.915}\right) = 1.56$，$s_z = \frac{1}{\sqrt{9-3}} = 0.41$。据此不难计算 z 的 95% 置信区间为 $1.56 \pm 1.96 \times 0.41$，即 $(0.76, 2.36)$。根据 $r = \frac{e^{2z}-1}{e^{2z}+1}$，可将其还原为 r 的 95% 置信区间为 $(0.64, 0.98)$。由于该置信区间不包含 0，所以可以认为相关系数 $\neq 0$，即两个变量之间可能存在相关性。而且根据置信区间的范围，我们有 95% 的信心认为，该区间包含了总体的相关系数。

你或许会注意到，r 的 95% 置信区间并不是围绕 $r=0.915$ 对称的。事实上，r 越大，其距离上限越近。除非 $r=0$，否则你不可能得到一个围绕 r 对称的置信区间。

* * * * * * * * *

SAS 软件输出相关系数的检验及置信区间的主要命令如下：

```
proc corr pearson fisher;
var x y;
run;
```

R 软件可通过 **cor.test** 函数执行相关系数的统计学检验并输出置信区间。其主要语句为：

```
cor.test(x,y)
```

JMP Pro 软件检验相关系数的操作如下：

依次单击"分析"→"多元方法"→"多元"，将 x 和 y 均拖入"Y，列"，在结果界面中单击红色下拉按钮，在下拉菜单中选择"相关性概率"和"相关性置信区间"。

SPSS 软件检验相关系数的操作如下：

依次单击"分析"→"相关"→"双变量"，将 x 和 y 均拖入"变量"，单击"Bootstrap"，勾选"执行 Bootstrap"，可输出 Bootstrap 法给出的置信区间。

15.3　如何比较两个线性相关系数有无差异

两个线性相关系数的比较有两种情形：一是两个独立样本之间的比较，如男性中体重与血压的相关系数 r_1 和女性中体重与血压的相关系数 r_2 进行比较；二是同一样本中两个相关系数的比较，如体重与血压的相关系数 r_{xy} 和体重与血糖的相关系数 r_{xz} 进行比较。

第一种情形相对简单，利用 z 检验很容易计算。首先需要将相关系数 r 转换为统计量 z，然后计算

$$z = \frac{(z_1 - z_2) - 0}{\sqrt{\frac{1}{n_1 - 3} + \frac{1}{n_2 - 3}}}$$

根据标准正态分布，求出 z 对应的 P 值即可（如利用 Excel 的 normsdist 函数）。

例 15.2：某研究调查了不同年龄人群的体重与骨密度的关系，已知 70 岁以下人群（180 例）二者相关系数为 0.29，70 岁及以上人群（210 例）二者相关系数为 0.45，试比较两个年龄组中的相关系数是否有统计学差异。

首先计算两个年龄组的相关系数所对应的 z 值分别为 0.30 和 0.48，然后计算 z 值为

$$z = \frac{(0.48 - 0.30) - 0}{\sqrt{\frac{1}{180 - 3} + \frac{1}{210 - 3}}} = 1.82$$

对应的 P 值约为 0.07，尚不能认为两个相关系数有统计学差异。

第二种情形相对复杂一些，由于两个数据不是独立的，因此其标准误更为复杂。假定要比较 r_{xy} 与 r_{xz}，可采用如下公式：

$$t = (r_{xy} - r_{xz}) \sqrt{\frac{(n - 3)(1 + r_{zy})}{2(1 - r_{xy}^2 - r_{xz}^2 - r_{zy}^2 + 2r_{xy}r_{xz}r_{zy})}}$$

该统计量服从自由度 $v = n-3$ 的 t 分布。

例 15.3：某研究调查了 600 人的身高、体重与骨密度的关系，已知身高与骨密度的相关系数为 0.19，体重与骨密度的相关系数为 0.37，身高与体重的相关系数为 0.45。试比较身高与骨密度的相关系数（0.19）和体重与骨密度的相关系数（0.37）是否有统计学差异。

利用公式可以计算得出：

$$t = (0.37 - 0.19) \sqrt{\frac{(600 - 3)(1 + 0.45)}{2(1 - 0.19^2 - 0.37^2 - 0.45^2 + 2 \times 0.19 \times 0.37 \times 0.45)}} = 4.52$$

根据自由度为 577，不难求得相应的 P 值小于 0.001，可以认为两个相关系数有统计学差异。

* * * * * * * *

MedCalc 软件可实现两个相关系数的比较：

依次单击"tests"→"comparison of"→"correlation coefficients"，输入两个相关系数及样本数，单击"Test"，即可输出结果。此时给出的结果是针对两个独立样本的，即第一种情形。

15.4　分类资料的相关系数

前面介绍的是连续资料之间的线性相关系数，下面介绍几种针对分类资料的相关系数。很多统计学家从不同角度提出了分类资料的相关系数，有的用于无序资料，有的用于有序资料。凡是用于无序资料的相关系数，说明其值与顺序无关，无论行或列的顺序如何调换，都不会影响其结果；而用于有序资料的相关系数，其值与顺序有关，一旦调换行或列的顺序，会使其结果发生改变。

这里介绍 5 种无序分类资料的相关系数，其中，ϕ 系数、Cramer V 系数、Pearson 列联系数是基于 χ^2 统计量而计算的；λ 系数是基于类别判断错误而计算的；Q 系数是基于一致和不一致的对子数而计算的。

例 15.4：续例 14.1，在例 14.1 中，我们的目的是检验心肌梗死与吸烟是否有关联，经过 χ^2 检验认为二者是有一定关联的（χ^2=60.53, P<0.001），但并不清楚关联到底有多大。本例的目的是想了解心肌梗死和吸烟的关联有多大（见表 15.4）。

表 15.4　女性心肌梗死与吸烟关系的四格表

心肌梗死患者	吸　烟	不吸烟	合　计
是	158	169	327
否	82	311	393
合计	240	480	720

1. ϕ（phi）系数

在了解 ϕ 系数之前，需要先了解一个规律：如果列联表中各个格子的比例保持不变，则 χ^2 值与例数 N 是呈正比的。例如，表 15.4 中 4 个格子的数据如果均扩大 2 倍，则 χ^2 值变为 121.06，与原来的 χ^2 值（60.53）相比恰好也扩大了 2 倍。这不是巧合，而是规律。也就是说，如果比例不变，例数扩大 k 倍，则 χ^2 值也扩大 k 倍。

ϕ 系数主要是基于这一思想提出的，其公式为

$$\phi = \sqrt{\frac{\chi^2}{N}}$$

很容易证实，当两个变量毫无关系时，ϕ 系数为 0；当两个变量存在完全关系时，ϕ 系数为 1。表 15.5 列出了几种极端情形下的 ϕ 系数。

表 15.5　几种极端情形下的 ϕ 系数

25	25	50	0	0	50
25	25	0	50	50	0
$\phi=0$		$\phi=1$		$\phi=-1$	

对于例 15.4，很容易计算 $\phi=\sqrt{60.53/720} = 0.29$。

2．Cramer V 系数

ϕ 系数在四格表中的最大值为 1，但在行和列大于 2 的列联表中（如 3×3 列联表）最大取值可能大于 1，这对于相关的描述是无法接受的。因此，Cramer 在 ϕ 系数的基础上提出了一个 V 系数：

$$\sqrt{\frac{\phi^2}{\min(r-1,c-1)}}$$

式中，min 表示最小值，r 和 c 分别表示行数和列数，即在行-1 和列-1 中取最小值。

在行或列=2 的列联表中，ϕ 系数等于 V 系数；但在行和列均大于 2 的列联表中，V 系数更为合理一些。

在例 15.4 中，Cramer V 系数与 ϕ 系数相等，因为分母为 1，即 $\sqrt{0.29^2/\min(1,1)} = 0.29$。

3．Pearson 列联系数

Pearson 列联系数也是为了避免 ϕ 系数最大取值大于 1 这种情形而产生的，它采用了另一种变换方式，保证了列联表中的 ϕ 系数不超过 1：

$$\sqrt{\frac{\chi^2}{\chi^2+N}}$$

但该系数有一个问题：在四格表中，由于 χ^2 值最大为 N，因此，其上限为 $\sqrt{N/(N+N)}$，即 0.707。该系数在实际中难以解释。

在例 15.4 中，Pearson 列联系数为 $\sqrt{60.53/(60.53+720)} = 0.28$。

4．λ（Lambda）系数

λ 系数的思路是：假定有 A×B 的一张列联表，其中 A 作为分组变量（自变量），B 作为结局变量（因变量），如在例 15.4 中，吸烟作为自变量，心肌梗死作为因变量。

如果吸烟与心肌梗死完全独立，那么根据一个人吸烟与否是无法判断其是否患有心肌梗死的。但如果吸烟与心肌梗死不是独立的，而是有关联的，如吸烟发生心肌梗死的概率更高，那么，当已知一个人患有心肌梗死时，那么我们可能会倾向于判断他吸烟。

λ 系数反映了判断误差减少的比例，其公式大致为：

$$\lambda = \frac{\text{不知道 A（自变量）时的判断误差} - \text{知道 A（自变量）时的判断误差}}{\text{不知道 A（自变量）时的判断误差}}$$

在 λ 系数的公式中，如果 A 和 B 无关（如吸烟与心肌梗死无关），那么根据 A（吸烟）来判断 B（心肌梗死）就会有很大误差，因为你根本不知道该如何判断；而如果 A 和 B 有关（如吸烟的人更容易发生心肌梗死），那么根据 A（吸烟）来判断 B（心肌梗死）的误差就会较小。也就是说，A 和 B 的相关性越强，根据 A 来判断 B 的误差就越小，此时 λ 系数也就越大。

对于例 15.4，如果不知道吸烟的情况，只知道心肌梗死患者有 327 人，非心肌梗死患者有 393 人，假定把所有人都归到非心肌梗死患者一类（因为其例数更多），则此时判断错误人数为 327 人。如果知道了吸烟的情况，在吸烟人群（240 人）中，把所有人群都归到最多的类别（158 人），则此时判断错误人数为 82 人；在不吸烟人群（480 人）中，把所有人群都归到最多的类别（311 人），则此时判断错误人数为 169 人。

因此，当不知道吸烟情况时，判断错误人数为 327 人；当知道吸烟情况时，判断错误人数为 82+169=251（人）。因此可以计算 λ 系数为(327−251)/327=0.23。

还有一个与 λ 系数很相似的指标是 Goodman 和 Kruskal 的 τ（tau）系数，它与 λ 系数的思路相同，都基于判断误差减少的比例，只是在计算公式上略有不同，了解一下即可。

5. Yule 的 Q 系数

在 2×2 的四格表中，设 4 个格子的频数依次为 a、b、c、d（在表 15.4 中依次为 158、169、82、311），则 Q 系数的计算公式变为

$$Q = \frac{ad - bc}{ad + bc}$$

式中，ad 是一致的对子数，bc 是不一致的对子数。当 ad 和 bc 相等时，Q 系数为 0。当四格表中任意一个格子中的频数为 0 时，Q 系数为 1 或-1，这一点与 ϕ 系数不同。在这种情况下，使用 Q 系数要谨慎，因为只有一个格子的频数为 0 并不意味着完全正相关或完全负相关。

* * * * * * * * *

在上面介绍的相关系数中，ϕ 系数、Cramer V 系数、Pearson 列联系数是基于 χ^2 统计量而计算的，因此其实际意义并不是很明确，尤其是 Pearson 列联系数，其最大上限总是小于 1，有时难以跟其他系数比较。

相对而言，Q 系数有一定的解释意义，但它只能用于四格表，不能用于行或列大于 2 的列联表。而且 Q 系数在有一个格子为 0 时，总是会导致完全正相关或完全负相关，有时未必能反映实际情况。

λ 系数的实际意义也较为明确，但它也有一个缺陷，即如果各类别的例数相差较为悬殊（例如，如果表 15.4 中心肌梗死和非心肌梗死的例数相差过大），那么即使变量间有一定关联，λ 系数仍有可能为 0。当四格表的边缘数相差过大时，Goodman 和 Kruskal 的 τ（tau）系数比 λ 系数表现得好一些。

* * * * * * * *

SAS 软件主要通过 table 语句的 chisq 选项输出 ϕ 系数、Cramer V 系数和 Pearson 列联系数，通过 measures 选项输出 λ 系数，主要命令如下（以例 15.4 为例）：

```
proc freq;
weight f;                 /*如果是列联表输入形式，则需加上该语句指定频数变量*/
table smoke*mi/chisq measures;
run;
```

R 软件可通过 assocstats 函数输出各种分类资料的相关系数。假定数据集 f1 中有结果变量 mi 和组别变量 smoke，其主要语句如下：

```
tab=xtabs(~smoke+mi,data=f1)
assocstats(tab)
```

如果在 R 软件中以列联表形式输入，则主要语句为：

```
mi=matrix(c(158,169,82,311),nc=2)
assocstats(mi,correct = F)
```

JMP Pro 软件输出上述分类资料的相关系数的操作如下：

依次单击"分析"→"以 x 拟合 y"，将分组变量拖入"X，因子"，将结局变量拖入"Y，响应"（如果是列联表输入形式，则还需将频数变量拖入"频数"）。在出现的结果界面中，单击红色下拉按钮，在下拉菜单中选择"关联测量"。

SPSS 软件输出上述分类资料的相关系数的操作如下（如果是列联表输入形式，则首先需要在"数据"菜单中将频数变量加权）：

依次单击"分析"→"统计描述"→"交叉表"，在出现的界面中将分组变量拖入"行"，将结局变量拖入"列"，然后单击"统计量"，选择"phi 和 Cramer 变量"和"lambda"。

15.5　基于秩次的相关系数

基于秩次的相关系数通常可用于两种场合：第一，当连续资料不满足正态分布时，一般不用 Pearson 相关系数，通常的做法是将连续资料进行排序，基于排序后的秩次进行相关分析；第二，当数据为等级资料时，尽管仍为分类资料，但对等级的赋值是有意义的，此时也相当于秩次，只不过每个等级的例数很多而已。这里主要介绍三个基于秩次的相关系数。

1. Spearman 相关系数

Spearman 相关系数的思路非常简单，就是分别求出每个变量各自排序后的秩次，然后以秩次作为变量，计算其 Pearson 相关系数。将 Pearson 相关系数的计算公式中的 x 和 y 换成秩次就可以了。

以例 15.1 中的数据为例，首先计算出 x 和 y 的秩次（见表 15.6），然后以这两个变量的秩次作为原始数据，计算给出的 Pearson 相关系数即为 Spearman 相关系数。

表 15.6　Spearman 相关系数计算过程示例

x	0.8	1.4	1.5	1.6	2.3	3.1	3.1	3.9	4.6
y	0.6	3.0	1.3	1.9	2.2	3.1	3.9	4.8	4.9
x 的秩次	9	8	7	6	5	3.5*	3.5*	2	1
y 的秩次	9	5	8	7	6	4	3	2	1

*当两个数据相等时，取其秩次的平均，如 x 有两个 3.1，其秩次应为 3 和 4，取其平均则各为 3.5。

对于例 15.1，如果用表 15.6 中第 3 行和第 4 行的秩次计算 Pearson 相关系数，则可得 Spearman 相关系数为 0.8954（计算过程略）。

如果是等级资料，则其思路类似，只不过此时的秩次数较少，但每个秩次的频数有很多（如 1、2、3 可能各有几百例），用统计学术语来说就是"结（Tie）"较多。

2. Kendall 的 τ（tau）系数

以表 15.6 中的数据来说明 Kendall 的 τ 系数的思路。在表 15.6 中，x 是按从小到大的顺序排列的，其秩次则是从最大（9）到最小（1）。假定以 x 的秩次顺序为标准，那么对于 y 来说，最好也使其秩次从 9 依次降低到 1，此时二者完全相关。

但实际却并非如此，有的秩次与 x 的秩次一致，有的则不一致。例如，对于第 1 个和第 2 个数据，x 的秩次和 y 的秩次就是一致的。因为此时 x 的秩次为 9 和 8，是降低的趋势；y 的秩次为 9 和 5，也是降低的趋势。因此，这种情况称为二者是一致的（Concordant）。再如，对于第 2 个和第 3 个数据，x 的秩次为 8 和 7，是降低的趋势；y 的秩次为 5 和 8，是上升的趋势。因此，这种情况称为二者是不一致的（Discordant）。

Kendall 的 τ 系数就利用了一致的对子数（用 C 表示）和不一致的对子数（用 D 表示），其公式为

$$\tau = \frac{C - D}{\frac{1}{2} \times n(n - 1)}$$

式中，分子反映了一致的对子数与不一致的对子数之差，而分母则反映了 C 和 D 差值的所有可能的最大值，即所有的对子数都是一致的情形。例如，对于 9 例数据而言，C-D 可能出现的最大值（所有对子数都一致）为 $8+7+\cdots+2+1=1/2\times9\times8=36$。

因此，从公式中不难理解 Kendall 的 τ 系数的含义，它反映了当前数据的一致性情况占理想中完全一致性情况的比例。如果所有对子数都一致，则此时 D=0，分子和分母相等，相关系数为 1；如果所有对子数都不一致，则此时 C=0，分子和分母仍相等，但分子是负数，相关系数为 -1。

Kendall 的 τ 系数的大致思路就是如此，有时你会发现在软件中有 τ_a、τ_b、τ_c 等不同称呼，其实都是 τ 系数，其计算思路也都一样，只是根据实际数据在公式上略有调整。

一般把上面介绍的 Kendall 的 τ 系数公式称为 τ_a。如果数据中"结（Tie）"较多，则需要对 τ_a 进行校正（具体校正方式略），校正后的公式一般称为 τ_b。而在等级资料中，

只有当行和列相等时，τ_b 的上限才为 1。为了校正 τ_b 在等级资料中的这一缺陷，又提出了另外的校正公式，称为 τ_c。

3. γ（Gamma）系数

γ 系数同样基于一致和不一致的对子数，只不过思路略有不同。仍以 C 表示一致的对子数，以 D 表示不一致的对子数，γ 系数可由以下公式来计算：

$$\gamma = \frac{C - D}{C + D}$$

前面介绍的 Yule 的 Q 系数实际上就是 γ 系数的特例，ad 是一致的对子数，bc 是不一致的对子数。

* * * * * * * *

如果数据是偏态的连续资料，则选择 Spearman 相关系数或 Kendall 相关系数并无太大区别，但实际中由于 Spearman 相关系数更容易理解，因此用得更多一些。

如果数据是等级资料，由于"打结"的数据比较多（每个等级都有很多频数），则一般认为 Kendall 相关系数（τ_c）比 Spearman 相关系数可以更好地处理"打结"情况。但此时 Kendall 相关系数（τ_c）解释起来比较困难，相对而言，γ 系数则更容易解释一些。

在很多情况下，γ 系数和 Kendall 相关系数（τ_c）并不一致，|γ 系数|$\geqslant$|τ_c|，尤其在一些极端情况下。例如，在表 15.7 所示的数据中，没有不一致的对子数，此时 γ 系数为 1.0，而 τ_c 仅为 0.7。

表 15.7　没有不一致对子数的极端数据

x	1	1	1	1	1	1	1	1	1	1	1	1	2	2	2	2	2	2	3	3
y	1	1	1	1	1	1	2	2	2	2	2	2	3	3	3	3	3	3

对于这种情况该如何选择呢？这更多地取决于你对数据的认识。如表 15.7，这种情况到底算不算完全一致？从趋势上来看，算完全一致，因为凡是 x 升高的，y 都随之升高。但如果要求一对一一致，则不算完全一致，因为当 $x=1$ 时，y 有的为 1，有的为 2。因此，在这种情况下并没有绝对的错误或正确，关键取决于你的看法。

* * * * * * * *

SAS 软件主要通过 table 语句的 measures 选项输出等级资料的相关系数，并通过 test 语句对相关系数进行检验。主要命令如下（以例 15.4 为例）：

```
proc freq;
    weight f;              /*如果是列联表输入形式，则需加上该语句指定频数变量*/
    table smoke*mi/ measures;
    test measures;
run;
```

R 软件可通过 cor 函数输出 Spearman 和 Kendall 相关系数，通过 cor.test 函数对相关系数进行统计学检验。其主要语句为：

```
cor(x,y,method="kendall")          #或 method="spearman"#
cor.test(x,y,method="kendall")     #或 method="spearman"#
```

JMP Pro 软件输出上述等级资料相关系数的操作如下：

依次单击"分析"→"以 x 拟合 y"，将分组变量拖入"X，因子"，将结局变量拖入"Y，响应"（如果是列联表输入形式，则还需将频数变量拖入"频数"）。在出现的结果界面中，单击红色下拉按钮，在下拉菜单中选择"关联测量"。

SPSS 软件输出上述等级资料相关系数的操作如下（如果是列联表输入形式，则首先需要在"数据"菜单中将频数变量加权）：

依次单击"分析"→"统计描述"→"交叉表"，在出现的界面中将分组变量拖入"行"，将结局变量拖入"列"，然后单击"统计量"，选择"gamma""Kendall 的 τ_b"和"Kendall 的 τ_c"。

15.6　相关分析中的几个陷阱

"相关"是一个比较通俗的词，很多人在使用相关时有点漫不经心，因为相关分析看起来比较简单。然而，在简单的背后往往存在不少使用中的陷阱。

1. P 值小不一定表示强相关

我曾在不少文章中看到这样的结论："A 和 B 的相关系数 $P<0.001$，说明二者具有很强的相关性"，"A 和 B 的相关系数 $P<0.05$，A 和 C 的相关系数 $P<0.01$，说明 A 和 C 的相关性更强"，等等。

事实上，相关系数的大小跟 P 值没什么关系。通俗来说，P 值回答的是"这一相关系数到底是偶然造成的还是真实存在的"，反映的是"有没有相关"；而相关系数回答的是"相关系数有多大"，反映的是"相关性大小"。

当你的例数很多的时候（几百例就算很多了），即使相关系数只有 0.1，依然会有统计学意义，因为标准误很小，即使只有 0.1 的差异，那也是真实存在的。而当你的例数很少的时候（如不足 10 例），即使相关系数是 0.8，也未必有统计学意义，因为标准误太大，导致无法得出有统计学意义的结论。

也就是说，P 值告诉我们得到的相关系数（不管多大，可能是 0.9，也可能是 0.1）到底是真实的还是由于抽样误差造成的，而相关系数才告诉我们变量之间的关系到底有多大。

当你在文章中进行描述的时候，P 值有没有统计学意义只是回答了一个统计学问题，相关系数大小才是一个专业问题。如果一个相关系数很小，那么，即使 P 值显示有统计学意义，也是不值得讨论的。比如，你发现血压值与某个因素的相关性有统计学意义，但二者的相关系数只有 0.15，那这有多大的实际意义呢？

2. 线性相关系数小不等于没有相关

我们前面就提到了，"相关"不等于"线性相关"。通常我们所说的相关都是指线性相关，也就是说，只能检验"线性"的相关，如果不是线性的，就检验不出来了。

如图 15.2 中的 x 和 y，一看就有关系，但如果计算其相关系数，则仅为 0.15；而如果计算其曲线相关（此处二次项较为合适），则相关系数为 0.90。

当然，实际中不仅仅二次项这一种曲线相关，还有其他形式的关系。但不管如何，当你发现相关系数较小的时候，最好先通过散点图确定这是直线相关，否则相关系数小未必表示没有相关性。你的结论只能是"没有线性相关"，但不能轻易说"没有相关"。

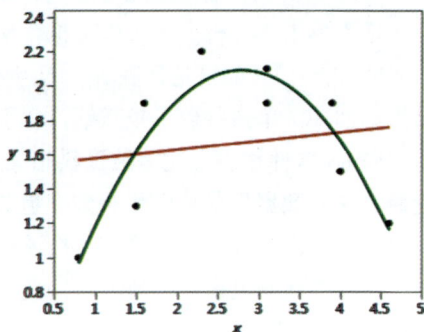

图 15.2　曲线相关示例

3. 存在异常值的时候要谨慎对待相关性大小

在统计学分析中，有时往往一个数值就会改变整个结论，这种情况在相关分析中并不少见。如图 15.3 所示，左图的相关系数为 0.738，右图的相关系数为-0.076（为了对比方便，两张图的坐标是统一的）。二者唯一的差别就是左图中多了一个点（$x=6$，$y=4$），该点造成结果发生了天翻地覆的变化。

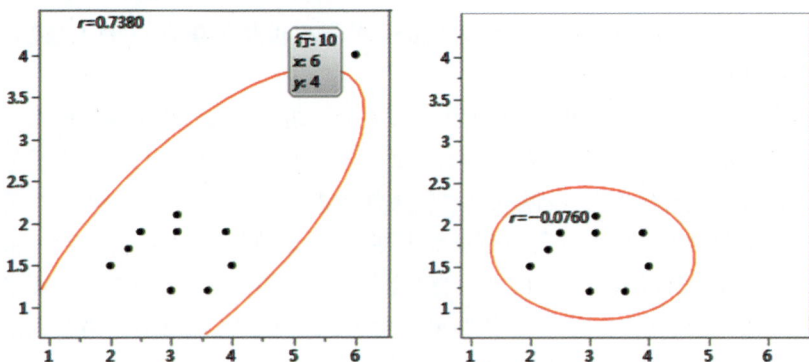

图 15.3　有异常点和无异常点时相关系数的差别

因此，如果你在散点图中发现有的点距离其他点较远，则需要谨慎对待。对于这种情况，到底哪个结果更可靠呢？这需要具体问题具体分析，取决于你是否想把数据中的异常点作为代表性数据。例如，你调查了多个城市居民的体重与血压值，想分析二者的相关性，可能你会发现大多数人的体重与血压值呈正向相关性，但在某一城市的一小部分人群中其相关系数却完全不同，拉低了二者的相关性。这时如果你只想考虑大多数的情况，就可以把该城市的这一小部分人群删除，只分析其他人群的数据即可。

4．分析两个变量的相关性，到底是选择相关还是回归

相关与回归都是分析变量间关系的方法，但不少人搞不清楚，到底什么时候用相关、什么时候用回归。这其实主要根据研究目的来决定，这两种方法侧重的研究目的不同。

相关（Cor-relation），从字面意思就可以看出它描绘的是变量间的"相互"关系，即两个或多个变量不区分主次关系，重在解释变量间的关联。而回归分析中的变量地位不同，有主次之分（根据研究目的而定），注意力集中在一个或几个自变量对因变量的影响上，而不是因变量对自变量的影响上。

在相关分析中，可以认为所有变量都是结果，都是因变量，分析的是因变量之间的相互关系。而在回归分析中，通常只有一个因变量，其他都是自变量，分析的是自变量对因变量的影响。当然，这些所谓的因变量和自变量主要视你的研究目的而定。例如，你只想了解血压值和血糖值之间有没有关联、关联有多大，就可以考虑相关分析；而如果你想具体了解血压值的升高对血糖值的升高有多大影响，那么这时候你就明确了自变量（血压值）和因变量（血糖值），就可以考虑回归分析。

5．两个变量的相关性高并不代表一致性好

相关性和一致性这两个词乍一听很相像，但其实并不是一回事。

一致性主要用于两种测量同时作用于同一批数据，所得的**指标都是相同的**，只是测量的方式不同而已。例如，同时用电脑验光法和人工验光法分别对同一批人进行验光，A 专家和 B 专家同时对一批人的心理素质进行评分。它们所得的指标都是相同的，如都是验光的度数、评价的分值，只是测量的方式或人不同而已。

相关性通常是评价**不同指标**之间的相关性大小，如视力与室外活动时间长短的关系、心理素质评分与生理评分的关系。

相关性是一个更为宽泛的词，通常包含了一致性的意思；而一致性更加严格，不仅要求相关性高，还隐含了要求二者差别小的含义。一般来讲，强的一致性会出现强的关联性，而强的关联性则不一定会出现强的一致性。例如，两位专家对同一批样品结果进行评定打分。如果其中一位专家对样品的检测分值总是高于另一位专家，那么这两位专家评定结果的一致性很差，但是相关性很强。

一致性一般有专门的评价方法，而不采用相关性分析。常用的评价一致性的指标有 ICC、CCC、Bland-Altman 图、Kappa 系数等。

15.7　用 ICC 和 CCC 指标判断一致性

例 15.5：某研究设计一张儿童睡眠障碍的评价量表，表 15.8 显示了其中 10 名儿童两次测量的得分情况，试分析两次测量是否具有较高的一致性。

表 15.8　10 名儿童的两次测量得分

id	1	2	3	4	5	6	7	8	9	10
第 1 次测量（t_1）	10	7	6	8	12	14	8	9	10	10
第 2 次测量（t_2）	11	5	6	9	12	15	8	10	9	10

该研究者最初采用 Pearson 相关系数来评价，$r=0.947$，认为二者一致性很高。但由于相关系数无法说明两次测量的差异，因此又采用配对 t 检验，结果显示 $P=0.758$，无统计学差异。该研究者认为，结合这两种检验，可以认为二者一致性较高。

目前这种做法仍有人在使用，但其所得结果并不准确。因为即使配对 t 检验无统计学差异，也未必说明差别小，P 值与例数多少有很大关系，P 值大并不等同于差值小。对于两份定量资料的一致性评价，一般采用 CCC 或 ICC 指标。

1. CCC（Concordance Correlation Coefficient）指标

CCC 指标是由 Lin（1989）提出的，用于评价两份定量资料的一致性或可靠性，它在 Pearson 相关系数的基础上进行了改进。我们前面提到，用 Pearson 相关系数描述一致性的缺点是，无法考查两个变量的差距有多大。以表 15.8 中的数据为例，假定产生一个新变量 t_3（$t_3=t_2 \times 2$），图 15.4 左图显示了 t_1 和 t_2 的相关性，右图则显示了 t_1 和 t_3 的相关性。它们的相关系数完全相同（$r=0.947$），但显然 t_1 和 t_2 的一致性更好一些，因为 t_1 和 t_2（在相同尺度的 x 轴和 y 轴上）的关系大致为 45°线，此时二者的差值很小。

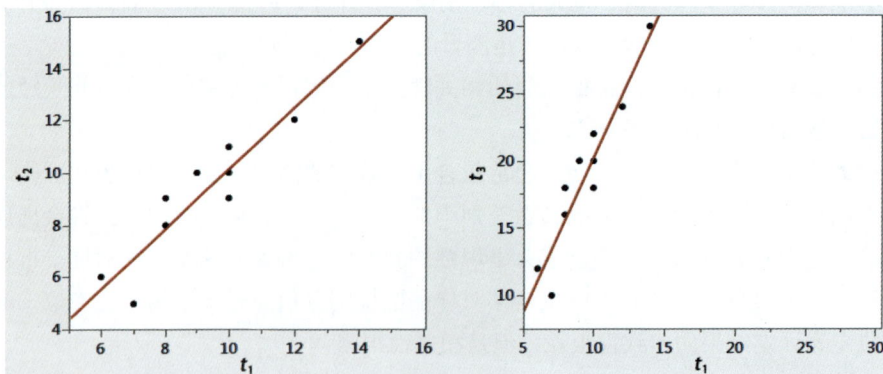

图 15.4　相同的相关系数但一致性不同

CCC 指标正是基于这一思想的，它在度量了 Pearson 相关系数大小的同时，还考虑到了对 45°线的偏离大小。Pearson 相关系数反映了相关性大小，对 45°线偏离的度量则反映了两个变量的差距大小。如果两个变量的 Pearson 相关系数较大，且偏离 45°线很小，则说明一致性较好。

CCC 指标相当于用偏离 45°线的程度对 Pearson 相关系数进行了校正，其计算公式为

$$r_c = \frac{2rs_x s_y}{s_x{}^2 + s_y{}^2 + (\bar{x} - \bar{y})^2}$$

式中，r 为 Pearson 相关系数，$\bar{x}$ 和 $\bar{y}$ 分别为 x 和 y 的均值，s_x 和 s_y 分别表示 x 和 y 的标准差。

对于图 15.4 中的两对数据，左图 t_1 和 t_2 的 CCC 值为 0.9280（95%CI：0.7823-0.9447），右图 t_1 和 t_3 的 CCC 值为 0.1827（95%CI：0.0281-0.3288）。因为 t_1 和 t_3 关系的拟合线偏离 45°线较远，因此其一致性远远低于 t_1 和 t_2。

2. ICC（Intra-class Correlation Coefficient）指标

ICC 指标的思路与 CCC 指标不同，它基于变异分解的思想。以例 15.5 为例，这 20 个数据的变异主要来自两方面：一是 10 名儿童之间的差异，称之为个体间变异；二是每名儿童的两次测量之间的差异，称之为个体内变异。由于总变异是固定的，因此，如果个体间变异变大了，个体内变异就变小了；反之亦然。

对于两次测量，怎样才算一致性比较好呢？很显然，个体内变异如果很小，就说明两次测量的一致性较好。因为如果个体内变异变大了，则说明两次测量的值差别很大，一致性不可能好。

基于这种思想，就提出了 ICC 这一指标，其公式总的可以表达为

$$\text{ICC} = \frac{\text{个体间变异}}{\text{个体间变异} + \text{误差变异}}$$

根据不同的变异来源，ICC 指标有不同的具体公式，详细可参见 Chen（2008）的文章。但其思路都是相同的，不难看出，如果个体间变异较大，则 ICC 值较大，此时反映了个体内变异较小，从而说明两次测量的一致性较高。

对于图 15.4 中的两对数据，左图 t_1 和 t_2 的 ICC 值为 0.9287（95%CI：0.7410-0.9818），右图 t_1 和 t_3 的 ICC 值为 0.6659（95%CI：0.1066-0.9051）。

* * * * * * * *

R 软件可通过 ICC 包中的 ICCest 函数输出 ICC 指标，通过 cccrm 包中的 cccvc 函数输出 CCC 指标。注意其数据形式不是表 15.8 所示的格式，而是至少包含 id、测量时间（或测量方法等）变量、结果变量。假定例 15.5 中的数据集名为 score，编号用 id 表示，测量时间用 t 表示，得分用 y 表示，则主要语句为：

```
library(ICC)
ICCest(t,y,score)
library(cccrm)
cccvc(score, "y","id","t")
```

SPSS 软件输出 ICC 指标的操作如下（数据格式为每列一次测量值）：

依次单击"分析"→"质量"→"可靠性分析"，在界面中单击"统计量"，选择"ICC"，单击"确定"即可。

MedCalc 软件可直接输出 CCC 和 ICC 指标:

依次单击"statistics"→"agreement & responsiveness"→"Concordance correlation coefficient",输入两个变量,单击"OK",即可输出 CCC 指标。

依次单击"statistics"→"agreement & responsiveness"→"Intraclass correlation coefficient",输入两个变量,单击"OK",即可输出 ICC 指标。

15.8 用 Bland-Altman 图判断一致性

Bland-Altman 法利用图形的方法观察两份定量资料一致性的情况,这种方法简单直观,但主观性相对较强。

该法的基本思路是:根据原始数据求出两种方法(或两次测量)的均值和差值,以均值为横轴,以差值为纵轴,画出散点图。同时计算差值的均值及差值的 95%分布范围(均数±1.96×标准差),这一范围也称为一致性界限。理论上,如果差值的分布服从正态分布,则95%的差值应位于一致性界限之内。

如例 15.5 中的数据,可计算出两次测量的均值和差值,如表 15.9 所示。以$(t_1+t_2)/2$为 x 轴,以 t_1-t_2 为 y 轴,绘制散点图,这就是 Bland-Altman 图。当然,专业的图形还需要在图中加入一致性界限。

表 15.9　10 名儿童的两次测量得分

id	1	2	3	4	5	6	7	8	9	10
第 1 次测量（t_1）	10	7	6	8	12	14	8	9	10	10
第 2 次测量（t_2）	11	5	6	9	12	15	8	10	9	10
$(t_1+t_2)/2$	10.5	6	6	8.5	12	14.5	8	9.5	9.5	10
t_1-t_2	−1	2	0	−1	0	−1	0	−1	1	0

根据表 15.9 不难计算出差值(t_1-t_2)的均值为-0.1,差值(t_1-t_2)的标准差为 0.99,因此其上限界值为-0.1+1.96×0.994=1.85,下限界值为-0.1-1.96×0.994=-2.05。

图 15.5 给出了例 15.5 中数据的 Bland-Altman 图。图中显示了以$(t_1+t_2)/2$为横坐标、以 t_1-t_2 为纵坐标的散点图,并给出了上下一致性界值(图中上下虚线)。

关于 Bland-Altman 图如何判断一致性,尚无十分明确的标准。通常认为,如果图中散点是(围绕 0)随机分布的,而且大多数点位于一致性界值内,则可以做出一致性的结论。如图 15.5 中这 10 个点并无明显的变化趋势,呈一种围绕 0 值随机波动的态势,因此可以认为其具有较好的一致性。

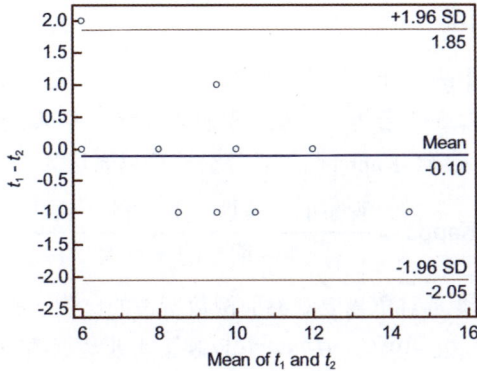

图 15.5　例 15.5 中数据的 Bland-Altman 图

* * * * * * * *

　　R 软件可 MethComp 包中的 **BlandAltman** 函数绘制 **Bland-Altman** 图，并输出上下一致性界值等指标。假定数据集名为 **f1**，两次测量分别用 **t1** 和 **t2** 表示，则主要语句为：

```
library(MethComp)
with(f1, BlandAltman(t1,t2))
```

MedCalc 软件可直接绘制 Bland-Altman 图：

依次单击"statistics"→"Method comparison & evaluation"→"Bland-Altman plot"，输入两个变量，单击"OK"，即可绘制 Bland-Altman 图。

15.9　Kappa 检验在一致性分析中的应用

　　例 15.6：某研究欲评价某干眼仪在干眼诊断中的价值，选择确诊的 25 例干眼人群和 25 例非干眼人群，分别采用干眼仪进行检测，结果数据如表 15.10 所示。该研究分别采用了 χ^2 检验和 Pearson 相关分析评价干眼仪的诊断效果。

表 15.10　干眼仪诊断结果与实际结果比较

诊断结果	实际结果		合　计
	干　眼	非干眼	
干　眼	20	6	26
非干眼	5	19	24
合　计	25	25	50

　　辨析：该研究的目的是评价干眼仪诊断结果与实际结果（金标准）的一致性，两个结果均为二分类变量，在这种情况下，一般采用 Cohen's Kappa 检验。χ^2 检验只能说明二者之间是否存在关联，而 Pearson 相关系数则主要用于连续资料的相关分析。而在本研究中分析的是两个二分类变量的一致性，故采用 Kappa 检验更为合理。

1. Kappa 一致性系数

Kappa 检验主要用于两份分类资料之间的一致性分析，它要求两份分类资料的类别数是相等的，如 2×2 表、3×3 表等。该法其实就是计算一个 Kappa 值，根据 Kappa 值的大小来反映一致性的强弱。Kappa 值的计算公式可以表达为

$$Kappa = \frac{观察的一致性 - 期望的一致性}{1 - 期望的一致性}$$

其中，观察的一致性也就是对角线上观察的例数所占的比例（通常所说的准确率或符合率），如表 15.10 中为(20+19)/50=0.78，它反映了当前数据的一致性情况。期望的一致性表示独立模型的期望概率，是对角线上期望频数（或理论频数，其含义参见第 14章）所占的比例，如表 15.10 中 20 和 19 的期望频数为 13 和 12，因此期望的一致性为(13+12)/50=0.50。分母中的 1 则反映了最佳的一致性。

因此，根据公式不难看出，当观察的一致性仅等于独立模型的期望概率时，Kappa=0，此时说明一致性是纯粹的偶然；当出现完全一致性时，观察的一致性为 1，此时 Kappa=1。Kappa 值越大，表示一致性程度越强。有时 Kappa 值会出现负值（虽然很罕见），在这种情况下说明一致性比纯粹的偶然还要差。

Landis（1977）建议，当 Kappa 值大于 0.8 时，认为二者的一致性非常好（Perfect）；当 Kappa 值在 0.61～0.8 之间时，认为二者的一致性较好（Substantial）；当 Kappa 值在0.41～0.6 之间时，认为二者的一致性为中等（Moderate）；当 Kappa 值在 0.21～0.4 之间时，认为二者的一致性勉强可接受（Fair）；当 Kappa 值低于 0.2 时，则认为二者几乎没有一致性（Slight）。

对于例 15.6 中的数据，可以计算出其 Kappa 值为 0.56，可以认为有中等的一致性。

2. 加权的 Kappa 一致性系数

Kappa 值的计算是将各类别的权重视为相同，因此主要用于无序分类资料的情况。如果是有序分类资料，则通常采用加权的 Kappa 值。其表达式变为

$$Kappa = \frac{权重 \times 观察的一致性 - 权重 \times 期望的一致性}{1 - 权重 \times 期望的一致性}$$

可以看出，加权的 Kappa 值的计算思路与一般 Kappa 值相同，只是由于不同等级的变量赋予不同的值（如轻度、中度、重度分别赋值为 1、2、3），考虑到了这一赋值权重而已。权重的计算通常采用 Fleiss 和 Cohen（1973）推荐的方法，感兴趣的读者可自行参阅文献。

* * * * * * * * *

Kappa 一致性系数目前广泛应用于分类资料的一致性分析，但其价值一直存在争议。因为在有些情况下该系数的可靠性较差，尤其是在两类结果的例数差别较大的时候。

如表 15.11 所示，左侧的四格表中两种方法一致的数目为 40+45=85（个），右侧的四格表中两种方法一致的数目为 80+5=85（个），从符合率来看是相同的。但两张表的 Kappa 一致性系数差别非常大，左侧的 Kappa 值为 0.70，右侧的 Kappa 值则为 0.32。

表 15.11　不同场景下的模拟数据

	检测阳性	检测阴性		检测阳性	检测阴性
实际阳性	*40*	9		*80*	10
实际阴性	6	*45*		5	*5*

为什么会出现这种情况呢？因为在左侧的数据中，实际阳性和阴性的例数分别为 49 和 51，差别不大；而在右侧的数据中，实际阳性和阴性的例数分别为 90 和 10，差别非常大。换句话说，Kappa 值受行合计数或列合计数的影响较大，如果两类的例数差别很大，则此时使用 Kappa 一致性系数需要谨慎。

* * * * * * * *

SAS 软件中（加权）Kappa 一致性系数及其检验的主要命令如下：

```
proc freq;
weight f;            /*如果是列联表输入形式，则需加上该语句指定频数变量*/
table x*y/agree;
test agree;
run;
```

R 软件可通过 **psych** 包中的 **cohen.kappa** 函数输出（加权）**Kappa** 值。其主要语句为：

```
library(psych)
data=matrix(c(20,6,5,19),nc=2)
cohen.kappa(data)
```

JMP Pro 软件输出（加权）**Kappa** 一致性系数的操作如下：

依次单击"分析"→"以 x 拟合 y"，将分组变量拖入"X，因子"，将结局变量拖入"Y，响应"（如果是列联表输入形式，则还需将频数变量拖入"频数"）。在出现的结果界面中，单击红色下拉按钮，在下拉菜单中选择"一致性统计量"。

SPSS 软件输出（加权）**Kappa** 一致性系数的操作如下（如果是列联表输入形式，则首先需要在"数据"菜单中将频数变量加权）：

依次单击"分析"→"统计描述"→"交叉表"，在出现的界面中将分组变量拖入"行"，将结局变量拖入"列"，然后单击"统计量"，选择"Kappa"。

第 16 章

线性回归及其分析思路

幻视：我有一个公式，自从 8 年前 Stark 先生宣布自己是钢铁侠后，公开身份的超能人数量就开始成倍增长。而同一时期，有可能导致世界毁灭的事件数量也在以同比例增加。

美国队长：这是我们的错吗？

幻视：我是说这也许有因果关系。我们的能力吸引来了挑战，挑战激发了冲突，而冲突则孕育着灾难。

——电影《美国队长 3》

在学习任何一种方法之前，首先要知道这种方法是干什么的、在什么情况下才能使用这种方法。那线性回归能做什么呢？

如果你有如下打算，那起码可以把线性回归纳入你的备选方法中：

（1）知道了某一结果或现象，想了解影响该结果发生的因素主要有哪些，如想了解哪些因素会影响到血糖值的变化。

（2）你想验证某一结果与研究变量之间的真实关系，但又觉得可能会有其他混杂因素的干扰，想排除这些混杂因素。如研究食物含糖量（自变量）与体重（因变量）的关系，但考虑到运动次数可能会干扰二者的真实关系，所以需要把运动次数进行校正，以得到食物含糖量与体重的真实关系。

（3）已经知道了有几个因素可能会影响结果，想综合利用这些因素来预测结果出现的情况。如已知体重、运动次数会影响心率，而且计算出了这两个变量对心率影响的系数，便可以根据方程，将体重和运动次数代入，计算出不同体重、运动次数的心率情况。

本章不是来介绍回归系数如何计算、如何检验这些问题的，而是更多地介绍线性回归分析的思路，以及实际中常遇到而又很难从教科书中找到答案的一些问题。

16.1 残差——识别回归模型好坏的关键

在理解线性回归模型之前，一定要先理解"因变量 y 是一个随机变量"这句话。意思是说，对于每一个特定的自变量取值，因变量 y 并不会只对应一个值，而是可能有无数个取值，这些取值服从某一均值和标准差的分布。例如，当体重（自变量）=70kg 的时候，对应的血压值（因变量）有若干个值（如可能是 120mmHg、140.6mmHg 等），这些值可能服从均值为 140mmHg、标准差为 5mmHg 的分布。而我们手里的样本数据仅仅是服从这一分布的一份随机数据而已。

线性回归模型有多种表达方式，取决于你要说明什么。假定有 p 个自变量，如果你想表达 y 的观测值的形式，则线性模型一般为

$$y_i = \beta_0 + \beta_1 x_{i1} + \beta_2 x_{i2} + \cdots + \beta_p x_{ip} + \varepsilon_i$$

式中，y_i 表示在第 i 个观测上随机变量 y 的取值。ε_i 是误差项，表示自变量无法解释的部分，通常假定 ε_i 服从均值为 0 的分布。

如果要表示随机变量 y 的均值的形式，则线性模型一般为

$$\mu_i = \beta_0 + \beta_1 x_{i1} + \beta_2 x_{i2} + \cdots + \beta_p x_{ip}$$

式中，μ_i 是 y 的均值。由于 ε_i 均值为 0，因此对于均值的表达式，没有误差项 ε_i。

在样本数据中，我们通常把方程估计表达为

$$\hat{y}_i = \hat{\beta}_0 + \hat{\beta}_1 x_{i1} + \hat{\beta}_2 x_{i2} + \cdots + \hat{\beta}_p x_{ip}$$

式中，$\hat{y}_i$ 是对总体均值 μ_i 的估计，统计学中一般习惯加一项帽子表示估计值。因为在样本中所有的数据都是估计值，自变量的回归系数是估计值，因变量的均值也是估计值。

在样本数据中，对均值估计的表达式和对观测值的表达式的差异可以用图 16.1 来表示。观测值 y_i 是图中的点，估计值 $\hat{y}$ 是估计的回归线，二者的差别称为残差 e_i。注意残差与误差项 ε_i 不同，残差是样本数据中的，可以视为对总体模型中误差项 ε_i 的估计。

例 16.1： 表 16.1 给出了某地区 1～12 月的平均温度（℃）与手足口发病率（1/10 万）的数据，试分析温度能否解释手足口发病率的变化。

表 16.1 某地区温度（℃）与手足口发病率（1/10 万）

温　度	-4.4	-0.2	4.3	11.3	21.9	25.7	30.8	27.4	22.2	14.2	6.3	0.0
发病率	0.49	0.73	2.91	14.66	23.48	27.6	36.54	28.7	14.81	4.23	3.16	1.31

绘制温度与手足口发病率的散点图（见图 16.1），并建立二者关系的回归方程。图中的点是样本观测值，线则是总体均值的估计值。如某月温度为 10℃时，理论上对应的发病率有无数个，这些发病率的总体均值我们并不清楚，但根据样本数据估计发病率的均值约为 10（1/10 万）。

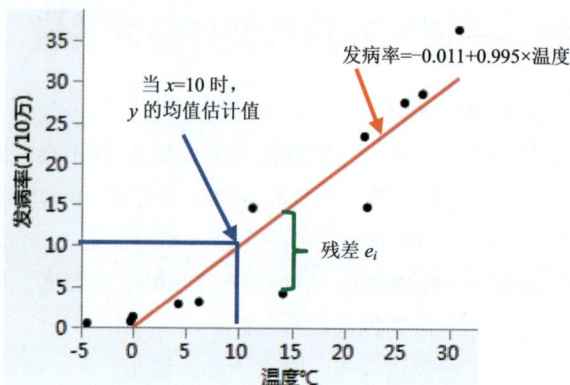

图 16.1　观测值与回归线

　　图中样本估计值和样本观测值的差值就是残差。每个点都与估计值有一个差值，因此 12 个点就有 12 个残差。很明显，残差越小，说明拟合的回归模型越好，因为它更贴近实际值。

　　虽然可能我们更关心回归系数的大小，但残差却能告诉我们这些系数的估计值是否可靠，这一点实际上更为重要，因为即使回归系数再大，如果不能保证可靠性，则依然无法说服别人接受你的结果。因此，在数据分析中一定要学会观察残差图，任何模型拟合的问题基本上都能在残差图中体现出来。图 16.2 对比显示了不同拟合情况下的回归线及其对应的残差形状。

　　在图 16.2 中，右侧 3 张图中的点就是左侧图中点与线的差值。如在（a）图中，差值有上有下，反映在（b）图中就是围绕 0 随机波动的几个点；在（c）图中，前后 3 个点的差值为负，中间 6 个点的差值为正，反映在（d）图中就是两头为负、中间为正的散点；在（e）图中，第一个点和最后两个点的差值为正，中间几个点的差值为负，反映在（f）图中就是中间几个点在 0 以下、两头的几个点在 0 以上。

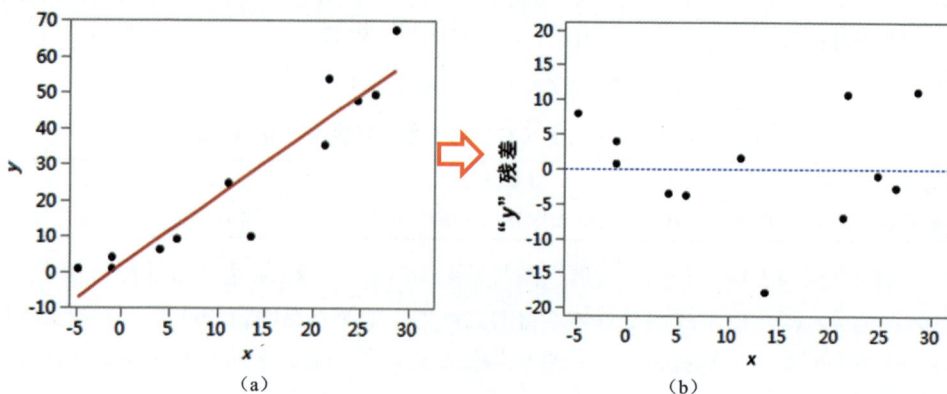

（a）　　　　　　　　　　　　　　　　　（b）

图 16.2　线性回归与残差

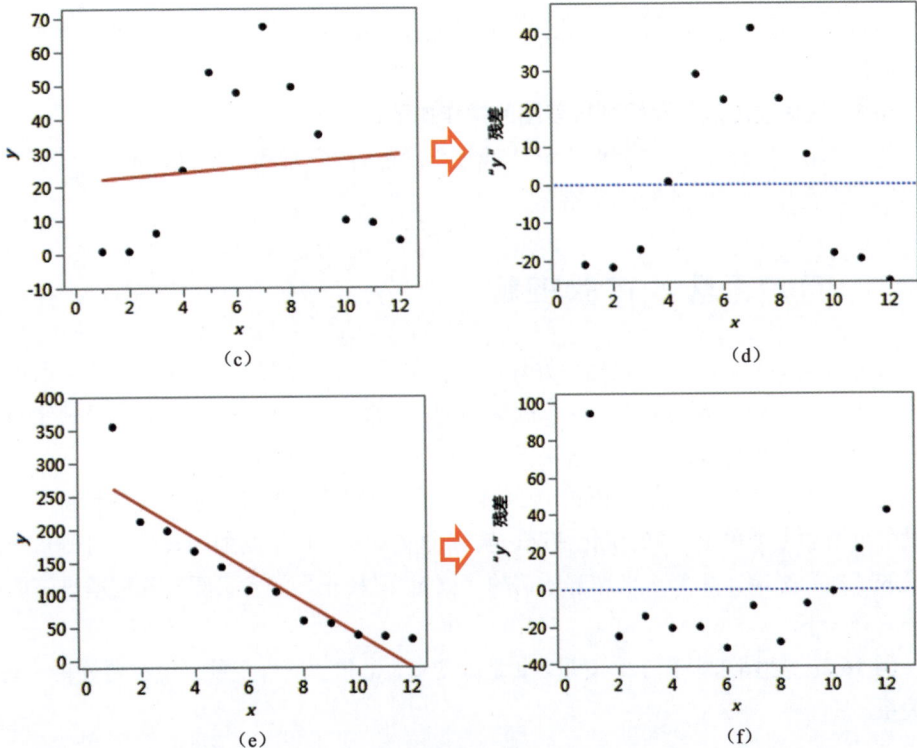

图 16.2　线性回归与残差（续）

不难理解，一条对数据点拟合好的回归线必然穿过这些点的中央，所有的点围绕这条线随机波动，反映在残差中就应该是围绕 0 随机波动，不应该有任何趋势。如果残差能看出趋势，则说明模型拟合肯定有问题。

* * * * * * * * *

SAS 软件通过 **proc reg** 过程执行线性回归，将自动输出各种残差图。如果要输出残差的具体值，则可通过下面的语句：

```
proc reg;
model y=x;
output r=r out=res;
proc print data=res;
run;
```

R 软件通过 **lm** 函数执行线性回归，其残差输出及残差图绘制的主要语句如下：

```
fit=lm(y~x,data=dataset)
residuals(fit)
plot(fit)
```

JMP Pro 软件输出残差及绘制残差图的操作如下：

依次单击"分析"→"拟合模型"，输入因变量和自变量。在结果界面中，单击红

225

色下拉按钮，选择"行诊断"，可输出各种残差图；单击"保存列"，可将残差等指标保存到数据集中。

SPSS 软件输出残差及绘制残差图的操作如下：

依次单击"分析"→"回归"→"线性"，输入因变量和自变量，单击"保存"，在出现的界面中可选中各种残差指标。

16.2　回归系数的正确理解

残差是帮助我们观察回归模型好坏的，但最终你要解释的仍是回归系数，所以很多人更喜欢看回归系数的大小。在单因素模型 $\hat{y} = \hat{\beta}_0 + \hat{\beta}_1 x$ 中，回归系数 $\hat{\beta}_1$ 反映了自变量 x 每增加 1 个单位（这个单位取决于 x 本身的含义），$\hat{y}$ 的变化情况。

而在多因素模型中，$\hat{\beta}_i$ 称为偏回归系数，意思是在固定其他因素不变的情况下，自变量 x 每增加 1 个单位，$\hat{y}$ 的变化情况。实际含义就是校正了其他因素后，自变量对因变量的"纯"影响。那么怎么来理解所谓的"固定""校正"等含义呢？我们通过下面的例子解释一下。

例 16.2： 表 16.2 中有 3 个变量，y 是因变量，x 和 z 是自变量。现在要分析 x 与 y 的关系。

表 16.2　含两个自变量的模拟数据

z	3	3	3	5	5	5	7	7	7	9	9	9
x	6	7	5	9	8	7	10	10	9	14	13	14
y	4	3	6	7	8	9	8	9	10	11	14	15

在单因素分析中，x 的回归系数为 0.997，而如果把变量 z 也纳入模型，则 x 的回归系数就变成了-0.348。为什么差别会这么大呢？

因为单独分析 x 的时候并没有考虑到 z 的影响，而把变量 z 纳入后，x 的回归系数的意思就成了：当 z 固定的时候，x 对 y 的影响。图 16.3 清楚地说明了这一点。

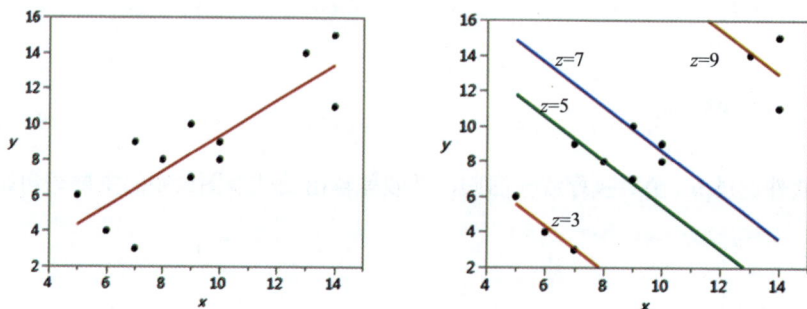

图 16.3　回归系数与偏回归系数示意图

在图 16.3 中，左图是 x 的回归系数；右图是 x 的偏回归系数，即当 z 固定为 3、5、7、9 的时候，x 对 y 的影响。此时的回归系数就变成了负值。

因此，如果我们进行单因素分析，在模型中只纳入 x 变量，则所得结果如图 16.4 左图所示；而如果同时纳入 x 和 z 变量，执行多因素分析，则结果如图 16.4 右图所示。可以看出，在纳入 z 变量后，x 的系数由原来的正数（0.997）变为负数（-0.348）。

参数估计值				
项	估计值	标准误差	t 比	概率>|t|
截距	-0.635762	1.964139	-0.32	0.7528
x	0.9966887	0.200988	4.96	0.0006*

参数估计值				
项	估计值	标准误差	t 比	概率>|t|
截距	0.9385343	1.623002	0.58	0.5773
z	1.8286052	0.659501	2.77	0.0217*
x	-0.347518	0.509153	-0.68	0.5121

图 16.4　回归系数（左）与偏回归系数（右）

这告诉我们，不要太过于相信单因素分析的结果，有时一个混杂因素的存在会导致结果发生翻天覆地的变化。

16.3　回归系数检验 VS 模型检验

回归系数的估计我们在第 8 章中已经详细谈过了，可以通过最小二乘法估计出 $\hat{\beta}_i$。然而，正如其他的统计学检验一样，从样本估计得到的系数是否为总体真实有效的反映还是一个未知数，需要统计学检验才能说明这一点。线性回归的检验主要包括对回归系数的检验和对模型的检验。

对回归系数的检验很容易理解，就是检验回归系数是否为 0，因为回归系数=0 反映了自变量和因变量无关。当有多个自变量时，就对每个自变量分别进行检验。因此，回归系数的无效假设是：$\beta_i = 0$。我们在第 12 章中已经提到，检验某一统计量是否等于设定的参数可以用 t 检验，因此回归系数的检验可以用 t 检验来实现。

$$t = \frac{回归系数 - 0}{回归系数的标准误}$$

在例 16.1 中，利用统计软件可以很轻松地获得回归系数估计值和标准误分别为 0.995 和 0.123，因此不难求得 t 值为 8.10，对应的 $P<0.01$。这提示温度对手足口发病率的影响是有统计学意义的，即这一系数值不大可能是由于抽样误差造成的。

当然，实际中你可能还想了解回归系数是否等于其他值，如检验回归系数是否等于 1。只要你理解了 t 检验的思想，相信你不难明白如何处理。

模型检验听起来有点抽象，由于它不像回归系数一样可以检验其等于某一参数值，因此不能用 t 检验，而应该用 F 检验，即利用方差比的思想。以图 16.1 为例，图中的线就是模型拟合，这条线可以解释一部分点的变化，但并不能解释全部（如果这条线完美地经过了所有点，就可以解释全部变异），不能解释的部分就是误差部分。因此，模型检验其实就是看这条线（模型）能够解释的点（原始数据）的多少。与方差分析

的思想一样，模型检验的 F 统计量为

$$F = \frac{回归模型的均方}{误差均方}$$

对于例 16.1 中的数据，统计软件所得方差分析表如图 16.5 所示。其中回归模型的均方为 1604，而误差均方则为 24。也就是说，模型所解释的变异远远大于误差所带来的变异，从而导致一个很大的 F 值及很小的 P 值，提示模型是有效的。

方差分析					
源	自由度	平方和	均方	F 值	Pr > F
模型	1	1604.09602	1604.09602	65.68	<.0001
误差	10	244.23134	24.42313		
校正合计	11	1848.32737			

图 16.5　线性回归的方差分析表

对于单因素分析，模型检验等同于回归系数的检验，因为此时模型中只有一个自变量，如例 16.1 中 F 值（65.68）是 t 值（8.10）的平方；对于多因素分析，模型检验相当于检验多个回归系数中至少有一个不为 0。

* * * * * * * *

SAS 软件的 **proc reg** 过程自动输出模型检验和系数检验，而且可通过 **test** 语句检验两个系数是否相等，或检验某变量是否等于固定值。如检验 x 是否等于 1，主要语句为：

```
proc reg;
model y=x;
test x=1;
run;
```

R 软件可通过 **lm** 函数输出模型和系数检验，也可检验某变量是否为某固定值。如检验 x 是否等于 1，主要语句为：

```
fit=lm(y~x,data=dataset, offset=(1*x))
```

JMP Pro 软件输出模型检验和回归系数检验的操作很简单，主要如下：
依次单击"分析"→"拟合模型"，输入因变量和自变量，单击"运行"即可。
SPSS 软件输出模型检验和回归系数检验的操作如下：
依次单击"分析"→"回归"→"线性"，输入因变量和自变量，单击"确定"即可。

16.4　均值的置信区间 VS 个体的预测区间

不少初学者往往混淆均值的置信区间和个体的预测区间（Prediction Interval），在有的统计软件中会同时给出回归线的置信区间和预测区间，致使有的初学者搞不懂它

们有什么区别。其实二者很容易区分，置信区间是针对因变量均值的区间，而预测区间是针对因变量个体值的区间。不难理解，针对均值的置信区间肯定要窄一些，而具体想预测某一个体值，区间肯定要宽，因为误差会很大。比如，让你预测一个高中班级中学生的平均身高，跟让你预测该班级中具体某位学生的身高，你觉得哪个误差更大呢？

1. 均值的置信区间

在线性回归中，我们假定，对于每个特定的 x_i 值，其对应的 y_i 应该来自一个均值为 $\beta_0 + \beta_1 x$、标准差为 σ_ε 的分布。例如，温度=10℃，假定其对应的手足口发病率来自一个服从均值为 10（1/10 万）、标准差为 4（1/10 万）的总体分布。

对于特定的 x_i 值（设为 x_1），y_i 的均值估计为 $\hat{y}_i = \hat{\beta}_0 + \hat{\beta}_1 x_1$。如根据样本数据估计的回归方程可以估计出，当温度=10℃时，对应的手足口发病率的均值估计为 9.94（1/10 万）。

由于是总体均值的估计，那必然会有估计的误差（标准误），其值为

$$s_{\hat{y}_i} = \sigma_\varepsilon \times \sqrt{\frac{1}{n} + \frac{(x_1 - \bar{x})^2}{\sum(x_i - \bar{x})^2}}$$

根据均值的估计值和标准误，就可以计算出 95%置信区间为：$\hat{y}_i \pm t_{0.05/2} \times s_{\hat{y}_i}$。这一置信区间反映的是样本估计 y_i 的均值的这一范围有多大的信心包含了总体均值。

如当月份温度=10℃时，手足口发病率均值的95%置信区间为（6.64,16.25）。这说明，对于温度=10℃这样的月份，我们有 95%的信心认为，（6.64,16.25）这一区间包含了手足口发病率的总体均值。其暗含的意思就是（尽管不是很严谨）：我们有 95%的信心认为，对于温度=10℃的所有月份，它们对应的手足口发病率的均值在 6.64～16.25 之间。

2. 个体的预测区间

如果我们已知某个特定的 x_i 值，想根据该值预测对应的 y_i 值，也就是预测某个具体值，这就是对个体的预测。例如，已知某地区当月温度=10℃，据此预测该地区当月手足口发病率是多少。这跟均值的置信区间不同，它不是预测月份的发病率均值，而是预测具体的某个月的发病率，因此其标准误必然更大，其值为

$$s_{\hat{y}_i} = \sigma_\varepsilon \times \sqrt{1 + \frac{1}{n} + \frac{(x_1 - \bar{x})^2}{\sum(x_i - \bar{x})^2}}$$

此时也可以根据 $\hat{y}_i \pm t_{0.05/2} \times s_{\hat{y}_i}$ 预测其置信区间，但该区间必然比均值的置信区间要宽。例如，已知某月的温度=10℃，如果要预测这一具体月份的发病率，则其95%置信区间为（-1.55,21.44），可以发现这一区间远远比均值的置信区间要宽得多。

图 16.6 给出了例 16.1 的拟合线及其置信区间、预测区间，可以看出置信区间（里侧的深色区域）较窄，而预测区间（外侧的浅色区域）要宽得多。

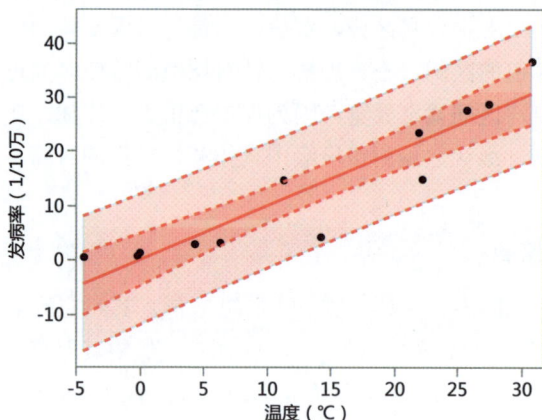

图 16.6　例 16.1 的置信区间与预测区间

16.5　逐步回归筛选变量到底可不可靠——谈变量筛选策略

在多因素分析中，一个十分常见而又令初学者非常迷惑的问题就是：如何筛选有意义的影响因素？当变量较多的时候，各个变量之间的关系错综复杂，并不是简单根据单因素分析结果来确定是否有统计学意义，而是需要一定的分析策略。

首先明确一个问题：什么是变量筛选？估计很多人都会不以为然，竟然问这么简单的问题。好吧，我们先来举一个例子：

某研究欲分析心功能分级（自变量）与心理健康得分（因变量）的关系，研究者通过量表测量了心理健康得分，并评价了心功能分级，同时调查了性别、年龄、BMI、吸烟、饮酒等变量。

那现在问一下：对于这一研究，要做变量筛选吗？

一定要注意，这里不是变量筛选的问题，而是校正混杂因素的问题。因为研究者已经有了非常明确的研究因素（心功能分级），调查其他指标只是考虑到这些因素可能会影响自变量与因变量的真实关系，所以对其进行校正，在这种情况下就不是因素筛选。

再看另一个例子：

某研究欲分析焦虑的危险因素有哪些，研究者通过量表测量了焦虑得分，并调查了性别、年龄、体重、家庭收入、人际关系等变量。

这项研究是较为典型的变量筛选，因为研究者并不清楚哪些因素可能与焦虑有关，只是做一些探索性的研究。但要注意，这时候就不要说混杂因素之类的字眼。没有主要研究因素，何来混杂因素？

所以，在进行多因素分析之前，一定要先明确你的研究目的。因为在统计软件中，不管你是分析主要研究因素和混杂因素，还是将所有因素都作为探索性危险因素，它们的操作都是相同的，都是把变量纳入相应的界面。如果你没有一个正确的统计分析思路来指导，则很容易陷入混乱，不知道该如何解释你的结果。统计软件在给我们带来便利的同时也带来了很多风险。一定要记住：统计软件只是辅助我们的计算结果而已，分析思路才是最关键的。如果没有正确的分析思路，那么无论用什么统计软件，结果都只会是"garbage in, garbage out"。

＊　＊　＊　＊　＊　＊　＊

关于变量筛选，我想可能很多人的第一反应就是用逐步回归法（Stepwise Method，有的也称逐步选择法，或简称逐步法）。很多统计学教材都介绍了向前选择法（Forward Selection）、向后剔除法（Backward Elimination）和逐步回归法三种变量筛选策略，也有不少人为弄不懂到底该选择哪种方法而头疼。

这里先说一个大是大非的问题：到底要不要用逐步回归（或向前法、向后法）？下面是几位国际知名统计学家的观点。

Andrew Gelman 在回答关于逐步回归的问题时说道：

> Stepwise regression is one of these things, like outlier detection and pie charts, which appear to be popular among non-statisticans but are considered by statisticians to be a bit of a joke. For example, Jennifer and I don't mention stepwise regression in our book, not even once.

James 和 McCulloch（1990）的文章提到：

> Many authors have documented the folly of using stepwise procedures with any multivariate method, …, Clearly, stepwise regression is not able to select from a set of variables those that are most influential.

Wilkinson（1987）用了比较强烈的语气来表达这一观点：

> For a given data set, an automatic stepwise program cannot necessarily find:a) the best fitting model; b) the real model, or c) alternative plausible models. Furthermore, the order variables enter or leave a stepwise program is usually of no theoretical significance.

我本人是不推荐使用逐步回归的（当然并非所有统计学家都认同这一点），事实上，在我以往的书中，我基本上也不介绍逐步回归筛选。因为逐步回归是一种非常机械的变量筛选方式，试想，你把数据都扔到电脑里，靠电脑给你一个专业结果，除非你的电脑已经进化到像钢铁侠的管家"贾维斯"一样智能，否则听起来确实像一个笑话。

那为什么我在这本书中还要专门来介绍包括逐步回归在内的变量筛选技术呢？因为逐步回归本身并没有错，统计学家之所以不推荐，不是因为逐步回归本身的问题，而是因为逐步回归太容易在软件中实现，以至于缺少经验的分析人员往往会轻易地根据这一结果做出最终结论，认为已经找到了最优模型，而事实上却并非如此。

正如 Andrew 所说，尽管专业统计学家并不推荐使用逐步回归，但在非统计专业人员中，这种方式还是非常受欢迎的，因为简便。这里我并不打算以专业人士的身份跟你说，你不要用逐步回归，逐步回归未必可靠；而是要给你一些建议，如果你采用逐步回归，则应该注意一些什么问题。

* * * * * * * *

例 16.3：某研究欲探讨儿童血糖控制与哪些因素有关，测量了 93 名儿童的糖化血红蛋白（因变量）及他们的确诊年龄（age）、病程（course）、身高（ht）、体重（wt）4个变量，欲分析这 4 个变量是否是儿童糖化血红蛋白的影响因素。

变量筛选方式有很多，这里首先介绍一种理论上的最佳方式，即最优子集选择（Best Subset Selection）。最优子集选择的思路很容易理解，就是把所有自变量的组合都拟合一遍，比较一下哪个模型更好，选出最优模型。例如，有 3 个自变量 a、b、c，那么所有组合形式包括 a、b、c、$a+b$、$a+c$、$b+c$、$a+b+c$ 共 7 种，再考虑到不纳入任何变量的情形，因此合起来共有 8 种情形。总的来说，如果你有 p 个自变量，那么共有 2^p 种情形需要拟合。对于例 16.3 中的 4 个变量，共有 $2^4=16$ 种组合。

最优子集回归的优点很明显，即能够找到所有组合中最佳的一种情形，这是非常理想的一种状态。也有人对该法诟病，主要原因是：如果自变量数目很大，那么这种组合数是非常惊人的，可能计算量会非常大。然而在当前计算机如此飞速发展的时代，这其实已经算不上什么太严重的问题了。我曾对 30 个变量执行最优子集回归，仅 1 秒便输出结果，可见计算方面已不是什么问题。

既然是寻找最优模型，那就必须有指标来判断怎样才算最优。常用的几个判断指标如下。

1. 决定系数（Determination Coefficient）R^2

R^2 反映了因变量的变异能够被模型（纳入的自变量）所解释的比例，也就是模型解释的变异占总变异的比例，即 $SS_{回归}/SS_{总}$（SS 即平方和）。

R^2 越大，表示方程中自变量的解释能力越强。不少文章都会报道这一指标，因为其直观易懂。但该指标并没有明确规定多大才算好，因为不同领域有各自的特点，在社会学、医学领域，R^2 达到 0.4 就很了不起了；而在工程学领域，可能 $R^2=0.9$ 也很常见。

但该指标有一个缺陷，即其值随着自变量的增多而增大，即使加入无意义的变量，该指标值也会随之增加，因此不能较好地反映不同模型的优劣。

2. 校正决定系数（Adjusted Determination Coefficient）R^2_{adj}

R^2_{adj} 是基于刚才提到的 R^2 的缺点而对其校正的一个指标，设有 p 个待估参数（包含自变量和截距），则 R^2_{adj} 为

$$R^2_{adj} = 1 - \frac{n-1}{n-p}(1-R^2)$$

R^2_{adj} 相当于加了一个对自变量的惩罚项，保证它不会随着自变量的增加而增加。Edwards（1969）、Seber（1977）等证明，只有纳入自变量的 F 值都大于 1，R^2_{adj} 才会增加。

打个比方来比较 R^2 和 R^2_{adj}。黑猫说：我每天都抓老鼠，我是一只好猫。按 R^2 的标准，黑猫确实是一只好猫，因为每天都能抓老鼠，都有功劳。但是按 R^2_{adj} 的标准就未必了，因为黑猫每天在抓老鼠的同时总是不小心碰撞了家里的不少东西，甚至有一次打破了一只价值百万元的古董花瓶。也就是说，R^2 只看一个标准，有功劳就是好；而 R^2_{adj} 看两个标准，只有你的功劳大于破坏，才算好。

3．赤池信息准则（Akaile's Information Criterion，AIC）

设有 p 个待估参数（包含自变量和截距），则 AIC 为

$$AIC = n\ln\left(\frac{SS_{残差}}{n}\right) + 2p$$

AIC 和 R^2_{adj} 一样，也加入了对自变量个数的惩罚项，但"惩罚力度"更大一些。也就是说，对于 R^2_{adj} 来说，黑猫抓住一只老鼠，打破两只碗，是可以接受的，仍认为功大于过；而对于 AIC 来说，打破两只碗是无法接受的，只能打破一只碗，才认为功大于过。

AIC 还有几个贝叶斯分析的拓展，称为贝叶斯信息准则（Bayesian Information Criterion，BIC），常见的如 Schwartz（1978）准则的公式为

$$BIC = -2\ln(L) + p\ln(n)$$

其思路与 AIC 相同，只是惩罚力度进一步变强。

总的来说，AIC 和 BIC 的值都是越小越好，其基本原则是"少而精"，与 R^2_{adj} 有异曲同工之妙。

4．残差均方（MSE）

设有 p 个待估参数（包含自变量和截距），则 MSE 为

$$MSE = \frac{SS_{残差}}{n - p}$$

我们都知道 $SS_{残差}$ 越小越好，一般来说，它总会随着自变量个数的增加而减小，所以这里也相当于对残差加了一个惩罚项。总的来说，MSE 越小的模型，表示拟合效果越好。

5．C_p 统计量（C_p Statistic）

设有 p 个待估参数（包含自变量和截距），则 Mallows（1973）提出的 C_p 为

$$C_P = \frac{SS_{残差}}{MSE} - (n - 2p)$$

Mallows 建议，可以绘制 C_p 对 p 的散点图，没有偏倚的回归方程将落在 $C_p=p$ 的直线上，一个好的模型应该是 C_p 值小且离 $C_p=p$ 的直线很近。例如，图 16.7 是对例 16.3 建立的 8 个模型（并未包含所有组合，仅作为演示），图中的直线就是 $C_p=p$ 的直线（注

意这里的 p 包含了截距，所以 p=2,3,4,5 对应的分别是 1、2、3、4 个自变量）。不难看出，包含 age 和 course 的模型 C_p 值最低，但包含 course 和 wt 的模型距离直线最近。一般我们倾向于选择具有较低 C_p 值的模型。

当采用最优子集选择变量时，可以指定相应的指标，统计软件会根据指标值大小选择最优模型。以例 16.3 为例，以 R^2_{adj}（图 16.8 中的调整 R 方）为标准进行最优子集选择，结果如图 16.8 所示。

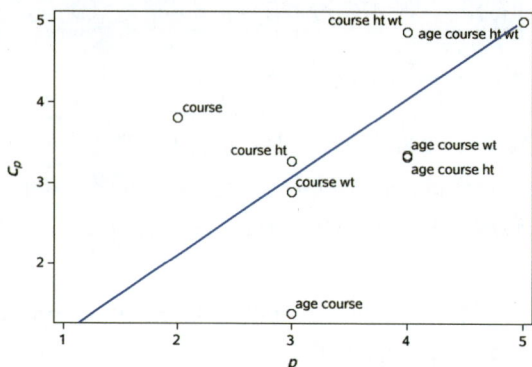

Model Index	Number in Model	调整 R 方	R 方	模型中的变量
1	2	0.3467	0.3609	age course
2	3	0.3398	0.3613	age course ht
3	3	0.3396	0.3611	age course wt
4	2	0.3355	0.3499	course wt
5	4	0.3347	0.3636	age course ht wt
6	2	0.3327	0.3472	course ht
7	3	0.3282	0.3501	course ht wt
8	1	0.3214	0.3288	course
9	2	0.1704	0.1885	age ht
10	3	0.1666	0.1938	age ht wt
11	2	0.1530	0.1714	age wt
12	1	0.1201	0.1297	ht
13	1	0.1193	0.1289	wt
14	2	0.1157	0.1350	ht wt
15	1	-.0094	0.0016	age

图 16.7 C_p 对 p 的散点图示例　　　　图 16.8 以 R^2_{adj} 为标准的最优子集回归

可以看出，R^2_{adj} 最大的是包含 age 和 course 的模型，可以认为这是最优模型。

图 16.9 给出了不同指标选择的最优子集，图中的星号表示在不同参数（截距+自变量个数）下的最优模型。可以看出，几乎所有指标都显示，含两个变量的模型（参数个数=3）是最优的，事实上，也就是含 age 和 course 的模型。

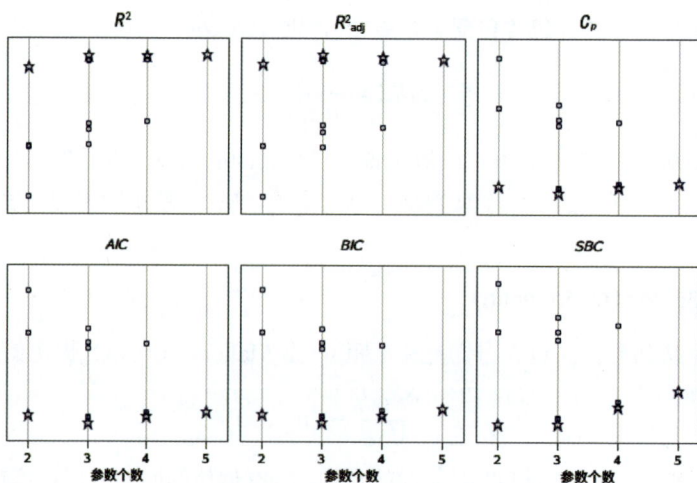

图 16.9 不同指标选择的最优子集

* * * * * * * *

前面提到，当自变量很多时，最优子集法的组合数目惊人，为了减少拟合的数目，逐步回归法应运而生。向前选择法、向后剔除法都可以大量减少拟合的模型数，因为它们在从一个模型转向另一个模型时，通常在上一个模型的基础上增、删变量。也正因如此，它们所得到的所谓"最优"模型只是一定范围内的最优，而不一定是真的最优。

1. 向前选择法

向前选择法的思路大致为：一开始的时候模型中没有任何变量，然后每次向模型中纳入 1 个变量。第 1 个被纳入的变量是与因变量 y 具有最大相关系数的变量，设为 x_1，这一变量同时也具有最大的 F 值；纳入第 1 个变量后，在选择第 2 个进入模型的变量时，考察的不是自变量与因变量的相关系数，而是偏相关系数（Partial Correlation Coefficient），即校正了 x_1 后的相关系数，选择偏相关系数最大（同时也具有最大的偏 F 统计量）的变量纳入模型；然后继续纳入第 3 个、第 4 个……，直至将所有有意义的变量纳入为止。

向前选择法一旦纳入一个变量，这个变量便一直留在模型中，不会被剔除。这也是该法最容易被诟病的地方，尤其在自变量之间有较强相关性的时候，一开始被纳入的变量，当纳入其他变量后，很可能会变得无统计学意义，但却被一直保留在模型中（这种情形并不少见）。因此，当自变量之间存在较大相关性时，使用向前选择法是有一定风险的。

关于向前选择法的界值设定，目前仍无统一规定，不同软件的设置也各不相同，但多数软件都是可以自己调整的。Bendel 和 Afifi（1974）、Kennedy 和 Bancroft（1971）推荐使用 $\alpha=0.25$ 作为向前选择法的界值，对应 1.3～2 之间的 F 界值。

2. 向后剔除法

向后剔除法的思想大致为：一开始的时候所有变量都在模型中，然后计算每个变量的 F 统计量（或等价的 t 统计量），并与预设的 F 界值（或 t 界值）进行比较，如果具有最小偏 F 值（或 t 值）的变量小于预设界值，则被剔除；此时模型中的自变量数由 p 个变为 $p-1$ 个，然后在 $p-1$ 个自变量中再找出具有最小偏 F 值（或 t 值）的变量，再将其剔除……；直至模型中所有变量都不小于预设的 F 界值（或 t 界值）为止。

向后剔除法一旦剔除一个变量，该变量便不再被纳入模型。相对于向前选择法，向后剔除法在处理具有相关性的自变量方面表现得更好一些（Mantel，1970）。Berk（1978）提到，当子集数较小时，向前选择法可能与最优子集更为一致；当子集数较大时，向后剔除法可能与最优子集更为一致。

与向前选择法一样，向后剔除法也没有明确的界值规定。Kennedy 和 Bancroft（1971）推荐使用 $\alpha=0.1$ 作为向后剔除法的界值。实际上，界值的选择是有很大余地的，但一般不设定为 0.05，否则容易忽略一些重要变量（Bowerman 和 O'Connell，1990）。

3. 逐步法

逐步法是向前选择法和向后剔除法的综合，它本质上是向前选择法，但是修正了向前选择法中"一旦进入便不再剔除"这一缺陷，对纳入模型的变量再次进行考察，如果满足剔除条件，则将其剔除。正因如此，逐步回归需要两个界值，一个用于判断自变量是否纳入（$F_入$），另一个用于判断纳入的自变量是否需要剔除（$F_出$）。

通常情况下，我们可以设置 $F_入 > F_出$（等同于 $P_入 < P_出$），有的分析人员喜欢设置为 $F_入 = F_出$，这一般都没有什么问题。但如果设置 $F_入 < F_出$，则有时可能会出现问题。例如，设 $F_入 = 3, F_出 = 4$，如果变量 x_1 的偏 F 值为 3.2，由于其大于 $F_入$，因此被纳入模型；但由于它小于 $F_出$，又会被剔除。这样容易造成死循环。

* * * * * * * *

多数软件可以很方便地给出逐步回归（包括向前选择法、向后剔除法）的结果，关于这些技术有滥用的迹象。不少统计学家建议，如果应用逐步回归，则对其解释一定要谨慎。

第一，这些方法得到的结果未必是最优的，不要说你已经得到了一个最优结果，因为它并没有执行所有的自变量组合。

第二，当自变量之间的相关性很强时，这些方法可能会较为敏感，此时可能容易忽略某些重要变量。

第三，变量选择技术绝不是让你把数据直接放到软件中，直接得到结果。在进行变量筛选之前，一定要先弄清楚其是否满足线性回归的应用条件（见本章后续内容），否则直接做逐步回归是没有任何意义的，所得结果也是不可靠的。

第四，向前选择法、向后剔除法、逐步法设定的界值不同，所得结果也会有所不同，这一点具有较强的主观性。你可以直接采用软件默认的界值，也可以自己修改。如果结果不同，则可以考虑用本章后面介绍的方法来判断哪个模型更好。

第五，向前选择法、向后剔除法、逐步法会得到一个唯一的模型，这也是统计学家反对的原因之一。因为在用模型描述一个现象时，往往会同时存在多个相对最优的模型。采用最优子集可以获得这些不同的模型，而逐步回归只能给出一个模型。

总的建议：如果你的自变量不是很多，则建议首选最优子集回归。怎样才算"变量不多"？只要你的电脑能够很快给出结果，那就没有问题。如果变量确实太多，电脑无法运行最优子集，则可以考虑先用逐步回归快速扫描，剔除那些较为明显的意义不大的变量，然后再用最优子集回归选择最优模型。当然，优先推荐的还是结合专业情况进行手动分析，而不是直接交给电脑来处理。

* * * * * * * *

SAS 软件通过 **proc reg** 过程执行逐步回归和最优子集回归，主要语句为：

```
proc reg;
```

```
model y=age course ht wt/selection=stepwise sle=0.1 sls=0.15;
/*执行逐步回归，设定 P入（0.1）小于 P出（0.15）*/
run;
proc reg;
model y=age course ht wt/selection=cp;    /*cp 法执行最优子集选择*/
run;
```

R 软件通过 **leaps** 包中的 **regsubsets** 函数执行最优子集回归和逐步回归。设数据集名为 **f1**，因变量为 **y**，以 **Cp** 统计量执行最优子集为例，主要语句如下：

```
library(leaps)
full=regsubsets(y~.,f1)                    #最优子集法#
bw=regsubsets(y~.,f1,method="forward")     #向前法#
regsum=summary(full)
regsum$cp                                  #Cp 统计量#
plot(full,scale = "Cp")
```

JMP Pro 软件执行逐步回归和最优子集回归的操作如下：

依次单击"分析"→"拟合模型"，输入因变量和自变量，并在"特质"中选择"逐步"。在结果界面中，"停止规则"可选择根据 *P* 值或 *AIC*、*BIC* 等指标。

SPSS 软件执行逐步回归的操作如下：

依次单击"分析"→"回归"→"线性"，输入因变量和自变量，在"方法"中可选择向前选择法、向后剔除法、逐步法等。

16.6　如何评价模型是好还是坏——交叉验证思路

当你建立了一个模型后，肯定想知道这个模型是好还是坏，就像你完成了一项工作，也需要评价你的工作完成得好不好。前面我们介绍了一系列评价模型优劣的指标，如 *AIC*、*BIC*、*MSE* 等。但这些指标一般是对数据自身的评价，也就是说，你用一份样本数据建立了模型，然后将模型回代到该样本数据，再来验证该模型的有效性。在这种情况下，通常验证效果会比较好，但这未必真的说明该模型有效。

打个比方，你根据自己的家庭布局发明了一个扫地机器人，它可以把你家的每个角落都打扫得干干净净。看起来不错，但是有一个问题，如果把它放到别人的家中，那么由于家庭布局不同，它的打扫效果就很一般了。也就是说，你是根据自己的家庭布局发明的，它只适合你的家庭布局，但却并非适合所有的家庭布局。所以，这算不上一个好的机器人，一个好的机器人应该在所有的环境下都能发挥作用。

从专业上来讲，这就是一个偏差-方差权衡问题。你的扫地机器人对自己家的打扫效果非常好（如99%），说明偏差非常低；但是放到别人的家中打扫效果很一般（如60%），说明方差很大（因为不同家庭的打扫效果差别很大）。只追求偏差而忽略方差，说明推广性不强。如果反过来，有一个扫地机器人在每一家的打扫效果都不算非常好，但都比较稳定（如在每一家都为 80% 左右），则说明它的方差很小，但偏差相对较大（因为每一家的打扫效果都不算太好）。

　　同样的道理，如果你建立了一个模型，怎样才能说明它的好坏？只是回代效果好（偏差小）并不意味着真的有效，还需要把它用于新的数据中进行验证。如果验证的结果仍然很好（方差小），就说明模型有效。然而，这一思路说起来简单，做起来就比较困难了。因为实际中的样本数据通常只调查或测量一次，很少进行重复抽样，所以很难在新的数据中进行验证。试想：你要研究高血压的危险因素，调查了 2000 人建立模型，一般不大可能再调查 1000 人来验证这一模型。

　　交叉验证法（Cross Validation，CV）正是解决这一问题的技术，它先把 n 例调查数据随机分为 k 份，以其中的 $k-1$ 份数据作为训练集（Training Set），建立模型；然后以剩余的 1 份数据作为验证集（Validation Set），验证模型的优劣。经过这种方式验证的效果通常更具有说服力，因为建立模型的数据和验证模型的数据不同。

　　验证一个模型的好坏，严格来说是把数据分为 3 份：训练集用来建立模型，验证集用来比较模型优劣并筛选模型，还有一个测试集（Test Set）用来检验模型推广的能力。通常我们所说的把数据按一定比例（如 7：3）分为两份，一份是训练集，一份就是测试集，把训练集中建立的模型应用到测试集中，看其效果如何。而在交叉验证中，我们通常在训练集中建模，然后利用验证集对模型进行调整和筛选。

　　交叉验证法可广泛应用于对包括线性模型在内的各种模型的评价，而且可以用于某些参数的确定、变量的筛选等，因为它是一种思路，而不是一种固定的方法。后面我们会在其他内容中继续用到该方法。交叉验证主要有以下几种情形：

　　（1）当 $k=n$ 时，等同于把 n 例数据分为 n 份，以其中的 $n-1$ 例作为训练集，以剩下的 1 例作为验证集，这种方法称为留一（Leave One Out）交叉验证法。例如，编号为 1~100 的数据，先以第 1~99 号数据作为训练集建立模型，将第 100 号数据代入模型，可计算第 100 号数据的预测值与实际值的差异（如 MSE）；然后以第 1~98、100 号数据作为训练集建立模型，将第 99 号数据代入模型，计算第 99 号数据的 MSE；接着以第 1~97、99、100 号数据作为训练集建立模型，将第 98 号数据代入模型，计算第 98 号数据的 MSE；……。这样重复 100 次，相当于建立 100 个模型，可以计算 100 个 MSE，然后得到这 100 个 MSE 的均值。

　　（2）当 k 为其他值时，一般称为 k 折（k Folds）交叉验证法。如当 $k=10$ 时，相当于把数据集分为 10 份，先以第 1~9 份数据作为训练集建立模型，以第 10 份数据作为验证集，可以观察模型的 MSE；然后以第 1~8、10 份数据作为训练集，以第 9 份数据作为验证集，观察模型的 MSE；……。这样重复 10 次，最终也可以计算出 10 次 MSE 的均值。

　　实际中是选择留一交叉验证法还是 k 折交叉验证法呢？这仍需要考虑到偏差-方差权衡问题。一般而言，随着 k 的增加，偏差会变小，但方差会增大。因此，留一交叉验证法估计的偏差较小，因为训练集比较大，但同时带来方差的增大，因为每次都用到 $n-1$ 例数据拟合模型，这些结果之间必然存在高度相关。而且在样本量很大时，留一交叉验证法的计算量太大。Hastie 等（2001）推荐采用 10 折或 5 折交叉验证法作为较好的折中。

以例 16.3 为例，我们曾以 R^2_{adj} 为标准进行最优子集选择，结果发现（见图 16.8），age+course、age+course+ht、age+course+wt、course+wt、age+course+ht+wt 这 5 个模型似乎差别不大。现在我们用 10 折交叉验证法来看一下，这 5 个模型到底哪个最好。

表 16.3 分别给出了数据回代和交叉验证法给出的 MSE。可以看出，回代结果与以 R^2_{adj} 为标准的选择结果一致，R^2_{adj} 越大的模型，其 MSE 越小。但交叉验证结果并不完全一致，如 course+wt 模型与 course+wt+age 模型，从回代结果来看，后者更好（MSE 更小）；但从交叉验证结果来看，则前者更好。这种情况在实际中并不少见，即多个变量的回代效果较好，但交叉验证效果未必更好。因为变量越多，可能其偏差越小，但方差可能会随之增大，所以在自身验证时会显得效果较好，但新数据的验证则未必。

表 16.3　回代法与交叉验证法的 MSE 比较

	age+course	age+course+ht	age+course+wt	course+wt	age+course+ht+wt
交叉验证法	1.1284	1.1841	1.1624	1.1434	1.1874
回代法	0.7656	0.7737	0.7739	0.7787	0.7797

从结果中还可以看出一个特点，即交叉验证法的 MSE 总是高于回代法。这很容易理解，将模型用于自身数据，误差必然较小；而用于一份新的数据，误差肯定较大。

* * * * * * * *

交叉验证是一种思路，实现方式有很多种，SAS 和 R 软件都可通过编程自行实现这种思路。相对而言，R 语句更为简洁，而 SAS 语句相对复杂但更具逻辑性，依个人喜好而定即可。

下面的语句是笔者用 SAS 软件编写的一个线性回归交叉验证的宏程序，计算的指标是 MSE（不同软件中 MSE 的计算方式不同，这里用 SAS 软件编写，因此采用 SAS 软件的计算方式，即分母是 $n-p$，以便于可比），作为思路提示（SAS 软件中的 **proc adaptivereg** 和 **proc glmselect** 过程也可实现相应的交叉验证，感兴趣的读者可自行查看 SAS help）。

```
%Macro cv(seed=,data=,k=,y=,var=,nvar=);
/*data 指定数据,seed 指定种子数,k 指定几折交叉,y 指定因变量,var 指定自变量,nvar
指定自变量的数目*/
data vd;
set &data.;
call streaminit(&seed.);
ran=ceil(&k.*rand("uniform"));
run;
```

```
%Do i = 1 %to &k;
 %DO;
 data train_&i. valid_&i.;
 set vd;
 if ran=&i. then output valid_&i.;
 else output train_&i.;
 run;
 proc reg data=train_&i. noprint;
 model &y.=&var.;
 store param;
 run;
 proc plm restore=param;
 score data=valid_&i. out=res_&i. residual=res;
 run;
 %END;
%End;
data res;
set res_1-res_&k.;
res2=res**2;
run;
proc sql;
select ran,sum(res2)/(n(res2)-(&nvar.+1)) as mse from res
/*计算MSE，分母中的n(res2)表示例数，(&nvar.+1)表示变量数+截距*/
group by ran;
quit;
%mend cv;
%cv(seed=123,data=aa,k=10,y=hb,var=course age ht,nvar=3);
```

利用 R 软件 boot 包中的 cv.glm 函数实现线性回归的交叉验证，主要语句如下：

```
library(boot)
cverr=rep(0,10)
for(i in 1:10){
    glmfit=glm(hb~age+course,data=f1)
    cverr[i]=cv.glm(f1,glmfit,K=10)$delta[1]
}
```

16.7 线性回归的应用条件——你的数据能用线性回归吗

不少人在打算进行回归分析的时候，一看到结果是连续资料，就直接采用线性回归。这是一种比较危险的做法，因为你的数据很可能并不满足线性回归所要求的条件。在这种情况下即使得到结果，谁能保证结果的可靠性呢？

正确的做法应该是：先逐条判断下面这些条件是否满足，如果都满足，那没问题；但如果有的不满足，则建议还是考虑后面介绍的几种备选方法更为稳妥。

1. 自变量与因变量应该大致呈线性

这一点很容易通过散点图进行判断，当数据量很大时，可能散点图会较为凌乱，难以精确判断，但仍可提供一定的借鉴。

例 16.4：某研究分析了 272 名儿童的年龄与白细胞值、胸水蛋白的关系，图 16.10 分别绘制了它们的散点图。

虽然图 16.10 中的点较多，但仍有一定的端倪可见。左图总的来说直线是下降的（虽然数据点比较分散）；右图虽然有上升趋势，但并不像直线上升，用一个二次项拟合（图中绿线）可能更为合适（二次项和线性的 R^2 分别为 0.15 和 0.13）。

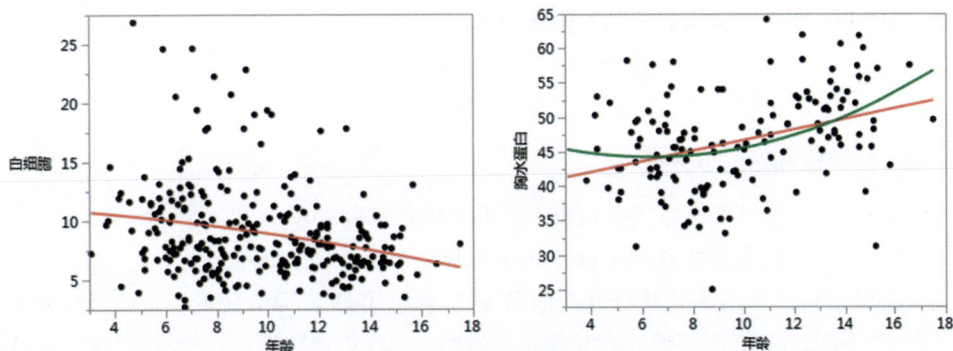

图 16.10　自变量与因变量关系的散点图展示

当存在其他可能的混杂因素时，散点图可能无法显示混杂因素的影响，此时更专业的判断线性的方法是绘制偏残差图（Partial Residual Plot）。偏残差图相当于校正了其他因素以后自变量与因变量的关系，能够更准确地判断自变量与因变量是否为线性关系。在例 16.2 中，x 对 y 的散点图（左）及偏残差图（右）如图 16.11 所示。

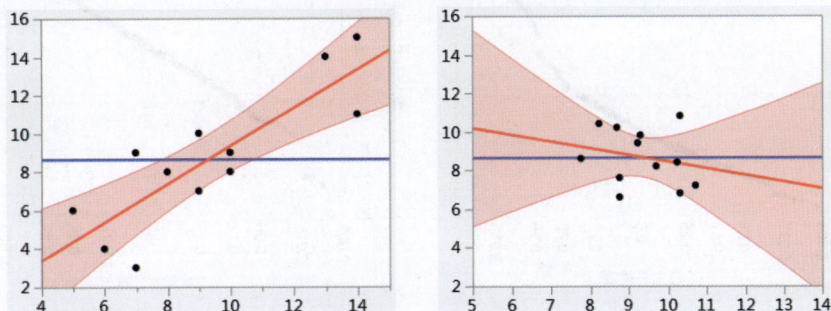

图 16.11　普通散点图与偏残差图的对比

不难看出，如果只是绘制 x 对 y 的散点图，则显示二者为正向关系；而绘制（校正变量 z 后的）偏残差图，则显示为负向关系。这说明偏残差图更能准确地提示二者的关系。

* * * * * * *

SAS 软件可通过 **proc reg** 过程的 **model** 语句中的 **partial** 选项输出偏残差图，主要语句为：

```
proc reg;
model y=x z/partial;
run;
```

R 软件可通过 **car** 包中的 **crPlots** 函数绘制偏残差图，主要语句为：

```
fit=lm(y~x,data=dataset)
crPlots(fit)
```

JMP Pro 软件绘制偏残差图的操作如下：

依次单击"分析"→"拟合模型"，输入自变量和因变量。在结果界面中自动显示杠杆图，即显示了校正其他因素后自变量与因变量的关系。

2. 残差应满足正态分布

这一条件可通过多种方式来判断，这里主要介绍两种方式。

第一，绘制残差的直方图或 Q-Q 图，看其是否满足正态分布。

在例 16.4 中，可先利用统计软件输出残差，然后用第 11 章介绍的正态性判断方法，如绘制直方图、Q-Q 图等进行直观判断。当然，现在大多数统计软件是不需要你执行这一步的，而是可以直接绘制残差的 Q-Q 图和直方图。

图 16.12 显示了例 16.4 中的白细胞和胸水蛋白的残差 Q-Q 图。可以看出，左图明显不符合正态分布，而右图则更像正态分布。

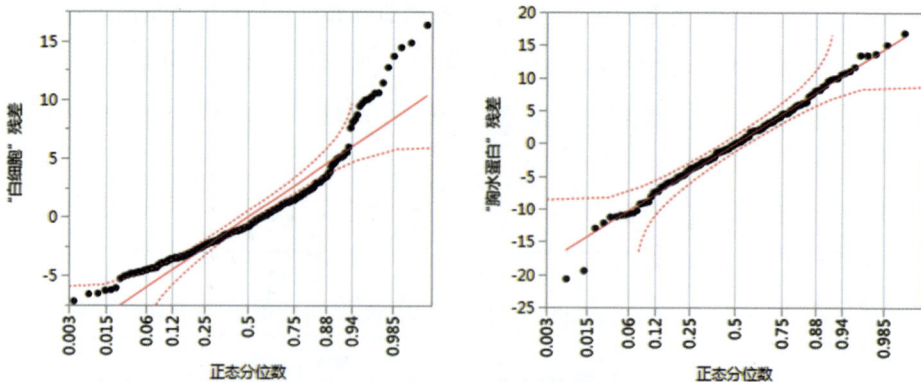

图 16.12 残差的 Q-Q 图

第二，绘制以因变量预测值为横坐标、以残差为纵坐标的散点图。

在正常情况下，散点图中的点应该是随机散布的。在例 16.4 中，白细胞和胸水蛋白的残差分别如图 16.13 左图和右图所示。不难看出，右图更像随机分布，而且直方图较为对称；而左图则并非如此，小于 0 的值明显更多，而且有一部分残差值特别大。

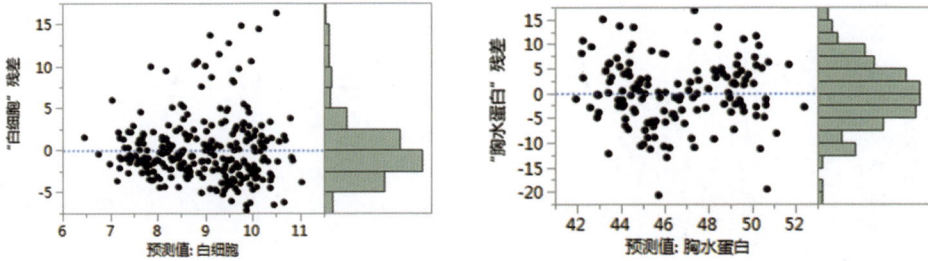

图 16.13　残差对因变量预测值的散点图

3. 残差应满足方差齐性

在线性回归中的方差齐性，不可能像方差分析那样，每个 x_i 对应很多因变量的值，更多的情况是，每个 x_i 只对应一个因变量的值。因此，其残差图只能看某一范围内方差的大小，如果总的来说残差并没有随着预测值的增加而增大（或减小），就可以认为其满足方差齐性。

我们重新看一下图 16.13 的左图，可以发现，其残差似乎随着预测值的增加而增大，这就是方差不齐的表现；而右图中的残差并没有随着横坐标的增加而出现变大或变小的趋势，因此可以认为其满足方差齐性。

如果你对自己的主观判断不是很自信，则可以考虑采用 White 检验进行方差齐性的判断。图 16.14 给出了例 16.4 中白细胞的 White 检验，结果提示，在 0.05

第一和第二矩指定的检验		
自由度	卡方	Pr > 卡方
2	16.22	0.0003

图 16.14　方差齐性 White 检验结果

的检验水准上拒绝"方差相等"的无效假设，即可以认为可能存在方差不齐的现象。

* * * * * * * * *

SAS 软件可通过 **proc reg** 过程的 **model** 语句中的 **spec** 选项输出 White 检验结果（也可参考第 11 章介绍的 **proc model** 过程），其主要语句为：

```
proc reg;
model y=x/spec;
run;
```

R 软件可通过 **car** 包中的 **ncvTest** 函数判断方差是否相等，其主要语句为：

```
fit=lm(y~x,data=dataset)
ncvTest(fit)
```

4. 残差应满足独立性

在医学和社会学研究中，基于人群个体的测量数据，其残差大都是满足独立性的。但如果观测数据存在某种自然顺序（如时间顺序），则此时有可能违背这一条件。如例 16.1 中数据的散点图和标准化残差图如图 16.15 所示。

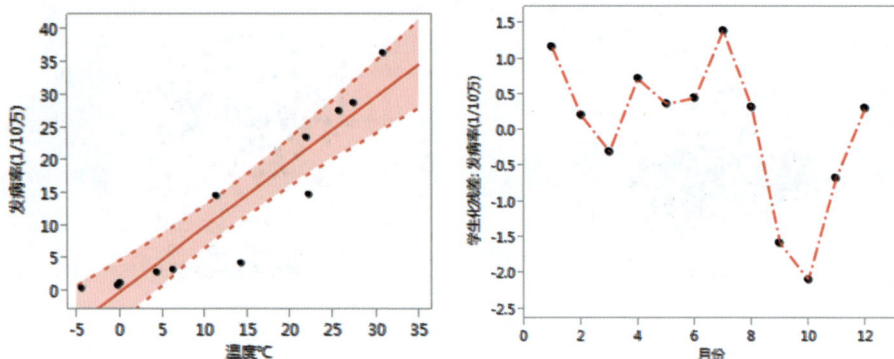

图 16.15　例 16.1 中数据的散点图和标准化残差图

利用残差图判断是否违背独立性的基本特征是：残差的正或负往往是连续的，如连续几个正的残差，然后连续几个负的残差。在图 16.15 中，其残差顺序为"正正负正正正正正负负负正"，可以看出，有点符合这种特征（不过不是很明显，因为数据太少）。

利用残差的正负序列来判断是否独立，其主观性太强，实际中更常用的是 Durbin-Watson 检验。它通过一个统计量 d（公式略，感兴趣的读者可参考古扎拉蒂的《计量经济学基础》第五版）来证明无效假设（相邻误差的相关系数=0）是否成立。当相关系数=0 时，d 值接近 2；当相关系数=1 时，d 值接近 0。因此，Durbin-Watson 检验就是通过 d 值偏离 2 的程度来判断是否存在相关性的。

对例 16.1 中的数据进行 Durbin-Watson 检验，结果如图 16.16 所示。可以认为，相邻误差不满足独立性，自相关系数为 0.4767，且有统计学意义（$P=0.0094$）。

Durbin-Watson	观测数	自相关性	概率<DW
0.9419598	12	0.4767	0.0094*

图 16.16　Durbin-Watson 检验结果

* * * * * * * *

SAS 软件可通过 **proc reg** 过程的 **model** 语句中的 **dwprob** 选项输出 Durbin-Watson 检验结果，其主要语句如下：

```
proc reg;
model y=x/dwprob;
run;
```

R 软件可通过 **car** 包中的 **durbinWatsonTest** 函数进行自相关检验，其主要语句如下：

```
fit=lm(y~x,data=dataset)
durbinWatsonTest(fit)
```

JMP Pro 软件执行 **Durbin-Watson** 检验的操作如下：

依次单击"分析"→"拟合模型"，输入因变量和自变量。在结果界面中，单击红色下拉按钮，依次单击"行诊断"→"Durbin Watson 检验"，即可输出检验结果。

5. 自变量之间应是相互独立的，不存在共线性

该假定的目的是保证最小二乘估计能有效求出回归系数，这里不对矩阵计算进行详细说明，只说一下原因。因为最小二乘法在估计系数时，如果自变量之间是完全线性关系，则无法求出估计值（该估计方法的求解方式所限）；如果自变量之间有较强的线性关系，则求出的解是有问题的。因此，必须保证自变量之间起码在统计上是独立的，也就是我们通常所说的不存在共线性。

判断共线性常用的一个指标是方差膨胀因子（Variance Inflation Factor，VIF）。对于某自变量 x_i，VIF 定义为

$$VIF_{x_i} = \frac{1}{1 - R^2_{x_i}}$$

其中，$R^2_{x_i}$ 表示 x_i 能够被其他自变量解释的程度，该值越大，越说明 x_i 与其他自变量的关系很强。因此，根据 VIF 的公式不难理解，$R^2_{x_i}$ 越大，VIF 越大，从而说明自变量之间的共线性越强。

VIF 判断严重共线性的一个经验性标准是：自变量中最大的 VIF 大于 10。但要注意，并不是说 VIF 小于 10 就没有共线性，有时即使 VIF 只有 2 或 3，也会对模型造成很大影响。后面的例子会证实这一点。

对例 16.2 中的数据计算方差膨胀因子，其结果如图 16.17 所示。方差膨胀因子大于 10，可以认为变量 x 与 z 之间有很强的共线性。

参数估计						
变量	自由度	参数估计	标准误差	t 值	Pr > |t|	方差膨胀
Intercept	1	0.93853	1.62300	0.58	0.5773	0
x	1	-0.34752	0.50915	-0.68	0.5121	10.70922
z	1	1.82861	0.65950	2.77	0.0217	10.70922

图 16.17　方差膨胀因子判断共线性的结果

* * * * * * * *

SAS 软件可通过 **proc reg** 过程的 **model** 语句中的 **vif** 选项输出方差膨胀因子，其主要语句如下：

```
proc reg;
model y=x/vif;
run;
```

R 软件可通过 **car** 包中的 **vif** 函数输出方差膨胀因子，其主要语句如下：

```
fit=lm(y~x,data=dataset)
vif(fit)
```

JMP Pro 软件输出方差膨胀因子的操作如下：

依次单击"分析"→"拟合模型"，输入因变量和自变量。在结果界面中的"参数估

计值"结果部分，单击鼠标右键，在弹出的快捷菜单中选择"列"→"VIF"命令，即可在"参数估计值"结果中显示 *VIF* 值。

6. 自变量是固定的，因变量是随机的

很多教材在介绍回归分析的时候都会说："因变量 y 是随机的，自变量 x 是固定的。"严格来说，医学和社会学中绝大多数的自变量都不满足这一条件，也许只有在实验设计中才有可能固定自变量取值，基于人群调查的数据几乎是不可能满足这一条件的。如分析体重（自变量）对血压值（因变量）的影响，我们无法保证体重是固定的，如果重复抽样，则每次抽样时的体重可能都会不同。

但从研究目的来看，我们可以理解为：在某一固定的 x 取值下，y 的取值是随机的。如体重为 70kg 时，理论上血压值可以是（一定范围内的）任意值，但在一次随机抽样样本中，可能体重=70kg 所对应的血压值只是 130mmHg 这一个值；如果换一次抽样，则很可能体重=70kg 对应的血压值就不是 130mmHg，而是 135mmHg 了。

如图 16.18 所示，设图中所有的点是总体数据，红色点则是样本数据。以年龄=10 岁为例，在该固定的年龄下，白细胞有很多取值，但我们实际抽样获得的却只有其中 1个红色点（7.2）。而且，如果我们重复抽样，则对于年龄=10 岁而言，另一个样本获得的数据可能不是 7.2，而是另外的值。

所以，尽管从数理角度来看要求自变量 x 是固定的，但在实际应用中，大多数人都在有意无意地忽略它，因为这种误差的信息几乎是不可能获得的。虽然它可能会导致结果的误差增大（因为因变量不仅有自身的随机误差，还有来自自变量的随机误差），但一般认为（Chatterjee，2013），即使自变量测量有误差，通常所说的估计和推断仍是成立的，回归模型仍可用于预测。

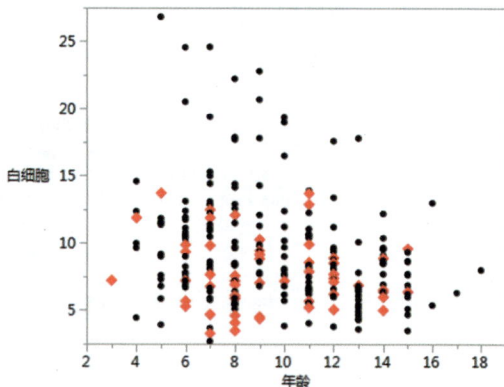

图 16.18　固定某自变量时因变量 y 随机取值的示意图

可能有人会说，线性回归需要满足这么多条件吗？很多关于线性回归的文章中也没有考虑这些问题啊？我只能说，不考虑当然也能出结果，但是结果的真实性、可靠性必定大打折扣，有时甚至与实情完全相反。统计学分析的目的并不是非要搞得多复杂，事实上，越简单越好。但是，如果你的数据本身就很复杂，那没有办法，必须考虑复杂的方法。毕竟，现实中有多少那么完美的数据呢？那如果不满足上述条件应该怎么办呢？这就是下面我们要重点介绍的内容。

16.8　如何处理非正态——Box-Cox 变换

当正态性不满足时，一般可通过变量变换来使其接近正态分布。常用的变换方式如对数变换、平方根变换等，都可以在一定程度上减轻其偏态程度。但实际中更常用的是 Box-Cox 变换。

Box-Cox 变换不是一种具体的变换方式（如对数变换），而是多种变换方式的统称，这种变换将多种变换统一到下面的表达式中：

$$y^{(\lambda)} = \begin{cases} \dfrac{y^{(\lambda)}-1}{\lambda}, & \lambda \neq 0 \\ \ln(y), & \lambda = 0 \end{cases}$$

根据 Box-Cox 变换表达式中 λ 的不同，Box-Cox 变换可以退化成各种具体的变换方式。

- 当 $\lambda=2$ 时，等同于平方变换，$y'=y^2$。
- 当 $\lambda=1$ 时，等同于线性变换，即不变换，$y'=y$。
- 当 $\lambda=0.5$ 时，等同于平方根变换，$y'=\sqrt{y}$。
- 当 $\lambda=0$ 时，等同于对数变换，$y'=\ln(y)$。
- 当 $\lambda=-1$ 时，等同于倒数变换，$y'=1/y$。

Box-Cox 变换的目的就是找到一个最佳变换（一般是使对数似然值最大）的 λ 取值（如 $\lambda=0.5$），然后根据 λ 值对因变量 y（而不是自变量）进行变换，从而使变换后的数据更接近正态分布。

在例 16.4 中已经发现，白细胞的残差并不满足正态分布，此时就可以考虑利用 Box-Cox 变换。利用统计软件可以很容易看出，在 $\lambda=-0.25$ 时可以得到最佳变换（见图 16.19）。

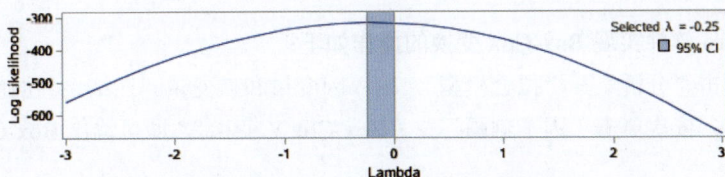

图 16.19　白细胞最佳变换的 λ 取值图

根据 λ 值，我们可以考虑将白细胞（用 wbc 来表示）做 $\text{wbc}^{-0.25}$ 的变换。但这里有一个问题：$\text{wbc}^{-0.25}$ 尽管是最佳变换，但其实际意义不是很明显，因此考虑取其最邻近的 $\lambda=0$ 变换（对数变换）。图 16.20 显示了经 $\text{wbc}^{-0.25}$ 变换（左）和对数变换（右）后的分布情况，可以发现，这两种变换方式均比白细胞变量本身要好得多。但二者之间差别并不大，因此本研究可以考虑取对数变换。

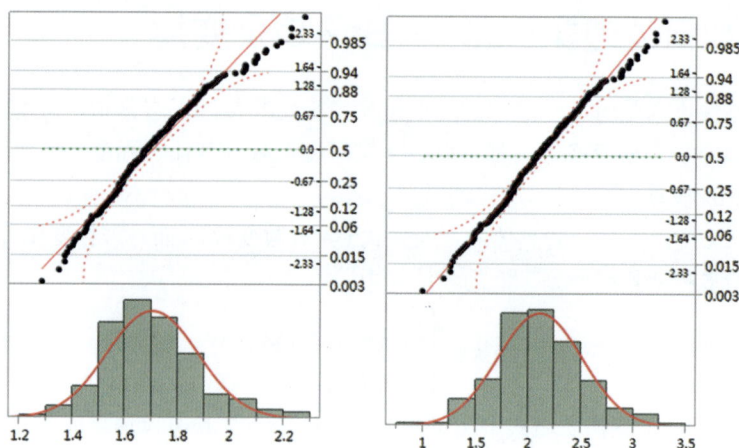

图 16.20　两种不同变换方式的比较

* * * * * * *

SAS 软件通过 proc transreg 过程实现 Box-Cox 变换，如例 16.4 的主要语句为：

```
proc transreg plots=all;
model boxcox(wbc)=identity(age);
output out=transform;      /*输出最佳变换后的值*/
run;
```

R 软件通过 car 包中的 powerTransform 函数实现 Box-Cox 变换。设例 16.4 中的数据集名为 f1，则主要语句如下：

```
library(car)
f2=powerTransform(f1$wbc)
hist(bcPower(f1$wbc, f2$lambda))        #最佳变换#
hist(bcPower(f1$wbc, f2$roundlam))      #对数变换#
```

JMP Pro 软件实现 Box-Cox 变换的操作如下：

依次单击"分析"→"拟合模型"，输入因变量和自变量。在结果界面中，单击红色下拉按钮，依次单击"因子刻画"→"Box-Cox Y 变换"，即可输出 Box-Cox 变换的结果。

16.9　如何处理非线性——Box-Tidwell 变换

如果自变量和因变量之间不满足线性关系，那么通常也需要进行变量变换，使二者尽量符合线性关系。理论上，你可以对 y 进行变换，也可以对 x 进行变换，只要能保证二者满足线性关系即可。但实际中我们一般对 x 进行变换，因为如果 y 和 x_1 是对数关系，而 y 和 x_2 是二次项关系，那么需要对 y 如何进行变换呢？这是很难同时兼顾的。而且在有些情况下，因变量本身已经满足正态性了，没有必要再进行变换。在这种情况下，如果因变量与一个或多个自变量不满足线性关系，则可以对相应的自变量进行变换，以保证每个自变量都与因变量满足线性关系。

比较简单的变换方式也就是大家所熟知的对数变换、指数变换、二次项变换等，可根据实际情况来选择。如果你对这些变换并无太多的印象，不知道该怎么选择，那么有一种类似于 Box-Cox 变换的方式，叫作 Box-Tidwell 变换，它可以帮你选择恰当的变换方式。

Box-Cox 变换主要是针对因变量 y 的变换，主要目的是使因变量（残差）满足正态性；而 Box-Tidwell 变换则是针对自变量 x 的变换，尽量使自变量与因变量满足线性关系。关于 Box-Tidwell 变换的详细介绍可参见 Box 和 Tidwell（1962）的文献。

下面以一个自变量为例，简要说明 Box-Tidwell 变换的思路。

（1）拟合因变量对自变量的回归模型：$y = a + bx$，回归系数估计值为 b。

（2）拟合因变量对自变量及其对数的回归模型：$y = a + bx + \gamma x \ln x$，此时得到另一个关于 x 的回归系数 b'，以及关于 $x \ln x$ 的回归系数 γ。

（3）计算 $\alpha_1 = 1 + \gamma/b$，作为自变量 x 的变换依据。

（4）根据第（3）步得到的变换方式，将 x 进行变量变换，并重复步骤（1）～（3），得到新的 α 估计值。当 α 估计值较为稳定时，将其作为 x 的变换形式。

尽管看起来似乎有点烦琐，但实际上这一过程可以非常快速地收敛，在多数情况下，第一阶段所得到的就是令人满意的结果。

例 16.5： 为研究某药物的浓度与吸光度的关系，测量了不同浓度对应的吸光度（见表 16.4），试拟合二者的关系。

表 16.4　药物的浓度与吸光度

浓度（dose）	0.025	0.05	0.075	0.10	0.15
吸光度（abs）	0.198	1.873	3.071	3.308	3.545

从图 16.21 中不难看出，药物的浓度与吸光度的关系并非简单的直线上升关系，而是有一定的弯曲，拟合直线回归效果并不是很好（右图），因此需要考虑进行变量变换。

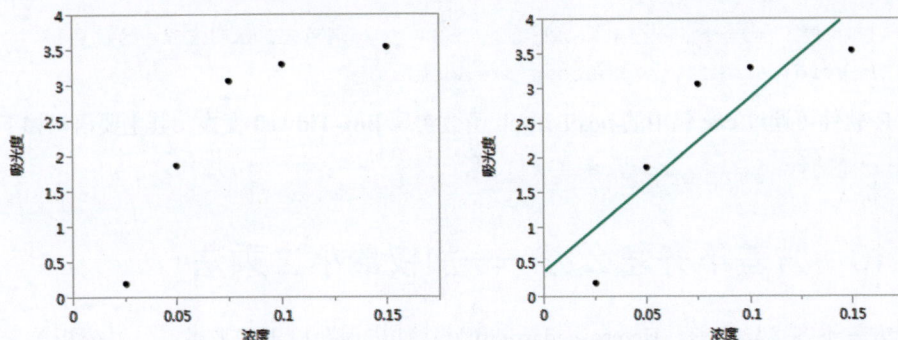

图 16.21　药物的浓度与吸光度的关系

图 16.21 这种关系其实并不罕见，但如果你仍然不明所以，那么可以直接考虑用 Box-Tidwell 变换。本例的 Box-Tidwell 变换结果如图 16.22 所示。

	Power	StdErr	Score Z	Prob>|Z|
DOSE	-0.7768	37.0517	-9.0788	0.0000

图 16.22 例 16.5 的 Box-Tidwell 变换结果

该结果经过 5 次迭代，最终确定 α 估计值为-0.78。但考虑该值实际意义不明确，因此通常取其最接近 0.5 倍数的值，这里考虑取-1，即对浓度进行倒数变换。浓度的倒数变换拟合效果（左）及 1/浓度（右）与吸光度的拟合效果如图 16.23 所示。

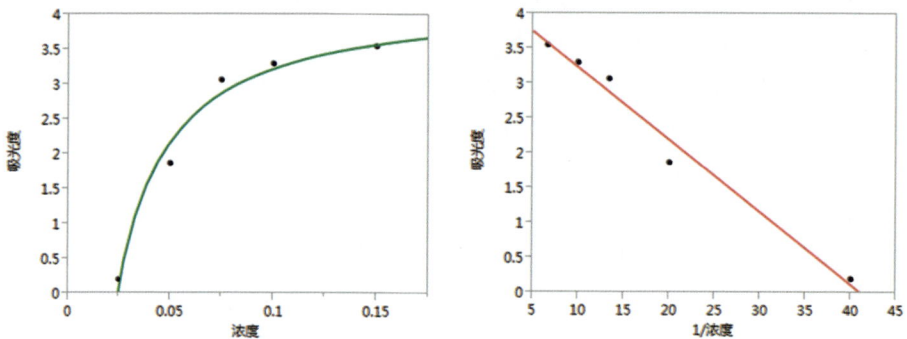

图 16.23 浓度的倒数变换（左）及 1/浓度（右）与吸光度的拟合效果

可以看出，将浓度进行倒数变换，其拟合效果比直线要好很多，而且从右图中不难发现，经过倒数变换后，二者基本呈直线关系。

* * * * * * * *

SAS 软件没有专门实现 Box-Tidwell 变换的过程，但可通过已有的 SAS 宏程序来实现（http://www.datavis.ca/sasmac/boxtid.html）。该宏的应用比较简单，指定数据集、因变量和自变量即可，如数据集名为 f1，因变量为 abs，自变量为 dose，其主要语句如下：

```
%inc "H:\mysas\boxid.sas";          /*调用宏，注明宏程序的位置*/
%boxtid(data=f1,yvar=abs,xvar=dose);
```

R 软件可通过 car 包中的 boxTdiwell 函数实现 Box-Tidwell 变换，其主要语句如下：

```
boxTidwell(abs~dose,data=f1)
```

16.10 方差不齐怎么办——加权最小二乘法

方差不齐（异方差，Heteroscedasticity）往往出现在以下情形中：（1）分析单元不是个人，而是由一批人组成的单位，如城市、社区、省份等。在这种情况下，不同单位的例数不同，往往会导致方差不同。（2）忽略了某些能导致方差不齐的因素，如收入。一般来说，收入低的家庭其消费水平差不多（如主要用于一些基本需求），而收入高的家庭其消费水平差别很大。

如果出现了残差随着自变量 x 的增加而变化的情况，则常见的做法有两种：一是对因变量进行变换，如对数变换、平方根变换，都可以在一定程度上减小因变量的变异，从而减小方差的变化；二是采用广义最小二乘法（Generalized Least Squares，GLS），降低方差不齐对结果的影响，实际中最常见的一种方法是加权最小二乘法（Weighted Least Squares，WLS）。

加权最小二乘法的思路比较简单，就是对方差较小的样本赋予较大的权重，从而使估计结果更为可靠。这一方法最关键的问题就是如何确定权重。一般权重确定的原则就是方差的倒数，但如何来确定方差呢？在有些情况下可以获得某一自变量所对应的方差，如分析单元是单位而不是个人，可以获得不同城市、单位等的方差大小，由此可以确定权重。

但在更多情况下，数据本身就是个体单位，没有重复数据可以获得方差。这时主要谨记一个原则，就是权重与方差成比例。例如，当从散点图中发现方差可能随着自变量的增加而增大时，就可以考虑以自变量的倒数作为权重；如果发现方差随着因变量预测值的增加而增大，则可以考虑以因变量预测值的倒数作为权重；等等。

在例 16.4 中我们发现，在拟合白细胞与年龄的关系时，残差随着白细胞预测值的增加而增大，同时也随着年龄的增加而减小（见图 16.24）。在这种情况下，我们可以考虑变量变换或加权最小二乘法。

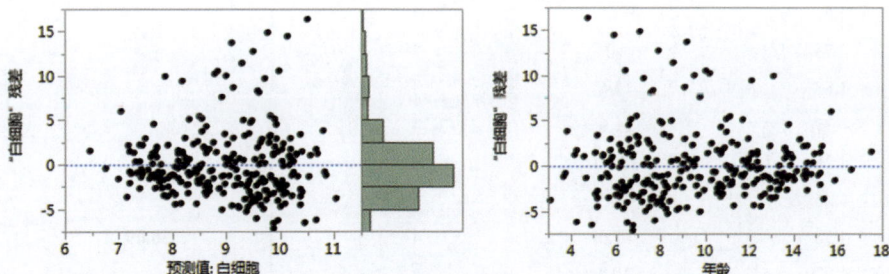

图 16.24 残差与因变量预测值及自变量的关系

1. 变量变换的方法

对白细胞进行对数变换，以减小其变异。可以看出，经对数变换后，方差不齐的现象有所改善（见图 16.25），但 White 检验仍提示不满足方差齐性（$P=0.0018$）。因此可以继续考虑加权最小二乘法。

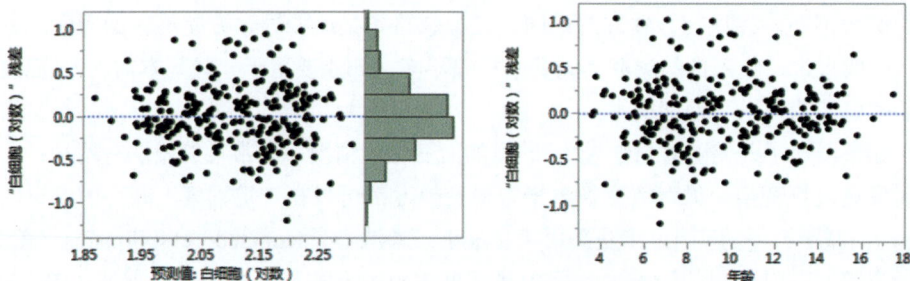

图 16.25　因变量对数变换后的残差

2. 加权最小二乘法

加权最小二乘法的关键问题就是如何选择权重。从图 16.24 中可以发现，残差随着白细胞预测值的增加而增大，也随着年龄的增加而减小。换句话说，方差很可能与白细胞预测值成正比，与年龄成反比。因此，可以考虑建立年龄（也可以是白细胞预测值）与残差的关系，以此作为权重的估计。具体思路如下：

第一，将年龄划分成一定的组别数，这里采用向下舍入法，如 5.8、5.1 均当作 5 岁，这样可以得到 15 个年龄组。

第二，由于每组中有多个值，因此可以对每个年龄组分别求出白细胞的方差（见表 16.5）。

表 16.5　年龄及其分组与白细胞的方差（部分）

年龄（岁）	白细胞（10^9/L）	年龄分组	白细胞方差
3.08	7.23	3	
3.67	9.65	3	
3.75	10	3	9.47
3.83	14.6	3	
4.17	11.9	4	
4.25	12.37	4	
4.25	4.45	4	
4.58	11.6	4	58.09
4.67	9.19	4	
4.75	26.84	4	
4.92	3.93	4	
……	……	……	……

第三，拟合白细胞的方差（因变量）对年龄组（自变量）的关系（见图 16.26）。可以看出，随着年龄组的增加，白细胞的方差逐渐减小，二者关系的方程式也显示在图中。

第四，根据第三步求出的回归方程，将具体的年龄值（注意不是年龄组）带入方程，得到每一个具体年龄值所对应的方差估计值，取该估计值的倒数，作为权重估计。

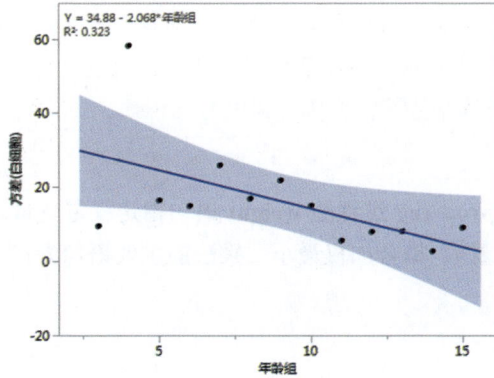

图 16.26　年龄组与白细胞方差的关系

　　根据确定的权重拟合加权最小二乘法，得到的结果如图 16.27（左）所示，与普通最小二乘法（右）相比，二者的参数估计值其实差别并不大。这是因为，方差不齐并不会影响到参数估计值的准确度，只会影响其精确度。因此，加权和不加权的参数估计值差别都很小，但一般来说，它们的标准误会有较大差别。如本例中标准误从 0.075 降低到 0.061，虽然绝对数降低得很少，但却降低了将近 20%。

参数估计						参数估计				
变量	自由度	参数估计	标准误差	t 值	Pr > |t|	变量	自由度	参数估计	标准误差	t 值	Pr > |t|
Intercept	1	12.15241	0.74462	16.32	<.0001	Intercept	1	12.00497	0.76933	15.60	<.0001
age	1	-0.33292	0.06132	-5.43	<.0001	age	1	-0.31703	0.07579	-4.18	<.0001

图 16.27　加权最小二乘法和普通最小二乘法的估计结果

　　加权最小二乘法的预测结果如图 16.28（左）所示，同样与普通最小二乘法（右）进行比较。不难看出，普通最小二乘法的置信区间和预测区间基本是同样宽度，不管自变量的值是大还是小；而加权最小二乘法则不然，在年龄值较小的时候，其置信区间和预测区间更宽，随着自变量值的增加，区间则逐渐变窄。

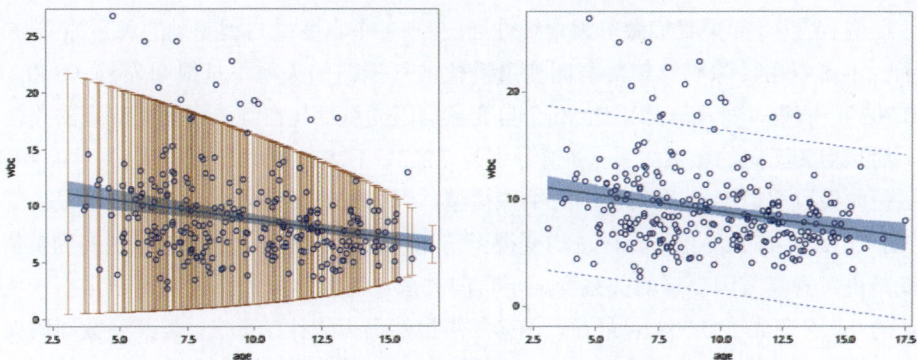

图 16.28　加权最小二乘法和普通最小二乘法的预测结果

可能有人说，既然参数估计值差别不大，那加权有什么意义呢？反正估计结果也差不多。加权最小二乘法的意义不在于校正参数估计值的大小，而在于更好地体现参数估计值的精度，更恰当地描述潜在因变量的分布性质。

* * * * * * * *

SAS 软件可通过 **proc reg** 过程的 **weight** 语句指定权重变量。假定权重变量为 **wt**（需要自己先定义该变量），拟合加权最小二乘法的主要语句为：

```
proc reg;
model wbc=age;
weight wt;
run;
```

R 软件可通过 **lm** 函数中的 **weights** 选项指定权重 **wt**，拟合加权最小二乘法，其主要语句为：

```
wfit=lm(wbc~age,data=f1,weights=wt)
```

JMP Pro 软件执行加权最小二乘法的操作如下：

首先需要计算出权重，作为一个变量列于数据集中。然后依次单击"分析"→"拟合模型"，将因变量拖入"Y"，自变量单击"添加"，将权重变量拖入"权重"，单击"运行"，即可给出加权最小二乘法的结果。

SPSS 软件执行加权最小二乘法的操作如下：

首先需要计算出权重，作为一个变量列于数据集中。然后依次单击"分析"→"回归"→"线性"，将因变量拖入"因变量"，将自变量拖入"自变量"，将权重变量拖入"WLS 权重"，单击"确定"即可给出加权最小二乘法的结果。

16.11　当共线性导致结果异常时怎么办——岭回归、Lasso 回归

在例 16.3 中，如果我们做单因素线性回归，则各个自变量与因变量的关系如图 16.29 所示。不难看出，除确诊年龄与因变量糖化血红蛋白的关系不是很明显外（β=0.013，P=0.702），病程、身高、体重这 3 个自变量与因变量糖化血红蛋白都呈一定的线性关系，而且均为正向的相关关系（β 值分别为 0.223、1.757、0.025，P 值均小于 0.001）。

但如果我们把这 4 个变量同时纳入模型，则会发现参数估计结果发生了很大变化（见图 16.30）。首先，身高和体重均变得无统计学意义；其次，身高的系数变为负值，也就是说，身高与因变量的关系变成了负向关系，而且体重的系数变得非常小（从单因素的 0.025 变成了 0.008）；最后，确诊年龄虽然仍无统计学意义，但其系数却增大了很多（从单因素的 0.013 变成了 0.070）。这些现象都让人很费解：到底发生了什么事？

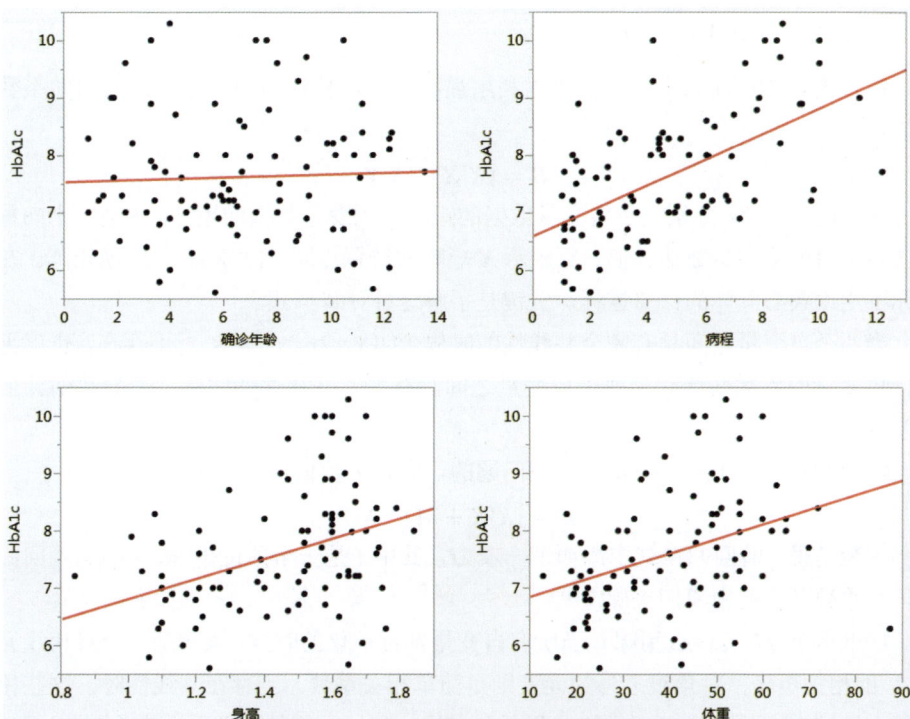

图 16.29　4 个自变量分别与因变量的关系图

图 16.30　4 个白变量的多因素分析结果

一旦发现这种情况，通常可以考虑是否存在共线性。因为从常理而论，身高、体重肯定会有一定的相关性，当模型中同时包含了两个或两个以上相关性较强的自变量时，共线性就发生了。从图 16.30 中也可以发现，身高和体重对应的 *VIF* 值较大，虽然不到 10，但足以导致结果的不稳定（这提示我们，不要只会死板地根据所谓的大于 10 这一标准来判断，在很多情况下，仍然需要结合实际情况）。

共线性的一个典型特征就是会导致参数估计值发生很大变化，当数据有轻微变动的时候，系数都会有较大变化，用专业术语来说就是导致"偏差-方差均衡"中的方差变大。在这种情况下，显然估计结果是不可靠的。

那如何来处理共线性的问题呢？有很多种方法，各种方法的思路不同。这里介绍一类利用压缩（Shrinkage）估计思想的方法，压缩系数估计值，减小方差。代表性的方法为岭回归和 Lasso 回归。

1. 岭回归（Ridge Regression）

在普通的线性回归中，我们可以利用最小二乘法估计出回归系数，其回归系数估计值为

$$\hat{\boldsymbol{B}} = (\boldsymbol{X}'\boldsymbol{X})^{-1}\boldsymbol{X}'\boldsymbol{Y}$$

这里的 $\boldsymbol{X}$ 和 $\boldsymbol{Y}$ 分别表示自变量数据的矩阵和因变量数据的矩阵，$\hat{\boldsymbol{B}}$ 是一个向量，包含各个自变量的参数估计值。$\boldsymbol{X}'$ 表示 $\boldsymbol{X}$ 矩阵的转置矩阵，$(\boldsymbol{X}'\boldsymbol{X})^{-1}$ 表示逆矩阵。在这里你不用太关心具体的计算过程，关键是了解这种计算形式。

当两个自变量之间具有完全共线性的时候（如 $x_2=2x_1$），$(\boldsymbol{X}'\boldsymbol{X})^{-1}$ 不存在，也就无法进行自变量的参数估计。当两个自变量之间具有严重共线性的时候，会导致估计值的方差增大。

岭回归正是基于这一思想来解决问题的，它在参数估计中加了一项，变成了

$$\hat{\boldsymbol{B}} = (\boldsymbol{X}'\boldsymbol{X} + \lambda I)^{-1}\boldsymbol{X}'\boldsymbol{Y}$$

也就是说，岭回归在式中添加了一项 λI，其中 I 是一个单位矩阵，λ 则是岭回归中的一个系数（需要由我们来确定）。

加上这个 λI 有什么用呢？当所有自变量都标准化的时候，$\boldsymbol{X}'\boldsymbol{X}$ 是一个对角线元素为 1 的相关矩阵，对角线之外的元素则是简单相关系数。当存在共线性时，这些相关系数会比较大。而加上 λI 后，使得两个自变量 x_i 和 x_j 之间的相关系数变为 $r_{ij}/(1+\lambda)$。很明显，这使得相关系数变小，从而减轻了共线性。而且，λ 值越大，相关系数变得越小。

可能有人会说，那就尽量取一个大的 λ 值，把相关系数降到最低。可惜，所有的事情都是有利必有弊的，所谓的"偏差-方差均衡"就像一个跷跷板，相关系数变小，使得参数估计值的方差变小，但同时带来了偏差的增大。也就是说，参数估计值不再是无偏估计，而是有偏估计。

因此，λ 值的选择比较重要。当 λ 值过大时，虽可以降低方差，但偏差增大；当 λ 值过小时，虽偏差较小，但方差很大。因此需要有一个恰当的平衡。

那如何选择 λ 值呢？有不少学者提出一些建议，如基于 C_p 统计量修正值的方法（Mallows，1973）、基于交叉验证的方法（Wahba 等，1979）等。实际中通常可根据岭迹图来进行判断。如果你觉得岭迹图过于主观，则可考虑采用交叉验证法来选择 λ 值。根据岭迹图选择的目标是，找到一个相对较小的 λ 值，在该 λ 值处岭估计值是比较稳定的。

对于例 16.3 中的数据，执行岭回归绘制的岭迹图如图 16.31 所示。

可以看出，当 λ 值大致为 0.2 时，岭迹基本比较稳定，因此可以考虑 λ 值取 0.2。例 16.3 中 λ 取不同值时的岭估计结果如图 16.32 所示。可以看出，当 $\lambda=0.2$ 时，各个系数中均没有负数，比最小二乘法估计要合理。

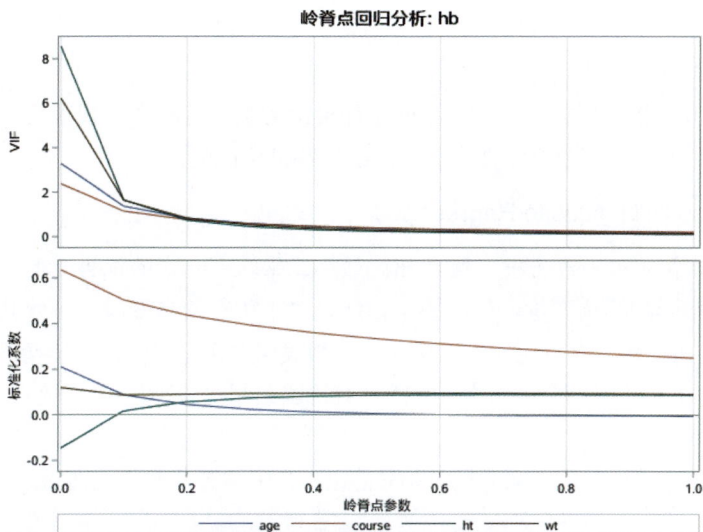

图 16.31 例 16.3 的岭迹图

Obs	_MODEL_	_TYPE_	_DEPVAR_	_RIDGE_	_PCOMIT_	_RMSE_	Intercept	age	course	ht	wt
1	MODEL1	PARMS	hb	.	.	0.88299	6.71815	0.069962	0.24746	-0.70956	.008495101
2	MODEL1	RIDGE	hb	0.0	.	0.88299	6.71815	0.069962	0.24746	-0.70956	.008495101
3	MODEL1	RIDGE	hb	0.1	.	0.88838	6.17374	0.029444	0.19603	0.07293	.006172040
4	MODEL1	RIDGE	hb	0.2	.	0.89474	6.07951	0.014775	0.17025	0.27768	.006437496
5	MODEL1	RIDGE	hb	0.3	.	0.90064	6.07013	0.007643	0.15306	0.36358	.006687030
6	MODEL1	RIDGE	hb	0.4	.	0.90620	6.08898	0.003736	0.14018	0.40535	.006814644
7	MODEL1	RIDGE	hb	0.5	.	0.91150	6.11915	0.001456	0.12990	0.42632	.006851406
8	MODEL1	RIDGE	hb	0.6	.	0.91659	6.15403	0.000081	0.12138	0.43612	.006828274
9	MODEL1	RIDGE	hb	0.7	.	0.92148	6.19059	-0.000758	0.11412	0.43942	.006766536
10	MODEL1	RIDGE	hb	0.8	.	0.92618	6.22735	-0.001265	0.10782	0.43875	.006680129
11	MODEL1	RIDGE	hb	0.9	.	0.93070	6.26353	-0.001561	0.10227	0.43559	.006578197
12	MODEL1	RIDGE	hb	1.0	.	0.93503	6.29871	-0.001720	0.09734	0.43082	.006466816

图 16.32 例 16.3 中 λ 不同取值时的岭估计结果

* * * * * * * * *

SAS 软件可通过 **proc reg** 过程的 **ridge** 选项实现岭回归并绘制岭迹图，其主要语
句如下：

```
proc reg ridge=0 to 1 by 0.1 plots(only)=ridge outest=bb;
model hb=age course ht wt;
run;
```

R 软件可通过 **MASS** 包中的 **lm.ridge** 函数实现岭回归，其主要语句如下：

```
library(MASS)
rid=lm.ridge(hb~age+course+ht+wt,data=f1,lambda=seq(0,100,5))
```

JMP Pro 软件执行岭回归的操作如下：

依次单击"分析"→"拟合模型"，输入因变量和自变量，并在"特质"中选择"广
义回归"，"分布"选择"正态"。单击"运行"，进入结果界面。在结果界面中，估计

方法选择"岭"，验证方法可选择"K 重（k 折交叉验证）""保留（保留一定比例的样本作为验证集）"等，用于选择 λ 值。

注意：由于算法和标准不同，不同软件给出的结果有时会差别很大，软件之间的结果可能不可比，但在各自软件内对应的结果都是正确的。

2. Lasso 回归（Lasso Regression）

岭回归均衡了偏差和方差，因此相比最小二乘法有一定的优势。但它仍存在一个缺陷，那就是无法筛选变量，最终模型始终包含了所有的自变量（不管其是否有统计学意义）。这在实际中有点让人难以接受，因为我们通常想找一个尽量精简的模型。在这种情况下，Lasso 回归应运而生，它既具有岭回归相对最小二乘法的优点，又克服了岭回归的缺点。

在最小二乘法中，回归系数估计值 $\hat{\boldsymbol{B}}$ 是通过使下述公式最小化而得到的：

$$\sum_i^n (y_i - (\beta_0 + \sum_{j=1}^p \beta_j x_{ij}))^2$$

其中，$\beta_0 + \sum_{j=1}^p \beta_j x_{ij}$ 是基于模型的预测值，y_i 是实际值。这也就是最小二乘法的思路：找到一个使预测值最接近实际值的 β 值作为参数估计。

在岭回归中，回归系数的估计值 $\hat{\boldsymbol{B}}$ 是通过最小化下式而得到的：

$$\sum_i^n (y_i - \beta_0 - \sum_{j=1}^p \beta_j x_{ij})^2 + \lambda \sum_{j=1}^p \beta_j^2$$

相比最小二乘法，岭回归多了一项 $\lambda \sum_{j=1}^p \beta_j^2$，利用 λ 的恰当取值，使得估计出的参数值可以在偏差和方差之间找到均衡。

Lasso 回归与岭回归的唯一不同之处在于把新增的项由平方变成了绝对值。在 Lasso 回归中，它可以将某些系数的估计值强制设为 0，这就相当于可以把某些变量从模型中剔除，从而实现变量的选择。

Lasso 回归和岭回归其实是同一思想，都是需要找到一个恰当的 λ 值，保证模型在偏差和方差之间保持均衡，只是它们的具体计算方式略有不同而已。由于 Lasso 回归可以选择变量，使模型变得简洁，也更容易解释，因此其更具实用性。事实上，它有点类似于逐步回归与岭回归的结合，即同时保持了变量筛选和系数压缩功能。

关于 Lasso 回归中 λ 值的确定，常用的是交叉验证法。图 16.33 给出的就是基于交叉验证的 Lasso 回归的变量筛选过程。

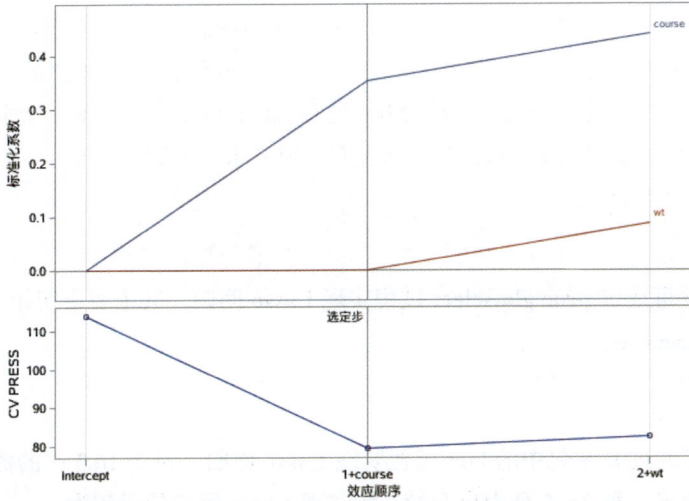

图 16.33　基于交叉验证的 Lasso 回归的变量筛选过程

在图 16.33 中，PRESS（Predicted Residual Error Sum of Squares）反映了交叉验证的拟合效果，该值越小，说明（基于训练集建立的）模型用于验证集数据的拟合效果越好。通常情况下，变量越多，可能模型用于训练集数据的效果越好，但用于验证集数据则未必。

交叉验证结果显示，只含一个变量（course）的模型，其 PRESS 值最小，可以认为这一模型较优，这是一个偏差和方差保持均衡的结果。

为了说明 Lasso 回归的特点，我们同时显示了基于交叉验证的逐步回归的变量筛选过程（见图 16.34），可以看出，逐步回归给出的结果是 course+age 模型最优。而且从纵坐标来看，逐步回归的系数要高于 Lasso 回归。

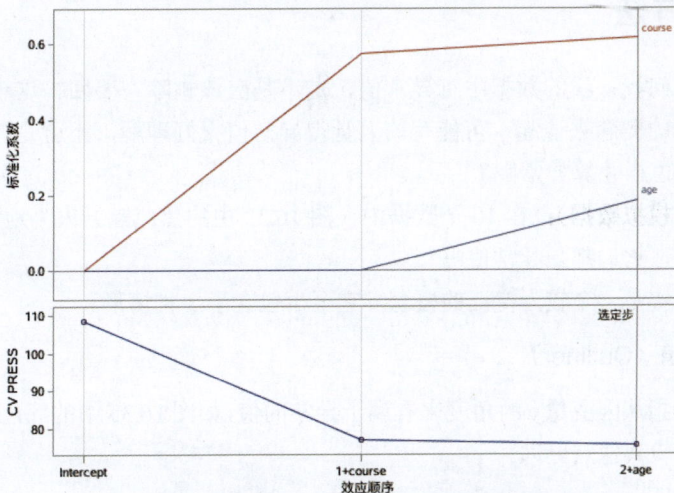

图 16.34　基于交叉验证的逐步回归的变量筛选过程

从图 16.33 和图 16.34 的对比中可以发现 Lasso 回归结果的一些特点。Lasso 回归与岭回归一样，同属压缩估计方法，降低系数的方差（同时会导致偏差增大）。但不同于岭回归的是，对于共线性很强的几个变量，通常 Lasso 回归会将其他几个变量的系数强制压缩为 0。在逐步回归中，虽然也筛选变量，但并未将系数向 0 压缩，因此其系数通常大于 Lasso 回归。

* * * * * * * *

SAS 软件可通过 proc glmselect 过程实现 Lasso 回归，其主要语句如下：

```
proc glmselect plots=all;
model hb=age course ht wt/selection=lasso(choose=cv);
run;
```

R 软件可通过 lars 包中的 lars 函数实现 Lasso 回归。设例 16.3 中的数据集为 f1，第 1 列为因变量，第 2～5 列为自变量，则实现 Lasso 回归的语句为：

```
library(lars)
x = as.matrix(f1[, 2:5])
y = as.matrix(f1[, 1])
las = lars(x, y, type = "lasso")
```

JMP Pro 软件执行 Lasso 回归的操作如下：

依次单击"分析"→"拟合模型"，输入因变量和自变量，并在"特质"中选择"广义回归"，"分布"选择"正态"。单击"运行"，进入结果界面。在结果界面中，估计方法选择"Lasso"，验证方法可选择"K 重""BIC"等。

16.12 发现异常值应该删除吗——谈几种处理异常值的方法

不少人曾问我：我的数据中有异常值，是不是应该删除？要回答这个问题，我们必须从异常值的概念来谈起。可能有的人觉得异常值很好理解，不就是"异常"的值吗？关键是，怎样才算异常呢？

例 16.6（模拟数据）：在 10 个数据中（图 16.35 中的黑色点）人为地加入红、绿、紫色的 3 个点，它们都是异常值吗？

异常值其实是一个较为宽泛的概念，它至少包含了 3 种情形。

1. 离群值（Outliner）

离群值是指从因变量 y 的角度来看属于异常的值，如图 16.35 中的红色点和绿色点，偏离 y 的均值较其他点更远。

2．高杠杆值（High Leverage）

高杠杆值是指从自变量 x 的角度来看属于异常的值，如图 16.35 中的紫色点和绿色点，在 x 轴上偏离 x 的均值较远。

3．强影响值（Influential Observation）

强影响值是指对模型影响较大的值，也就是说，如果删除了该值，则会导致模型发生很大变化（如系数值改变较大）。

图 16.36 比较了不同异常值对模型拟合效果的影响。图中黑色实线表示不含这 3 个异常值时的拟合线，绿色、红色、紫色虚线分别表示含绿色点、红色点、紫色点时的拟合线。

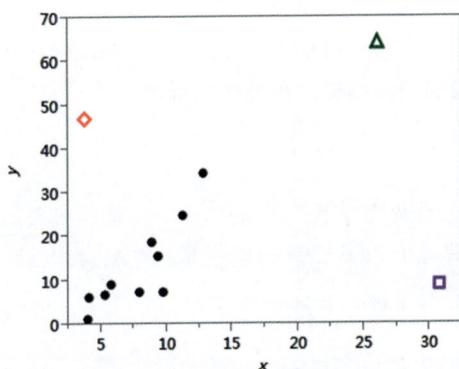

图 16.35　异常值示例

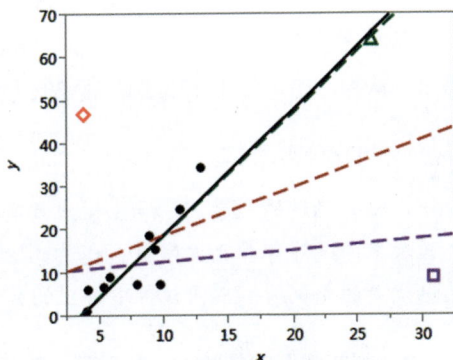

图 16.36　不同异常值下的拟合效果

不难看出，当含有绿色点时，对模型拟合效果的影响几乎不大（与黑色实线几乎重合）；当含有紫色点时，拟合线被向下拉低，即回归系数远低于黑色实线；当含有红色点时，拟合线也被拉低。如果要进行判断，绿色点虽然在 x 和 y 方向上都偏离均值，但却不是强影响点；紫色点和红色点才是强影响点，因为单独的任意一点便可以导致系数发生很大变化。

一般情况下，利用散点图可以直观地发现比较明显的异常值。但如果你不太相信自己的眼睛，则也有一些指标可以利用。

1．提示高杠杆的杠杆值 h_i

我们前面提到，以 X 表示自变量的数据矩阵，Y 表示因变量的数据矩阵，则参数估计值 $\hat{B} = (X'X)^{-1}X'Y$，因此，Y 的估计值 $\hat{Y} = X\hat{B} = X(X'X)^{-1}X'Y$。我们把其中的 $X(X'X)^{-1}X'$ 部分称为 H，这样一来，Y 的估计值就可以表示成 $\hat{Y}=HY$。

由于 H 给 Y 戴上了一项帽子，所以形象地称其为帽子矩阵。而帽子矩阵中对角线上的元素就是杠杆值 h_{ii}。第 i 个观测的杠杆值反映了 y_i 以多大程度影响估计值 $\hat{y}_i$，其计算公式为

$$h_{ii} = \frac{1}{n} + \frac{(x_i - \bar{x})^2}{\sum_{j=1}^{n}(x_i - \bar{x})^2}$$

一般认为，当杠杆值远大于$(k+1)/n$（k为自变量个数）时，提示该观测可能是高杠杆值。

2. 判断离群值的学生化残差

残差反映了实际值与估计值的差异情况，可以较好地反映模型的拟合效果。但它有一个缺点，即对于不同度量单位的值，其残差值不可比。考虑到这一点，我们可以将残差进行标准化，即

$$e_i' = \frac{e_i}{MSE\sqrt{1 - h_i}}$$

式中，分子e_i为残差，分母为残差标准误差，分母中的h_i即刚才提到的杠杆值。

标准化后的残差称为学生化残差（Studentized Residual）。由于进行了标准化，因此一般认为，如果学生化残差的绝对值大于 2 或 3，则提示可能是离群值。

📁 **常见疑惑：**

容易混淆的两个词：学生化残差有时也称内部学生化残差、标准化残差。与其对应的是外部学生化残差，也称删除后学生化残差，表示删除某一观测后学生化残差的变化值。不同软件中给出的称谓有时不同，要注意区分。

3. 判断强影响值的 Cook 距离、DFBETAS 和 DFFITS

Cook 距离相当于综合考虑了杠杆值和离群值的情况，从其计算公式中很容易看出这一点。

$$D_i = \frac{e_i'}{k + 1} \times \frac{h_i}{1 - h_i}$$

式中，e_i'为学生化残差，k表示自变量个数，h_i为杠杆值。

Cook 距离越大，越有可能是强影响点。Fox（1997）提供了一个大致的标准，即当D_i大于 $4/(n-k-1)$时（k为自变量个数），可怀疑是强影响点。

DFFITS 与 Cook 距离类似，也同时考虑到了杠杆值和离群值，只是公式略有差异。

$$DFFITS_i = \frac{e_i}{MSE_{-i}\sqrt{1 - h_i}} \times \frac{h_i}{1 - h_i}$$

DFFITS 与 Cook 距离主要是公式的第一部分不同，Cook 距离在乘号左边用的是内部学生化残差；而 DFFITS 在乘号左边用的是外部学生化残差，即删除观测i后学生化残差的变化。

当 DFFITS 大于 $2\sqrt{(k+1)/(n-k-1)}$（k为自变量个数）时，可怀疑该观测可能是强影响点（Chatterjee 等，1988）。

DFBETAS 是更具实际意义的一个指标，它反映了删除某一观测后各个变量系数的

变化值。很容易理解，如果该值较大，则说明删除的观测对系数的影响很大，提示是一个强影响点。

一般认为，当 DFBETAS 大于 $2/\sqrt{n}$ 时（Belsley，1980），可怀疑该观测为强影响点。

> 📁 常见疑惑：
>
> 有时可能会同时看到 DFBETA 和 DFBETAS 两个词，这不是写错了。DFBETA 是未删除某观测的系数与删除该观测的系数的差值；而 DFBETAS 则是 DFBETA 除以标准误的结果，相当于进行了标准化。多数软件给出的是 DFBETAS 值。

我们以例 16.6 中的紫色点为例，说明如何利用上述指标来判断某观测是否为异常值。考虑到如果数据中同时包含 3 个方向不同的异常值则会有抵消作用，因此我们的分析中只包含 10 个正常数据（图 16.35 中的黑色点）和 1 个异常数据（图 16.35 中的紫色点），共 11 个数据。统计软件给出的各个指标如图 16.37 所示。

观测	因变量	预测值	标准误差均值预测	残差	残差标准误差	Student残差	Cook D	RStudent	Hat Diag H	Cov比	DFFITS	DFBETAS Intercept	x
1	1.13	11.0564	3.9649	-9.9264	9.249	-1.073	0.106	-1.0836	0.1552	1.1392	-0.4645	-0.4498	0.2990
2	6.14	11.0839	3.9375	-4.9439	9.261	-0.534	0.026	-0.5115	0.1531	1.4013	-0.2175	-0.2101	0.1386
3	6.82	11.4139	3.6322	-4.5939	9.384	-0.490	0.018	-0.4678	0.1303	1.3788	-0.1811	-0.1688	0.0995
4	9.11	11.5515	3.5193	-2.4415	9.427	-0.259	0.005	-0.2451	0.1223	1.4206	-0.0915	-0.0835	0.0464
5	7.20	12.1290	3.1607	-4.9290	9.554	-0.516	0.015	-0.4938	0.0987	1.3223	-0.1634	-0.1282	0.0458
6	18.55	12.4041	3.0685	6.1459	9.584	0.641	0.021	0.6189	0.0930	1.2708	0.1982	0.1378	-0.0296
7	15.42	12.5141	3.0477	2.9059	9.590	0.303	0.005	0.2871	0.0917	1.3652	0.0913	0.0597	-0.0086
8	7.32	12.6241	3.0363	-5.3041	9.594	-0.553	0.015	-0.5303	0.0910	1.2994	-0.1678	-0.1025	0.0064
9	24.71	13.0366	3.0791	11.6734	9.580	1.218	0.077	1.2572	0.0936	0.9737	0.4041	0.1748	0.0688
10	34.37	13.4767	3.2658	20.8933	9.518	2.195	0.284	3.0362	0.1053	0.3054	1.0417	0.2474	0.3854
11	8.92	18.3997	9.3628	-9.4797	3.688	-2.571	21.296	-4.7008	0.8657	0.6658	-11.9345	6.9546	-11.2905

图 16.37 例 16.6 的异常值判断指标

图中第 11 个观测是我们要判断的，我们重点看一下刚才提到的几个指标。首先，从学生化残差来看，该观测的值尽管也较大，但相对其他观测而言，并非大得离谱。其次，该观测的杠杆值（0.8657）远远大于其他观测，是一个非常明显的高杠杆点。最后，该观测的 Cook 距离、DFFITS 和 DFBETAS 均远大于其他观测，提示是一个强影响点。

另外，有的统计软件还可给出更为直观的判断图，图 16.38 是 SAS 软件输出的学生化残差和 Cook 距离的图示。该图提示，第 11 个观测尚不认为是离群值（以绝对值 3 作为边界），但是一个很明显的强影响点（远大于 0.364）。注意这里采用的判断标准是 $4/n$，不同软件有时会有不同的判断标准，因此，清楚自己所用软件的标准是很重要的。

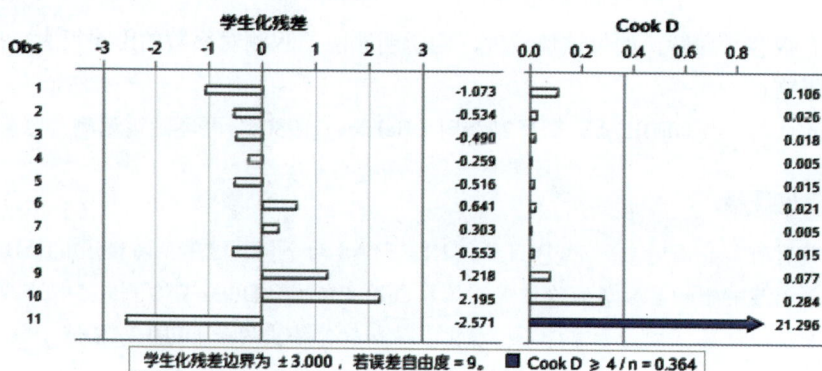

图 16.38 SAS 软件输出的学生化残差和 Cook 距离的图示

* * * * * * * *

SAS 软件通过 **proc reg** 过程的 **model** 语句中的选项输出各种检测异常值的指标,主要语句为:

```
proc reg;
model y=x/r influence;
run;
```

R 软件自带的 **stats** 包、**MASS** 包中都有一些可输出残差、杠杆值等的函数,但不如 **SAS** 集中,下面的一些语句可供参考:

```
fit=lm(y~x,data=f1)
outlierTest(fit)          #detecting outliners#
influence(fit)            #detecting outliners,leverages#
leveragePlots(fit)
influencePlot(fit)
library(MASS)
studres(fit)
```

JMP Pro 软件输出各种异常值检测指标的操作如下:

依次单击"分析"→"拟合模型",输入因变量和自变量,单击"运行"。在结果界面中单击红色下拉按钮,在下拉菜单中选择"保存列",可选择在数据集中显示各种残差或异常值的指标。

SPSS 软件输出残差、杠杆值等的操作如下:

依次单击"分析"→"回归"→"线性",输入因变量和自变量,在"保存"中可选择相应的指标。

* * * * * * * *

我们现在已经明白了如何判断一个点是不是异常点,紧接着的问题就是:如果发现了异常点,则应该怎么处理?不少人习惯使用简单粗暴的方法,即直接删除。这并不是最好的办法,有时甚至会让你错过一些真正的规律。

当你发现异常值后，一定要先分清是什么原因导致的异常值，然后再考虑如何处理。如果属于录入错误或实验室记录错误等，那么这很容易，立刻修改即可。

如果不是录入错误，而是确实存在这样的异常值，则需要根据不同情形来分别对待。

首先，如果这个异常值并不代表一种规律性，而是极其偶然的现象，或者说你并不想研究这种偶然的现象，则可以将其删除。例如，你要研究身高与血压的关系，但你的研究人群中恰好纳入了姚明，在这种情况下，可以将其删除，只对其他人的数据进行分析。因为这并不代表一种规律性的现象，而且你可能也不想研究特殊的情况。

其次，如果异常值存在且代表了一种真实存在的现象，那就不能随便删除。比如调查了 100 个村的胃癌发病率，可能确实有个别村庄的发病率远远高于其他村，这时就不能随便删除，而是要纳入这些异常点，重新拟合模型，研究其规律。

例 16.7：某实验室检测了细菌培养菌群数量与时间的关系，试进行分析。

很明显，图 16.39 中的两个红点是异常点，可以让线性回归的系数发生剧烈变化（左图）。

那这种情况下是否需要删除这两个值呢？首先来看一下这两个值是否是实验误差，如果这两个值是准确的，那么它们很可能代表了一种真实情况。也就是说，在短期内增长缓慢，但是到了一个关键时间点后（如30），菌群数量就会剧增。

此时如果你直接删除这两个点，就无法真正发现这种规律。所以我们可以纳入这两个点，但是不能拟合线性回归，而是要根据其形状拟合非线性模型。如此处可以考虑对时间（time）进行指数变换，可以发现变换后模型更能有效地拟合数据（右图）。

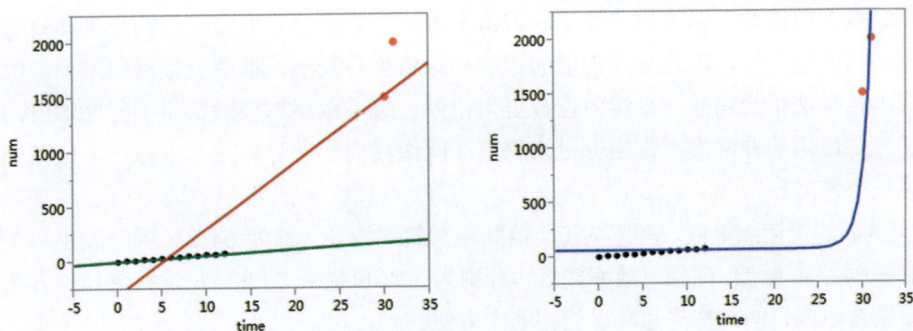

图 16.39　不同异常值的处理示意图

* * * * * * * * *

像图 16.39 这种情形一般只会出现在实验室中，因为这些异常值仍是有一定规律的（如仍是一种增长趋势，只不过不是直线增长而已）。但在社会学或医学数据中，很可能异常值并不是单调递增或递减的，而是各种异常值都存在。如在图 16.35 中同时存在 3 个不同方向的异常值，这就没有办法通过变量变换来拟合数据了。在这种情况下，如果你不想删除这些值，则可以考虑采用稳健回归的方法。

稳健（Robust）在统计学中的意思是，数据的微小变动应该对其估计值没有太大影响，如不受异常值的影响，或删除某一观测后结果变化不大，等等。我们常说的中位数就是一个比均数更为稳健的指标，如果把最大值从 10 变为 100，则中位数没有变化，但均值却受到影响。

稳健回归涉及的理论内容需要一本书来介绍，我们在这里只是简单地了解一下其处理思路即可。总的来说，稳健回归的目的是削弱异常点对模型的影响，其手段就是通过对不同数据点赋予不同的权重，给予异常值很低的权重，降低其对模型的影响。

在介绍稳健回归之前，我们先了解两个重要的概念。一是崩溃点（Breakdown Point），通俗来讲就是存在多少异常点时仍可保持模型的稳健。如崩溃点为 20%，表示数据即使有 20%的异常点，估计方法仍可保持模型的稳健，但超过 20%时模型可能就不是稳健的了。崩溃点越高，表明估计方法越稳健。二是相对效率，即相对最小二乘法的效率，效率越高，说明估计结果越可靠。一种好的稳健估计技术应当同时具有较高的崩溃点和较高的相对效率。

关于稳健回归的技术有很多种，这里简要介绍一下。

1. L 估计

L 估计的方法主要有：最小绝对值回归（Least Absolute Values Regression，LAV，有人也称其为最小一乘回归）、最小二乘中位数回归（Least Median of Squares Regression，LMS）、最小截尾二乘回归（Least Trimmed Squares Regression，LTS）。

从这几个名字中其实不难看出它们在处理异常值方面相对于最小二乘法的优势：最小二乘法用的是实际值与估计值的差值平方，而最小绝对值回归用的是实际值与估计值差值的绝对值，因此受异常值的影响相对较小；最小二乘中位数回归用中位数替换最小二乘法中的均数，显然中位数更为稳健；最小截尾二乘回归用了截尾均值，去掉了一定比例的异常值，肯定也更为稳健（就像我们经常听到的"去掉一个最高分，去掉一个最低分"）。

LAV 的崩溃点很低，基本为 0，但其相对效率较高（约为 64%）；而 LMS 和 LTS 则有 50%的崩溃点，但相对效率较低，分别为 37%和 8%。因此，在选择这几种方法时需要结合研究目的，想清楚自己侧重哪个方面。

2. M 估计

回归的 M 估计由 Huber（1964,1973,2004）提出并改进，它的思路是将残差的某一函数最小化。从这一角度来讲，最小二乘法可以看作它的一个特例（最小二乘法是将残差的"平方和"这一函数最小化）。

正如均数与标准差常配合使用一样，M 估计也有一个与其对应的类似标准差的指标，称为中位绝对离差（Median Absolute Deviation，MAD），它可以表示为：$M|e_i - M(e_i)|/0.6745$。其中，M 表示取其中位数，e_i 表示残差。该指标通常会出现在

稳健回归的结果中，因此这里稍微提一下。

M 估计的相对效率较高（95%），但崩溃点为 0，因此不能较好地解决异常值问题。尽管 M 估计在实际中很少用，但它是很多其他估计方法的基础，因此，我们有必要稍加了解。

3．S 估计

为了解决 M 估计崩溃点很低的问题，Rousseeuw 和 Yashi（1981）提出了 S 估计。S 估计的思路是使得残差的离散性最小，从这一点来看，最小二乘法也可看作其特例，因为最小二乘法是使得残差的方差最小（方差是反映离散性的一个指标）。

S 估计将崩溃点提高到 50%左右，但相对效率变低（33%），因此仍不是一个很好的选择。

4．MM 估计

MM 估计在计算过程中同时结合了 M 估计和 S 估计，它先用 S 估计保证具有一定的崩溃点，然后在不断迭代过程中提高估计效率。MM 估计具有 50%的崩溃点和大约 95%的相对效率，因此在实际中是一种应用较多的方法。

对例 16.6 采用 MM 估计拟合稳健回归（见图 16.40 左图），并与最小二乘法进行比较（见图 16.40 右图）。可以发现，最小二乘法受异常点的影响很大，尤其是右下角的点，将直线斜率拉低了很多；而稳健回归则不受异常点的影响，其直线趋势仍保持了大多数数据的方向。

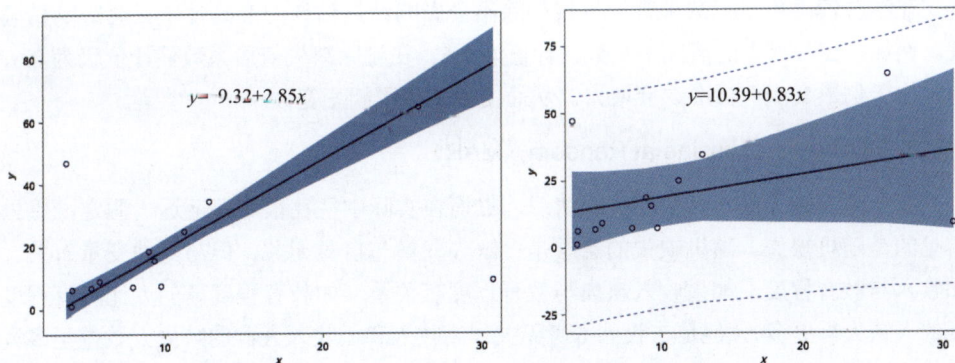

图 16.40　例 16.6 采用 MM 估计拟合稳健回归与最小二乘法比较

* * * * * * * * *

SAS 软件通过 **proc robustreg** 过程执行稳健回归，主要语句如下：

```
proc robustreg method=mm;          /*选择 MM 估计*/
model y=x/diagnostics leverage;    /*异常值诊断，执行稳健回归*/
run;
```

R 软件通过 MASS 包中的 rlm 函数执行稳健回归，主要语句如下：

```
library(MASS)
rlm(y~x,data=f1,method=c("MM"))
```

16.13　如何处理缺失值——是删除还是填补

缺失值是一个在任何研究中几乎都存在的问题，你进行任何的调查、测量，总是不可能保证所有数据齐全。目前关于缺失值的研究已经发展出一个专门的领域，处理缺失值的方法也有很多，这里主要介绍几种实际中常见的方式。

在统计软件中，如果你忽略缺失值，那么它会自动把缺失的观测删除，不管这个观测是有 1 个变量缺失还是有 10 个变量缺失。所以，如果你想假装看不见，那是不行的，必须采取一定的处理措施。

不过在介绍缺失值处理技术之前，我们需要先了解几个与缺失有关的概念。

1. 完全随机缺失（Missing Completely at Random，MCAR）

完全随机缺失的意思是：缺失的数据与自身和其他任何变量都没有关系。例如，某研究调查了收入、教育程度等变量，如果收入有缺失，而且这种缺失与收入本身无关（不管是收入高的人还是收入低的人，都有同样的缺失率），与其他变量也无关（如不管教育程度是高还是低，都有同样的缺失率），那么这种情况称为完全随机缺失，也就是说，任何人都有相同的机会产生缺失。

在这种情况下，把缺失数据直接删除不会影响结果估计的准确性，只会影响精确性。例如，在不缺失的情况下系数估计值为 0.6，在删除缺失值后系数估计值仍为 0.6，只是由于例数变少，标准误会增大，从而使得置信区间变宽。

2. 随机缺失（Missing at Random，MAR）

完全随机缺失是一种最理想的情况，然而在实际中往往很难保证这一假定，更为常见的是随机缺失。随机缺失的意思是：缺失变量与自身无关，但与其他变量有关。如收入与教育程度，如果收入缺失与教育程度有关系（如教育程度高的人比教育程度低的人缺失得更多），但是与收入本身无关（高收入和低收入人群的缺失人数差不多），那么这种情况就是随机缺失。

3. 非随机缺失（Not Missing at Random，NMAR）

非随机缺失是指缺失与自身变量有关，如收入的缺失，如果发现收入高的人更倾向于不填数据，而收入低的人一般不缺失，则说明收入的缺失是与自身变量有关的，这种情况就是非随机缺失。

*　*　*　*　*　*　*　*

例 16.8：假定有 3 个变量共 20 例数据，原始的非缺失的数据在表 16.6 的左侧，右侧是人为删除后的数据（缺失值用*标识），我们以这一数据来说明各种缺失值处理技术。

表 16.6　原始数据及人为删除部分值后的数据

id	糖化血红蛋白	病程	身高	体重	糖化血红蛋白	病程	身高	体重
1	8.3	4.7	1.1	18.0	8.3	4.7	1.1	18.0
2	7.0	4.7	1.1	20.0	7.0	4.7	*	20.0
3	6.3	3.8	1.1	19.4	*	3.8	1.1	19.4
4	7.2	1.4	0.8	13.0	7.2	1.4	0.8	13.0
5	7.3	5.9	1.3	23.0	7.3	5.9	1.3	23.0
6	9.0	11.4	1.6	49.0	*	11.4	1.6	49.0
7	9.0	7.9	1.5	35.0	9.0	7.9	1.5	35.0
8	7.6	2.6	1.7	56.0	7.6	2.6	*	56.0
9	6.5	4.0	1.2	22.5	6.5	4.0	1.2	22.5
10	7.3	1.0	1.0	19.0	7.3	1.0	1.0	19.0
11	9.6	7.4	1.5	33.0	9.6	7.4	1.5	33.0
12	7.0	5.9	1.3	27.0	*	5.9	1.3	27.0
13	8.2	8.6	1.4	32.5	8.2	8.6	*	32.5
14	6.4	3.3	1.1	22.0	6.4	*	1.1	22.0
15	7.0	4.9	1.2	22.5	7.0	4.9	1.2	22.5
16	10.0	10.0	1.6	45.0	10.0	10.0	1.6	45.0
17	8.9	9.4	1.5	34.0	8.9	9.4	1.5	*
18	7.9	1.5	1.0	19.0	7.9	1.5	1.0	19.0
19	7.8	2.6	1.1	21.0	7.8	2.6	1.1	21.0
20	7.2	3.5	1.1	21.0	7.2	3.5	1.1	21.0

关于缺失值的处理有很多种方法，既有简单的也有复杂的。我们对常见的几种方法进行简要介绍和评价。

1．直接删除

这种方法简单粗暴，是非专业人士很喜欢用的方式。在缺失数很少的时候，这种方法无可厚非，而且效率很高。如调查了 1000 人，只有 30 人缺失，可以考虑删除，通常影响不会太大。但这么理想的情况并不多见，更多的是缺失率较高的情形。如例 16.8，尽管每个变量缺失得都不多，但它们的缺失没有重合，而在分析中，只要有一个变量缺失，就要删除整个观测。因此，如果直接删除，那么例 16.8 需要删除 8 个观测，几乎删除了一半。

一般情况下，恰好所有变量都在相同的观测缺失的情况十分罕见，所以，当有缺失数据的变量很多的时候，直接删除会导致样本量大量减少。即使你不在乎分析精度，起码也得考虑一下前期花费的精力吧，相当于你花了 100% 的精力却只拿到了 70% 或 60% 的回报。

所以，除非你调查的自变量很少，而且每个自变量缺失得特别少，否则尽量不要采用这种方法。

2. 虚拟变量法

在了解本方法之前，先确保你仔细看过第 4 章关于虚拟变量的内容。该法主要用于分类自变量的缺失，把缺失值作为一类，这样类别数就多了一类。如性别，本来是男性和女性两类，虚拟变量的话以女性为 0、男性为 1。如果有缺失，则可以把缺失值赋为 2，这样就变成了三类。仍以女性为参照，分别给出男性比女性、缺失比女性的结果，但我们只看男性比女性的结果。

这种方法的好处在于，由于将缺失赋值，统计软件就不会把它当作一个缺失值删除，避免了由于性别这一变量缺失而导致整个观测被删除的悲剧。

这种方法简单且容易理解，但一般只用于分类自变量，而且对该变量本身而言，样本量仍然变少，估计精度肯定也会变差。另外，对其他变量的估计值有时会有较大影响。所以这也不是一种很好的方法。

3. 填补技术——回归法

对于缺失值来说，最好的方式当然就是把它补上，这就涉及如何填补的问题。填补的方法有很多，简单的如回归填补法，复杂的如多重填补法，我们在这里先介绍简单方法。

回归填补法的思路很简单，假定要填补表 16.6 中糖化血红蛋白的缺失值，我们可以糖化血红蛋白作为因变量，建立其他三个变量对糖化血红蛋白的回归方程，然后根据其他三个变量的非缺失值，预测糖化血红蛋白的缺失值。

在例 16.8 中，通过最优子集回归，发现得到仅含体重的回归方程最优，因此可建立糖化血红蛋白对体重的回归方程为

$$糖化血红蛋白 = 6.504 + 0.048 \times 体重$$

对于该模型，根据已知的体重值，不难估计出缺失的糖化血红蛋白值。第 3、6、12 号的估计值分别为 7.4、8.9、7.8。

回归填补法听起来很简单，也有一定的理论依据，但这种方法有一个问题：容易低估标准误，高估检验统计量。原因很容易理解，由于糖化血红蛋白的一部分值是根据体重估计而来的，也就是说，这几个值与体重呈完全的直线关系（因为是通过直线回归估计的）。在原来的数据中，尽管我们建立了线性方程，但几乎没有点恰好位于直线上，总会有一定的偏离，也就是残差。而现在所有的缺失值估计都位于直线上，那就必然导致误差减小，从而使标准误降低。

4. 填补技术——期望最大化（Expectation Maximization，EM）算法

EM 算法包含两个步骤，即期望步（E-step）和最大化步（M-step）。该算法可能在计算上比较费时，但思路却并不复杂。

期望步：假定变量 y 有缺失值，变量 x 无缺失值，先根据未知参数的初始值（通常利用样本均数和协方差矩阵）建立针对缺失值的回归方程，然后根据已知的 x 值估计出 y 的填补值。

最大化步：通过期望步填补 y 的缺失值后，利用所有数据（包括填补值）重新计算样本均数和协方差矩阵（计算时会考虑在估计值中随机加入残差，以避免标准误过低的问题）。一旦得到新的样本均数和协方差矩阵，再重新回到期望步，重新建立一个新的回归方程，重新估计缺失值，得到新的填补值。

这样一直循环期望步和最大化步，直到估计量收敛，即从上一个迭代结果到当前迭代结果几乎没有变化。

对于例 16.8 中的数据，如果采用 EM 算法，一开始的期望步如图 16.41 所示，先给出初始值，这里的初始值也就是均数和协方差矩阵。其中，均数就是各自变量中非缺失数据的均数，协方差矩阵则是根据所有变量都不缺失的数据而计算得到的。

Initial Parameter Estimates for EM					
TYPE	_NAME_	y	course	ht	wt
MEAN		7.835294	5.326316	1.235294	27.257895
COV	y	1.082426	0	0	0
COV	course	0	9.425380	0	0
COV	ht	0	0	0.054926	0
COV	wt	0	0	0	135.735906

图 16.41　例 16.8 中 EM 算法的初始值

通过期望步的均数和协方差矩阵，可以计算得到缺失变量对非缺失变量的回归系数，然后估计得到缺失变量的填补值。接着进入最大化步，利用包括填补值在内的所有数据，重新计算新的均数和协方差矩阵。再次计算回归系数重新得到填补值，不断循环，直至收敛。最终经过 68 次迭代循环而收敛（见图 16.42），如 y 从一开始的 7.8 迭代到 7.9。

EM (MLE) Iteration History					
Iteration	-2 Log L	y	course	ht	wt
0	155.944798	7.835294	5.326316	1.235294	27.257895
1	105.653550	7.835294	5.326316	1.235294	27.257895
2	93.628608	7.879296	5.237650	1.241098	27.710570
3	91.959026	7.898321	5.219974	1.243253	27.721683
……	……	……	……	……	……
66	91.553388	7.926173	5.194857	1.248818	27.662744
67	91.553388	7.926176	5.194853	1.248820	27.662747
68	91.553387	7.926178	5.194849	1.248821	27.662750

图 16.42　例 16.8 中 EM 算法的迭代过程

根据 EM 算法最终填补的结果如表 16.7 所示（左侧为原始值，右侧为填补值）。

表 16.7　EM 算法的填补结果

id	糖化血红蛋白	病程	身高	体重	糖化血红蛋白	病程	身高	体重
2	7.0	4.7	1.1	20.0	7.0	4.7	1.2	20.0
3	6.3	3.8	1.1	19.4	7.5	3.8	1.1	19.4
6	9.0	11.4	1.6	49.0	9.8	11.4	1.6	49.0
8	7.6	2.6	1.7	56.0	7.6	2.6	1.4	56.0
12	7.0	5.9	1.3	27.0	8.0	5.9	1.3	27.0
13	8.2	8.6	1.4	32.5	8.2	8.6	1.5	32.5
14	6.4	3.3	1.1	22.0	6.4	2.7	1.1	22.0
17	8.9	9.4	1.5	34.0	8.9	9.4	1.5	35.4

5. 填补技术——多重填补法（Multiple Imputation，MI）

多重填补是针对单一填补而言的。所谓单一填补，就是对每个缺失值填一个值，这类方法不能反映缺失数据的不确定性，因而容易导致标准误低估；而多重填补是模拟生成一个缺失数据的随机分布，然后从这一分布中随机抽取数据作为缺失值的填补，因而可以反映不确定性。正因为是随机抽取，所以导致多重填补技术存在一个副作用：用该法填补数据会同时产生多组填补值，而且你的填补值跟我的填补值永远都不一样（除非指定同样的种子数）。换句话说，如果你发表一篇填补数据的文章，那么即使我用你的程序重新运行一遍，结果也跟你的不一样（你只能祈祷结果的差别不要太大）。

多重填补技术大概是目前用得最多的一种缺失值填补技术，该法的原理比较复杂，但在软件操作上并不难，所以这里主要介绍一下 MI 法的思想。

设有缺失值的变量为 y，用于预测填补的变量为 x（简单起见，设只有一个变量），利用回归填补法，可以得到

$$y = a + bx$$

根据 x 值可以填补 y 值。但这样填补后的值，如果再分析 y 与 x 的关系，则会使二者的关联人为增大，标准误变低。

为了解决这一问题，很自然的一个想法就是，给 y 加上一个随机波动项，使 y 和 x 之间不是严格的直线关系。即把二者的关系变成

$$y = a + bx + e$$

式中，e 是一个随机数字（通常可以从残差中随机抽取）。这样一来，y 和 x 之间就不是严格的线性关系，填补的值就不在 $y = a + bx$ 的直线上了，而是有一定的偏离（偏离大小为 e）。通过这种思路，可以使标准误变大一些，更接近实际（EM 算法也用到了这一思想）。

上述方式尽管会使标准误略有增大，但这仍不够，因为它们都是在 $a + bx$ 的基础上添加一个随机波动的。也就是说，把 a 和 b 这两个系数当作真实参数，而实际上它们只是样本估计值。

　　我们可以想象一下实际情况：总体的截距和斜率是无法知道的，只能根据当前的一次抽样数据获得样本截距 a 和斜率 b。理论上，如果重复抽样 10 次，则应该会得到 10 个 a 和 b，每次计算的 a 和 b 肯定会有所不同，它们都只是围绕总体截距和斜率波动的随机值。

　　因此，为了更加符合实际情况，还需要把 a 和 b 也作为随机波动。那怎么把 a 和 b 作为随机抽取的值呢？这就需要有一个关于 a 和 b 的分布，然后从这个分布中随机抽取 a 和 b。这个分布通常称为贝叶斯后验分布。也就是说，我们要从贝叶斯后验分布中随机抽取 a 和 b，每次抽取的 a 和 b 都会有所不同，这样建立的模型也会不同，从而估计的缺失值也是随机的。这相当于用统计的方法来模拟实际，让得到的结果最大可能地接近实际情形。

　　现在就面临这样的问题：如何产生贝叶斯后验分布并从该分布中随机抽取 a 和 b？目前大多数统计软件采用马尔科夫链蒙特卡罗（Markov chain Monte Carlo，MCMC）模拟的方法。所谓 MCMC，就是两种技术的组合，蒙特卡罗主要是用来模拟抽样，马尔科夫链主要用来产生平稳的分布链。

　　MCMC 的算法极其复杂（幸亏我们有统计软件），但思路还是比较容易理解的，主要步骤如下：

　　第一步，先利用无缺失的数据作为初始的均数和协方差矩阵（最好使用 EM 算法中得到的估计值作为初始值，如在例 16.8 中可利用图 16.42 最后一步收敛时的样本均数），建立一个 y 对 x 的回归方程，得到回归系数。

　　第二步，将 y 中的缺失值利用回归方程填补，并对每一个填补值加上一个从残差中随机抽取的数值。

　　第三步，利用填补的"完整"数据，计算一个新的均数和协方差矩阵。

　　第四步，根据第三步中得到的新的均数和协方差矩阵的后验分布，从中随机抽取一个均数和协方差矩阵。

　　第五步，利用第四步中抽取的均数和协方差矩阵，再回到第一步，把刚才的步骤再执行一遍。如此多次循环，直到最终的收敛（通常收敛的意思是指，上一次的结果与本次的结果差异非常小甚至无差异）。用最后收敛所得到的填补值作为最终填补值。

　　我们以图 16.43 为例直观说明一下填补值的选择。在图 16.43 中，左图就是一个 MCMC 的模拟分布链，缺失的数据从这些数值中随机抽取。由于每次迭代都利用上一次的结果，两次结果之间必然有一定的关联（右图便显示了这种前后两次迭代的自相关性），因此通常间隔一定数目的迭代后再抽取（很多软件默认间隔是 100），因为我们要求两次结果之间独立。如左图每隔 30 次抽取一个值作为缺失值的填补，最终生成了 3 套填补值。每个填补值都会不同，但差别不会太大，因为它们来自同一分布。一般情况下，通过迭代图并结合自相关图不难看出其收敛情况，如在图 16.43 中很快就收敛了。

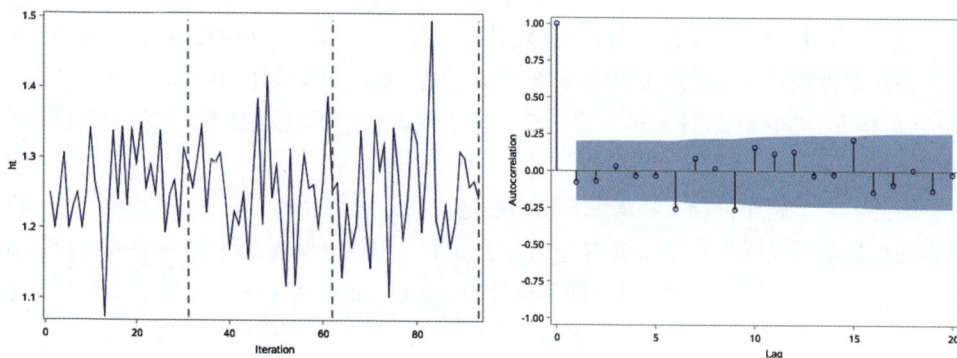

图 16.43 利用 MCMC 算法生成填补值示例

📖 内容扩展：

在通常情况下，如果结果能够很快收敛，即稳定在某个值上下波动，那么此时的自相关图就会类似图 16.43 的右图，自相关性都很低。而如果收敛速度慢，那么自相关图就会表现为前面的几次自相关系数非常大，然后逐渐降低。在这种情况下，我们通常需要把收敛之前的取值舍弃，从收敛开始之后再划分间隔并随机取值。这一过程称为 burn-in。

对例 16.8 采用多重填补技术，填补结果主要如图 16.44 所示（4 幅图依次为 y、course、ht、wt 4 个变量的迭代情况）。总的来说，估计结果是比较稳定的。这里共取了 5 套填补值，为了避免初始值的自相关，舍弃了前 200 次结果，从第 200 次迭代值开始，每隔 100 次迭代随机取值（图中虚线部分），作为填补值，共取 5 个值。

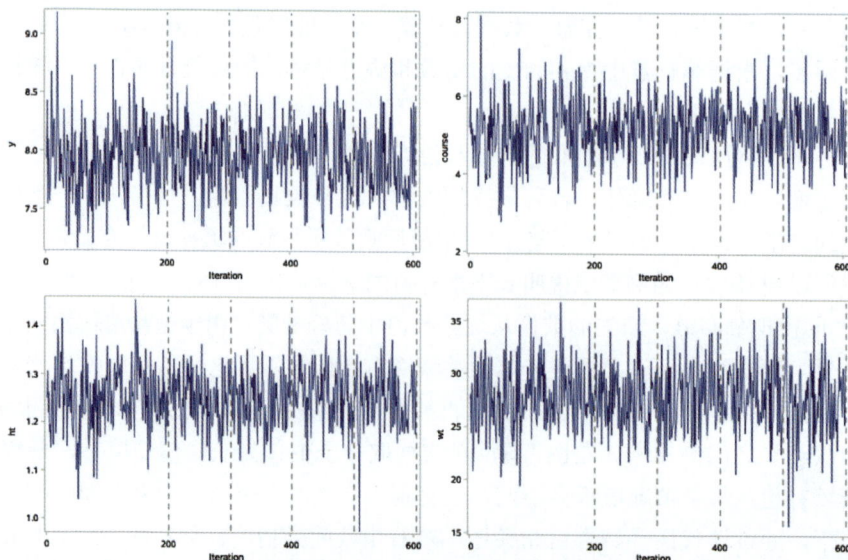

图 16.44 4 个变量的迭代情况

图 16.45 显示了最终 5 套填补值合并后的估计结果，即将 5 套填补值整合后求出的回归模型。由于表 16.6 中有完整的无缺失数据，可以与其结果对比一下（见图 16.46）。

Parameter Estimates (5 Imputations)										
Parameter	Estimate	Std Error	95% Confidence Limits		DF	Minimum	Maximum	Theta0	t for H0: Parameter=Theta0	Pr > |t|
Intercept	6.472632	2.536151	1.37647	11.56879	49.163	5.205379	7.983283	0	2.55	0.0139
course	0.230879	0.184079	-0.14184	0.60360	37.781	0.136893	0.353917	0	1.25	0.2175
ht	-0.209402	3.272182	-6.84010	6.42130	36.896	-2.302343	1.815494	0	-0.06	0.9493
wt	0.018582	0.035142	-0.05223	0.08939	44.347	-0.010306	0.035297	0	0.53	0.5996

图 16.45　利用 MCMC 产生填补值后的参数估计结果

变量	自由度	参数 估计	标准 误差	t 值	Pr > |t|
Intercept	1	6.43343	2.03878	3.16	0.0061
course	1	0.19870	0.10197	1.95	0.0691
ht	1	-0.45833	2.86332	-0.16	0.8748
wt	1	0.03192	0.05063	0.63	0.5373

图 16.46　原始无缺失数据的参数估计结果

不难发现，二者还是有一定差异的。在本例中，作者认为原因至少有三：其一，本例中自变量之间存在较高的共线性，而共线性的特点就是几个数据就会导致结果发生很大变化，因此可能会导致结果的不稳定；其二，缺失比例较高（8/20=40%），可能会使结果不够可靠；其三，有一个任何人都无法回避的问题，那就是，无论你采用何种填补技术，始终是自己估计的数据，永远不可能还原实际的数据。

事实上，无论你采用任何所谓的高级填补技术，最好的方法仍是尽量避免缺失，事先设计预防缺失始终要好过事后设法填补缺失。正如 Allison 所说，缺失数据的最佳解决方案是"没有任何最佳解决方案"，也许能够给我们一些提示。

* * * * * * * *

SAS 软件可通过 **proc mi** 和 **proc mianalyze** 过程实现 EM 算法填补、多重填补等，其主要语句如下：

```
/*以下程序产生 EM 算法的填补结果*/
proc mi data=aa nimpute=0;
em itprint out=emimp;
var y course ht wt;
run;
proc print data=emimp;
run;
/*以下程序产生多重填补结果*/
proc mi data=aa nimpute=5 out=outmi;        /*指定产生 5 次填补结果*/
mcmc displayinit initial=em(itprint) plots=trace;
/*initial=em(itprint)表示以 EM 算法作为初始估计值，并输出迭代结果*/
var y course ht wt;
```

```
    run;
    /*下面的 reg 过程分别根据 5 次填补结果输出回归结果，为后面的 mianalyze 过程做准备*/
    proc reg data=outmi outest=outreg covout;
    model y=course ht wt;
    by _Tmputation_;
    run;
    /*下面的 mianalyze 过程对 5 次填补结果进行综合，给出最终的估计结果*/
    proc mianalyze data=outreg;
    modeleffects Intercept course ht wt;
    run;
```

R 软件可通过 mice 包执行多重填补。设含缺失值的数据集为 f1，则主要语句如下：

```
library(mice)
im=mice(f1,seed=123,m=10)          #指定输出 10 套填补值#
fit=with(im,lm(y~course+ht+wt))
ps=pool(fit)                       #10 套填补值的合并#
im$im$y                            #输出 y 的填补值，其他以此类推#
complete(im,action=2)              #输出第 2 套填补值，其他以此类推#
```

16.14 一个非教材的非典型案例——线性回归的综合分析

什么叫作非教材的非典型案例呢？如果我们翻一翻统计学教科书，那么大多数都会介绍线性回归，但几乎所有的案例都在告诉我们：把变量纳入统计软件，得到一个回归模型，既没有缺失值也没有异常值，更没有共线性，多么完美的数据。但试想一下，如果你整天生活在一个没有任何困难的环境中，那么当你遇到哪怕一点点麻烦时，都会让你不知所措。这也就是为什么很多人翻了很多遍课本，一旦遇到实际数据却仍不知如何下手。因为教科书告诉你的都是完美的数据，而现实中这种数据几乎不存在。所以我们在本书最后综合介绍一个真正的实际案例，在这里，你能遇到各种问题，但是同样可以学到处理这些问题的思路。

例 16.9：某研究采用 SF-36 量表，调查了 82 名肺动脉高压患者的躯体健康评分，欲分析影响该人群躯体健康评分的影响因素有哪些。该研究调查了病程（月）、年龄（岁）、体质指数（BMI）、收缩压（mmHg）、舒张压（mmHg）、6 分钟步行距离（米，以下简称"步行距离"）、呼吸困难的 Borg 评分（以下简称"呼吸困难评分"）共 7 个因素（本例分析全部采用 JMP Pro 13 软件实现）。

此类研究很常见，不少非统计学专业人员往往采用简单粗暴的做法，即把所有变量都放到统计软件中，直接给出结果。这种结果主要如图 16.47 所示。

但在这里我想采用另一种分析思路，这种思路不是唯一的，也不一定是最好的，但却是值得借鉴的。

参数估计值				
项	估计值	标准误差	t比	概率>|t|
截距	-6.319462	11.27607	-0.56	0.5769
病程	-0.089922	0.037889	-2.37	0.0202*
年龄	0.1545854	0.102822	1.50	0.1370
BMI	1.5599528	0.433779	3.60	0.0006*
收缩压	0.1470015	0.098827	1.49	0.1411
舒张压	-0.142106	0.146354	-0.97	0.3347
步行距离	0.0310445	0.014336	2.17	0.0336*
呼吸困难评分	-4.090543	0.794943	-5.15	<.0001*

图 16.47　将所有变量都纳入模型的分析结果

1. 数据探索

首先绘制所有变量之间的散点图，顺便看一下各变量的分布情况。这一点可通过散点图矩阵来实现，多数软件都可输出这一图形，如图 16.48 所示。

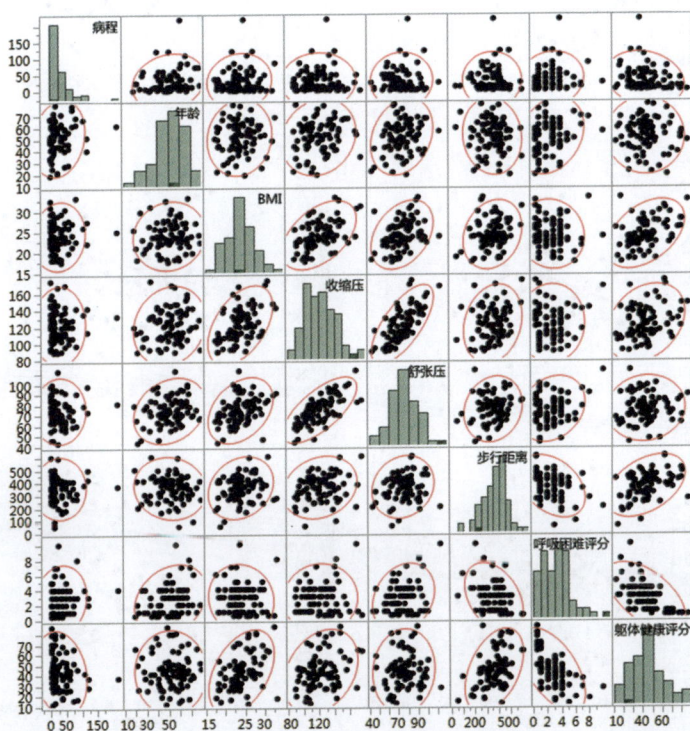

图 16.48　所有变量的散点图矩阵

从图 16.48 中不难看出，多数变量是呈大致正态的，只有病程呈明显偏态，因为大多数人的病程都较短，只有少数人的病程较长。呼吸困难评分也略显偏态，相对高分而言，低分的人数更多一些。

再来看变量间的关系。除各自变量与因变量之间的关系外，还可以观察各自变量之间的关系强弱。从图形直观来看，收缩压和舒张压的关系较密切（这在意料之中），BMI 与收缩压、舒张压均有一定的关系（这也可以理解），而步行距离与呼吸困难评分则大致呈负相关。

从图 16.48 中还可以看出，病程中可能有异常点的存在，但需要在后面进一步证实。

2. 单因素分析

下面分别看一下每个自变量分别对因变量的影响情况，看看它们之间是不是线性关系，有没有明显的异常值，等等。如图 16.49 所示为各自变量与因变量关系的散点图。

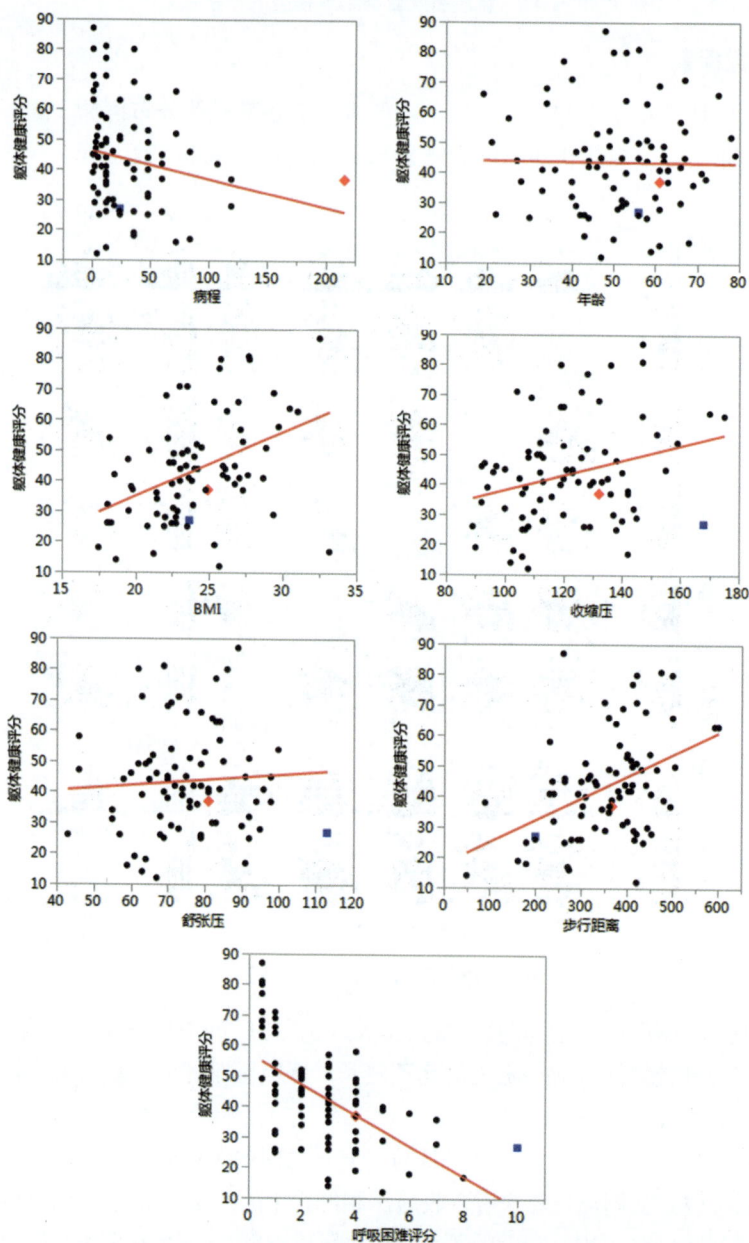

图 16.49　各自变量与因变量关系的散点图

从图 16.49 中可以更清楚地看到，病程这一变量似乎有一个异常点（标红的菱形），收缩压似乎也有一个不是特别明显的异常点（标蓝的矩形）。红色点较为明显，那该不该删除呢？我们仔细看一下，该点的病程为 200 多个月（确切值为 216 个月），即 18 年的病程。如果我们看一下他的年龄，在年龄中该点对应大致为 60 岁（确切数值为 61 岁）。对于一个 61 岁的人而言，18 年的病程是很有可能的，而且其收缩压、舒张压等并不是很高，基本居中。因此，最终认为该点的值尽管较大，但属于实际情况，不应删除。

再看收缩压异常的蓝色点，不难看出，该点的收缩压和舒张压均较高，而且呼吸困难评分很高（对应最高分 10 分）。从这一点来看，还是比较符合逻辑关系的。而且该点并没有特别偏离，因此最终也保留该点。

事实上，我也验证过，删除上述两个点跟保留这两个点，结果几乎没有变化，这可以从统计学上佐证这两个点并不会影响到结果。

再看一下自变量与因变量的关系（参数估计结果如表 16.8 所示，已整理）。年龄和舒张压对躯体健康评分的影响很小，几乎看不出任何趋势，这说明这两个变量对躯体健康评分的影响几乎可以忽略不计。因此，在后续的分析中不再考虑这两个变量。这是一个好消息，因为这也顺便解决了舒张压和收缩压强相关这一问题。

表 16.8　7 个自变量单因素分析的参数估计值

项	估计值	标准误差	t 比	P 值
病程	−0.093527	0.052782	−1.77	0.0802
年龄	−0.01625	0.140059	−0.12	0.9079
BMI	2.1215024	0.489457	4.33	<0.0001
收缩压	0.2462885	0.091551	2.69	0.0087
舒张压	0.0869989	0.141947	0.61	0.5417
步行距离	0.0717026	0.016736	4.28	<0.0001
呼吸困难评分	−5.026729	0.806150	−6.24	<0.0001

再看其他变量，收缩压、步行距离、BMI 这三个变量应该呈较为明显的线性关系，尽管关系强弱不等；但病程和呼吸困难评分则不像直线关系，似乎都有一些前面降低快、后面降低慢的趋势。当然，仅凭散点图还不能确定，我们可以采用前面介绍的 Box-Tidwell 变换尝试一下。

Box-Tidwell 变换结果提示，病程和呼吸困难评分的 λ 值分别为-0.26 和-1.22，舍入最近的整数，可以考虑将病程采用对数变换，将呼吸困难评分采用倒数变换。变换后的结果如图 16.50 所示。

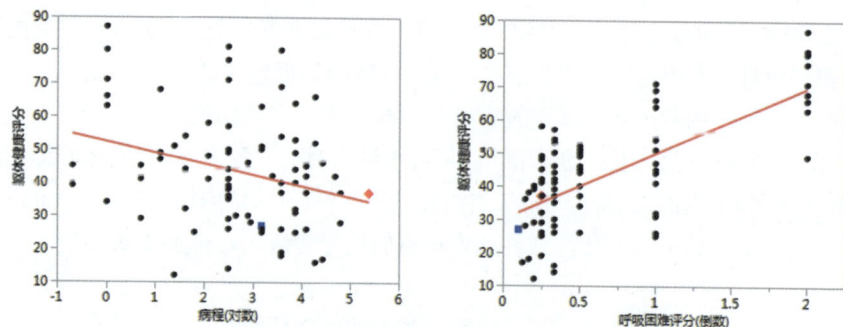

图 16.50　变换后的自变量与因变量关系的散点图

经变换后，病程和呼吸困难评分的 R^2 分别由原来的 0.04 和 0.33 变为 0.08 和 0.50，这提示变换还是比较有用的。另一个好消息是，病程的 P 值也降低了不少（见表 16.9）。

表 16.9　变量变换后的自变量单因素分析的参数估计值

项	估计值	标准误差	t 比	P 值
病程（对数）	−3.343757	1.268822	−2.64	0.0101
呼吸困难评分（倒数）	19.781757	2.222015	8.90	<0.0001

3．多因素分析

经过前面的探索，我们大致确定，在后续的分析中，仅考虑病程（对数）、BMI、收缩压、步行距离、呼吸困难评分（倒数）这 5 个变量。

那我们是不是就把这些变量一股脑地纳入模型直接给出结果呢？图 16.51 给出了这种思路的结果。

参数估计值

项	估计值	标准误差	t 比	概率>|t|
截距	-3.042725	10.30147	-0.30	0.7685
BMI	1.3664112	0.409476	3.34	0.0013*
收缩压	-0.017713	0.0721	-0.25	0.8066
步行距离	0.0229829	0.013466	1.71	0.0920
病程(对数)	-1.092186	0.903937	-1.21	0.2307
呼吸困难评分(倒数)	15.704347	2.398358	6.55	<.0001*

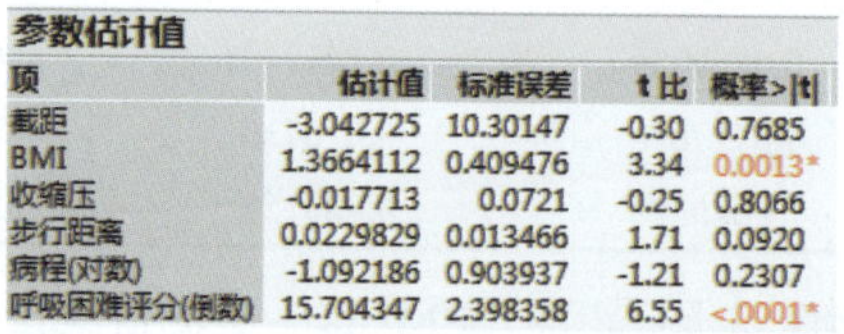

图 16.51　将 5 个自变量同时纳入模型后的结果

可以看出，收缩压的结果发生了质的变化，本来应该是正向影响关系，现在参数估计值却变成了负数；病程（对数）的参数估计值从−3.34 变成了−1.09；步行距离的参数估计值由 0.07 降到了 0.02。这些都提示模型可能有问题，因为系数变化了数倍。

当然，如果我们还记得前面提到的共线性问题，则应该想到这很可能是由于共线性造成的。尽管我们删除了舒张压，避免了收缩压与舒张压的共线性，但分析发现，剩余的这 5 个变量之间依然有一定的相关性（见图 16.52），尽管其 VIF 值其实并不高。

	BMI	收缩压	步行距离	病程(对数)	呼吸困难评分(倒数)
BMI	1.0000	0.4830	0.2072	-0.0672	0.2327
收缩压	0.4830	1.0000	0.1985	-0.0824	0.2464
步行距离	0.2072	0.1985	1.0000	-0.0568	0.4182
病程(对数)	-0.0672	-0.0824	-0.0568	1.0000	-0.2951
呼吸困难评分(倒数)	0.2327	0.2464	0.4182	-0.2951	1.0000

图 16.52　5 个自变量之间的相关系数

根据相关系数我们不难推测，收缩压系数的改变很可能是因为它与 BMI 的关系太强（$r=0.48$，这里就不要说什么大于 0.7 才算强相关之类的话，有时 0.3 的相关就可以造成很大影响）；而病程（对数）和步行距离的变化很可能是因为它们均与呼吸困难评分（倒数）有较强的相关性。

4. 处理共线性

我们前面提到，当发现自变量之间相关性很强的时候，可以考虑 Lasso 回归。这里采用交叉验证法来选择 Lasso 回归每一步中的变量，结果如图 16.53 所示。

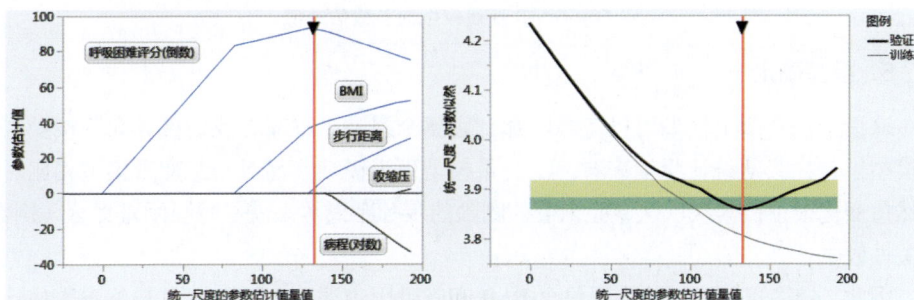

图 16.53　Lasso 回归选择变量示意图

在图 16.53 中，右图的粗线是验证集的对数似然值，细线是训练集的对数似然值。此处的对数似然值已取了负数，因此，该值越低，说明模型拟合效果越好。总的来说，对于训练集本身而言，变量越多，其对数似然值越低（这很容易理解）。然而用到验证集中则会发现，当自变量越来越多的时候，反而对数似然值会升高。这也就是过拟合的问题，即对自身拟合效果很好，但对其他数据拟合效果变差。

利用交叉验证法可以找到一个最佳的点，即验证集中对数似然值最低（右图中红线对应的点），此时共含呼吸困难评分（倒数）、BMI、步行距离 3 个变量。然而不难发现，步行距离的系数非常小，而且 P 值特别大（见图 16.54）。

项	估计值	标准误差	Wald 卡方	概率>卡方	95% 下限	95% 上限
截距	2.0062867	15.2582	0.0172894	0.8954	-27.89924	31.91181
BMI	1.2157985	0.6224968	3.8146	0.0508	-0.004273	2.4358698
呼吸困难评分(倒数)	17.214456	2.4862935	47.93821	<.0001*	12.34141	22.087501
收缩压	0			1.0000		
步行距离	0.0024308	0.015987	0.0231195	0.8791	-0.028903	0.0337648
病程(对数)	0			1.0000		

图 16.54　三变量模型的参数估计值

如果我们稍微向左调整一下，则尽管对数似然值略有升高，但可以减少一个变量（见图 16.55）。此时的参数估计值如图 16.56 所示。

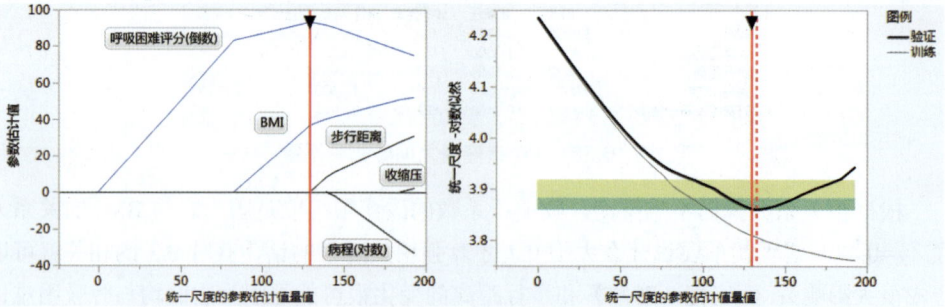

图 16.55　Lasso 回归选择变量示意图（向左调整）

项	估计值	标准误差	Wald 卡方	概率>卡方	95% 下限	95% 上限
截距	3.7549599	14.403137	0.0679667	0.7943	-24.47467	31.98459
BMI	1.1766017	0.6308428	3.4786968	0.0622	-0.059828	2.4130309
呼吸困难评分(倒数)	17.28411	2.3520805	53.999491	<.0001*	12.674117	21.894103
收缩压	0	0	0	1.0000	0	0
步行距离	0	0	0	1.0000	0	0
病程(对数)	0	0	0	1.0000	0	0

图 16.56　二变量模型的参数估计值

5. 模型确定

这里至少有两个模型可以考虑，那到底哪个模型更好呢？我们更倾向于接受二变量模型。首先，从统计学上来看，二变量模型更为简洁，而且与三变量模型相比对数似然值变化很小；其次，从专业来看，删除的步行距离本来就与呼吸困难评分（倒数）相关性较强。

因此，最终我们建立的模型包含 BMI 和呼吸困难评分（倒数），其最终参数估计值如图 16.57 所示。

参数估计值				
项	估计值	标准误差	t 比	概率>|t|
截距	-2.18758	8.669191	-0.25	0.8014
BMI	1.3986093	0.366525	3.82	0.0003*
呼吸困难评分(倒数)	17.905722	2.112685	8.48	<.0001*

图 16.57　最终两个变量的参数估计值

小结：本例给出了多因素分析的一些思路，包括如何判断是否是线性关系、是否有共线性、异常值等问题。实际中的数据不一定都有这些问题，但一旦发现任何不合理的估计结果，都应从不同角度来考虑存在什么问题，针对具体问题来具体处理。另外，任何统计分析建模都不能脱离专业知识，统计分析建模只是从数据角度给出了相对最优模型的建议，但最终一定要结合专业情况选择一个合理的模型。

不少人曾问我：多因素分析到底怎么分析？这是一个谁也无法回答的问题。实际数据千姿百态，问题也千变万化，谁也不能给出一个通用的分析方案。但无论如何，对一些常见的问题应该做到心中有数，这样才能在分析时游刃有余。